越翻越有趣的

山海经故事

奇幻鱼鸟篇

张步天 / 主编
祝东风 / 著

CNS PUBLISHING & MEDIA | 湖南人民出版社

图书在版编目（CIP）数据
越翻越有趣的山海经故事 / 张步天主编. -- 长沙 ：湖南人民出版社，2025.5
ISBN 978-7-5561-3596-7
Ⅰ. K928.626-49
中国国家版本馆CIP数据核字第202439ZU59号

越翻越有趣的山海经故事

YUE FAN YUE YOUQU DE SHANHAIJING GUSHI

主　　编　张步天
出 版 人　张勤繁
本册著者　祝东风
监　　制　傅钦伟
责任印制　虢　剑
资源运营　湖南中教出版传媒有限公司
责任编辑　张玉洁
特约编辑　刘　缘
责任校对　夏丽芬
产品经理　冯紫薇
封面设计　杨思慧

出版发行　湖南人民出版社［http://www.hnppp.com］
地　　址　长沙市营盘东路3号
邮　　编　410005
经　　销　湖南省新华书店

印　　刷　长沙新湘诚印刷有限公司
版　　次　2025年5月第1版
印　　次　2025年5月第1次印刷
开　　本　710 mm×1000 mm　1/16
印　　张　41.5
字　　数　490千字
书　　号　ISBN 978-7-5561-3596-7
定　　价　158.00元（全三册）

营销电话：0731-82221529（如发现印装质量问题请与出版社调换）

前言

《山海经》，中国上古三大奇书之一，历来被誉为“上古文明的展示窗”“先民奇幻想象的至宝”。其以瑰丽动人的神话故事、灵幻玄妙的神异动物、浩瀚系统的神境创造成为国人心中永恒的经典。

作为我国首屈一指的文化瑰宝，《山海经》兼具地理、历史、神话、天文、医药、生物、矿产、民俗等多学科研究价值，所纳之广令人叹为观止。国人对这一宝藏的挖掘从未停息：先秦时期，《尚书》《诗经》《逸周书》《庄子》等典籍当中已可见对《山海经》的探索痕迹；西汉时期，司马迁、董仲舒、东方朔、刘向等名家都流露出对《山海经》的赞叹痴迷；直至汉晋，刘歆与郭璞的增编注传使《山海经》研究渐成体系……这样璀璨的一颗文化明珠，怎能让孩子们错过？于是，我们编写了这本《越翻越有趣的山海经故事》。本书以《山海经》原文为基础，以“儿童视角”为考量。

内容上，本书紧抓《山海经》的奇幻面，择取各种神人神话、异人国、灵兽、奇禽等相关记载，汇编为《异域神人篇》《天地灵兽篇》《奇幻鱼鸟篇》三卷。

其中，《异域神人篇》记载了孩子们熟悉的神仙朋友：追逐

太阳的夸父、塑泥成人的女娲、镇守昆仑的陆吾……亦收录了孩子们闻所未闻的异国奇旅：胸有大洞者生活的贯胸国、恐惧睡眠者生活的伯虑国、指甲盖般的小人儿生活的周饶国……

《天地灵兽篇》深入山林，以诙谐的笔触刻画那些长相奇异且各具神通的灵兽。当康、天狗、举父、飞鼠、朱厌……它们或为人类赐下福报，或给世界带来灾厄，于跌宕起伏的故事中尽显神功异能。

《奇幻鱼鸟篇》则上天下海，其中既有神鸟凤凰的风采、精卫填海的执着，又有神龟撑天的震撼、虎蛟割肉的大义，先民的美好道德追求在它们身上尽展无余。

形式上，本书以趣味故事为主体，附加《神异档案》《成长小站》《经典重现》等栏目，辅以精致彩绘，将《山海经》中扑朔迷离的描述具化为一个个生动可感的形象、一段段妙趣横生的奇遇。

这是一本孩子能读懂、乐意读的《山海经》，将带领他们叩响那个神秘世界的大门，开启一段惊险刺激的文化旅程。

目录

1

chǎng fū
䳋鸺

很久以前，基山上生活着一种神奇的鸟，叫䳋鸺。它长得像鸡，有三个脑袋、六只眼睛、六条腿和三只翅膀。它走路也十分怪异，两条腿像人手一样垂在身前，仅用四条腿走路。它鸣叫时三个脑袋都会直直地看向前方，但每个脑袋都有自己的思想，一旦争论起来，谁也不让谁，很是热闹。

䳋鸺很喜欢基山，这里风景秀丽、山峦起伏，南面盛产玉石，北面生长着许多奇怪又有趣的树木。䳋鸺偶尔也会下山去转转，可有一次，它差点儿没命回基山。

故事还要从基山下的一个猎户说起。

他打猎技术高超，逐渐积累了不少财富，便开始从部落里招帮手。他非常大方，但是规矩也十分奇怪——在这里干活儿，只要有困意便随时可以睡觉，而且不扣报酬，但是不睡觉的时候就不许休息。

大家听到这种奇怪的规矩，都觉得这个猎户头脑简单、蠢笨不堪。如果大家都成天打瞌睡，那他不就亏死了吗？

于是，很多人抱着占便宜的心态前往猎户家应聘。那个猎户倒也坦诚，丝毫没有为“困了就可以睡觉”的规矩找借口，而且他对那些帮手也很好，顿顿都给他们准备肉食。可奇怪的是，自

神异档案

异能：食其肉则不困
形态：鸡形，三首六目，六足三翼
地域：基山

从来了这里，人们仿佛永远不会打瞌睡，一天到晚都十分精神，就连本该闭眼入睡的深夜，大家都睁着一双大眼睛无心睡眠。于是按照约定，大家只能没日没夜地干活儿，甚至活活累死了不少人。

这天，有个见多识广、聪明勇敢的青年来到了猎户家。他叫罗允，他的表哥前不久正是在猎户家累死的。罗允觉得事情不对劲，特意赶来调查。

他跟其他来做帮手的人同吃同住，果然，他也整天精神饱满、完全不困，便只好按照约定不停地干活儿。有时他明明已经觉得手脚发酸了，可大脑还是无比清醒。刚开始，罗允怀疑是猎户请了什么巫师给他们施了法，可仔细观察了好多天，猎户每天不是吃饭睡觉就是数钱乘凉，根本没有任何反常行为。不过，他总是亲自去草棚中给大家准备肉食。想到这儿，罗允愣住了。难道，问题就出在大家每顿都会吃的肉上面？于是，罗允当天就偷偷把碗里的肉丢掉了。果然，忙了还不到半个时辰，他就困意十足，想倒

头就睡了。但他并没有这样做，而是强忍困意继续干活儿，佯装什么事情都没有发生。

当天夜里，靠着夜色掩护，罗允偷偷脱离了干活儿的队伍，一个人朝着猎户做饭的草棚跑了过去。

在那里，罗允竟然看到了传说中的鹡鸰。他清楚记得，部落的老者说吃它一口肉，人就会精神振奋，不会打瞌睡，如果吃掉一整只，人就会永远清醒，再也不能入睡。

这只被关住的鹡鸰身上已是伤痕累累，相信猎户每天给大家吃的肉，就是从它身上割下来的。罗允气愤地把绑住它的绳子解开，救下了鹡鸰。被释放的鹡鸰由于饥饿，一挣脱束缚就在猎户的家中大吃大喝。被惊醒的猎户看后大哭，这些食物加起来，都够他一个人吃好几天了！于是他叫嚷着，想指挥人们把鹡鸰抓起来，可吃饱喝足恢复了元气的鹡鸰一展翅就飞走了。混乱中，罗允偷偷溜了出去，向部落的首领举报了猎户，说明了前因后果。

正当猎户还在骂骂咧咧怪那些帮手办事不力时，首领已经带着人来抓他了。一见首领到来，人们纷纷向首领哭诉这些日子所受的苦楚，最终，猎户被驱逐出部落，成了一个流浪汉。

成长小站

美好生活需要靠劳动和智慧去换取，太贪心而走歪门邪道的话，只会像这个猎户一样害人害己哟。

经典重现　《山海经·南山经》

“有鸟焉，其状如鸡而三首六目、六足三翼，其名曰鹡鸰，食之无卧。”

2

zhū

鴸

柜山上有一种鸟叫作鴸，它不仅长相奇特，而且来历不凡。

相传在很久之前，尧帝有个儿子叫丹朱，他出生时全身都泛着红色。

尧帝非常喜欢这个孩子，希望他以后能够继承自己的帝位，但是丹朱不爱学习，天天以折磨仆人为乐。他还特别喜欢玩打仗游戏：自己拿着木制的大刀，让仆人们在有限的范围里逃跑，他则骑在一个仆人的肩膀上，挥舞着木刀“砍杀”他们。

为了阻止他玩这种残忍的游戏，尧帝想了一个法子——在木板上画上互相交叉的横线和竖线，用犀牛角和象牙块模拟人玩打仗游戏。

一开始，丹朱兴致勃勃，为了赢得胜利，日日和小伙伴一起在棋盘上“厮杀”，不再吵闹惹事。可没过多久，他就厌倦了这种游戏，觉得不够刺激，转而又去捉弄仆人，迫害百姓。他认为他们和自己并不是一个等级的，并对百姓的苦难嗤之以鼻。

尧帝对这个儿子很失望，于是选择将帝位传给了更有帝王之气的舜，并将丹朱放逐到了远方。

丹朱对父亲的这个决定十分愤怒，竟然联合了中原地区一个叫三苗族的部落对抗自己的父亲。双方交战后，三苗族首领被俘，可这股势力

神异档案

异能：使能人被流放

形态：鹰形长人手

地域：柜山

并没有被消除，三苗族余下的族人逃到了丹朱的统治区。丹朱贼心不死又急功近利，一看自己的人数优势还在，便立马组织反扑，再次出兵攻打尧帝。

“我孔武有力又擅长作战，何必学什么仁慈怜悯。只要手腕够强硬，我一样能治理好国家。”

丹朱的狂妄言语传到了尧帝那边，这位父亲痛心不已，决定亲自去平乱，给这个不知天高地厚的儿子一个教训。

父子俩的军队在丹水地区交锋，丹朱急于求成，平时又根本没有好好训练手下的士兵，他们懒懒散散，而且大多对丹朱心怀不满。没几个回合，丹朱就吃了败仗，和剩下的士兵一起逃到了南海的边缘。

丹朱又急又气，对外败给了父亲，对内在自己的士兵面前丢了面子，一气之下，竟然跳入了大海。

可是他怒火难平，不仅没有死，还化作了一只鸟，形如鹞鹰，爪子却像人的手，不停地叫着“丹朱丹朱”，仿佛在告诉世人自己就是丹朱。因此，后人便称这种鸟为鴸，或者丹鴸。

由于丹朱始终怀着深深的恨意，即便化作了鸟，他也仍会在朝堂作乱。据说他一出现，那些有能力的官员就会不自觉地犯错，然后被流放。仿佛是丹朱在用这种方式报复父亲。

成长小站

傲慢自大只会让人离成功越来越远，心怀怨恨则更让人痛苦不堪，不要让自己成为下一只鴸哟。

经典重现 《山海经·南山经》

“有鸟焉，其状如鸱而人手，其音如痺，其名曰鴸，其名自号也，见则其县多放士。”

3 颙

yú

相传在远古时期的一座神庙里，有个小男孩儿叫唐令，他的师父是部落最德高望重的长老。神庙里除了师父和他，就只有几个负责洒扫工作的老人，因此他十分孤独，一直希望能有一个小伙伴。

有一年冬天，他在后山捡到了一只翅膀受伤的鸟。它长得像猫头鹰，却有着人的耳朵和脸，而且有四只眼睛，叫声很像“鱼鱼鱼”，十分奇怪。可唐令不仅不害怕，反而欣喜自己有了小伙伴。

唐令把它抱回自己的房间，烧炭取暖，又用小被子把鸟包了起来。正在这时，怪异的事情发生了：炭火燃烧得非常快，几乎是平常速度的五倍。唐令又加了好几轮炭，才勉强保持火不熄。与此同时，这只怪鸟迅速恢复了体温，就好像是它在吸食火焰一样。

正在唐令讶异时，恢复过来的怪鸟居然开口说话了。

它告诉唐令，自己叫颙，住在令丘山上，那里常发生火灾，所以花草树木无法生长，自己的族群为了自保，便慢慢进化出了吸食火焰的能力。因此，它的体温也比一般鸟类的体温更高。

颙还说，令丘山住了很多和它一样的鸟，只要它们一聚集，整座山的温度就会上升，因此令丘山的冬日就好像其他地方的春天一样温暖。这

神异档案

异能：带来大旱

形态：人面枭身，四目有耳

地域：令丘山

一次，是自己贪玩掉队了，又在飞行中被树上掉下的冰柱砸伤了翅膀，所以不能飞行。见颙如此真诚，唐令也没有再介意那些奇怪的现象，很快就和颙成为朋友。他十分喜欢这个小伙伴，时常喂它吃好吃的。

唐令身边有了颙，就像时时刻刻在烤火。冬天的晚上，他们睡在一个被窝里，暖和得不得了。颙似乎也知道自己跟寻常的鸟长得不一样，便只在晚上偷偷出门。

但好景不长，即使颙和唐令都刻意隐瞒，可颙还是被庙中负责洒扫的人发现了。那个人从来没有见过这种怪鸟，被吓得晕死过去，醒来后便不顾唐令阻拦，把怪鸟的事情告诉了长老。

唐令害怕被师父责骂，更怕颙被大家打伤，于是让颙先回令丘山。就这样，一人一鸟依依不舍地分别了。

由于师父并没有在唐令的房间中找到颙，训了他一顿之后，这件事便这么过去了。

唐令又过回了从前的日子。每晚睡前，他都会看向令丘山的方向思念小伙伴。

几个月过去了，花开水暖。一日，唐令吃完饭回到房间，竟再次见到了颙。不光有它，还有许许多多跟颙一样的鸟。原来是颙想念唐令，特意带着伙伴来看他了。唐令欣喜异常，这下他就有许多伙伴陪他玩了。

唐令把它们安置在神庙后的一间石屋里，还包揽了打扫石屋的活儿，每天都跟颙一起愉快地玩耍。

可没过多久，怪异的事情发生了。

此时还是春天，这儿却如同进入了夏日，人人穿上了单衣，部落里的谷子提前抽穗。起初人们还觉得新奇，以为是吉兆，可随着时间流逝，天气越发炎热，河水水位下降，庄稼干枯，土地开裂……

唐今也不再跟颙一起睡，因为他实在无法忍受颙的体温了。

而且，颙所在的神庙犹如火炉，大雁和雀鸟落到院子里都会被烫得乱叫，唐今一靠近颙就会汗流浃背，难以忍受。

唐今也开始觉得这种鸟是怪物，而不是可以一起玩耍的小伙伴了。终于，有人发现了神庙中的蹊跷，大肆宣扬这场旱灾就是妖怪作乱，而颙就是罪魁祸首。

人们拿着木棒要来消灭妖怪，唐今猜到了是颙的问题，便带着这群颙躲到了其他地方。可是大旱仍在持续，殃及了不少人。

终于，唐今的师父，也就是部落的长老，在一次祝祷活动中中暑倒地不起。唐今非常伤心，开始憎恨起了带来灾祸的颙。于是，他拿着工具跑去了颙的藏身之处，把它们赶走了。

颙不舍地看了唐今一眼，流着泪飞走了，从此再未出现过，而神庙所在的地方也很快恢复了正常。

成长小站

小伙伴之间并不一定会始终相伴，像颙和唐今一样，不相容时便分开，也是一种互利的选择。

经典重现《山海经·南山经》

“有鸟焉，其状如枭，人面四目而有耳，其名曰颙，其鸣自号也，现则天下大旱。”

4

xuán
旋
guī
龟

杻阳山上有一条河，河里生活着许多红色的乌龟，它们长着鸟头和蛇尾，叫声就像劈木头发出的“咔嚓”声，当地人称它们为旋龟。

旋龟之所以出名，是因为用旋龟的龟壳制作成饰品佩戴在身上可以治疗耳聋，而不耳聋的人佩戴了它，听力则会更加好。除此之外，旋龟入药还可以治疗脚底老茧。但也因此，旋龟遭到了人类大规模的捕杀。

陈松是杻阳山附近一个小部落的猎户，小时候他在古籍中看过关于旋龟的记载，不过从没亲眼见过这种神奇的乌龟。

陈松的父亲是个聋人，他也有这个毛病。因此，他每次上山打猎，路过传说中旋龟的栖息地时都会想，要是能见到旋龟，请它帮忙治疗自己的耳聋就好了。

因为耳聋，陈松很自卑，他的先天缺陷让他没有朋友，甚至还会遭到歧视。每次陈松独自出门打猎，看见其他的青年们说说笑笑结伴而行都会十分羡慕。

一天，陈松看见部落里一大半的青壮年都拿上了捕猎工具准备离开部落。他询问留下的老人，才知道是有人发现了旋龟的踪迹。陈松也想跟着去，却被一个叫琉的年轻人制止了。琉认为陈松听不见，无法跟他们配合捕猎，只会拖累他

神异档案

异能：可用于治耳聋，足底厚茧

形态：龟形，鸟首蛇尾

地域：杻阳山

们。陈松只好离开，直到晚上这群人才回来。从他们的唇形中，陈松得知这次行动失败了。旋龟很狡猾，钻入深潭就不见了踪影，蛇尾还把冲在最前面的琉卷入了潭中。

琉非常狼狈，他气愤不已，誓要抓住旋龟，把它大卸八块。他们喋喋不休地讨论着如何引旋龟上岸，如何捕杀旋龟。在一旁观唇形的陈松却频繁皱眉，他觉得他们的计划实在太残忍了，但他也知道自己改变不了什么，便默默离开了。

次日，他照常去打猎，忽然在河边踩到了捕猎的机关。这是加工过的，比寻常的兽夹更大，里面的夹齿也更尖锐。夹齿直接扎穿了陈松的小腿，陈松痛得冷汗直流，大声呼救。琉很快便带着人从埋伏的地方赶来了，可是看见被夹住的是陈松，他大失所望，忍不住骂起来。

“真是废物！浪费了我一件好工具！说不定还打草惊蛇了，旋龟恐怕不会来了！”

琉十分生气，竟然丢下陈松带着人离开了。

陈松痛得不行，忍着眼泪找了一根粗木棍当拐杖，拖着伤腿慢慢离开。林子里危机四伏，如果天黑还不能下山，恐怕就会遇到野兽。

果然，还没走两步陈松就遇到了一头正在觅食的野猪。为了躲避它，陈松从山坡上摔了下去。他一直滚，直到被一块大石头挡住。天色渐暗，陈松的伤势更加重了，他难以起身，又想到同村人的无情，忍不住号啕大哭起来。

这时，陈松身后的石头动了一下，他以为又是什么野兽，脸都吓白了，却发现自己背靠着的竟然是一只红色的大龟。只见它形如巨石，身上又因滚下山坡沾了许多树叶和泥土，而且整个龟都翻过来了，因此陈松刚开始并没有认出它来。

此刻他才发现，这就是琉一直在找的旋龟！

旋龟凄惨地躺在山坡下，陈松看着它的眼睛，忽然有一种同病相怜的感觉。

他拖着伤腿站起来，想把旋龟翻过来，因为腿受了伤，尝试了好几次才成功。

陈松想到了夹伤自己的兽夹，跟旋龟说：“你走吧，快点儿逃，不要让人发现你。”

旋龟惊诧于这个人的善良，便开口让陈松到它背上来。可陈松一动不动，什么也没有听见。旋龟这才发现陈松的耳朵听不见声音，而旋龟的唇语陈松也不会读。

于是，旋龟抖了抖身体，从背上抖下一块龟甲叼到陈松手里。神奇的是，陈松的手一接过龟甲，他就立刻恢复了听觉。原来世间这么热闹，有鸟叫，有水声，还有风刮过树林的声音，一切是那么美好。

旋龟把他驮在自己背上，准备送他回家。在路上，陈松好奇地询问旋龟，为什么自己在山脚下住了这么多年，从来没有见到过其他旋龟呢？

旋龟告诉他，自己的同类被人类捕杀怕了，一

部分去了海外，一部分去了西北洛水的支流，而自己老了，还是喜欢家乡，所以留在这里没有离开。

旋龟趁着夜色把陈松送回了村庄并与他告别道：“年轻人，有空就来陪我说话，下次见面，我给你讲讲以前我帮助大禹治水的故事。”

陈松也挥手告别道：“我一定来！”

成长小站

地球是人类的家园，也是动物的家园，为了一己私欲滥杀动物是不对的。善待动物，也许你也能在关键时刻得到动物的帮助哟。

经典重现《山海经·南山经》

“怪水出焉，而东流注于宪翼之水。其中多玄龟，其状如龟而鸟首虺(huī)尾，其名曰旋龟，其音如判木，佩之不聋，可以为底。”

5

鯥（lù）鱼（yú）

古时有个人叫华光，他总是四处游山玩水。

路走得多了，华光也不免遇到一些稀奇事。

一次，华光和朋友们路经柢山，发现此处有湖泊，他们便在这里狩猎、捕鱼，玩得十分开心。正在他们准备离开此地，继续前行游玩时，忽然听到了牛叫。

华光说：“怪了，这荒山野岭怎么会有牛呢，难道附近有人？”

他们循声找去，竟真的在一条河中见到了落水的牛。只见它正在“哞哞”叫着，十分可怜。众人一看，这可不得了，牛是很重要的牲口，如果就这么死了，主人还不伤心死？于是纷纷准备下水营救。

华光思虑周全，提醒大家注意安全。于是，他们拿出了一条又粗又长的绳子，绑在三名同伴身上，剩下四个人留在岸边拉绳。这样即便是遇上什么危险，剩下的人也能营救伙伴。本以为这个计划万无一失，可没想到计划赶不上变化。

下水的三个人里有个擅长游泳的青年，他跟华光关系最好，也是最先下水的。只听“扑通”一声，青年一个猛子扎了下去，他想要从底下托起大牛。可他一钻入水底就傻眼了——这根本就不是牛！

虽然这个怪物长得像牛，但是长着蛇尾巴，

神异档案

异能：其肉能治痈肿病

形态：似牛，蛇尾有翼，翼生鱼肋下

地域：柢山

腹部似鱼，肋下还长了一对翅膀。怪牛察觉有人入水，那张牛脸也转了过来，还用蛇尾缠住了青年。

青年吓得汗毛直立，起了一身鸡皮疙瘩，它是蓄意将人引下河的！

意识到这一点后，青年立刻浮上水面，可是怪牛的蛇尾忽然收紧，死死地缠住了他。

青年用尽全力，也只喊出一句："小心！"然后就"咕噜噜噜"呛水沉了下去。

另外两个人见到了水下的情况，立刻往岸边游去，大家一起将他们拉了上来。可是系在那个青年身上的那根绳子被怪牛扯断了，因此众人没能救出那个青年。华光非常愤怒，拿起长棍就扑打河中的怪牛。那头怪牛眼看不敌这么多人，便扇动翅膀飞走了。

一行人痛失朋友，悲伤了许久，最后也只好收拾东西找山脚下的猎户询问怪牛的情况。他们这才得知这种生物名叫鯥鱼，生来就是牛脸，会发出牛的叫声，平时住在山坡上，但偶尔会躲在水中装牛引人入水相救，而后趁机杀害人，这里不少人都吃过亏，所以大家都不上当了。不过鯥鱼只有夏天活跃，难以捕捉，到了冬季它就会冬眠，而且它的肉能用于治疗痈肿病。

华光伤心愤怒，不愿离去，一直等到了冬天，千辛万苦找到了冬眠的鯥鱼。怀着对好友的深情，一行人勇猛地用准备好的大网将这条鯥鱼逮住了。

捕猎很成功，但华光失去了最好的朋友，高兴不起来，他将鯥鱼肉分给了山脚下那些得痈肿病的人后便回家去了。

成长小站

外出游玩要注意安全，遇到河流水道更是需要谨慎。尽管我们的生活中没有狡猾的鯥鱼，但也存在着各种危险。

经典重现 《山海经·南山经》

“有鱼焉，其状如牛，陵居，蛇尾有翼，其羽在魼下，其音如留牛，其名曰鯥，冬死而夏生，食之无肿疾。”

6

hǔ jiāo
虎蛟

神异档案

异能：其肉可治痈肿病、痔疮

形态：鱼身蛇尾

地域：祷过山

东东是一条小水蛇，无毒无害，却有些调皮，时常爬到人身边，捉弄人。

因此，它每次出现，都会将人吓得惊叫连连，然后挨打。有的人欺负蛇，有的人要吃蛇，东东也很无奈。可它很贪玩，就是喜欢四处溜达，根本不想修行，常常懒散度日。直到有一日，它被一个恶人抓走，差点儿就变成了一道蛇羹，跑出来后才觉得自己实在是太弱小了，便想着找个厉害的师父拜师学艺。

可是，该找谁呢？东东想，自己一定要找个名气很大的师父，毕竟名师出高徒。

这时，它的好朋友给它出了个主意：“不如你去找虎蛟吧！大家都说，祷过山泿水中的虎蛟是大英雄，它肯定是最厉害的。”

“虎蛟？”

“对呀，相传虎蛟鱼身蛇尾，叫起来却像鸳鸯啼鸣一般动听。而且，蛟属龙类，故而虎蛟面容威严。”

东东点了点头，追问朋友虎蛟厉害在哪儿。毕竟它已经立志要成为让人害怕的高手，这样就再也没人敢欺负它了。

可是，这时东东的朋友竟支支吾吾的，什么也说不上来了。

东东想了想，无论如何，既然虎蛟的名气这

样大，想必是有些仙法绝技在身的。

就这样，东东收拾好行囊，独自往祷过山去了。

由于虎蛟样貌奇异、名声大，东东很顺利地找到了它。

听说了东东的来意，虎蛟沉默了。

东东心想，虎蛟的名气这样大，不会是看不上自己这样的小水蛇，不愿意收自己为徒吧？

正在它犯嘀咕的时候，虎蛟却像看透了它的心思似的，一口答应了下来。

从此之后，东东每天都跟在虎蛟身边。虎蛟进食，它也进食；虎蛟蜷成一团睡觉，它也蜷成一团睡觉。一句话，虎蛟做什么，东东就学着做什么。

可是时间一晃过去了三个月，东东还是没有半点儿长进，而且由于跟着师父待在祷过山，它也没时间捉弄人、找乐子，便觉得更加无聊了。

这天，东东在泿水边的一块石头上趴着晒太阳，口中念念有词："要是发生点儿什么事就好了，那样师父不得不出手，真功夫就藏不住了。"

话音刚落，东东就听到了一阵急促的脚步声。它起身一望，见远处来了一大群人。他们个个神情严肃、身材魁梧，为首的那个人还拎着一个厚实的布袋子，拿着一根粗壮的木棒。

"虎蛟师父！不好了！有人来杀我们了！"东东被吓得连忙往虎蛟居住的地方逃去。可是它身板小，没那些人快，所以两边几乎是同一时间到达虎蛟住处的。

"师父！我们要完了，人最凶残了！"东东一见师父，眼睛就红了，不想虎蛟却不慌不忙地将东东护在了身后。

见虎蛟面对这群精壮的男人这样淡然，东东不由得有些期待了：看来师父是要施展自己的神功了！

可东东的期待并未成真，虎蛟什么也没做，反倒是那群精壮的男人，竟然齐刷刷地跪在了虎蛟面前。为首的人神情严肃，可眼里盛满了真挚的泪水，说：“求求您赐我一片肉吧，我的小女儿全身肿胀，身上长疮，实在是不行了。”

虎蛟什么都没说，从自己身上咬下了一小片肉，叼给了那个男人。

人们千恩万谢，从布口袋里掏出了大量鸡鸭等家禽和止血生肉的草药给虎蛟，而后便匆匆离开了。隔了百余米，还能听到他们对虎蛟的感恩声。

虎蛟给自己止住了血，而后回头问愣在原地的东东：“我没有什么仙术绝技，是不是让你失望了？”

东东郑重地摇了摇头，回答道：“不，师父，您是真正的英雄。为了救人竟然能忍痛咬下自己的一片肉，我连想都不敢想！”

“那你还想成为高手吗？”

东东笑了，说：“当然！不过我是要成为人人传颂的高手，而不是人人害怕的高手。只要我不调皮、不吓人、做好事，我一定能成功。不过，遇到吃蛇羹的、凶神恶煞的坏人，我还是要快快地跑！”

成长小站

舍肉救人是紧急关头的极端做法，在日常生活中，我们一定要在力所能及的范围内助人行善哟。

经典重现 《山海经·南山经》

“其中有虎蛟，其状鱼身而蛇尾，其音如鸳鸯，食者不肿，可以已痔。”

赤鱬

chì rú

神异档案

异能：其肉可治疥疮

形态：鱼形人面

地域：青丘山

从前有一座山叫青丘山，英水从这里发源，水中生活着许多名叫赤鱬的奇鱼。赤鱬外形似鱼却长着人的面孔，它们的叫声跟鸳鸯的叫声一致。赤鱬的肉可以治疗疥疮。传说赤鱬为人鱼的一种，用它们的脂肪做成的蜡烛可以千年不灭。

有个叫唐洲明的人和一位商人都听说了这件奇事，双方慕名而来，都想要见见这种神奇的动物。商人带着众多护卫与当地人进行交易，想要购买一些赤鱬，却被当地村民告知，因为之前人们大量捕捉赤鱬，它们已经变得非常谨慎，轻易不露面了。现在要想捕捉到它们，不仅得加钱，还需要有人做一些小牺牲。

商人同意了，加付定金之后，一行人便一起去了即翼泽，唐洲明也跟在他们后面。

到达目的地后，村民指挥一个人假意摔入水中，做出溺水的样子挣扎求救。

赤鱬果然上当，它们一条一条地游来，贴着那人把他送到岸边。这时，埋伏在旁边的商人和村民便下网捕捞它们。虽然在混乱中有一些赤鱬挣扎逃走了，但是他们也收获颇丰。

商人大笑，当即宣布：“今天大家都辛苦了，见者有份，到时候我赏每人一块赤鱬肉！”

大家簇拥着商人朝着村子走去，唐洲明也在其中。他亲眼见到这种怪鱼救人，人们却利用赤

鳙的善良抓捕它们，实在是残忍。他劝告商人不要做这种事情，还说赤鳙既然知道救人，那就说明它有灵性。

可是在利益面前，商人哪里能够听进去。很快，商人就把用赤鳙脂肪做成的长明灯，卖给了附近几个村子的人。他还宣扬长久不灭的长明灯，寓意着长寿安康。此话一出，他的长明灯马上售卖一空，赚了不少钱。于是，商人又几次三番来到即翼泽，故技重施，捕捉赤鳙。

赤鱬在被宰杀时凄厉地叫了起来，如同婴儿啼哭，闻者落泪。唐洲明吓得摔倒在地上，当地村民却告诉他，这是很正常的事情，它们会发出婴儿的哭声，所以也叫“娃儿鱼”。唐洲明离开了那里，为了阻止这种残忍的行为，他生动详细地写下了商人的十大罪状，并自编了歌曲。

很快，这首“血淋淋”的歌曲就传到了当地首领的耳朵里。这位首领管辖着即翼泽附近数十个村落，而且他极其注重人与自然的和谐，认为只有这样才能让自己的统治合乎“天道”。

于是，首领下令将商人抓了起来。不过他并没有判商人死刑，而是让人在商人身前点燃了一盏灯，说只要灯油燃尽，商人就可以起身了。

商人心想：在泼天的富贵面前，我跪上一会儿算什么？

可时间一分一秒地流逝，他膝盖都跪肿了，也不见那盏灯的灯油下降半寸。原来那盏灯正是他所售出的长明灯，这下他只能自食恶果了，可谓害“鱼”终害己。

成长小站

利用赤鱬的善良来捕杀它们是以怨报德，行事残忍也只会给自身招来恶果，大家可千万不要这样哟。

经典重现《山海经·南山经》

“其中多赤鱬，其状如鱼而人面，其音如鸳鸯，食之不疥。”

8

guàn guàn
灌灌

神异档案

异能：佩其羽可不受迷惑

形态：雉鸠形

地域：青丘山

青丘山是一座很有名的山，因为它是九尾狐的故乡，这种异兽美丽且神秘，是众多神话故事的主角。可是在这座山上，并不只有这一种神奇的动物，还有许多其他动物的奇妙故事发生。

在很久以前，青丘山附近的一个部落中有个叫庞风的年轻人，他从小便爱听族中老人讲故事，对九尾狐的故事更是痴迷。

庞风希望寻找到故事里温柔的狐女，让她做自己的妻子。经过一番询问，竟然真的被他找到了青丘山，于是他就上山去了。

青丘山风景秀丽，庞风一开始看什么都觉得稀奇，可是一连两天都没见到九尾狐，他便有些丧气了。正当他又累又饿，想要下山却迷了路时，他迷迷糊糊中听见了婴儿的哭声。接着，他仿佛着了魔一般，呆呆地朝着声源走去。

就在他快要寻到声源时，却突然被什么东西绊倒了。他定睛一看，是一只受伤的鸟。那只鸟长得像雉鸠，鸣叫的声音像是在跟人吵架。他本想把这只鸟烤了吃掉，却发现小鸟正看着他。庞风于心不忍，反而去找了草药给小鸟治疗。

小鸟看出他没有恶意，也乖乖地忍受疼痛让他救治。作为报答，它衔了两根自己的羽毛送给了庞风。

庞风笑着接受了，把羽毛收入了衣襟中。就

在他接过羽毛的那一瞬间，他的头脑突然清醒了，而一直萦绕在他耳边的婴儿啼哭声也骤然消失了。

眼见天色渐黑，庞风跟这只鸟告别后便离开了青丘山。这一次下山异常顺利，他一会儿就来到了山下的村子里。

只是他来得不凑巧，村子里正在办丧事。庞风见哭丧的都是老者，便好奇地打听了一下。这才知道死的是一个青年，而加害青年的正是青丘山的九尾狐。原来九尾狐并不像故事里说的那样美丽温柔，它们会利用声音吸引人，然后吃掉人。庞风遇到的小鸟则是住在青丘山的另一种动物，名叫灌灌。或许，就是因为灌灌常年与九尾狐住在一起，所以将灌灌的羽毛佩戴在身上便能不受迷惑。

庞风的善良救了他自己，此后他再也不迷恋九尾狐了，而是一直默默做善事，好好生活。

成长小站

故事和传说绝大部分都不是真的，我们可以心生好奇却不能沉迷其中。不过，无论何时，善良都会实实在在地让我们受益。

经典重现《山海经·南山经》

“有鸟焉，其状如鸠，其音若呵，名曰灌灌，佩之不惑。”

9 凤凰

fèng huáng

从前有一种神鸟叫凤凰，雄的叫凤，雌的叫凰。人们一直将凤凰当作百鸟之王，不过很少有人知道，凤凰生活在丹穴山中。

丹穴山盛产金属矿物和玉石，丹水发源于此，向南流入渤海。凤凰的体形像鸡，但全身上下都长着五彩缤纷的羽毛，更为神奇的是，凤凰头上有“德”字花纹，翅膀上有“顺”字花纹，背部有“义”字花纹，胸部有“仁”字花纹，腹部有“信”字花纹。凤凰叫声动听，姿态雍容，不争不抢，而且只栖息在梧桐树上。

相传在春秋时期，秦穆公的爱女小时候抓阄抓到了一块美玉，于是秦穆公给她取名叫弄玉。

弄玉生得美丽优雅，秦穆公也很疼爱这个女儿，于是请了许多名师教授她乐理。弄玉学得很快，很有天分。她奏乐时曲调悠扬，宛如凤鸣，于是秦穆公为她建了一座高楼，称为凤台。

弄玉日日在凤台之上吹笙，乐声婉转，许多人慕名前来提亲，但都被弄玉用音律考核筛选掉了，竟无一人能入她的眼。

一日，月光皎洁，弄玉如往常一般在凤台上吹笙，隐约听见远处有箫声应和，声音美妙绝伦。那天夜里，弄玉做了一个梦。她梦见一位潇洒无比的青年跟她说，自己叫萧史，住在华山，盼望一见。

神异档案

异能：出现则天下太平

形态：鸡形，身披彩羽，五处带字

地域：丹穴山

弄玉将这件事告诉了秦穆公，秦穆公派人去找，找到一位擅长吹箫的青年，一问名字，果然叫萧史。

两人一见钟情，将彼此视为知己，很快便结为了夫妻。他们伉俪情深，日日都在凤台合奏，一时传为佳话。

又一日夜里，他们正在对月吹奏，忽然天边泛起金光，一龙

一凤沐浴着金色的月光飞来。长龙驮着萧史，金凤驮着弄玉，竟在悠扬的乐声中向天际飞去了。

秦穆公知道此事后立刻派人去找，却不见他们的踪影。百姓认为他们是得道成仙了，便为他们在华山建造了玉女祠。

他们的传奇故事流传至今，便有了吹箫引凤这个典故，而这里的“凤”，据说就是凤凰。

成长小站

引凤登仙的故事只是美好的传说，但人们在沉浸式钻研有益的兴趣爱好时，的确会感受到“登仙”一般的快乐哟。

经典重现——《山海经·南山经》

“有鸟焉，其状如鸡，五彩而文，名曰凤凰，首文曰德，翼文曰顺，背文曰义，膺（yīng）文曰仁，腹文曰信。是鸟也，饮食自然，自歌自舞，现则天下安宁。”

10

tuó 橐 féi 𩇯

神异档案

异能：佩其羽不畏雷电

形态：枭形，人面一足

地域：羭次山

很久以前，有个渔村叫碧落村。因为这里临近大海，常年潮湿，树木众多，人们的祠堂和屋舍总是被雷电劈坏。

每次遭难，村民们就必须修缮房屋，否则便无家可归，可这一修，就要耽误捕鱼。

为此，碧落村的村民们时常举行祭祀仪式，祈求风调雨顺。有个叫阿勇的青年，每次祭祀时都哭得无比伤心。

他是个孤儿，小时候父母出去捕鱼就再也没有回来。现在他好不容易长大成了家，有了儿子，过上了稳定的生活，可是雷电频频让他遭受财产损失。

这一日，雷电劈中了他的屋舍，劈死了猪、羊，将他的财产毁了大半，阿勇手头拮据得连买小猪崽的钱都没有了。

儿子嗷嗷待哺，妻子难过得要回娘家生活，阿勇在安抚他们睡下后，跑到门外放声大哭。

他边哭边喊："苍天啊，我这可怎么活啊！谁能来帮帮我，只要让我的屋子和家畜不再被雷劈，我怎么都行啊！"

就在这时，神奇的事情发生了。阿勇虔诚的祈祷被一只路过的鸟听到了。它脱离了鸟群，落到了地面上。

只见它身形像猫头鹰，却长着人的脸，而且

只有一条腿，很是奇怪。

阿勇满腹愁情，以为这只鸟也是遭受了伤害才变成独腿的，便向大鸟诉说了自己的遭遇。谁知大鸟竟用翅膀拍了拍他的肩表示安抚，又拔下自己的一根羽毛递了过去。

“我可以满足你的心愿，不要哭了。”

阿勇惊呆了，这个世界上竟然有这样的神鸟。还没等他反应过来，那只神鸟便自我介绍道：“我是橐𩇯，这根羽毛给你，你把它挂在你家里，就不用再怕雷电。但是，你不能向任何人泄露这个秘密，不然……”橐𩇯的话还没说完，阿勇就答应了下来。

阿勇将这根宝贵的羽毛挂在家中，嘱咐妻子千万别取下。果然，雷电再未劈过他的房屋和家畜，连周围也没有雷击痕迹了。

久而久之，妻子感到好奇，追问几次后，阿勇忍不住把遇到橐𩇯的秘密告诉了妻子。

妻子听后十分惊喜，希望他再为祠堂求一根羽毛，毕竟祠堂一遭雷劈，全村人都必须去抢修。阿勇觉得妻子说得很有道理，于是又向橐𩇯求了一根羽毛。

橐𩇯十分慷慨，将羽毛赠予了他。

可人总是贪心的，不久之后，阿勇又请求橐𩇯给他和妻子各一根羽毛防身，这样出海捕鱼也就不怕雷电了。

橐𩇯一一答应，还给了他的儿子一根。阿勇也大方地拿出食物招待它。可时日一久，便有村民发现了端倪：整个村子怎么唯独阿勇家再未被雷电劈过呢？于是在一次醉酒后，同村的一位村民从阿勇嘴里获知了这个秘密。他带着钱财求阿勇给他一根羽毛。阿勇本想拒绝，却被财宝迷惑，动了其他心思。在橐𩇯又一次来做客时，阿勇假装闲聊，打听起了橐𩇯的家乡。

橐𩇯告诉他，自己住在羭次山，山上有丰富的铜矿和玉石，更重要的是，那里住着许多橐𩇯，它们的羽毛都可以避雷电。

这下可把阿勇高兴坏了，他心想：如果把它们的羽毛全部拔下，再高价卖给村民，甚至以后去往更远的地方售卖，我岂不是能发大财？

他与橐𩇯分开后便偷偷联络村民，向他们收取高额定金，并承诺自己将为他们找来防雷电的羽毛。

可还没等到他出发，察觉事情有异的橐𩇯就偷偷收走了所有羽毛。

"轰——"，一道惊雷劈在了他的房屋上，整间屋子都垮掉了，一家三口差点儿被砸死。橐𩇯看了看凄惨的阿勇，留下一句话："你没有遵守承诺，不配做我的朋友，没有我引路，你也永远都不可能找到我的家乡。"而后便飞走了。

阿勇在雨中欲哭无泪，后悔不该违背当初的约定。村民们见阿勇的房屋都被雷劈了，便纷纷向他要回了定金，还骂他是个骗子。就这样，阿勇被赶出了碧落村。

成长小站

守诺重信利人利己，不讲诚信的人自然也不值得他人信任，只能成为人人喊打的骗子。

经典重现《山海经·西山经》

"有鸟焉，其状如枭，人面而一足，曰橐𩇯，冬现夏蛰，服之不畏雷。"

11 鸓（lěi）

翠山上生长着棕树和楠树，山下是箭竹丛，南面盛产黄金、玉石，北面有许多牦牛、羚羊和香獐。除此之外，这儿还生活着一种吉鸟，叫作鸓。

鸓的样貌像喜鹊，却长着两个脑袋和四只脚，羽毛呈黑红色，比一般的鸟要强壮不少，还十分擅长捕猎。

翠山山脚下有个小村子，生活着不少人，因为翠山资源丰富，在此讨生活很容易。不过人一多，意外也就多了起来。由于大家的房屋都是用木头或者茅草搭建的，一家起火，就会殃及旁边的屋舍，烧起来后难以控制。

这天，村子里搬来了一个叫青阳的少年，他探索欲强，人也很细心，没几天就把翠山玩了个遍，发现了鸓这个物种。一开始青阳并未在意这种怪鸟，直到某次起火，他去救火，意外发现与受灾房屋相连的一座木房子平安无事，而旁边与受灾房屋隔开的屋子反而被烧了个精光。事后，他回想起了起火时那座房子上正好停了一只怪鸟，觉得有些蹊跷。于是，他画了一张鸓的画像，四处调查打探。经过十几个村民证实，此鸟栖息的翠山虽然植被茂密，但是确实没有发生过火灾。青阳想，难道它是能抵御大火的吉鸟吗？

青阳又多番查找古籍资料，了解到传说中掌

神异档案

异能：抵御大火

形态：鸟形，浑身赤黑，两首四足

地域：翠山

管火的朱雀正是通身赤红的，而鹖的毛色与之相似，于是他更加相信了自己的猜想。

很快，青阳设下陷阱捉了一只鹖回去。后来的一次火灾中，青阳的房屋毫发无伤，他高兴地把这件事情告诉了邻居，让他们也去捉一只鹖养在家中。

一传十，十传百，很快，村子里的人都知道了这个秘密。大家纷纷前往翠山抓捕鹖，最后，几乎每家每户都有一只鹖。人们很开心，可鹖失去了自由，整日被关在笼中，撕心裂肺地哀鸣，最后纷纷抑郁而死。

人们虽然对此感到惋惜，可是谁也不愿意牺牲自己的利益还鹖自由，家中的鹖死了就再去翠山捕捉，翠山上的鹖数量急剧减少。余下的鹖亲眼见到了同伴的遭遇，心灰意冷，渐渐都飞离了翠山。

某天，一户人家在山上烤肉，粗心大意引发了火灾，没有了鹖的保护，翠山的火势越来越大，经风一吹，火星子点燃了整个村庄。最开始，那些豢养着鹖的屋舍还没有被烧毁，可随着火势蔓延，温度升高，木制的鸟笼都被烤裂了。没有了束缚，鹖纷纷逃走，村庄彻底失去了鹖的庇护。看着一片倒塌的屋舍，人们终于意识到是自己的自私毁坏了原本美好的家园，而最开始发现鹖能够抵御大火

的青阳更是自责万分。他站了出来，呼吁人们重建家园，不再捕捉鸓。

就这样过去了一年，翠山上又开始出现鸓的身影。之后翠山再也没有发生过火灾，而村子里的人们用火也更加小心了。

成长小站

许多灾害都是可预防的，鸓虽有抵御大火的能力，可它们并不是人类的奴仆，还是得人类自身注意安全用火、小心用火才行哟。

经典重现 《山海经·西山经》

“其鸟多鸓，其状如鹊，赤黑而两首，四足，可以御火。”

12 凫(fú)徯(xī)

鹿台山是座美丽的山，盛产白玉，山中有银矿，还有羬羊和白豪猪等动物。

不过鹿台山上最出名的还是凫徯，它的身子像雄鸡却长着人脸，好战好斗，眼神锐利，似乎随时都会与别的动物开战。

刚开始，鹿台山附近几个部落的人并不了解凫徯，见到它时还觉得十分新奇。因为没有人见过长着人脸的公鸡，所以大家并不会阻止它们在部落里走来走去，甚至还会好奇地去围观，拿着食物喂给凫徯吃。

奇怪的是，每次凫徯一来，当地就会爆发或大或小的战争，百姓流离失所、连连伤亡。可是凫徯一走，战争便会很快结束。这样的事情接连发生了几次，有人便起了疑心。

那人偷偷跟着凫徯，发现凫徯走到哪里，哪里就会发生战争。这个人把消息传播了出去，大家饱受战争摧残，听到了这个消息后立马就开始驱赶凫徯。但凡遇到人面鸡，人们就赶尽杀绝，希望战争再也不要发生。

凫徯不会飞，赶走它们相对容易，可是有一日，部落里突然来了一批会飞的凫徯。人们害怕极了，便成群结队地去驱赶，可这群凫徯的数量实在太多，众人辛苦了整整一日也未能将它们全数赶跑。大家都惊慌地等候战争爆发，结果一连

神异档案

异能：引来战争

形态：鸡形人面

地域：鹿台山

几日都太平无事。正在人们困惑不解时，一个青年看出了异样：眼前的这群怪鸟虽然外形与凫徯相似，但它们受到人类驱赶时会一蹦三尺高，而以前那群不会飞的凫徯是没有这种举动的。经过对比验证，还真是这样，于是人们将这群像凫徯而不会引来战争的怪鸟取名竦斯。有了区分标志后，人们便开始将所有精力都用于精准驱赶凫徯。很快，这个地方就恢复了安宁，而无害的竦斯也自由地在这里栖息。

虽然这里的人们对凫徯避之不及，但传闻有一个残暴的部族很崇拜这种鸟。他们到处征战，抢夺粮食和地盘，滥杀无辜，而他们的战旗上绘制的就是凫徯。只是他们的挑衅和好斗使他们犯下众怒，很快就被其他部族联合起来消灭了。

成长小站

无论是引战者还是好战者，都不会受到人们的欢迎。因此，大家要努力用实际行动维护和平哟。

经典重现 《山海经·西山经》

“有鸟焉，其状如雄鸡而人面，名曰凫徯，其鸣自叫也，现则有兵。”

13

mán mán
蛮蛮

现在的人常以比翼鸟喻指夫妻恩爱，但在很久以前，比翼鸟还不叫比翼鸟，而是叫蛮蛮。蛮蛮长得像野鸭子，却只有一只翅膀、一只眼睛，所以它们没办法独自飞翔，需要两只蛮蛮并在一起才能出行。人们看见它们总出双入对，在天上比翼齐飞，便给它们取了比翼鸟这个名字，将它们视为情深的象征。事实上，蛮蛮是一种灾鸟，它们出现的地方会发大水。可是大家不舍得伤害它们，认为相依不易，反而把蛮蛮绣在锦帕上送给心仪的对象，传达爱慕之意。

传说在战国时，宋国大臣韩氏和他的妻子何氏恩爱有加。可当时宋国的国君荒淫昏庸，喜爱美女，竟然看上了臣妻，也就是何氏。他把何氏强掳到宫中，韩氏气愤不已，跪在宫门前大声叫喊。国君觉得他这样过于惹人注目，便想用财宝收买他，可韩氏对妻子一往情深，无论如何都不肯答应国君。

国君一怒之下便瞎编了一个理由将韩氏关了起来，蛮横地霸占了韩氏的妻子，并对手下说："韩氏实在愚蠢！孤是一国之君，难道不比他要好？那个何氏说不定还会因为孤看上她，高兴得手舞足蹈呢。"

可是一切并未如国君所料，何氏对丈夫忠贞不贰，也是块"硬骨头"，她断然不肯屈服于国

神异档案

异能：引来水灾
形态：鸭形，一翼一目
地域：崇吾山

君。她以绝食抵抗，宁死不从，还暗中托人给丈夫送信，诉说自己的绝望。何氏苦苦煎熬，已经有了死志。

韩氏见到妻子如此，忧心忡忡，日日思念妻子。

有一日，国君强迫何氏陪自己出门游玩，何氏不堪其扰，找到机会就从高高的楼上跳了下去。韩氏知道后心灰意冷，没有了重逢的希望，便选择在狱中结束了自己的生命，随何氏去了。

国君震怒，发了好大的火，为了报复他们对自己的“冒犯”，竟命令手下将他们的尸体分别葬在河的两岸，让他们生不能在一起，死也不能同穴

合葬。

没承想，几天之后，神奇的事情发生了：韩氏与何氏的墓边各自长出参天大树，两树树枝缠绕到了一起，像极了两人用力拥抱的姿态，大家都说这是连理枝。又过了几日，树上多出了两只只有一只翅膀的奇鸟，它们并在一起飞行，仿佛恩爱的夫妻，还在两棵树交缠的地方筑巢，被唤作蛮蛮，也叫比翼鸟。随之，此处还发起了大水。

国君心中惶恐，不敢再做什么，百姓也知道了他干的丑事，他们在唾弃国君的同时又感叹：这一定是韩氏与何氏的爱情感动了上天！后来，世人便用比翼鸟和连理枝赞美夫妻恩爱。

成长小站

真情是不可以通过暴力手段得到的，唯有以真心换真心，才能收获真情。

经典重现《山海经·西山经》

“有鸟焉，其状如凫，而一翼一目，相得乃飞，名曰蛮蛮，现则天下大水。”

14 毕方

bì fāng

毕方住在章莪山中，它长得像仙鹤，但只有一条腿，脖子修长，羽毛是美丽的天青色，上面还有红色的花纹，嘴是白色的。

毕方不吃五谷，只吞食火焰，是司火之神。但是因为其出现时会给当地带来火灾，所以人们都认为毕方是灾鸟。

传说在黄帝杀蚩尤，平定了各大部落之后，九头蛇怪相柳心中不平，在南方召集了各部落士兵和一些妖魔鬼怪与黄帝对抗。黄帝也不甘示弱，为了一统华夏地区，亲自迎战，率领部下前往南方诛杀相柳。

黄帝的战车是蛟龙所拉，威风八面，冲在军队的最前方。可当军队行进到泰山附近时，忽有迷雾遮住了他们的视线，又有沼泽拦路。无数的蛇虫毒物从沼泽里爬出作乱，有的啃咬军士，有的将他们往沼泽里拽。

士兵们在混乱中呼救，有人叫喊道："这一定是相柳在作怪！他设了埋伏想困住我们！"

雾气让行军变得缓慢而危险，士兵们也没办法继续跟随黄帝，黄帝只好独自乘着战车前进，而这正是相柳的目的。就在黄帝的战车到达沼泽中部时，泥沼里突然伸出了无数只骷髅手，又相继爬出了许多巨大的毒虫和蟒蛇，缠困住了黄帝的战车，还一直往下拖拽，准备将黄帝连人带车

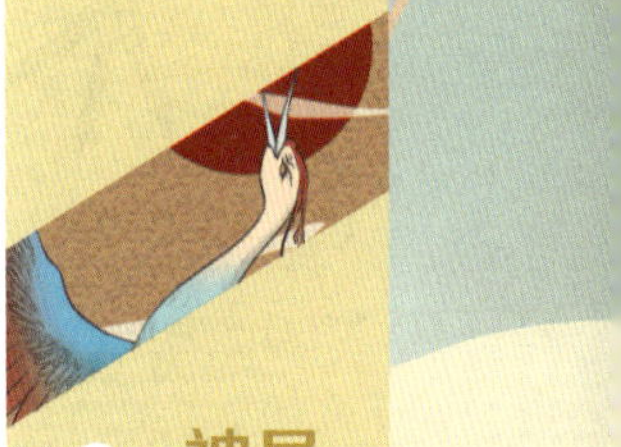

神异档案

异能：引来火灾

形态：鹤形一足，身带红纹，青羽白喙

地域：章莪山

拉入泥沼深处。

拉车的蛟龙拼死抵抗，但寡不敌众，战车仍在缓慢下沉。就在黄帝绝望之时，毕方如疾风闪电，自天际飞来。它扇动着巨大的羽翼，经过哪里，哪里的浓雾就会散去，泥沼中的水分也随之蒸发，变成了干硬坚实的土地，而正在奋力往外爬的毒虫、蟒蛇也一起被卡在了土块之中。很快，黄帝的战车便脱困了，连之前困在泥沼里的士兵也赶了上来。为了护黄帝万全，毕方一直盘旋在黄帝的战车之上，直到将他平安送离泥沼。

事后，士兵们感念毕方恩德，不再将其当作灾鸟，而是广为宣扬它的功德。据说后来，有个地方发大水，还有人看见毕方控火退水救人。

毕方不但没给人们带来灾难，反而利用自己的能力去帮助人，所以人们也很尊敬它，甚至还有人揣度，它应当是火神祝融的坐骑，自带神光。

成长小站

有才能很重要，而将自己的才能用在正确的地方更重要。行大义，会带来火灾的毕方也可以成为世人敬仰的英雄哟。

经典重现 《山海经·西山经》

“有鸟焉，其状如鹤，一足，赤文青质而白喙，名曰毕方，其鸣自叫也，见则其邑有讹火。”

15

chī
鸱

三危山中有许多神奇的动物，西王母的侍从三青鸟就居住在这里。此外，这里还生活着一种怪鸟，名叫鸱，它有着一个脑袋、三个身子，是一种壮实的猛禽。据说，鸱是三青鸟的后代。因此，这种鸟虽然不具有神的地位，但还是跟普通鸟类有着天壤之别，很有灵性。

三危山下有一个名叫赵顺的青年就遇到过这种神奇的鸟。

一年冬天，赵顺像往常一样去邻近的村庄做交易。回来时，他遇到了一只受伤的怪鸟。赵顺心想，如果放任不管，它可能就会冻死在这里。

赵顺于心不忍，便把怪鸟带回家养伤，还给它喂食，等它养好伤后，才将它放生。怪鸟十分感激赵顺，依依不舍地在他身边盘桓了几圈才飞走。后来，这只鸟还时不时回来看赵顺，赵顺觉得它机灵知恩，也常常给它准备丰盛的食物。

没承想，有一日鸱来赵顺家见恩人，却迟迟没有等到赵顺。它在空中搜寻了好半天才发现，赵顺在过河时失足落水，虽然被人救上了岸，但此时仍处在昏迷中。

大家试了各种救助方法，可赵顺就是毫无反应，大家也不知道该怎么办才好了。

这时，敏锐的鸱发现，有一团混沌的邪气正聚积在赵顺的周围，仿佛准备吞噬赵顺健康的身

神异档案

异能：无

形态：鸟形，一首三身

地域：三危山

体。这时，鸱忽然长鸣一声，迅猛地冲过去想驱散那团邪气。这一举动可把围观的村民吓坏了，大家见它长相如此奇怪，都认为它是不祥之物。有人呵斥它，有人挥手驱赶它，可鸱无动于衷，始终犀利地盯着赵顺身旁的那团邪气。村民们担心它伤害赵顺，便捡起路边的石头、树枝丢鸱，想把它吓跑。

鸱毫不畏惧，一次又一次地俯冲过去。它的头被人们砸破了，开始流血，羽毛也被砸掉了几根，可是鸱仍然不肯走。它围绕在赵顺身旁，发出凄厉的悲鸣。

终于，有人发现了它的意图，出声提醒："这只怪鸟好像不是想伤害赵顺，大家先别打它。"

大家将信将疑地住了手，只见鸱再次来到赵顺身边，张嘴在他头顶鸣叫，声音高亢而凄厉，仿佛一曲定魂歌。慢慢地，赵顺竟然睁开了

眼睛，身子也慢慢动了起来。

人们惊奇不已，赵顺也很感谢鵸，还在院子里给鵸雕了一座石像，年年供奉，以表尊敬。

虽然鵸没有什么异能，但它知恩图报、奋勇驱邪的故事却广为流传。这种鸟也成了当地居民喜爱的吉鸟，世世代代与人们和谐共处。

成长小站

所谓的邪气或许只是古人对于某种不明病因的称呼，并不真实存在。鵸的故事包含着人们对善良与知恩图报的赞扬，有这两种美德的人，总是会幸运一些哟。

经典重现 《山海经·西山经》

“有鸟焉，一首而三身，其状如鸮（luò），其名曰鵸。”

16

鵸（qí）鵌（tú）

神异档案

异能：食其肉不做噩梦，抵御凶邪

形态：乌形，三首六尾

地域：翼望山

在很久以前，翼望山附近有个部落，常年遭受怪物骚扰，人们烦心不已，可没人知道那究竟是什么怪物。据侥幸从它手下逃生的人描述，这个怪物长得不人不兽，毛发旺盛，不会说人话，喉咙里总是发出“呜呜”的声音，像极了野兽嘶鸣，恐怖极了。

人们觉得这种怪物就像是魔鬼，憎恨它，却又拿它毫无办法。俗话说“有毒药的地方就会有解药”，人们的“解药”就在翼望山上。

翼望山不长草木，光秃秃的，但盛产金属矿石和玉石，山中还有一种鸟，叫鵸鵌，它长得像乌鸦，但有三个脑袋、六条尾巴，是一种吉鸟。

鵸鵌很爱叫，它鸣叫起来就像是人在开怀大笑，每次都能把人们逗乐，大家都喜欢鵸鵌。鵸鵌从不伤害人类，反而很亲近人类，它时常飞下山，随意地落到人们的肩膀上，接受人们的喂养和夸赞。

就是这种可爱的鸟，它可以抵御凶邪，是对付那种怪物的“解药”。如果人吃下它的肉，便能不做噩梦，一夜好眠。可是部落里的人爱护鵸鵌，谁也不愿意去伤害这样可爱的小鸟。

不过一锅好汤里也可能掉进“老鼠屎”，有个叫言的小伙子就打起了鵸鵌的主意。他平日里游手好闲，不肯吃苦工作，瞒着大家偷偷抓捕鵸鵸。由于鵸鵌亲人，言稍加哄骗便可抓到好几只。得手之后，言会拔光它们的羽毛去很远的交易场上售卖。鵸鵌能抵御凶邪、驱魔赶怪的名声早就传播出去了，许多人慕名前来购买，很快那些羽毛便销售一空；言还将鵸鵌的肉切成块卖出去，不想做噩梦或者猎奇的人也前来购买，几只鵸鵌一天就卖光了。

言赚得盆满钵满，越发不想劳作了。他日日去抓鵸鵌，瞒着部落里的人杀害了许多鵸鵌。听人说带山上可能有更美丽的鵸鵌后，他更是蠢蠢欲动。

他想，带山的鵸鵌一定能卖更高的价钱。为了不让旁人知晓这个发财的门路，他趁着夜色偷偷离开部落，前往带山。可他刚出门，便遇到了那个吃人畜的怪物，这可把言吓坏了。他大声呼救，可是夜深露重，大家都睡着了，言走的又是小路，更是无人回应了。

“扑扑——”

正在此时，几只鵸鵌飞了过来，言看见了希望，叫喊得更加卖力了。他希望鵸鵌帮他赶走怪物，可是鵸鵌的同类连日来被言抓走杀害，灵鸟们把他的恶行都看在眼中，以为这又是言的骗术，所以没有一只鸟前去帮忙，都是看了一眼就飞走了。就这样，言在绝望中被怪物吃掉了。这事直到好几天后才被部落里的一个猎户发现，大家还在他的家中发现了许多被关起来的鵸鵌。大家都说，他这就是自作孽不可活。

没有了言，鵸鵌又快乐地来往于部落和翼望山之间，帮人类驱赶凶邪、怪物，人们也对它们爱护有加，日子就这么平静而美满地过了下去。

成长小站

事物与事物之间存在着普遍的联系，如果一个人总是做坏事、种恶因，那终有一日他会自尝恶果，为自己的行为付出代价。

经典重现《山海经·西山经》

“有鸟焉，其状如乌，三首六尾而善笑，名曰鵸鵌，服之使人不魇，又可以御凶。”

17

rén miàn xiāo

人面鸮

神异档案

异能：带来旱灾

形态：鸟形人面，猿身犬尾

地域：崦嵫山

于江是部落的守墓人，负责守护历任首领的陵墓。他的家族世代居住于崦（yān）嵫山，承担守墓的职责。

他还是个天生的猎手，为了在山中生存，捕猎、生火、做饭样样精通。山脚下的猎户也偶尔会来请于江帮忙，大家都十分喜欢这个热心善良的小伙子，但于江也有烦恼。

他守护的陵墓靠近水源，因此总是发潮，会损毁墓室。于江是个负责的守墓人，他修了许多小型的排水渠道处理积水，又加厚了墓壁使墓室干燥，但是都治标不治本。于江一直在找寻解决之法。直到有一天，一个猎户急匆匆地找到了他，求他出面帮忙铲除怪物。

原来山下出现了一个怪物，所到之处花草枯萎凋落，河流几近干涸，地上还有它的大脚印。

猎户们吓坏了，害怕这个怪物进到院子里伤害到家人，而这里捕猎经验最丰富的就是于江了。于江毫不犹豫地站出来答应了这件事。在一番调查过后，他开始设起了陷阱。

于江在怪物常出没的地方放上了香喷喷的食物，一路将怪物引去了一片空地，在那里有个巨坑，坑中全是竹刺，只要怪物掉下去便不能再爬上来。而且，那些食物中还被于江加入了带有麻痹作用的药粉，只要怪物吃进去，用不了多久就会全身瘫软无力的。到时候，即便怪物没有走入陷阱，大家也能合力将其制服，这是双重保险。

准备好一切后，于江开始守株待兔。到了第五晚，于江终于等到了这个怪物，但是所谓的怪物只是一只鸟。

这种鸟很奇怪，它长得像猫头鹰却有着人的脸、猿猴的身子，还长了一条狗尾巴，可谓是四不像。于江听家中的老人说过，这种怪鸟叫人面鸮。

人面鸮是一种灾鸟，但凡它出现，不日就会大旱，庄稼颗粒无收，无数农人的心血将付诸东流。因此人们厌恶它、驱赶它，只要它出现，几乎是人人喊打。

这只人面鸮估计就是这样被赶到这儿来的，它不敢再用真面目见人，便故意设法留下奇怪的大脚印隐瞒身份。

人面鸮被于江的食物吸引，边吃边走，很快就晕了过去，醒来后发现自己被捉，号啕大哭。于江审问了它，发现人面鸮其实并不想害人，只是因为它生来就是灾鸟，实在没有办法。

于江可怜它，人面鸮也恳求他收留自己。于是于江仔细询问了村民，之前有没有人面鸮害人性命的事情发生，结果发现它确实连只家禽都没有伤害过。

于江见它无害，便将它带入崦嵫山，远离猎户的家，住进了墓穴。

谁知道，人面鸮致干旱的能力在墓中发挥得淋漓尽致，成功帮于江解决了墓室潮湿这个令人头疼的问题。据说，人面鸮就是这样在崦嵫山安定下来的。

成长小站

是金子总会发光的。人面鸮虽然会导致干旱，但将这个能力用在守护潮湿的墓穴上，便是变灾为宝。我们也要学会灵活运用自己的能力哟。

经典重现《山海经·西山经》

“有鸟焉，其状如鸮而人面，蜼（wèi）身犬尾，其鸣自号也，现则其邑大旱。”

18

qīn yuán
钦原

在很久以前，有一种鸟让人们十分厌恶，它叫钦原。

钦原长得像蜜蜂，大小却跟鸳鸯差不多。虽然它并不凶狠，却有着很强大的破坏力。

最开始钦原还是很受人们欢迎的。相传在昆仑山附近的一个小部落中，还发生过争夺钦原喂养权的故事。

一天，一只钦原误入了这个宁静的小部落，人们见它长得可爱，纷纷给它喂食，不少人家更是当即表示要豢养它。经过一番“唇枪舌剑”，迷路的钦原最终被猎奇的养牛富户领养。可是当夜，钦原就蛰死了十来头牛，导致这家人承受了巨大的损失。由于钦原实在珍奇，主人家也不好打死它出气，于是便将它转送给了第二户没养牲畜的人家。

第二户人家的家主是个爱养花的人，家中种植了许多奇异的花草，房子也布置得十分美观。家主心想：奇花配奇鸟，这才叫奇妙。于是那家人兴冲冲地将钦原带了回去。花草之间蝴蝶飞舞，钦原一时兴起便去追蝴蝶玩，结果一不小心就蛰到了奇花异草，转眼间那些花草都干枯凋落，失去了往日美好的颜色。这下家主的“奇妙梦”算是彻底破灭了，毕竟这儿的许多植物都是从悬崖峭壁上挖来的。于是，家主只能愤怒地将

神异档案

异能：鸟兽被蛰则死，草木被蛰则枯

形态：蜂形，大如鸳鸯

地域：昆仑山

钦原赶了出去，还忍不住踹了钦原一脚。本以为大家都会害怕，不想第三户人家又兴高采烈地将钦原带了回去。

第三户人家既没有养牛，也没有种花，心想定是万无一失的。他们就想让钦原陪自己六岁的小儿子玩。他们老来得子，很是珍惜这个孩子，而钦原这种像蜜蜂一样的动物，又是那样的奇特可爱。与其让孩子四处疯跑，还不如养一只钦原“拴”住孩子的心。果然，他们的小儿子一见钦原就高兴得不得了，还乐呵呵地去扯钦原的羽毛。夫妻俩也没有去管，谁知才半个时辰的工夫，男孩儿就因为追着钦原玩耍，自己撞上了它的嘴，中毒了。

夫妻俩痛心不已，还好孩子中毒不深，很快就被治好了。经过这几件事，整个部落的人都知道了钦原的危险，夫妻俩将钦原赶了出去，也再没有其他人敢收留钦原了。

它无处可去，名声也臭了，跑到哪里都有人说它是毒物，甚

至还会有人对它拳脚相加。最终，精疲力尽的钦原晕倒在了昆仑山下，被一个叫陆吾的天神收留了。

陆吾温和地说：“我是神，所以我并不害怕你，你尽管在这里住下来。”

钦原并不相信有人会接受自己，陆吾却开解它：“生下来就有的能力怎么会有罪呢？没有罪恶的能力，只有用错的地方。”

陆吾把钦原带在自己身边，让它随自己出战，降妖除魔，守护一方和平。在战斗中，钦原的能力也得到了完美的发挥：被它蜇过的敌人无一生还，它不怕毒瘴泥沼，每每战斗，都冲在第一位。钦原也在战斗中逐渐变得自信起来，成为陆吾手下的一员猛将。

成长小站

猎奇不等于有好奇心，对于一些不常见但美丽的鸟兽，大家切不可盲目捕捉饲养哟。

经典重现《山海经·西山经》

“有鸟焉，其状如蜂，大如鸳鸯，名曰钦原，蠚（hē）鸟兽则死，蠚木则枯。”

19

wén yáo yú
文鳐鱼

神异档案

异能：其肉可治疯癫病，出现则天下丰收

形态：鲤鱼形，鱼身鸟翼，身带青纹，白首赤喙

地域：泰器山

观水里生活着一种文鳐鱼，它长得像鲤鱼，却有一对可以飞翔的翅膀，背上长着青色花纹，十分美丽。它还有着白色的脑袋和红色的喙，叫声与鸾鸡的啼鸣很像。

文鳐鱼是一种吉祥的鱼类，只要它出现，人间便会五谷丰登。不过最为神奇的是，这种鱼类的肉能够治疗疯癫病。

相传在观水附近有一个小部落，部落里生活着一位老巫医，他的名字叫夷风。

有一日，一位患者家属找上了夷风，求他治疗儿子的癫狂病，但夷风并不擅长医治这种病症。他自觉万分抱歉，又见那人一脸倦容，便送了自己煮的鱼汤给他喝。

家属接过鱼汤遗憾离开，没承想，到了第二日，那人竟然登门拜谢，还带来了自己大病初愈的儿子。他在夷风门口直呼："您救了我家小儿一命，我特来感谢！"

说着，他们就将五六头羊送给了夷风。夷风摸不着头脑，在这家人的感谢声中才得知：那人端着鱼汤心里难过没有喝，又由于没有求到药，回去便将鱼汤喂给了生病的儿子，谁知那一碗鱼汤竟治好了他儿子的癫狂病。

这时夷风才想起来，那天煮的鱼是一位住在观水旁的朋友送给自己的，说是叫文鳐鱼。

这下子可把夷风点醒了，他默默送别了感激他的那家人，而后，便开始对外宣扬自己能治疗癫狂病，背地里却偷偷捕捉了无数文鳐鱼，晒干入药，称为天赐神药。来求医的人发现夷风确实有本事，就这样，他的名声越来越大。夷风四处治病，得到的牛羊牲畜家里关都关不下了。很快，他就把治病救人的医者本色忘光了。再后来，他便只给首领、长老这些有身份地位的人看病，而不管普通族人的死活，靠着这一身“好医术”赚得盆满钵满。

有一日，他正准备去给一位长老看病，路上遇到了一个叫西奥的青年。西奥的弟弟患有癫狂病，发病时语无伦次、喜怒无常、神志不清，还亢奋暴躁，有时打人毁物，有时抑郁沉静。

弟弟还小，西奥不希望他以后变成疯子。他拦住夷风求药，夷风却开出了天价。西奥家境贫寒，便只好偷偷跟踪夷风，盯着他抓药，想要背下药方。没过多久，西奥就发现了端倪。

夷风每次配治癫狂病的药，除了一种神秘的药材外，其他都是随意抓取的。西奥想，可能就是这种药材在发挥作用。

西奥沉住气，继续跟踪，正巧碰到夷风那种药材用完了。见夷风离开了部落，西奥也跟了上去，结果一路跟着他跑到观水旁，发现了文鳐鱼的秘密。

西奥也学夷风抓来了文鳐鱼治疗弟弟，结果药效称奇。他欣喜若狂，把这个大好消息告诉了许多病友。那些没钱买药的百姓得到了救治，不过这一举动也惹恼了夷风。他将西奥告到了首领那里，称西奥偷走自己的药方。西奥被抓了起来，结果激愤的族人纷纷站出来替西奥求情，并状告夷风天价卖药、勒索钱财。首领为人正直，立马便让人将西奥放了，他还下令，往后在本部落之内，癫狂病药方人人可用。

由于部落内并非只有夷风一个巫医，他很快就没了生意，名誉扫地了。

成长小站

诊病赚钱本是正途，夷风却被金钱迷惑了双眼，将药物开出天价。可见君子爱财，也必须取之有道，不然正途也会变成邪路。

经典重现　《山海经·西山经》

“是多文鳐鱼，状如鲤鱼，鱼身而鸟翼，苍文而白首赤喙，常行西海，游于东海，以夜飞。其音如鸾鸡，其味酸甘，食之已狂，现则天下大穰。”

20

rǎn 冉 yí 遗 yú 鱼

神异档案

异能：食其肉不做噩梦，抵御凶邪

形态：鱼身蛇首六足，目如马耳

地域：英鞮山

英鞮山上生长着许多漆树，还盛产金属矿物和玉石。奇怪的是，这座山上的飞禽走兽都是白色的。涴水发源于此，水中有一种名叫冉遗鱼的生物，更是十分稀奇。它有着鱼的身体、蛇的脑袋、马耳一般的眼睛，还有六条腿，能在水中飞快地游。

因为它长相奇特，附近的人并不吃它，见到它都躲着走。唯独一个名叫尚宝的小孩儿，非常喜欢这种奇怪的生物，甚至还捞了一条冉遗鱼养在家中的水塘里。

尚宝活泼调皮，上树摸鸟蛋，下河捉鱼，追赶别人家的鸡，偷吃神庙的祭品……捣蛋的事迹整个部落都知道。

有一日，尚宝不知道去哪里玩了，深夜还没回来，尚宝的家人便出门寻找，整整找了两个时辰才在一条黑乎乎的小路上发现了昏迷的尚宝。尚宝回家后高烧不退，口吐白沫，不断抽搐还翻着白眼，家人连夜就把尚宝送到了一个懂医术的邻居家中。邻居看后认为可能是伤寒，可是几服药下去尚宝仍不见好，于是便有人提议道：“会不会是中邪了？或许是看见了什么猛兽树影被吓到了？你们赶紧去找部落里懂驱邪定惊的巫医看看吧！”

尚宝的家人马不停蹄地找来了巫医，但还是

无济于事。这下，尚宝的家人也没法子了，只能先把尚宝带回去，让他慢慢休养。尚宝的母亲还特意将孩子平时最喜欢的冉遗鱼装在了水缸里，又将水缸挪到了尚宝的床边陪伴他，希望孩子在病中见到心爱之物能够心情愉快，早日好起来。谁知仅过去一天，尚宝竟奇迹般地康复了。那位巫医听说此事，特意上门来看。他在尚宝家四处检查了一遍，最后把目光投向了水缸里的怪鱼。

巫医惊呼："啊！这不正是传说中能够抵御凶邪之气的冉遗鱼吗？"

这件奇事一传十，十传百，很快大家都知道了。可人们并没有因此保护冉遗鱼，而是纷纷捕捞它据为己有。因此，涴水里冉遗鱼的数量急剧减少。

尚宝知道此事后十分愧疚，也不再调皮捣蛋了。可他再怎么劝说大家也无济于事，没有人肯放掉捕捞来的神鱼。于是尚宝模仿起了之前的病状，甚至装得比之前更严重。

这可把大家吓坏了，不是说冉遗鱼能驱邪定惊吗？怎么才几天时间，孩子反而病得更严重了呢？大家纷纷上门探望尚宝。

只见尚宝先是假装昏迷，又突然开始抽搐，接着又清醒过来，喝了一口水才缓缓开口说：“我刚才做了一个梦，梦里冉遗鱼神十分生气，它说如果人类再因为一己之私大肆捕捞它的同类，一切病痛都会加倍反噬到人类身上。”

说完，尚宝还嘱咐母亲放生了自家的那条冉遗鱼。

果然，将鱼放走后没过两天，尚宝又活泼地出现在了田间地头。部落里的人见状纷纷效仿，再也没有人敢大肆捕捞冉遗鱼了。

成长小站

尚宝通过善意的谎言阻止了大家的滥捕行为，是机智善良的表现，但小朋友们一定要记住，撒谎始终是不对的哟。

经典重现《山海经·西山经》

“是多冉遗之鱼，鱼身蛇首六足，其目如马耳，食之使人不眯，可以御凶。”

21

rú pí yú

絮魮鱼

神异档案

异能：体内可生珠玉

形态：形似覆铫，鸟首鱼翼鱼尾

地域：鸟鼠同穴山

很久很久以前，有个叫风的男子喜爱音律且颇有天赋，可惜他家境贫困，买不起什么好乐器。他的妻子善解人意且擅长养殖兔子，一日，风凑巧猎到了一对兔子，她便将它们养成了一群，以此养家糊口。得益于妻子的支持，风才能有时间钻研音乐。

他十分聪明，没有精巧的乐器就自己制造，用锅、碗、瓢、盆作为辅助器具敲击，竟然也被他奏出了一支极为动听的曲子，余音绕梁，犹如天籁。风便依靠在部落中的交易场为人演奏此曲，换一些粮食。大家初听都啧啧称奇，夸赞他技艺高超，可是日子久了，大家听厌了，也就觉得没什么趣味了，甚至还有人说：“还不如把粮食吃进自己肚子里打个饱嗝听！”

眼见换到的粮食一日日少了，风只好去附近的鸟鼠同穴山找灵感。他有天赋，山林间一切事物都有可能成为他的乐器，可是风总觉得不够好。他坐在水边胡乱敲击着竹子、石头，企图从中领悟音乐的真谛。

风忘情地敲击着，忽然发现从远处游来了一些奇怪的鱼。它们长得像一口倒扣的锅，长着鸟头和鱼尾，更有趣的是，这些鱼就像是能听懂音乐一般，在他周围游来游去，吐着泡泡。风笑道：“你们是不是能听懂呀？”

这时，其中一条鱼叫了起来。这可把风吓了一跳，可很快，他便由惊转喜了。

因为那鱼的叫声就像是敲打磬石的声音，但远比人类敲击的声音更空灵、悠扬。风如获至宝，这不就是现成的妙音吗？于是他立刻捉了两尾鱼回去，训练它们配合自己奏乐。一旦鱼做对了，风就用它们爱吃的小虾米奖励它们。

渐渐地，那两尾鱼就知道什么时候应当开口鸣叫，什么时候应该保持缄默了。不出一个月，风与鱼的合奏已经完美无缺了。

于是，风再次来到部落中的交易场奏乐。只见他不慌不忙地摆好一个笨重的鱼缸，又恭敬地给里面的两尾鱼喂了食，然后才慢慢坐下。其他人嘲笑风得了失心疯，他也不辩解，只是抬手开始奏乐。很快，大家就陶醉在了这人鱼合奏之中。一曲结束，人群中爆发出了雷鸣般的掌声。鱼竟然能配合奏乐，真是闻所未闻。

风的名声就此传扬了出去，此曲成了风的招牌。连其他部落的人都来他们部落的交易场做买卖，只为一睹鱼和风的风姿。由于交易场日日爆满，负责管理这个地方的长老便开始注意风了，他还给风安排了专门的表演位。就这样，风和妻子过上了富足快乐的生活。

可惜好景不长，风的表演吸引了其他部落的人，其他部落的首领怒火中烧。他们邀请风加入自己的部落，去他们的交易场表演，可是风不肯，他认为这儿的长老对自己有知遇之恩。

软的不行，其他部落的首领就准备来硬的。他们找了一些不属于任何部落的“无主人员”，让他们天天去找风的麻烦，打断他的演奏。可这边有长老维护风，他们的骚扰终究见效不明显。一怒之下，那些首领竟叫那些“无主人员”烧了风的房子。

由于那些纵火犯放完火就跑得无影无踪了，他们又不属于任何部落，风的首领也不好替他出头索赔。

风走投无路，只好去向长老借钱，可是长老竟想让他拿那两尾鱼当抵押品。风万万没想到，长老也在打自己那两尾鱼的主意。他觉得自己信错了人，悲从中来，只能和妻子抱着鱼缸痛哭。

这时，鱼缸中的鱼叫了起来，不过风已经没有了奏乐的兴致。但鱼的叫声此起彼伏，实在是奇怪，于是风的妻子不由得往缸中看去。

“啊！这……”

听见妻子的惊呼，风以为出了什么事情，连忙凑上前去，却见妻子两手正各握着一把珍珠和玉石喜笑颜开。

风问妻子这些东西从何而来，妻子便指着那两尾鱼告诉风，这些宝物是自己在鱼缸里拿的。原来，这种神奇的鱼还能产珍珠和玉石，风真是绝处逢生。

风用这些珍宝换来了许多生活物资和骨笛、皮鼓等乐器，又在部落里找了几个同样有音乐天赋的年轻人，组成了一支原始的演奏队。很快，在部落的一次庆祝活动中，他们凭借悠扬的演奏声吸引了首领的注意，过上了安稳的生活。

相传，这种神奇的鱼就是䱱魮鱼。

成长小站

机遇难以预测，许多事情都是峰回路转的，但肯下功夫，肯认真钻研的人运气总是不错的。

经典重现《山海经·西山经》

“滥水出于其西，西流注于汉水，多䱱魮之鱼，其状如覆铫，鸟首而鱼翼鱼尾，音如磬石之声，是生珠玉。”

22

鹦（yīng）鹉（wǔ）

很久很久以前，在一个很强盛的部落中有一户专门负责制作兽皮衣服的人家。那家的家主叫安奋，凭借皮毛拼接和衣料缝合技术闻名一方。他不仅事业有成，还有两个儿子，家庭美满，唯一的不足是，两个儿子时常闹矛盾。

大儿子是亡故的原配妻子所生，名叫安锵；小儿子则是现在的妻子所生，名叫安彬。安彬争强好胜，仗着母亲在家里主事，一向嚣张。他又嫉妒哥哥的才华，心里一直不平衡，从小就爱和哥哥作对。不过因为没有闹出过什么大乱子，日子也就一天天这么过下去了。直到有一日，安奋从外地带回来一只鹦鹉，兄弟二人之间的矛盾彻底爆发了。

鹦鹉生活在黄山，长得像猫头鹰，但是羽毛是鲜明的青色，喙又红彤彤的，十分漂亮。更为神奇的是，这种鸟长着像人舌一样的舌头，能学人说话。

“你好，你好！”

兄弟俩双目放光，都想要这只鹦鹉。安奋十分为难，明面上说让他们抓阄决定，背地里却因为偏爱小儿子，悄悄帮他作弊。最终，鹦鹉归了安彬。

安彬十分得意，在家中耀武扬威了几日。家里的仆从也清楚其在安奋心中的分量，更加对安

神异档案

异能：学人说话

形态：鸟形，青羽赤喙

地域：黄山

彬阿谀奉承。安彬每天都教鹦鹉说“父亲安康”，一个月后，他便带着鹦鹉去讨好父亲。安奋听后抚掌大笑，连夸小儿子有本事，并且将一笔新的买卖交给安彬去处理，而在此之前，家里的买卖都是能干的安锵处理的。

“我一定要做得比我哥更加出色，让父亲对我刮目相看！”

安彬一面装出要大干一场的样子，一面却打起了别的主意。

他想，既然教鹦鹉说话能让父亲这么高兴，不如把重心完全放在这上面，至于其他事情，不妨交给仆从去做。

于是，安彬又教了鹦鹉一句更长的话：福寿安宁，万事顺心。

安彬一边驯鸟，一边还不忘给办事的仆从提要求：要比哥哥制衣的速度更快，皮子原料还要用得少，并且要多用家中闲置的碎皮，节约成本，增加收入。吩咐下去后他便两手一摊，什么也不管，窝在家里学哥哥的穿衣风格、说话方式，以及如何行礼微笑等。他还收买了哥哥身边的仆从，他询问他自己学得像不像。

仆从自然懂得，他是想取代哥哥，便配合地把安彬捧得飘飘欲仙。

很快，交货的时间到了。这批衣服是部落中一位长老要的，长老跟安奋是多年的好友，所以没怎么检查，便对着安彬夸赞道：“从前我只见过你哥哥安锵，没想到你也是壮壮实实的，相貌好，还这么能干，你父亲有你们两个儿子真是有福气啊！”

长老夸完安彬便带着衣

服离开了，安彬喜滋滋地赶着用衣服换来的五十头牲畜交给了父亲，父亲也立即夸奖了他一番。此时，安彬又拿出了早已训练好的鹦鹉，准备给父亲来个“喜上加喜”。

小东西大叫着：“福寿安宁，万事顺心。福寿安宁，万事顺心。”这让安奋乐得合不拢嘴，当即决定将家里的买卖交给安彬。

至此，兄弟二人在家中的地位颠倒了过来，安彬兴奋得一夜没睡。可是也仅是一夜，第二日，长老那边传来了坏消息。

长老新拿到的皮毛衣服刚一上身就开线了，因为安彬一味要求省钱省时间，衣服缝得特别稀疏，而且用的原料又差，这会儿，那些衣服已经散成了一堆碎片，这责任都得由安家承担。不仅如此，长老还痛批了负责此事的安彬，认为他偷奸耍滑、以次充好，这种人绝对做不成大事。

反转来得猝不及防，安彬成了全家的罪人，整个部落都知道了他们家的东西质量差。安奋年过古稀声名尽毁，终于正视起了自己偏爱小儿子的问题。此时，那只鹦鹉仍然在喊着：福寿安宁，万事顺心。

如今安奋再听见这话，只觉得讽刺，他失望至极，指着安彬说：“即便你穿上了跟你哥哥一样的衣服，你也只像这只鹦鹉，永远只能学得其表，不知其意。”

成长小站

向厉害的人物学习本是一件好事，但学习的重点应该放在知识、技能、品德上，而不是外在的穿衣打扮上。

经典重现《山海经·西山经》

“有鸟焉，其状如鸮，青羽赤喙，人舌能言，名曰鹦鹉。”

23

luán niǎo

鸾鸟

神异档案

异能：出现则天下太平

形态：野鸡形，身披彩羽

地域：女床山

女床山上野兽众多，老虎、犀牛这样庞大的动物遍地都是，但其中最为神奇的还要数鸾鸟。它们长得像野鸡，羽毛却五彩斑斓。它们还能够带来吉祥，预示天下太平。因此，鸾鸟的名声与凤凰相当，也是许多贵族想争抢得到的宝贝。

古时的人们还会将鸾鸟的图案绣在衣服上，总之，鸾鸟珍稀、高贵、大气，很受人们的喜爱。

传说有一位部落首领就曾养过一只鸾鸟。他十分喜欢自己的宠物，给它安排了一间金碧辉煌的屋子居住，屋子的外形酷似一个庞大的鸟笼，十分美观。光是伺候鸾鸟的仆从就有十二个，他们负责鸾鸟的饮食、沐浴、羽毛梳理，等等。首领还在鸾鸟身上装饰了各色宝石，每当鸾鸟的羽毛晃动时，那些宝石便会在日光下熠熠生辉。首领时常看得入迷，好几个时辰都一动不动。他想，如此美景只有自己观赏岂不可惜？于是他每月开一次赏鸟会，请各族长老来看自己的爱宠。

宾客们也跟首领一样激动，甚至还有人向他询问卖价，想要当场买下这只神鸟，可都被这位首领一口回绝了。他当然不舍得卖自己的爱宠，他又不缺钱。鸾鸟每天都能吃到首领命人给它准备的新鲜瓜果，喝到清澈甘甜的山泉水和上好的

美酒。

宾客们看见鸾鸟享受的这种待遇，便知道首领不会割爱了，这位首领也因为鸾鸟在各族名声大噪。

随着来参观的人越来越多，首领的虚荣心也更加膨胀了，他将一月一次的赏鸟会调整为半月一次。就这么过去了三年，直到有人说：“这只鸟好像很不高兴，它的羽毛好像也没有从前有光泽了。”大家一看，确实如此。

首领表面不理会，心中却也暗暗回想，鸾鸟似乎也很久没有高歌过了，而且确实有些精神不振。当年在女床山上，自己可正是被鸾鸟的歌声吸引的。首领发现这个问题后，急忙请来了部落中的巫医为鸾鸟诊治，可是巫医说鸾鸟并无疾病，它只是不开心而已。

首领问：“如何能让鸾鸟开心呢？”

巫医想了想回答：“鸾鸟和同伴在一起或许就会开心，如今它独自被关在这里，自然心情郁闷，不如您把它放走吧。”

首领当然不愿意放走自己的爱宠，还下令打了巫医一顿板子出气。为了让鸾鸟开心起来，他便让人去寻其他鸾鸟，可是天大地大，这种稀奇的生物可遇而不可求。几个月过去了，大家连鸾鸟的影子都没有找到。

于是，首领想出了一个主意，他在关鸾鸟的屋子里挂起了许多光滑无比的石头，那些石头就像是一面面镜子，能够映照出屋内的陈设。这样不管鸾鸟走到哪里，都能看见镜子里的“同伴”，它一开心，没准儿就会重新开始歌唱了。

首领十分期待，谁知道事与愿违，鸾鸟看到自己孤单落寞的身影后，呆呆地站立了许久，最后竟然悲鸣起来。首领十分心痛，可是一旦放走鸾鸟，自己将永远失去它。他不想如此，于是还是狠心地把鸾鸟留在了自己身边，只是命人拆除屋子中的石镜。可还没等他们拆完，鸾鸟便伤心离世了。神奇的是，鸾鸟一死，这个太平的部落立马陷入了动荡之中。

成长小站

基于尊重的爱才是真正的爱，我们爱小动物，便要让小动物自由地生活在大自然中，而不是将它们关起来、拴起来。

经典重现《山海经·西山经》

“有鸟焉，其状如翟（dí）而五彩文，名曰鸾鸟，现则天下安宁。”

24

féi wèi
肥遗

太华山非常陡峭，并不宜居，但这里生活着一种神奇的动物，那就是肥遗。

它很像蛇，但长着六只脚、四只翅膀，飞起来的时候灵活无比，因此人们都说，肥遗其实是一种似蛇又似龙的鸟。

相传它原本是女娲的下属，天塌之时，正是肥遗协助女娲补天的。但是天虽然被修复了，可自天上倾泻下来的洪水仍在祸害人间，让百姓们流离失所。肥遗看不下去了，便自告奋勇请求下凡治理洪水。

女娲拒绝了善良的肥遗，因为她觉得它的能力不足以应付洪水。

女娲说：“你不适合做这个，去了不会有好结果的。”

肥遗却说：“我的结果尚不得知，可是天下百姓已在受苦。请女娲成全，赐我去水神力，救百姓于大水之中。”

女娲被它的爱民之心打动，同意了肥遗的请求，并赐予了肥遗吸取万物水分的能力。

肥遗十分欣喜，满怀着为百姓解忧的念头踏上了治理洪水的路。刚开始一切顺利，肥遗所到之处洪水息止，民众跪谢，肥遗也越战越勇。它夜以继日地翱翔于被洪水殃及的地方。很快，在它的努力下，洪水问题被彻底解决了。

神异档案

异能：带来旱灾
形态：蛇形，六足四翼
地域：太华山

可是，很快新的问题就出现了。没有了洪水，肥遗便成了旱灾之源。肥遗所到之处，河水枯竭，滴雨不下，人们纷纷痛苦大喊：“太热了！”

甚至开始有人骂道：“都怪这个蛇形怪鸟！让我们的庄稼颗粒无收！”

旱灾和洪灾有着相同的威力，都会破坏百姓的家园，因此人们多将肥遗当成瘟神。

肥遗知道了人们的不满，它只能沮丧地离开了人类的居住地，前往太华山，孤独地生活。

成长小站

是祸是福在短时间内是很难有定论的，一旦出现微小的变化，情况就可能发生逆转，希望大家都能保持一颗平常心，坚强地走下去。

经典重现《山海经·西山经》

“有蛇焉，名曰肥遗，六足四翼，现则天下大旱。”

25 胜遇

qìng yù

很久很久以前，有个好吃懒做的人叫安恒。此人原本家境殷实，可他不学无术又懒惰好吃，父母双亡后，他很快就败光了财产。

为了果腹，他不得不以打猎为生，但是他射箭技术差，人又胆小，根本猎不到什么好东西，只能维持温饱。有一次，他在集市上售卖打来的猎物，见到了一只奇怪的禽鸟。它外形像普通的野鸡，但长着一身红色的毛，叫声如鹿鸣，很是神奇。

安恒心想：这种奇怪的鸟，如果包装一下说成是凤凰，卖给那些部族大户赏玩，一定能赚不少钱。于是他讨价还价以十分低的价钱买到了手，连夜带着这只奇怪的鸟离开了家乡。

在路上，他听说家乡发了大水。但安恒的发财之旅也不顺利，那些部族大户并不好糊弄，即便他把怪鸟的羽毛修剪得十分美丽，又编了一大段吉利话，那些大户还是不肯买账。

安恒连着换了好几个地方，屡屡碰壁，且十分奇怪，他每到一个地方，过不了几天这个地方就会发生水灾。虽然他因为离开得及时没有被波及，但是这样的事情一多，安恒也忍不住琢磨了起来。

难不成水灾跟自己身边的这种怪鸟有关系？

安恒担心自己的安危，不免心中犯怵，从不

神异档案

异能：引来水灾

形态：野鸡形，身披红羽

地域：玉山

爱想问题的他竟破天荒地开始求问智者。皇天不负有心人，竟然真的被他找到了一个见多识广且乐意解答他的问题的人。

智者说：“这种身披红羽，形似野鸡的鸟，其实是一种灾鸟，叫胜遇，会引来水灾。”

这下安恒仿佛得到了宝贝，他并不害怕，而是想：如果我拿这只鸟去要挟别人，岂不是能源源不断地收钱？他说干就干，可是事情进行得并不顺利。别人都当他是疯子，不仅不肯给钱，还把他打了出去，而等水灾来临时又悔之晚矣。

安恒实在苦恼，他没日没夜地思考，终于被他想到了一个发财的好方法。他开始冒充祈雨高人，专门跑到干旱的地区，扬言自己有大本领，能引来大水，而被旱灾困扰的人受苦已久，死马当成活马医，只好花大价钱请安恒施法。

安恒这次也学聪明了，他生怕水淹死那些受灾的人后无人给他酬劳，便事先安排他们撤到高地，然后才装模作样地施起法来。只见他这边跳一跳，那边舞一舞，没过几个时辰，竟然真的发起大水来。

干旱多日，当地的人见到水欢呼雀跃，将安恒视为救世主。为了表示感谢，他们给了安恒许多钱财。

眼见计划奏效，安恒如法炮制，跑的地方也越来越多，声名远扬。现在的赚钱方式既不需要害人，又很轻松，真是太好了。他甚至开始幻想，人们为他修祠立碑的那一天。

可是那些被他害过的人并不会遗忘他。因为名声渐大，越来越多的人知道了安恒。那些被安恒威胁过的人拆穿了安恒的身份，讲出了真相，大肆宣扬他之前骗人钱财的把戏。

很快，安恒的恶行被大家知晓了。他试图解释和弥补，可是伤害已经造成，群众的愤怒难以平息，纷纷追打安恒。混乱中，那只胜遇也不知所踪。

成长小站

知错能改，善莫大焉，但如果犯下的错误给人们带来了不可弥补的伤害，那光认错也是无力且无用的，所以大家一定要始终向善哟。

经典重现《山海经·西山经》

“有鸟焉，其状如翟而赤，名曰胜遇，是食鱼，其音如鹿，现则其国大水。”

26

dāng hù
当扈

神异档案

异能：其肉可治眼疾
形态：野鸡形
地域：上申山

大草原上的呼风部落要举行第十三届神箭手比赛了，在一炷香的时间里，谁射到的飞禽最多，谁就会被授予神箭手称号。

阿雷勒是上一任神箭手的徒弟，他的箭术很好，几乎能百发百中，连射时后一支箭的箭头甚至能刺开前一支箭的箭尾，并且支支射中靶心。

阿雷勒是师父的骄傲，可是阿雷勒有个严重的缺陷——阿雷勒出生就患有眼疾，白日里盯着猎物的时间一长就会不断眨眼、流泪，失去准头。他最好的朋友奇泰却是天生的神箭手，百米内会动的东西都逃不过他的眼睛。他们俩都被寄予厚望，是神箭手称号的争夺人。

阿雷勒深知自己的缺陷，也因此很不自信。他这个毛病只有少数人知道，奇泰就是其中一个。奇泰不止一次安慰阿雷勒，说自己一定会替他找到治疗眼疾的办法。

眼见比赛时间越来越近，阿雷勒也找了许多懂医术的人治疗，喝了不知道多少碗苦苦的药，可他的眼疾始终没有好转。在一次比试中，他因为眼疾败下阵来，不由得心灰意冷。面对好友的开导，他反而觉得对方是故意炫耀，对对方心生怨恨。

“要是我是奇泰就好了，或者要是奇泰不参加比赛就好了，那样我的胜算就会更大。”

他对溪边的小鸟吐露自己的心声，却被另一个对手知樟听到了。知樟的箭法也很不错，但远远不及他们俩。一听阿雷勒这话，知樟便打起了鬼主意，开始跟阿雷勒套近乎。

或许是心中的忌妒作怪，虽然阿雷勒知道奇泰是自己的好朋友，却不希望他比自己出色。有时候，他宁愿面对知樟也不想见到奇泰。当奇泰又一次在射箭演练中胜过自己时，阿雷勒破天荒地对他发火了。

“你不是说你会替我找到治好眼睛的药吗？我看你每天就知道练箭，根本就不想管我的死活！你这个自私鬼！”说完，他就气呼呼地走了。

知樟在小溪边找到了阿雷勒，安抚了他的情绪，而后说：“既然你这么讨厌奇泰，不如就把他除掉，这样你得胜的概率就是最大的。你是神箭手的徒弟，理应是下一任神箭手。”

听着知樟的话，阿雷勒心动了。

没过几天，奇泰来找阿雷勒。他丝毫不介意阿雷勒之前的失态，还耐心地跟阿雷勒解释，自己一直都在好好帮他寻找治疗眼疾的办法，只是久寻未果，但是就在昨夜，他得到了一个古方。

古方上说，在上申山上有一种禽鸟叫当扈，它的样子像野鸡，用胡子飞翔，吃了当扈的肉，人的眼疾就会痊愈。奇泰想邀请阿雷勒一起去找这种鸟，治好他的病。

阿雷勒答应了，两人仿佛又和好如初了。可是阿雷勒根本不相信有什么鸟可以治疗眼疾，他之所以答应，是因为知樟告诉他，把奇泰引到人少的地方才好动手，机会这不就来了？

上申山上没有花草，但是山下长了许多茂密的榛树和楛树，山中风景秀丽，还有许多美丽

的白鹿。

他们边走边聊天，好像又回到了小时候一起练箭、玩耍的时光。可等到奇泰找到了古方中描述的当扈，并开始设陷阱捉它时，阿雷勒在不远处猛地拉开了弓，还将箭头对准了奇泰。

奇泰浑然不觉，他一门心思都放在当扈身上，一心想治好朋友的眼疾。在发现陷阱不起作用时，他飞快地搭弓跳向了另一处。

“嗖——”阿雷勒的箭正好射了出去，但因为奇泰追着当扈去了高处，箭没能射中奇泰，反而射中了一头朝奇泰扑来的野猪。

野猪惨叫了一声，改变方向逃跑了。奇泰朝着阿雷勒感激一笑，说：“有你真好，你救了我，阿雷勒。”

奇泰的话让阿雷勒很是心虚，面前的人是他的对手，更是他多年的好友，为了一个比赛冠军而加害朋友，真的值得吗？

就在这时，奇泰射中了一只当扈。禽鸟摔落在地，他兴奋地跑去捡，而此时其他当扈看见了同伴被杀，愤怒嘶鸣，俯冲了下来，狠狠地啄在奇泰的头上。奇泰被那些当扈赶到了悬崖边上，脚下一滑，身子朝后摔去。

千钧一发之际，阿雷勒冲过去一把抓住了他的胳膊，费力将人拉了上来。

奇泰险些掉下去，却死死抓着射中的当扈，脱险后他们紧紧抱在一起。奇泰说："别怕，阿雷勒，我没事，你的眼睛有救了！"

阿雷勒在奇泰赤诚的目光中悔悟了，他也庆幸自己最后做了正确的选择。

比赛还会再有，可这样好的朋友失去了便永远失去了。

他们一起回到了大草原，阿雷勒吃下了煮熟的当扈肉，他的眼疾竟然真的痊愈了。知樟的计划失败了，这对好朋友一起去参加了第十三届神箭手大赛，正当坦荡地一起竞争冠军。

成长小站

友谊第一，比赛第二。一个真诚的朋友远比一个冠军的头衔更珍贵，何况，冠军也只有正人光明夺得的才有意义。

经典重现　《山海经·西山经》

"其鸟多当扈，其状如雉，以其髯(rán)飞，食之不眩目。"

27

寓鸟

yù niǎo

神异档案

异能：抵御兵祸

形态：鼠形鸟翼

地域：虢山

古时各部落之间战争频发，民不聊生，一旦被强大的部落盯上，那些小部落便会遭受灭顶之灾。杀人放火、抢夺钱财……这样的事情几乎每天都在世界的某处发生。受部落首领保护的土地尚且如此，那些偏远的小村落，情况更是糟糕。那里不光有战火，还有从各地来的难民、逃兵，其中很多都是在各部落生活不下去的人，他们的身份更为复杂，时不时会惹麻烦。因此，这些小村落中每天都会发生不同的祸事。

在虢山附近，就有这样一个小村落，全村只有十户人家。这儿原本属于一个较为强盛的部落，后来在一次部落纠纷中，他们的首领被人斩杀，而这儿人口稀少、土地贫瘠，便没有被对方接管。目前，村民们就像是一群不受保护的“野民”，只有一位长老在村落中维持秩序。

这位长老名叫尚全，是这里年龄最大的人，邻里间谁发生了争执都愿意给他一个面子。尚全眼见日子一日比一日难过，村子里越来越乱，打家劫舍、欺男霸女的事情越来越多，心中悲苦。他不愿意看着大家受苦，便日日求神拜佛，想要求得维持安宁的法子。

哪知道，尚全的诚心却招来了一个装神弄鬼的坏人——自称得道高人的混混德广。德广扬言自己可以请神保护这一方百姓，不过需要家家户户派一个人伺候他，肉食鲜果日日都得有。他狂妄扬言，伺候自己就是伺候神仙，把他伺候舒服了，才能解决村里的困难。

就这样，德广心安理得地享受起了人们的侍奉，不管是平头百姓，还是长老本家，都得乖乖听德广调遣，这里简直成了他私人的小王国。

可是德广的承诺迟迟没有兑现，村里还是骚乱频发，大家都开始感到不安。长老尚全偶尔提起，还被德广斥责不敬神明。终于，德广犯了众怒，被大家狠狠揍了一顿，驱赶出了村庄。从那以后，大家对所谓的得道高人深恶痛绝。

一日，村子里又来了一名修士[1]，他想在这儿过夜。可他刚在村口的一间荒屋歇下来，一群怒气冲冲的村民就叫嚣着让他快点儿滚蛋，还说这里不欢迎他。

修士心中纳闷，多番打听后才知道了大家之前被骗的事情。他想了想，没有过多地辩解，只将一只奇怪的丑鸟送给了他们。那只丑鸟虽有着鸟的翅膀，却形似老鼠，音似羊叫，很是神奇。

---

1. 此处特指通过游走各方洞察天机、沟通鬼神的人。

修士告诉他们，这叫寓鸟，生长在虢山，它有驱兵祸、保安宁的作用。村民们自然不愿意相信，可修士分文不取，留下寓鸟直接就走了。反正不要钱，长老也就把寓鸟留了下来。

哪知道，那位修士虽然没什么仙术，却是个见多识广的人。自从长老收养了那只寓鸟后，这里再也没有发生过兵祸战乱，村子也恢复了平静。

成长小站

古时候许多小地方民智未开，人们总会被那些装神弄鬼的“得道高人”欺骗，如今这样的把戏已经骗不到人了，但仍有各种各样的骗局。大家一定要擦亮眼睛，增强防骗意识哟。

经典重现《山海经·北山经》

“其兽多橐驼，其鸟多寓，状如鼠而鸟翼，其音如羊，可以御兵。”

28

sǒng 竦 sī 斯

从前有座山叫作灌题山，山上住着一种叫竦斯的鸟，它与鸡形人面的凫徯很像，不过凫徯是灾鸟，而竦斯却是无害的，而且很喜欢与人亲近。

有个叫王其的青年总是推着自家种的甜瓜去部落的交易场售卖，有一次，他就遇到了竦斯。

这是一只离家出走的竦斯，它想要去见识一下外面的世界。竦斯天生亲人，遇见王其十分高兴，只见它一蹦三尺高，把王其吓得帽子都掉在了地上，还沾了不少泥土。因为这顶帽子是新婚妻子送给他的礼物，所以王其十分生气。

可王其见它鸡形人面，以为这就是传说中会带来战争的凫徯，心中有些害怕，于是拿起车上的瓜果赶它，装出一副凶恶的样子冲它喊：“走开，别挡路，走开！”

竦斯被一个甜瓜砸到了头，疼得直叫。它高高跳起，沮丧不已，似乎在说：我没有恶意，我只是想跟你一起去交易场游玩。

竦斯一边叫着，一边仍默默跟着王其，只是这次它特意与王其拉开了一段距离，连翅膀都收拢了一些，看上去十分乖巧。但是王其仍对它充满敌意，他先是不紧不慢地在路上走着，待到遇上岔路或是弯道时，就推着独轮木车奋力奔跑。

王其跑了很长一段路，心想终于甩开了怪鸟，心情不错，不由得哼起歌来。

神异档案

异能：跳得很高

形态：野鸡形，人面

地域：灌题山

突然，呼啸的山风把他的帽子吹了起来，王其心里着急，可也只能眼睁睁地看着它挂在了一棵大树的枝上。想起新婚妻子为自己制作帽子的情谊，王其连忙放下瓜果车，跳着去够帽子。可是那树实在太高了，他怎么够也够不着。

这时，竦斯出现了。原来它根本就没有被甩掉，只是看到王其那样提防自己，竦斯知道自己并不受欢迎，所以没有现身。只见它奋力一跃就落到了树枝上，很顺利地取到了王其的帽子。而后，它又低垂着眉眼，仿佛怕挨打一般，慢慢靠近王其，将帽子

还给了他。

王其不好意思地道了谢，想到自己之前对它的驱赶，觉得很尴尬，况且它跳得那样高，跟传说中的灾鸟完全不一样。于是，王其从推车上拿了一个甜甜的果子喂给竦斯，热情地邀请竦斯跟他一起赶路。

山风拂面，天朗气清，一人一鸟结伴走在了山路上。

成长小站

我们既不能“以貌取鸟”，也不能以貌取人，友好地对待所有善良的人和动物，才是最正确的行为。

经典重现《山海经·北山经》

“有鸟焉，其状如雌雉而人面，见人则跃，名曰竦斯，其鸣自呼也。”

29

pán 䳢 mào 鹛

北嚣山偏远，山北盛产玉石，因此居住在这儿的部族生活还算富足。不过由于这儿交通闭塞，人们的医疗水平并不高。全族唯有连氏一家懂医术，是部族代代相传的“天选巫医”。可一个月前，那位年富力强的连巫医意外离世，只留下一个学了“半桶水”的儿子——连器。

连器刚满十二岁就不得不继承父亲的衣钵，他的医术并不高明，人也十分浮躁，好在为人还算善良。连器觉得那些石刻医书晦涩枯燥，因此对于医术的钻研也并不认真，只有当族人有什么小病小痛来找他时，他才紧急翻翻父亲留下的资料找治疗的法子。平常就算是母亲催促他学习，他也总是偷跑到北嚣山玩。

连器整日在山上打猎捉鱼，下河游泳，还救下了一只被野兽咬伤的鸟，叫䳢鹛。它长得像乌鸦却长着人的脸，连器觉得有意思，就把它带回家里养了起来。䳢鹛很独立，白日里不怎么动弹，但是到了晚上就会飞出门捕猎，有时候还会叼一两只兔子回来。它跟连器的感情很好，一听见连器的声音就会马上飞上他的肩头。

连器很喜欢䳢鹛，但是连器的母亲不喜欢这只怪鸟。她认为䳢鹛长得像乌鸦不吉利，晚上叫起来就像是骨头断裂一般，阴森森的，很吓人。

她还怕儿子玩物丧志，试图赶走䳢鹛，但无

神异档案

异能：其肉可治中暑

形态：鸟形人面

地域：北嚣山

论她怎么做，天一亮，鸳鹃又会飞回来。尝试了几次之后，连器的母亲只好作罢。

天气渐渐热了，出门交易变得不方便，而连家养家的重担都压在连器的母亲一人身上。一日，连器的母亲中暑晕倒了。这病要不了命，却十分折磨人。见到母亲难受的样子，连器慌忙翻阅资料。可他既不精通药理，又不会把控药量，一连给母亲煎了几服药，都不见效。这可把他急坏了，他也不去北嚣山玩了，开始埋头钻研，只是新熬制的解暑汤药依然不起作用。而且，族里其他人也陆续出现这样的状况。连器这才暗自悔恨自己平日不努力学医，部族中就他一个会医术的，他却不能为大家分忧。

这天，他正在熬药，被他冷落多日的鸳鹃忽然叼来一个东西，不等连器看清楚，鸳鹃就快速把东西丢进了汤药里。那汤药正是他钻研了几日的解暑汤，沸水咕噜一下就把那东西吞没了。

连器刚想发火，却听鸳鹃“咔咔”叫了起来，还往他母亲的房中飞去，又用嘴去啄碗，示意他去给母亲喝。连器将信将疑，最后还是决定尝试一下。于是，他给母亲喂下了汤药。没想到，没过一会儿他的母亲便不再昏迷呕吐，人也有了精神。连器又一连熬了好几碗汤药，催促鵸鵌叼来灵药，鵸鵌却扭捏不肯让他看见，连器急着要解暑汤药便闭上了眼睛。治好了母亲，连器又将解暑药分给邻里，很快大家都好了起来。

大家以为连器的医术进步了，纷纷上门致谢，顺带求解暑的方子。连器也并不打算隐瞒，便问鵸鵌加入的是什么。鵸鵌却不肯说，连器只好骗它说自己还需要药，而后偷偷跟在鵸鵌身后。连器本以为它是从哪里采摘的灵草，却见到鵸鵌躲入房间，从自己身上啄下了一小块肉，然后用羽毛将伤口盖住，叼给了连器。

连器既震惊又心疼，不肯再施药，而是埋头苦修医术，又赶了许多山路去那些大部落求医修学。学有所成后，连器又回到了部族，给族人治病疗伤，而鵸鵌也一直陪在他身边。他们一人一鸟，和谐友好地生活了下去。

成长小站

靠他人的帮助成事总不是长久之计，我们还是要自己学有所成。何况，像鵸鵌这样无私的伙伴是可遇而不可求的。

经典重现《山海经·北山经》

“有鸟焉，其状如乌，人面，名曰鵸鵌，宵飞而昼伏，食之已暍（yē）。”

30

xiāo niǎo
嚣鸟

梁渠山上有许多金属矿物和怪异的野兽。其中最多的野兽叫居暨（jì），叫起来像小猪，长得却像红毛刺猬。

山中还有一种霸道的怪鸟，它们长着一只眼睛、两对翅膀，还长着狗的尾巴，身子却像猿猴。乍一看，样貌十分吓人。

这种怪鸟经常骚扰住在山下的村民。因为它们的叫声像喜鹊，常常引得人们出来观看，却每每都被吓一跳，而这时得逞的怪鸟就会大笑。它们嚣张跋扈的样子，好似在讥讽人类的胆小。于是，人们厌恶地称它们为嚣鸟，并有意避让。可人类的行为竟让嚣鸟误以为自己很强大，越发肆无忌惮起来。它们不光踩踏庄稼，还在夜里敲击人类的窗户。月光将它们的身影映照在窗子上，如同怪兽一般，吓得村里的小孩儿放声大哭。若是有人出门驱赶，它们便会俯冲下来攻击人，而后得意洋洋地飞走。嚣鸟虽无大害，但确实让人烦恼得很。

终于，有一个名叫肖林的少年想出了一个好办法。

他编织了一张结实的大网，绑在高处作为机关，又嘱咐大家照常活动。

当天夜里，那些嚣鸟又来了。它们成群结队，扑扇着翅膀将百姓的窗户撞得哗哗作响，将不少

神异档案

异能：其肉可治腹痛、腹泻

形态：兽身四翼，一目犬尾

地域：梁渠山

孩子吓得大叫。正在它们乐得喳喳叫时，埋伏已久的肖林带着同伴们一拥而上。他们拿着准备好的石块投掷嚣鸟，嚣鸟们果然又生气地俯冲下来攻击人。这时，肖林用眼神示意最外围的同伴立刻拉下机关收网，将它们一网打尽。

嚣鸟们被捕后，不仅没有害怕地逃窜，反而待在网中愤怒嘶鸣。在它们眼里，人类根本就不敢真的跟自己作对，眼下不过是吓唬吓唬自己罢了。可是随着大网不断收紧，嚣鸟们也感觉出了异样。它们开始不断挣扎，可早已错过了逃跑的最佳时机，只能任人宰割了。

当晚，大家举行了庆功宴，还将捕获的嚣鸟做成了美食，肖林却在此时皱起了眉头。原来他这些天一直在犯腹痛、腹泻的毛病，从今天宴会开始到现在，他跑了好几趟厕所了。

“你可是我们的大功臣，多少吃一口吧。”不明真相的长老热情地将美食喂到了他嘴边，肖林拗不过长老，便吃了几口。可嚣鸟肉刚下肚，神奇的事情就发生了——肖林的肚子一下就不痛了，而且直到宴会结束也没有再腹泻。

肖林感到奇怪，猜测会不会是嚣鸟肉有什么特殊功效。于是他专门留下了十只嚣鸟，送去了村里的药房，跟巫医说了事情的经过。巫医收下嚣鸟，又将其做成药膳给一些腹泻的病人吃下，那些病人竟然真的都好起来了。

巫医把这个好消息告诉肖林，肖林又转告邻里。这下，村民们与嚣鸟的地位完全对调了过来。只要嚣鸟一来村里闹事，村民们便喜笑颜开：灵药送上门了！一来二去，反倒是嚣鸟吓得“闭山不出”了。

不过村民们也并不是穷凶极恶的人，只要它们不来作乱，他们便不会入山猎杀它们，毕竟治疗腹痛、腹泻，还有很多药材可用。

成长小站

嚣鸟太过嚣张，结果成了一味治病的药，给自己带来了危险，可见为人为鸟都只有谦逊处世，才会更加平安。

经典重现 《山海经·北山经》

“有鸟焉，其状如夸父，四翼、一目、犬尾，名曰嚣，其音如鹊，食之已腹痛，可以止衕（dòng）。”

31

bēn

䴅

归山盛产金属矿物和玉石，生活着许多神奇的动物。其中有一种鸟，长得像喜鹊却有六只脚，整体呈白色，尾巴红艳艳的，名字叫作䴅。

因为长得漂亮，林中的动物都很喜欢它。有个名叫周前的富裕猎户，在游山赏景时一眼便看中了䴅，它那美丽优雅的姿态、奇特的长相，无一不让周前心动，于是，他很想要豢养䴅。

一开始，他用食物示好，可䴅并不领情；后他又以美玉相赠，䴅也转头就走。

周前的示好虽然没有打动䴅，却吸引了山中其他鸟类，大家都对䴅的拒绝表示不理解。它们觊觎周前送来的鲜果，也想要美丽的玉石装点羽毛，更何况周前还承诺，如果䴅跟他一起回去，便会有专人饲养照顾，每日用上好的护毛油涂抹羽毛，使羽毛充满光泽。

其中有一只鹦鹉就很是眼馋，它嫉妒䴅得到了人类的喜爱，便在鸟兽间四处说䴅假清高，同时又向周前毛遂自荐。

由于那只鹦鹉的羽毛五彩缤纷，也算漂亮，又会学人说话，很快便引起了周前的注意，被周前带了回去。

可是没过几日，周前便看腻了鹦鹉。失去新鲜感后，他很快便露出了真实面目。

他让鹦鹉学唱歌，好让他以此去取悦他的首

神异档案

异能：特别机警

形态：鸟形白身，赤尾六足

地域：归山

领，却只给鸜鹆一天时间。一旦鸜鹆学不会，他便不给它喂食，还用竹签戳鸜鹆，以示惩戒。

很快，鸜鹆就被折腾得遍体鳞伤，不要说学习唱歌了，甚至呼吸都有些困难。见它不受周前宠爱，看管鸜鹆的仆从也越发散漫起来。一次，他在换水时忘了关上笼子，鸜鹆用尽力气，趁机逃了出去。

它飞回了归山，向同伴们展示了自己的伤口，又为之前“假清高”的言论向鵸道了歉。鵸心疼鸜鹆的遭遇，便原谅了它。

不久后，蛮横的周前愤怒地带人找上了归山。他觉得，自己“猎捕”回家的动物就是自己的，无论自己喜不喜欢，私自逃走就是背叛。为了泄愤，他发誓此行要捉走鸜鹆和归山的所有鸟雀，当然还有那只“不知好歹”的鵸。

鵸愤怒不已，自责自己吸引了周前这个坏蛋的注意，便主动承担起了守护归山的责任，日夜不歇地在归山中放哨。只要有侵入者，鵸便立刻起飞，仰天长鸣，它鲜艳美丽的红色尾巴就像一道绚丽的光划过天际。归山上所有动物都能看见它的警示，大家团结一心，纷纷跟着鵸逃跑。

由于鵸实在太过机警，周前的人每次来都扑了空，可周前偏偏不肯放弃，围捕得越来越频繁，上山的人也越来越多。可是地上行走的人类哪能有天上飞翔的鸟儿视野广阔呢？无论他们如何隐藏，都无法逃过鹖的眼睛。因此那些人连一根鸟的羽毛都得不到，却时常被浇一头鸟粪，回去还要被周前辱骂无能。渐渐地，小猎户们都不肯替他办事了。周前本想去外地再雇一些猎手，却发现他的家产早就在一次次斗气猎捕中挥霍殆尽了。

成长小站

私捕鸟类、伤害鸟类的周前是坏蛋，但爱慕虚荣的鹦鹉同样也是自身悲剧的责任“人”。大家一定要保持理智，不要被糖衣炮弹迷惑哟。

经典重现《山海经·北山经》

“有鸟焉，其状如鹊，白身、赤尾、六足，其名曰鹖，是善惊，其鸣自叫。”

32 suān yǔ 酸与

神异档案

异能：引发恐怖事件，食其肉则不醉

形态：蛇形四翼，六目三足

地域：景山

传说古时，某一部落有个远近闻名的孝女叫秦美。她人如其名，生得非常漂亮，上门求亲的人多得都快把她家的门槛踏破了，可不管谁来求亲，她都不肯答应。原来，秦美的母亲一直有哮喘症，她放心不下。秦美曾说，在她母亲的病治好前，她不会考虑婚姻大事。

于是，她的追求者们四处寻药，都希望抱得美人归。可是那时候医疗水平并不高，秦美母亲的哮喘症一拖就是十年之久，慢慢地，寻不到灵药的追求者们也都放弃追求秦美，各自结婚生子了。秦美的母亲时常觉得是自己拖累了女儿，整日以泪洗面，秦美却坚决不肯出嫁。

一日，秦美听人说景山山顶上有位医术高明的巫医，或许可以治好她母亲的病。只是此人脾气古怪，看心情给人看诊，还会提许多奇怪的条件，轻易请不动他，钱财权势在他面前更是不值一提。告知秦美这个消息的人还叮嘱她：“你要去的话，得做好最坏的打算。而且，景山时常发生恐怖的事情。”

秦美却十分欢喜，很快，她打包好行李，告别了母亲，独自往景山去了。

一路上，秦美遇到了很多麻烦事：有人利诱她留下给自己做妻子，有人见色起意尾随她，但都被秦美机智地化解了。可躲得过人祸躲不过天灾，秦美刚到景山脚下，就遇到了大暴雨，一股裹挟着树枝烂叶的急流将秦美连人带包袱冲到了一个大泥潭里。

秦美一直折腾到半夜才从泥潭中脱身，她又累又饿，自己的包袱也不知被冲到哪里去了，全身上下只剩下了半个饼。就在她准备吃完最后一点儿干粮继续赶路时，泥潭里传来了一阵“酸与酸与”的声音。

秦美定睛一看，原来是一只六眼小鸟正大声鸣叫着，看样子也是刚才被那阵急流冲到这儿来的。虽然那只小鸟长相古怪，但秦美还是不辞辛苦地把它从泥潭里解救了出来，并按照它的啼鸣声叫它酸与。

月光下，酸与的样子实在有些恐怖，只见它虽长着两对鸟的翅膀，却是蛇身，还有六只眼睛、三只脚。秦美吓得退了好几步，却发现酸与身上还有伤，估计是被泥潭中的树枝乱石碰伤的。秦美见它并无恶意，心中不忍，便对它说：“我去附近给你找一些外敷的草药，你在这里乖乖等我，不要乱跑。”说完，秦美还将自己的干粮分了一些给它吃。

酸与像是听懂了她的话，一边吃着干粮一边在原地等待。不一会儿，秦美就带着草药回来给它包扎了伤口。见四周并无危险，秦美这才与酸与告别，独自上路了。

终于，秦美在次日的黄昏爬上了景山山顶，见到了传说中的巫医。这位巫医的确性格怪异，他不仅不提需要多少报酬，而且上来就赶秦美走，斥责她打扰了自己的宁静生活。

为了治好母亲的病，秦美整整在门外跪求了一天一夜。见她如此诚心，巫医也不免有些动容。

他把秦美带到了家中，指着院内的一个酒池说，如果秦美能把酒池里的酒全部喝光且不醉，就答应治疗她的母亲。

这显然就是在难为人，可是秦美不能不照办。酒池不小，为了不醉，秦美只能慢慢喝。可是几天过去了，池面也没有下降的迹象。这个巫医又在此时重新定了一条规矩——要在三天以内喝完才算，否则他便不兑现自己的诺言。

夜里，无助的秦美偷偷哭泣了起来。她要是完不成任务，母亲的哮喘症也就治不好了。就在这时，大空中传来一阵“酸与酸与”的叫声。原来自从秦美救了酸与后，它便一直偷偷跟着秦美。见秦美此时哭得伤心，它狠心咬下了自己的一片肉，放入了秦美盛酒的碗中。

秦美不懂，它便围着秦美“酸与酸与”地叫个不停，还不时用翅膀触碰秦美的嘴。

“你要我吃下去？”秦美猜测道。

酸与点了点头，放心地飞走了。

含泪吃下酸与肉的秦美来不及多想，又继续喝酒。有了时间限制，她不得不大口喝起来，可没想到喝了大半夜，她完全没有醉意，甚至也不觉得腹胀。三天的时限一到，她竟真的将酒池喝得见了底。

巫医赶来时，她甚至清醒得可以数数。虽然不知道她是怎么做到的，但做人得言而有信，于是脾气古怪的巫医跟着秦美下山，治好了她的母亲。

成长小站

能在自己危困潦倒之时向他人伸出援助之手，这样的善意是不会被辜负的。我们也要做一个善良的人，不管有没有回报，这份善意都将给我们带来快乐。

经典重现《山海经·北山经》

“有鸟焉，其状如蛇，而四翼、六目、三足，名曰酸与，其鸣自叫，现则其邑有恐。”

33

tiáo yú

儵鱼

神异档案

异能：食之忘忧

形态：鸡形赤毛，三尾、六足、四首

地域：带山

很久以前，有个青年叫吴武。他家境贫寒，但是心智坚定、性格开朗，靠着帮部落首领喂马攒了一笔钱，想着用它跟心爱的连君结婚生活。

他们约好在春花开放那天将婚事上告长辈，可是就在春天到来的前两个月，连君家中遭遇盗贼洗劫，父母双亡，她的表舅便做主将她嫁给了部落中一位长老的儿子。当吴武知道这个消息时，连君已经与那人结为了夫妇。

虽然之后吴武听说长老的儿子为人并不差，他不仅善待连君，还出资帮连君妥善料理了她父母的后事，但失去所爱的吴武仍然十分痛苦。他整个人变得萎靡不振，整日酗酒，虚度时光。

邻人都是看着这个孩子长大的，于心不忍，便上前安慰他，可是吴武根本听不进去。

很快，他攒下的钱就被挥霍一空了，人也醉倒在了路上。吴武也不起身，他安然地躺在石路上，手中拿着一个酒葫芦往嘴里倒酒。可就在此时，他见到了连君与她的丈夫。传闻并不假，连君的丈夫对连君疼爱有加，还亲手替她擦去额头上的汗珠。

受不了刺激的吴武抱头痛哭，连夜就收拾行李，离开了这个伤心地。虽然他对外说是去附近的带山游山玩水、放松心情，可是明眼人都看得出来，此人双目无神，说不定就是去寻死的。

邻居们都留不住他，只能暗暗替他担心，可一个月后，吴武忽然回来了。

邻居们纷纷来关心他，吴武却像个没事人一样。他不仅仔细地打扫了积灰的房屋，还在院中悉心种下花草，甚至还兴致勃勃地生火做饭了。他的脸上也完全不见悲色，口齿清晰、情绪稳定，大家问什么便答什么。

一番盘问后，邻居们了解到吴武真的去了一趟带山。他在那边打猎，建造房屋，还发现了一种奇怪的鱼，当地人都叫它儵鱼。

据吴武说，那种儵鱼看起来并不像正常的鱼类，它长着鸡的身体，一身红毛，还有三条尾巴、四个脑袋、六条腿，叫起来像喜鹊，十分奇怪。不过，那时候他心如死灰，想着只要能填饱肚子就行，便日日捉了儵鱼来吃。

“然后呢？”邻居们好奇地问。

“然后我就回来了呀。我想清楚了，其实连君能够找到自己的幸福也是一件好事，这个世界上总有一些意外，不可能每件事情都按我们期盼的方向发展，我也应该向前看。”吴武平静地回答。

他的这一改变很快传了出去，比起吴武的转变，大家更关注那种能帮人忘忧的儵鱼。要是这种鱼真能使人忘掉忧愁，岂不是极大的商机？

小贩们闻声而动，都带着工具去了带山。

可奇怪的是，谁也没有找到这种神奇的儵鱼，日子一长，大家也就忘记了这件事。或许，只有真正痛苦的人才能遇到儵鱼；又或许，它原本就是吴武在痛苦时幻想出来的。如今他拿出了面对生活的勇气，自然也就远离了忧愁。

成长小站

现代社会虽然不再讲究长辈包办婚姻，可人们仍会遇到许多别的不如意的事情。大家一定要记住，与其痛苦地纠结于往事，不如微笑向前，为自己开辟一片新的天地。

经典重现《山海经·北山经》

“彭水出焉，而西流注于湖之水，其中多儵鱼，其状如鸡而赤毛，三尾、六足、四首，其音如鹊，食之可以已忧。”

34

hé luó yú

何罗鱼

神异档案

异能：其肉可治毒疮

形态：鱼形，一首十身

地域：谯明山

很久以前，有个叫杨聪的巫医，他已年过半百，医术仍然马马虎虎。但因为他所在的部落很小，除了他没人懂医术，而他也没有出过大错，所以也算是个“香饽饽”。

杨聪当了这么久的巫医，早就没有了救苦救难的初心，只想着怎么赚更多的钱，过上好日子。不过他在用药上还是相对严谨的，每当遇到稀奇无毒的东西时，他便会亲身尝试或给自己养的狗试用，研究有没有药用价值。

一日，他在谯明山发现了一种能入药的鱼，当地人叫它何罗鱼。何罗鱼长得十分奇怪，一个小小的鱼头后面竟然有十个鱼身，声音像狗叫。

杨聪捉了几条回去，在翻阅各种资料之后发现，此鱼的肉可以治毒疮。

杨聪仿佛捡到了宝贝，心中起念，便把何罗鱼的鱼皮剥下，将白嫩的鱼肉切成块高价售卖，并大肆宣扬此鱼的肉可以治毒疮，延年益寿。

至于是不是真的能延年益寿，时间太久没有办法验证，但是由于其治毒疮的效果立竿见影，大家便对“延年益寿”的宣传也深信不疑。于是，不管有没有病痛，人们都争相购买。杨聪赚得盆满钵满，春风得意。

这天，一个外族的商人碰巧路过此地。商人听闻此鱼颇有奇效，又见此鱼如此畅销，便提出要用五十头牛包下杨聪所有的现货。杨聪高兴得合不拢嘴，立马就同意了。

不过商人买下何罗鱼并不是为了食用，而是有自己的打算。他出生于一个极其强盛的部落，那个部落的首领一心求长生，若是此物真的能够延年益寿，自己将它献给首领，在部落岂不要风得风，要雨得雨？自己绝对会发财的，甚至可能当上长老呢！

于是，双方签完合约后，商人在这儿住了下来，又从外地找来了很多智者研究何罗鱼。几年过去了，商人的研究结果也终于出来了：此鱼的肉只能治毒疮，根本没有延年益寿的作用。

商人耗费了精力与财力，又浪费了大把时间，结果竹篮打水一场空，而杨聪却靠这个瞎话卖鱼过得逍遥自在。商人甚至在找上门去理论时，还被杨聪讥笑了一通，他自然咽不下这口气。

于是，商人派人跟踪杨聪。一段时日后，他终于摸清楚了何罗鱼来自谯明山，便花大价钱将何罗鱼全部捞走，又在后山山腰的隐秘位置开凿了一个池塘，安置何罗鱼。

等杨聪再去谯明山时，一条何罗鱼都没有

了。失去了这个宝贝，他的生意也难做。为了维持自己的富裕生活，杨聪想出了一个馊主意，就是用其他鱼肉假冒何罗鱼肉。可是杨聪忘记了，即便有许多人是为了“延年益寿”这个噱头购买何罗鱼肉的，可是也还有人是为了治疗毒疮而买的。如今病人吃了“何罗鱼肉”，病情迟迟没有好转，甚至日渐严重了，大家自然会怀疑。

商人也在此时派人放出风声，曝光了“延年益寿”的虚假宣传。很快，人们都知道了。他们纷纷来到杨聪家中，要求杨聪退钱。结果他们在杨聪家中又发现了他藏起来的其他鱼类，这一下彻底证实了他的弄虚作假。

群情激愤，杨聪也招架不住，只好答应赔偿。可是赔偿之后他又成了穷光蛋，名声也一夕尽毁。不仅如此，他儿子刚娶的媳妇也因为觉得丢脸，与他儿子离婚了。为此，他儿子也恨上了杨聪。没过多久，狡诈的杨聪就什么都没了，他只好灰溜溜地逃离了此地。

成长小站

无论是经商还是日常做事，诚信都是十分重要的品质。不讲诚信的人就算再能说会道，真相曝光的那天都只能“灰溜溜地逃离”哟。

经典重现《山海经·北山经》

“其中多何罗之鱼，一首而十身，其音如吠犬，食之已痈。”

35

鳛鳛鱼

xí xí yú

神异档案

异能：抵御火灾，其肉可治黄疸病

形态：鸟形十翼，鳞在羽端

地域：涿光山

涿光山下的一个村子里住着一位怪异的善人，叫姜明。他是村里拥有最多田地的人，但是甚少与人们交流。他独自养了许多动物，天上飞的、河里游的、地上走的……

此人是五年前搬来的，听说从前是某个部落的长老，关于他的事迹早在村中传得沸沸扬扬。

据说姜明年少时曾经被猛虎追赶，爬到了树上，正巧一头母鹿和一头小鹿经过，猛虎见姜明上树，转头便去追小鹿。母鹿为了保护小鹿，把它丢到了树下，看了一眼姜明后，便朝着猛虎飞奔撞击过去。这一举动给姜明留出了逃跑时间，也震撼了姜明。他感念母鹿的恩德，认为动物有灵性，便带着小鹿回到家中，悉心照顾。不仅如此，他还收养了许多被人抛弃的猫猫狗狗、受伤的飞禽走兽。从此，姜明的善名也传扬了出去。他十年如一日地保护动物，以至于当了多年长老，家底只有满院子的动物。人们虽然觉得他善良，却没有人愿意把女儿嫁给他。

一日，有人捕到了一头白狼，进献给了部落首领，并称这是吉兆，哄得首领抚掌大笑。首领当即下令将白狼的皮剥下来，制成一件白狼战袍，供全族观赏，姜明却站出来严厉地反对这件事。

“白狼有灵性，应该长于自然，而不应该因为毛发美丽被虐杀，这是违背天理的行为！”

姜明此话引得首领大怒，当即除去他的长老职务。所幸姜明素有贤名，首领也没有为难他。

他无儿女妻子，只好一个人带着那些动物搬到了这里。一开始，涿光山下一些不怀好意的居民听说来了一个做过长老的人，便都怀着好奇的心前来拜访。

可见姜明木讷、不善言辞，生活又并不奢华，他们便开始欺负他。

有人故意去找了一些意外受伤的动物送去给姜明看，向姜明哭穷，说自己迫于生计准备将这只动物杀死卖给人家吃肉。姜明不忍那些小动物受折磨，便高价买下，给它们疗伤。

见有人得逞，那些居心不良的人便开始如法炮制，且时常大笑姜明蠢如猪头，说他是善傻子。

姜明并不辩解，只是一边劝诫大家行善积德，一边继续收养那些可怜的动物。

有一日，姜明从其他村民那里高价救下了一种神奇的鱼。

这种鱼长得像喜鹊，有十只翅膀，如若翻动翅膀上的羽毛，还能在毛端看见鳞甲。它的叫声也像喜鹊啼鸣，名字叫鳛鳛鱼。相传，这种鱼的鱼肉可以用来治黄疸病。

鳛鳛鱼还能在夜空飞行，不过它们不能长久脱离水，否则便会死掉。

鳛鳛鱼养好伤后，姜明便将它放生，可鳛鳛鱼很有灵性，它想要跟姜明待在一起，每次被放生后又飞了回来，于是姜明只好将它养在自家池塘里。姜明救助的动物何其多，很快他便忘了这件事，但是没想到，因为救下鳛鳛鱼，姜明做了件大善事。

那天，村里发生了前所未有的大火灾。姜明见远处火光冲天，便拿上水桶去帮忙。可是火势实在太大，他的几桶水并没有起多大的作用，不过他的举动被鳛鳛鱼看在了眼里。正当火苗向救火的姜明扑来时，飞来的鳛鳛鱼张大了嘴巴，喷出一股水来。转眼间，姜明面前的火就熄了。

姜明惊呆了，随后马上反应过来，鳛鳛鱼的嘴巴可以储水，于是立刻请求鳛鳛鱼救救村民们。

鳛鳛鱼被姜明的善良打动，点了点头飞走了。不久，成群结队的鳛鳛鱼朝着村庄飞来，它们按照姜明的指示，停在半空开始吐水。很快，村子里的大火就灭了。

那天晚上，不少人亲眼看见姜明指挥鳛鳛鱼救火，它们穿梭于村子与涿光山之间。人们感愧交集，人们纷纷低下头去。

灾情过后，大家不约而同前来感谢姜明，之前那些骗他钱财的人也归还了钱财并向他道了歉。姜明以德报怨，消除了大家的偏见，赢得了尊重。

成长小站

利用他人的善良来伤害他人或是骗取他人的财物，是最令人唾弃的行为，大家千万不能这么做哟。

经典重现《山海经·北山经》

“其中多鳛鳛之鱼，其状如鹊而十翼，鳞皆在羽端，其音如鹊，可以御火，食之不瘅。”

36

cháng shé
长蛇

大咸山上没有草木，只产玉石，山体陡峭，无法直接攀登。有一种动物却能在此行动自如，那就是长蛇。它身上的毛像猪毛，鳞片隐藏在毛中，叫声像敲击梆子的声音。

长蛇不受人打扰，生活安宁。但是有一日，战火蔓延到了大咸山附近。四处火光冲天，马匹嘶鸣声、兵器撞击声充斥山间，大咸山上的动物们惊恐乱窜，四处逃亡。

长蛇不想离开家乡，便仍然留在了大咸山。为避战火，它整日窝在自己的洞穴里，饿得受不了了才出门捕食。可是山上的活物越来越少，终于有一日，长蛇不得不去山脚下寻找食物果腹。

正巧，此时大咸山附近属于仰光部落的一个小村庄正被敌对部落围攻。守村的战将姓箫，是个勇敢聪明的青年。可是他兵力不足，部落的援军又迟迟不到，这里的地势虽然易守难攻，但粮草短缺，只要对方围村不退兵，等到弹尽粮绝时，他守护的村庄便会不攻自破。

箫战将心中焦虑却毫无办法，作为头领，他不能向旁人表露自己的担忧，万一动摇了军心，那才真是大祸临头。

苦闷的箫战将只能在深夜里独自在屋顶喝酒，对月叹息。

好巧不巧，他望见了出山觅食的长蛇。

神异档案

异能：无

形态：蛇形长猪毛

地域：大咸山

他本想出声驱赶，却怕自己出来喝酒解闷的事传出去有损士气，便不动声色地观察起了长蛇捕猎。

只见它突然从草丛里钻出，对准一只公鸡便用牙齿牢牢地咬住，顷刻间，院内鸡飞狗跳。被咬的公鸡全力啄击长蛇的头部，但长蛇全然不被影响，忍痛死死咬住公鸡，甚至用躯体缠绕住它滚到了一旁的水坑里。一入水中，长蛇毛发下的鳞片露了出来，它仿佛一条长带鱼，灵活地勒紧了公鸡，直至公鸡窒息而亡。这时，长蛇才松开身体，叼着公鸡消失在了箫战将的视线之中。

箫战将愣愣地看着，突然大笑出声，丢下

酒杯便回了营帐。

当夜，他便根据长蛇的攻击手段想出了一种阵法。次日，箫战将与敌军对决，他率领手下全军出击，一字排开，犹如长蛇。

对方先是震惊，而后吹角迎战。箫战将不慌不忙，见对方全力攻击“蛇头”，他立刻指挥队伍后方的“蛇尾”出击，斜插至敌军侧翼，内外夹击，很快便将敌方“卷”入其中。

敌方阵脚大乱，最后守村的箫战将以少胜多，大咸山也随之恢复了安宁。

成长小站

事事留心皆学问，善于思索，留意观察生活中的细小事物，没准儿会为你解决其他难题带来灵感哟。

经典重现 《山海经·北山经》

“有蛇名曰长蛇，其毛如彘毫，其音如鼓柝（tuò）。”

37

zǎo yú
鱢鱼

神异档案

异能：食之可治赘瘤病

形态：鱼形长鸡爪

地域：狱法山

狱法山的河流中生活着鱢鱼，它们长得像鲤鱼却有着鸡的爪子，据说它们的肉可以用来治疗赘瘤病。

传说鱢鱼本是鲤鱼的一种，只要跃过龙门，便可以化身成龙，进入天界了。但这样的机会每年只有一次，而从古至今，真正抓住了这个机会的鱢鱼更是寥寥无几。大部分鱢鱼都跳不过去，只能从高空摔下来，等待龙门下一次开启。附近部落的渔夫也知道这件事情，为了得到更多的鱼，他们会早早在崖下支起渔网，只待鱢鱼跃龙门失败，往下掉落，进入他们的网中。

这天，又到了鱼跃龙门的日子。悬崖下的岸边聚集了密密麻麻的人。大家争抢着布置陷阱，等着鱢鱼自投罗网。果然，时辰一到，天光骤暗，风起云涌，悬崖之上缓缓出现了一道金光闪闪的大门，耀眼夺目，令人难以直视。

鱢鱼们沐浴着龙门的神光，一条又一条接连跃向龙门，又一条条摔落在网上。到了晚上，龙门消失，渔夫们全都满载而归，除了一个名叫桑起的渔夫。他因为懒惰，不愿早起，赶到的时候已经无处布网了，便只在最外围接了一两条鱼。但他并没有因此垂头丧气，因为他想出了一条好计策。

他自己做了一道金色的拱门，用绳子系在悬

崖两边的树木上固定，又在附近安放了数个如镜子一般光滑透亮的石头，利用反射的太阳光，使得假龙门从悬崖下看上去，就如同真正的龙门一般。

桑起又在假龙门下布置了二十多张渔网，每天什么也不干，就等着鳜鱼落网。那些成龙心切的鳜鱼见到陷阱，还以为是真的龙门，于是纷纷纵身朝那儿跃去，结果无一例外，都落进了桑起的渔网里。仅仅一年时间，桑起就靠着这个方法成了部落中的富户，水里的鳜鱼也越来越少。到了真正鱼跃龙门的日子，反而没有多少鳜鱼了。渔民们不明所以，大部分都十分扫兴地离去了，但桑起没走，他躺在一个小土坡上兴致勃勃地看笑话。他在心中嘲笑他们：为了捡到几条鱼折腾一天，真是蠢货。就这样看着看着，桑起不知不觉地在山坡上睡着了。

忽然，一声高亢的龙吟响彻天空。桑起从梦中惊醒，睡眼惺忪地抬头，只见一条巨龙腾飞在龙门之上，在空中盘旋了两圈后，它回头恶狠狠地开始寻找那些杀死它同类

的人。可此时其他渔民都因为捞不到鱼走光了，就桑起一个人优哉游哉地躺在附近。只见成龙的鱳鱼长啸一声，河水翻滚，风云突变，桑起还没有来得及害怕，就被巨龙一口吞下了。

成长小站

投机取巧虽然可能给我们带来一时的成功，但这种成功是绝不可能长久的，而且因为带有欺骗性质，还可能招致恶果。做人做事，还是要脚踏实地哟。

经典重现 《山海经·北山经》

“其中多鱳鱼，其状如鲤而鸡足，食之已疣（yóu）。”

38

鮨鱼
yì yú

在很久以前，人类还不会建造房屋，大家都居住在石洞里，用动物皮毛裹住身体取暖，口渴了就喝溪水，饿了就摘果子、打猎。有时候遇到雨季，生火困难，人们便只能吞生食。病从口入，得病去世的人比比皆是。

常禹一家就住在北岳山附近，他每天跟着父亲出门打猎，日出便起，日落方归，尽管很努力，也难以捕到够一大家子吃的猎物。

这年春天，常禹跟随父亲上山，发现雨后的树根下冒出来一茬又一茬的蘑菇，白的、灰的、红的、绿的……颜色各异，鲜艳漂亮。父亲许久没吃东西，当时便忍不住吃了一个。常禹舍不得吃，想要带回去给妻子和小女儿吃，于是采摘了满满一箩筐，还特意将那些漂亮的蘑菇孝敬给了父亲，自己只留下了一两朵。

回家时，常禹发现许多人都在采摘这种漂亮的蘑菇，还有些爱美的姑娘把它们编在了花篮上，更多的则是跟常禹一样，采摘回家准备煮蘑菇汤喝。

常禹将蘑菇带回了家，妻子和女儿都十分喜欢，她们高兴地拥抱了常禹。

那天晚上，一家人煮了一大锅香喷喷的蘑菇汤，蘑菇鲜美嫩滑，每个人都吃得饱饱的。

可是刚吃完饭，奇怪的事情就发生了。

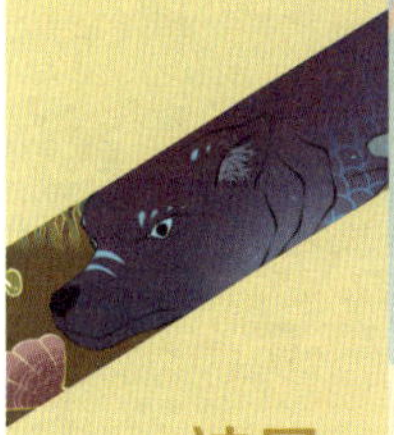

神异档案

异能：食之可治疯癫病

形态：鱼身犬首

地域：北岳山

常禹发现头顶的月亮由一个变成了无数个，而且都围着他打转，绕得他头晕眼花。不光是月亮，整个世界都变得扭曲而魔幻，山洞边的花草张大了嘴巴想要咬他，一旁的动物在唱歌跳舞，看见常禹还招手让他一起来。常禹害怕地跑出了山洞，却怎么也找不到回家的路了，于是他只能一直跑。离奇的是，还有两棵树也跟着他一起乱跑。

就这样跑着跑着，忽然，林中传来一声虎啸。常禹被吓得魂飞魄散，好在他身旁正好有条小河，他想也没想，拉着两棵树一起跳入了河中。

等他醒来时，已经是第二天了。常禹恢复了神志，这才发现昨晚跟随自己一起跳入河中的不是树，而是妻子和女儿，他们跳入的也不是河，而是臭气熏天的粪坑。

好在一家人都没有生命危险，常禹赶紧叫醒了妻子和女儿往家中赶去。他猜想或许是昨天的蘑菇有问题，便在回去的路上一路打听，果然有不少人因此发狂，看到了幻象。可是自己先前也吃过蘑菇啊？常禹有些纳闷，经过一番查问才发现，他们往常吃的那些白蘑菇和灰蘑菇没有问题，那些彩色的蘑菇却会使人疯癫，严重者还会发疯身亡。

此时，他想起了父亲，便立马赶到了父母所居住的山洞。果然，他父亲嘴唇发青已经中毒昏迷了。

这儿根本就没有懂医术的人，人们一旦中毒便只能听天由命。

妻女哭作一团，常禹也非常难过。他想，都是自己害了父亲，现在父亲危在旦夕，他一定要想办法救父亲。就这样，他决定去寻找可用的草药。

很快，常禹来到了昨天采蘑菇的地方。他凭经验采摘了几种不知名的草药，又看见旁边的溪水里有一种怪鱼。这种鱼的身子像鱼却有狗的脑袋，声音像婴儿啼哭，很是奇怪。常禹没多想，顺手捉了两条一同带回家中。

他并不知道哪一种草药能够救父亲，只好逐一煮熟给父亲服下，哪知道所有草药都没有用。眼看父亲就要不行了，常禹想：那就让父亲最后吃一顿肉食吧。于是他煮了一条怪鱼给父亲吃，没想到，原本奄奄一息的父亲在吃下这种怪鱼后，竟然康复了。

常禹是个热心肠的人，马上便将这个方法告诉了其他人。大家一一试验，果真有奇效。

大家纷纷来感谢常禹，也了解到了一个新的知识：颜色鲜艳的蘑菇不能随意采摘食用。据说，这种能够治疯癫病的怪鱼，便是鮨鱼。

成长小站

野外大多数彩色的蘑菇都是有毒的，大家切不可被它们的“美貌”迷惑，轻易放入嘴里品尝哟。

经典重现《山海经·北山经》

“其中多鮨鱼，鱼身而犬首，其音如婴儿，食之已狂。”

39 bái yè 白鹢

神异档案

异能：能辨忠奸，其肉可治喉疾和癫狂病

形态：野鸡形，白翼黄足，头带花纹

地域：单张山

在单张山下的一个部落里，有一位名叫张全的长老，他专门负责处理部落中的打架斗殴、偷盗暗杀等事件。他十分受人欢迎，因为他为人清正廉明，断案奇准。部落中那些纠缠不清的矛盾，只要到了张全面前，立马就能分出是非善恶。

不过，张全奇高的断案才能也让一些恶人感到不安。他们都是部落中的一些纨绔子弟[1]，每天惹是生非，时不时闹到张全面前，受到小惩。

其中一个便是远近闻名的恶霸，叫杨索。他因为设计骗取了一户人家的屋舍，被罚没了十头牲畜，便记恨上了这个正直的长老。

有一日，杨索与几个酒肉朋友喝醉了，大骂张全多管闲事，还说他在这里让他们不得安宁。酒能壮胆，骂着骂着，几人一合计，决定趁着夜色除掉张全。

当即他们便行动起来。他们贿赂了张全的仆从，从后门溜进了张全的屋子。但因为不熟悉环境，他们找了很久也没发现张全，只好兵分几路开始搜寻，决定发现目标后再会合。

杨索负责搜索后院，好巧不巧，还真的让他在马棚里发现了张全。但他并没有急着动手，因

1. 指旧时官僚、地主等有钱有势的人家中那些不务正业的人。

为他发现了一件不得了的大事。

他猫着腰，听见马棚里的张全说：“柳家的丈夫死了，妻子说见到了邻居进出，邻居却说妻子偷情被丈夫殴打过，双方各执一词，皆有不利于对方的证据。白鹓先生以为，谁对谁错？”

杨索揉了揉眼睛，他并没有发现张全对面还有别人，于是俯下身子，凑得更近了一些。只见马棚里除了张全外无人无马，而是站着一只怪鸟。

此鸟长得像野鸡，但是头上有许多复杂的花纹，翅膀呈白色，还有一双黄色的脚，此刻它正像人一般闭目休息。

张全刚刚就是在跟这只鸟讲案子？杨索心中犯起了嘀咕。忽然，此鸟睁眼，口吐人言：“妻子与邻居合谋杀害丈夫，分赃不均导致决裂，都恶。”

张全大喜，谢过白鹓后便匆匆离开了。

偷听的杨索被这一异象吓到了，想跑去通知同伴，却又忽然“开窍”：既然张全凭借怪鸟断案，那如果没有怪鸟，张全岂不是就不能对我怎么样了？何况这怪鸟如此神奇，若是吃了它的肉，说不定我就能够得到仙缘，长生不老呢。

想到这里，杨索放弃了通知同伴的想法。只见他独自走入马棚，用鲜鱼诱惑怪鸟，见白鹓仍在闭目养神，便准备抓住怪鸟强行带走。没想到还不等他伸手抓鸟，白鹓便骤然睁眼，冷冷地盯着杨索，如同毒蛇盯上猎物。

“恶！大恶！”

白鹓给出对杨索的评价后忽然张大嘴巴，将他吞入了腹中。

根据传说，白鹓的肉还能治喉疾，医癫狂病，可谓是货真价实的神鸟。

成长小站

作恶者想要摆脱自身困境的唯一方法，就是改邪归正，努力弥补过失。像杨索一样不知悔改，为了掩盖错误而错上加错的人是不会有好下场的哟。

经典重现《山海经·北山经》

“有鸟焉，其状如雉，而文首、白翼、黄足，名曰白鹓，食之已嗌（yì）痛，可以已痸（chì）。”

40

qū jū
鶌鶋

很久以前，马成山下的村庄里掀起了一阵修仙的热潮。

据说只要修炼成仙，人就能长生不死。于是，想要得道成仙的这一批人便建立了一个小组织，一起修行。修行的第一步就是辟谷，也就是不吃东西。他们认为：食物会在肠道中变成粪便，产生秽（huì）气，从而阻拦修仙的脚步；辟谷反而能够养生，使自己脱离凡骨，得道登仙。

于是，这群人便开始不再吃饭，只喝露水。

其中有个狂热分子叫成茂，他对自己尤为苛刻，天不亮就起床练习所谓的养生拳。一套打下来大汗淋漓，十分消耗体力，但他硬是不吃饭，生怕毁了自己的“道行”。

见他饿得心口发慌，腿软无力，母亲十分心疼，便四处托人询问捷径。没承想，还真的被她问到了。

据一个所谓的高人说，马成山上有一种鸟，长得像乌鸦，但是有三种颜色——脑袋是白色的，身体长满了青色的羽毛，脚却是黄色的。这种鸟叫作鶌鶋，鸣叫声与它的名字同音，吃了鶌鶋的肉人便再也不会感到饥饿，还可以用来治痴呆症。

她把这个方法告诉了她的儿子，成茂兴奋得连夜便去了马成山。由于鶌鶋特征明显且没有

神异档案

异能：食之不再饥饿，其肉可治痴呆症

形态：鸟形白首，青身黄足

地域：马成山

攻击性，成茂没费什么工夫就抓了几只回来，并瞒着伙伴们偷偷吃掉了。

到了第二日，成茂像往常一样早起练拳。因为昨晚吃得很饱，这一上午，他一口气打了三遍养生拳。果然，他没有一丝饥饿感，反而感觉浑身上下都有使不完的力气。

成茂大喜，心想鹇鹇的肉果然有奇效。反观其他一起修仙的人，一个个有气无力的，只能躺在床上保存体力。

又过了几日，大家都消瘦了一圈，不仅没有任何得道登仙的迹象，反而连思考都变得费力。他们常常饿得睡不着觉，又无力

做什么，只能躺着，整个人如同废人一般。

成茂也瘦了一圈，但是仍然感觉不到饥饿，精神也比别人要好，便感觉自己快要得道成仙了。又过了两日，陆陆续续有人因为受不了饥饿退出了，没退出的那些人也开始陆续发病。由于长时间粒米未进，大家都病得很重。

这件事很快就惊动了村中的几个巫医，他们苦口婆心地劝那些修仙的人，告诉他们辟谷不仅不能让人得道成仙，还会诱发多种疾病。这不是养生，而是折腾身体，消耗生命。

在巫医们的劝诫与病痛的折磨下，大家都放弃了修仙，该吃饭吃饭，该喝药喝药，只有感觉不到饥饿的成茂一直强撑着。

终于有一日，成茂的母亲见成茂迟迟不起来，前去敲门，又见屋里毫无动静，便推门进去。可此时成茂躺在床上，已无呼吸，他竟然活活把自己饿死了。

成长小站

成仙只是古时人们的一种浪漫幻想，大家可千万不要迷信哟。好好吃饭、好好锻炼，做个健康且自由的人不也“快活似神仙”吗？

经典重现 《山海经·北山经》

“有鸟焉，其状如乌，首白而身青、足黄，是名曰鶌鶋，其鸣自叫，食之不饥，可以已寓。”

41

xiàng shé
象蛇

从前有一个谋士，名叫向东，他不辛勤工作，整日溜须拍马，讨好首领，因此连连升职。

向东来到部落不足七年，竟然已经当上了长老，但他并不为自己居于高位而不安，反而成天想着如何找机会拍首领的马屁一步登天。于是，他派人四处搜罗奇珍异宝，希望以此取悦首领。

这天，还真让他找到了这样一个机会。

他的手下在阳山见到了一种奇异而美丽的动物，当地人叫它象蛇，虽然名字有象有蛇，但它的形态更像雌野鸡。象蛇通身长着五彩斑斓的羽毛，绚丽夺目。

向东的手下没什么见识，以为自己见到了凤凰，便赶紧将它送给了向东。向东也不识得此物，只觉得它不似凡鸟，便也依样将它指认为凤凰。很快，首领妻子的生辰到了。她身怀有孕，很得首领宠爱，向东便打算借此机会献上“凤凰”，以“天降瑞兽”的由头好好在首领面前表现一番。

向东给象蛇精心装扮了一番，又准备了一块美玉，让象蛇含在嘴中，进献给首领的妻子。

他原以为自己会在首领妻子的生日宴上大出风头，没想到，首领的妻子并非以色侍人的女子。她从小跟随各位智者学习，见多识广，一眼便看穿了这并非凤凰。结果，首领便以欺君之罪将向东与他的“凤凰”一起扔进了监狱。

神异档案

异能：自能孕育

形态：野鸡形，身披彩羽

地域：阳山

向东后悔不已，可是为时已晚，他只能在狱中一遍遍忏悔哭泣，说自己不该谄媚逢迎、溜须拍马。

他一把鼻涕一把泪，对着墙壁痛哭："要是再给我一次机会，我一定好好做人，绝不趋炎附势，只求讨好上级。"

可是无人听得到他的忏悔，只有那只象蛇"象蛇象蛇"地叫了几声回应他。

向东在狱中整日以泪洗面，有时他很想杀了象蛇泄愤，但是狱中实在过于寂寞，唯有他俩凄惨度日，他也就始终没有真的动手。一来二去，向东甚至对这只动物产生了感情。他时常嘀咕："若不是我将它抓来，象蛇还不知道在哪里自由地生活呢。"

渐渐地，向东发现象蛇的肚子越来越大。难道是病了？可是就算是向东自己病了，也不会有人来为他一个死囚诊治的，更何况是象蛇。

向东心中愧疚，便日日将自己的饭菜分给象蛇一半。狱中无聊，偶尔看守他的人也会聊天解闷，向东每次都会竖起耳朵认真听。有一日，还真的被他听见了一个消息。

据说，首领的妻子难产腹痛，三日都没有生下孩子，众人都着急不已，首领更是忧心忡忡。

就在向东听得入神之时，

监牢里突然响起了异声。很快，聊天的看守者也被异声吸引，赶过来一看，竟然是象蛇忽然生产了。更神奇的是，就在象蛇生产后不久，首领的妻子顺利生产的消息便传遍了整个部落。看守向东的人都说：“看来是象蛇送吉。”

很快，“象蛇送吉”的传闻就落在了首领的耳朵里。首领大喜，据此认为象蛇虽然不是凤凰，但是也给部落带来了祥和之气，属于吉鸟。既然是送吉之物，它便万万不能杀。

于是，首领下令将象蛇放归了山林并赦免了向东的死罪。

成长小站

实事求是永远是为人处世的重要原则，想要提升名誉地位，唯踏实做事不可。像向东一样，整日溜须拍马，一旦遇到博学之人，便会丑态百出、原形毕露啦。

经典重现《山海经·北山经》

“有鸟焉，其状如雌雉，而五彩以文，是自为牝(pìn)牡，名曰象蛇，其鸣自叫。”

42

jīng wèi
精卫

据传，上古时期，炎帝有个宠爱的女儿叫女娃。她天资聪颖、蕙质兰心，很是可爱。炎帝平日里除了处理政事，剩下的时间多数都用来陪伴这个可爱的小女儿。

女娃在炎帝的教导下知书达理、性情坚毅。

一天，女娃和朋友去东海划船，风云突变，暴雨骤至，海浪卷翻了小船，也卷走了女娃。侥幸逃脱的同伴们拼命呼唤搜寻，可是茫茫大海全然不见女娃的踪影。

女娃的身体随着翻涌的海浪漂来荡去，被海水一次又一次地冲刷，早已没了生命的迹象。

或许是因为女娃心中有太多的愤怒、太多对父亲的思念，她的灵魂没有就此消散，而是化作了一只小鸟，不甘地在海面徘徊着，“精卫精卫”地叫着。人们认为“精卫”其实就是“敬畏”的意思，是提醒大家保持警惕，不要独自前往危险的海域。

同时，精卫每日都会从西山叼来树枝、石头，想要填平这汹涌的海。在精卫看来，自己的不幸都是这片大海导致的，自己绝不善罢甘休。

很快，痛失爱女的炎帝听说了这件事。他匆忙赶到东海，果然见到了一只叫着“精卫”、不断填海的小鸟。那只小鸟模样像乌鸦，脑袋却是花色的，还长着白色的嘴和红色的爪子。

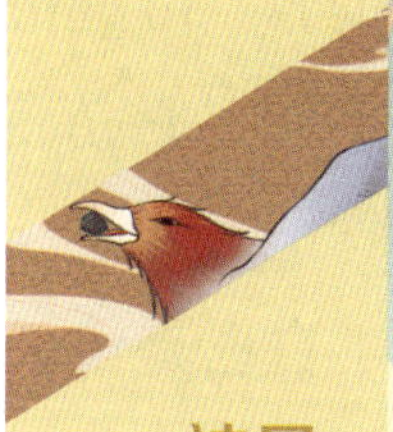

神异档案

异能：无

形态：鸟形，头带花纹，白喙赤足

地域：发鸠山

炎帝见此伤心不已，不顾帝王威严，大声地呼唤起了精卫，想要将它带回家中饲养。可是精卫充耳不闻，它仿佛已经忘记了父亲，忘记了自己是谁，只是一次又一次地叼来石头和树枝填海。炎帝伤心欲绝，在船上静静地看了精卫很久才离开。

精卫的坚持让东海的海神现了身，海神讥讽它不自量力。他说：“大海辽阔无边，深不可测，就凭你这么一只小鸟，是永远无法将它填平的。”

精卫也不理会海神，它想，如果海神真的有一丝善心，便不会看着自己惨死，于是依旧叼石填海。

海神无奈，只得将这件事告知了天帝。天帝温和地劝这个固执的孩子放弃，可是精卫说：“我想做的只有这件事，我愿意为此付出全部。”

听到这话，天帝也为之动容。精卫这种抗争精神实在难得，于是天帝便赐予了精卫不死之身，助它实现自己的愿望。

成长小站

精卫的精神固然值得敬佩，但是大家更要注意，切不可随意在危险的水域游戏取乐哟。

经典重现 《山海经·北山经》

“有鸟焉，其状如乌，文首、白喙、赤足，名曰精卫，其鸣自叫。”

43

huá yú
鲭鱼

神异档案

异能：发光，带来旱灾

形态：鱼形鸟翼

地域：子桐山

子桐山有一种神奇的鱼，叫作鲭鱼。它身形像鱼，却长着鸟的翅膀，能够飞出水面，而且出水时翅膀会闪烁美丽的光。鲭鱼的叫声与鸳鸯的叫声相似，但它是灾鱼，能使河水枯竭，带来旱灾。

有一日，有个叫钟阙的少年发现了这种美丽而奇特的鱼，还带了几条回家，放在井中饲养。很快，钟阙家附近所有池塘的水都消失了，族人养殖的鱼一夜之间全部缺水而死。不仅如此，部落中小河的水位也日渐下降，连周围的农田也干裂了，整个部落闹起了旱灾，唯独鲭鱼所在的水井没受影响。

众人自然注意到了这一异象，部落中的巫师认为这是神鱼，捕捞它们会惹怒它们，便赶紧让钟阙将其送归原处。

可是由于钟阙在带鱼回家的路上烤了两尾鲭鱼充饥，剩下的鲭鱼怀恨在心，并不打算饶恕这个部落的人。于是，在钟阙将它们放归后，鲭鱼们又成群结对地飞回了钟阙所在的部落作乱，往返多次，连附近的部落都闹起了旱灾。

钟阙愧疚于自己一时好奇给族人带来了毁灭性的灾难，心中憋闷，日夜苦思，终于想到了一个对策。

既然人们到哪里，鲭鱼便跟到哪里捣乱，不

如干脆叫上大家一起搬去子桐山中的子桐水附近生活！那里是鲭鱼的老巢，再怎么样，它们也不会毁了自己的家吧。

大家说干就干，扎堆在子桐水附近搭建屋舍，散养家禽。人们在上游洗澡洗衣，在下游洗脚玩闹，水流很快就失去了往日的清澈。正如鲭鱼破坏人类的水源一般，此刻鲭鱼宝贵的水源也被人类破坏。放眼望去，子桐水中全是人类，鲭鱼不堪其扰。

终于，它们再也忍不住了，派出代表表示愿意讲和，不再计较之前的仇怨，也要求人类不得踏足子桐山，不能滥捕它们。

就这样，双方终于达成了协议，各自过起了安宁的日子。

成长小站

钟阙因为捕鱼害了族人，又运用自己的智慧想出办法救了族人。我们既要像他一样勤于动脑，又要吸取教训，与自然和谐相处哟。

经典重现《山海经·东山经》

“其中多鲭鱼，其状如鱼而鸟翼，出入有光，其音如鸳鸯，现则天下大旱。”

44

zhū bié yú
珠鳖鱼

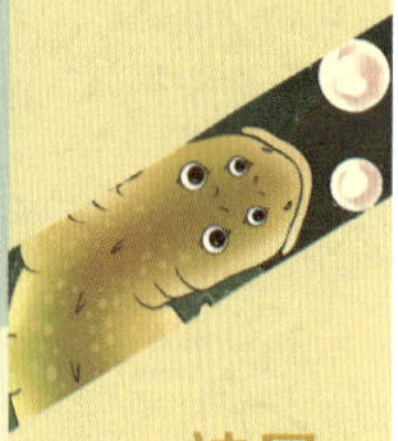

神异档案

异能：其肉可治恶疮与麻风病

形态：肺形，四目六足

地域：葛山

葛山搬来了一群逃避瘟疫的难民，这里寸草不生却有河流，至少不会让人饿肚子。他们建造屋舍，打猎捕鱼，繁衍子孙……逐渐形成了一个新的小村庄。

其中有个叫宋连的青年，勇敢善良，经常给邻居帮忙。有一日，宋连在河中发现了一种怪鱼。它不像寻常的鱼类，而是像肺叶一样扁扁的，头顶上长着四只眼睛，还长了六条短腿。这种鱼似乎很胆小，它们看见宋连便立刻逃掉了，小短腿划得飞快，看起来十分有趣。宋连心生好奇，捉了一条带回去给大家看。大家见这鱼长得实在奇怪，便想要煮熟尝尝它的味道。

这时，村中的巫医瞧见了，立刻出声阻止道："这种鱼会传播麻风病，大家千万不要吃，快回家洗手。"

村民们不明所以，但是很相信巫医，毕竟他在逃难前就在各部落间行医了。于是，人们纷纷逃回家沐浴。

宋连也立刻道歉，还一个劲儿地感谢巫医救了他。巫医没有怪他，反而安慰宋连，表示不知者无罪，又仔细地询问了宋连捉到怪鱼的具体位置，扬言自己要去清除这种灾鱼。宋连没有多想，便将捕鱼的具体位置告知了巫医。

巫医独自把鱼带回家中，关上房门后却忽然

大笑。他哼着歌宰杀了怪鱼，从里面掏出了圆润美丽的宝珠，又把鱼肉做成汤羹，美美地享用了起来。

原来这一切都是巫医在撒谎，这种鱼叫珠鳖鱼，体内藏有宝珠，鱼肉不但好吃，还能用于治疗恶疮和麻风病。由于已经打听到了珠鳖鱼的位置，巫医便又连夜捉了许多养在后院的池塘中。

村民们在新建成的村子中平静地生活了一段日子。这天，村里暴发了麻风病，许多人都上门来找巫医，巫医来者不拒，但是他并不给他们根治，只是用药“吊”着大家的命。他特意去村子周边查看了一番，发现是一些携带麻风病毒的动物死在了泉水的源头。大家喝了这种水，这才出了问题。

他对此只字不提，反而暗暗得意，觉得大家都会认为这是那条珠鳖鱼惹出来的祸事。何况自己吃过珠鳖鱼，不怕麻风病，说不定还能因此大发横财呢。于是他每天都装模作样地给大家看病，从不嫌弃病患，收获了许多人的敬重与感激。

很快，宋连也染上了麻风病，高烧不退。他认为是自己捉珠鳖鱼引发的麻风病，在极度的惭愧中，他跑去了葛山，想跟珠鳖鱼拼个你死我活。由于宋连浑身发热，病得比较严重，他反而不怕了，甚至想：大不了就死。

于是，他在水里用棍棒痛打怪鱼，发泄着自己的怒火。只是水流湍急，他并不能真的伤害到那些鱼，只是搅得它们屡次跃起。好巧不巧，其中一条珠鳖鱼从水中弹出时，砸在了宋连脸上。他刚好张着嘴，就咬到了一块鱼肉。但他没有多想，依旧在水中痛打怪鱼，最后精疲力尽地躺在河边哭着睡着了。

当他再次醒来时，神奇的事情发生了。他发现自己不仅神清气爽，不发烧了，身上也不酸痛了，甚至连咳嗽都全部好了。

他难以置信地捏捏自己，又回味了一下嘴中珠鳖鱼肉的味道。聪明的他一下子就想到了其中的联系，为了验证自己的猜想，他又捕捉了一尾珠鳖鱼回去给一位病重的朋友吃。果然，朋友一刻钟之后便好了起来，于是他们一起将真相公之于众。

吃下珠鳖鱼肉的村民很快就找出了麻风病的源头。他们将坏心肠的巫医赶出了村庄，还放了巫医家饲养的珠鳖鱼。毕竟，正是这种奇怪的珠鳖鱼救了他们所有人的性命。

成长小站

谎言背后必然隐藏着某些不好的事情，大家既要做到自己不说谎，也要努力学习辨析谎言与实话，毕竟不是每个人都像宋连一样幸运。

经典重现《山海经·东山经》

“澧水出焉，东流注于余泽，其中多珠鳖鱼，其状如肺而四目，六足有珠，其味酸甘，食之无疠（lì）。”

45

bó yú

薄鱼

之罗村是个好地方，土地肥沃，风调雨顺，从无天灾。这儿的庄稼长势喜人，村民们生活富足，彼此友爱。可自从长老调皮的儿子张瓶从女烝（zhēng）山捉来了一条薄鱼，一切就都变了。

薄鱼长得像鳝鱼，身体光滑，还有着长须，但是只有一只眼睛，叫声也十分难听。它要是半夜里叫起来，简直就像有人在狂吐，吵得人不得安枕。

张瓶将这条怪鱼养在屋内，他的妻子为此十分生气。她把张瓶赶出了房间，说要他去抱着薄鱼过活。张瓶拗不过妻子，哄了半天，最后只好把鱼养在半里外的池塘里，妻子这才作罢。

可是，很快村里就怪事频发。到了雨季，隔壁几个村子都是阴雨绵绵，之罗村却滴雨不下，庄稼得不到灌溉，树上的叶子竟然也开始大把大把地掉落；村里的动物们都懒洋洋的不愿意动弹，甚至连地面都开始有些发烫。

这些怪事都发生在薄鱼出现以后。

长老本就有些迷信鬼神之说，为此更是整日不安。他猜想，那鱼如此怪异，说不定是有什么灵力在身的。于是，他召集大家建了一个大祭台，摆上鸡鸭牛羊和各种新鲜瓜果，供奉鱼神，希望能够得到鱼神的庇佑，降下大雨。

村民们每日祭拜，虔诚叩首、烧香，可是之

神异档案

异能：引发旱灾

形态：鱼形一目

地域：女烝山

罗村不仅没有求到一滴雨，反而旱得更厉害了。村里的人都说：“我们这儿的土地干裂得都能割伤人的脚了。”

之罗村的村民们惶恐不安，地里颗粒无收不说，现下喝水都得从隔壁村挑了。许多女人开始偷偷抹泪，男人们则日日叹气。

终于有一天，有人忍受不了了，气愤地去了长老家，把张瓶痛打了一顿。往日友善热情的邻居也无一人帮忙，他们也觉得日子实在是不好过，这都怪张瓶。

可离张瓶挨打还没过去多久，整个村子的人就像是约定好了一般，又来到了张瓶家中。

张瓶的妻子以为他又要挨打了,哭着护在丈夫身前。看在他妻子的面子上，大家没有动手，只是扔出来一条绳子，冷冰冰地说：“既然祸事是张瓶惹出来的，就该让他自己收场。鱼神的怒火一日不消，村子就一日无水。张瓶，你自己捆上绳子去祭坛跪七天七夜赎罪吧。”

跪七天七夜？那人还不得出大毛病！这可吓坏了长老一家，张瓶的妻子不断恳求大家，长老也给大家磕头认错，希望他们能放过自己的儿子。可衣食不保的村民们怒火难消，谁也不肯松口。

最后，张瓶被五花大绑带去了祭台前下跪赎罪。张瓶的家人在旁边哭天喊地，长老也没有想到，自己提出来的“供奉神鱼大计”，最后却害了自己的儿子。村民们也是劝的劝，怨的怨，声音大得方圆数十里的人都听到了。

很快，这动静就将隔壁村的一个人吸引了过来。他叫周扬，平生最爱听志怪奇事，也很爱凑热闹。见这儿动静这样大，他连忙询问来龙去脉。

得到解答后，他又看了看供奉在池中的薄鱼，忽然大笑。

所有人都看向周扬，以为他是个疯子，怕他冲撞了神鱼，准备将他拉到一边去。这时周扬才说：“且慢！此鱼并非神鱼，就算你们让张瓶跪上一年，天也不会降雨，因为这是一条灾鱼。”

众人不相信他，仍然要将他拉走。

周扬又说，自己有办法可以救之罗村。大家这才停手，认真听他说话。

周扬告诉大家，自己曾听一位智者讲过薄鱼的故事，此鱼来到哪里，哪里就会发生旱灾，要想解除旱灾也容易，将它哪儿来的送回哪儿去就行了。

众人半信半疑，周扬又说：“我跟张瓶非亲非故，根本没有必要骗你们。我只是不忍心你们受干旱影响，喝不上水，吃不上饭罢了。你们供奉它多日，它可有给你们带来雨水呀？我们村现在可是雨下个不停。你们要是不信，就先按照我的办法试一试，不管用再叫张瓶下跪赎罪嘛。”

一听不用儿子罚跪，长老也拼命恳求起来。毕竟是同村，大家都有些动容，何况跪拜了这么多天，也实在没有什么效果。于是，众人把薄鱼送回了女烝山。

说来也真神奇，就在送完鱼后不久，之罗村下起了瓢泼大雨。

众人问长老：“我们要不要举行一个什么祭祀仪式感谢一下上天呀？”

长老连连摇头，说：“不要不要，迷信玩意儿不信也罢。”

很快，之罗村便恢复了正常，村民们也过上了美满的日子。

成长小站

封建迷信不可信，拜神鱼祈雨更是无稽之谈，大家要多读书增长见识，同时节约资源、保护环境，这样才能过上幸福快乐的生活哟。

经典重现《山海经·东山经》

“石膏出水焉，而西注于鬲水，其中多薄鱼，其状如鳣（zhān）鱼而一目，其音如呕，现则天下大旱。”

46

gé gé yú

鮯鮯鱼

神异档案

异能：无

形态：鱼形，六足鸟尾

地域：跂踵山

相传在跂踵山附近有个小部落，部落中有个叫李鑫的猎户，他性情暴戾、虚伪狡诈，平日最喜欢喝酒，喝醉了就殴打自己的妻子，醒来后又下跪道歉，反复无常。

这一日，李鑫给部落中的一位长老送猎到的兔子，行程本来定好是三日，正巧碰上长老的儿子出行，便搭了一段马车。能够提前回家，他很高兴，于是便准备去部落的交易场给自己买些好吃的东西。可还没到交易场，他就听邻居议论，说他的妻子趁他不在家，去亲戚家喝喜酒，喝得酩酊大醉，半夜才尽兴而归。

邻居没有看见李鑫，李鑫也没有当面与他们争辩，只是脸色沉了下来，自然也没有心情再买吃的了。回家后，他的妻子果然歪七扭八地躺在床上，一身酒气，叫也叫不醒。李鑫当即怒从心起，一把将妻子推下床去，嘴里斥道：“我在外面辛苦打猎赚钱，你却喝酒享乐，过得倒是挺滋润啊！”

只听见“砰”的一声，他妻子的头磕到了床角，当即鲜血直流。

李鑫心中一惊，但很快又不以为意地踹了妻子一脚，说：“别想装死，起来。”

见妻子仍然一动不动，李鑫有些害怕了。他伸手去探她的鼻息，发现妻子竟然已经断气了！

李鑫当即跌坐在地，失声痛哭。就在此时，他听见屋子里传出了“咯咯”的笑声。李鑫被吓得魂飞魄散，这才发现厨房里多出了一条鱼，用木盆装着，应该是妻子买的。

此鱼模样奇怪，形似鲤鱼却长了六只脚，尾巴像鸟的尾巴。最重要的是，这怪鱼竟然会发出“咯咯”的笑声，在这空荡的屋子里听起来十分吓人。

李鑫心中有鬼，觉得这笑声犹如魔音贯耳，恐怖异常，他的一颗心几乎都要从嗓子眼儿里跳出来了。于是，他迅速朝着部落外狂奔而去，一路埋头闪躲，还用一块布遮住了脸，想假装自己并未回过家。

夜色浓重，谁也没有发现李鑫悄悄回来又离开。李鑫逃跑途中总觉得怪鱼“咯咯”的笑声在自己耳边回响，他认为这是妻子化身成鱼来找自己报仇了。慌乱中，李鑫踩到石子摔下了山坡，腿摔骨折了。好不容易有人路过，却是个无赖。那人搜刮走了他身上全部的钱财后，便将他扔在了一个废弃的神庙里。李鑫气得破口大骂，又因为骂声打搅了一群无家可归的地痞睡觉，地痞们将他一通乱打，李鑫昏了过去。醒来后，李鑫发现自己已经被换上了乞丐的衣服，抹黑了脸，还要被迫出去乞讨。李鑫被地痞们夹在中间，难以求救。一旦他想开口或者有离开的举动，就会马上被制服。因为李鑫的腿骨折了，他根本逃不掉，一副可怜样的他反而成了地痞们的摇钱树。

就这样，李鑫被地痞们管束着，身心饱受折磨，逐渐绝望。

李鑫杀害了妻子，也不敢声张求救，只能忍气吞声，顺便偷偷听人们聊天，看看自己杀妻之事有没有暴露。

见人们并没有谈论这件事，他才稍微松了一口气。可乞讨的生活实在是不好过，而且，随着他的腿伤一天天好起来，他每天能要到的东西也越来越少了。

大家看到他，都认为他是骗子，纷纷向他投去鄙夷的目光。他要不到钱，地痞们自然就对他更差了。别说吃饱饭，他有时甚至连水都喝不上，还要挨打。李鑫暗暗叫苦，开始后悔那么对待妻子，不然一切就不会发生了。他开始念叨：“她在家操持家务那么辛苦，难得有喝喜酒放松的时候，我怎么能那样对她呢？”

与此同时，地痞头目对李鑫要不到钱一事也忍无可忍了。终于有一日，那个地痞头目在殴打完李鑫后发话，要将李鑫的两条腿都打断，这样他就又是一副可怜样了，说不定还能要到比以前更多的钱。

李鑫大惊失色，那不是比要他的命还折磨人吗？他被吓得当即就对着路过的人大喊："我是李鑫，我杀了我的妻子，你们来抓我吧！"

他高声重复，很快就引来了一堆人围观，其中恰好就有他同部落的一位长老。见人们朝这边走来，地痞们也不敢管了，纷纷脚底抹油——溜走了。李鑫如愿被那位长老带回了部落，因为杀妻一事证据确凿，他被部落首领定了重罪。

伏法前他问起家中那条怪鱼如何，还说那条怪鱼就是他妻子的化身。首领只觉得可笑，说："那只是一条普通的鮯鮯鱼罢了，跂踵山的水中多的是。虽然叫声奇特，但它根本不是什么死者的化身，你的恐惧，皆是你心怀鬼胎，作茧自缚。"

成长小站

做坏事不仅会给别人带来巨大的伤害，还会使自己生活在罪恶感的笼罩之中，可以说是害人害己。

经典重现《山海经·东山经》

"有鱼焉，其状如鲤，而六足鸟尾，名曰鮯鮯之鱼，其鸣自叫。"

47

xié gōu
絜钩

硜山上住着一种禽鸟，叫作絜钩。絜钩模样像野鸭子，但长着老鼠尾巴，脚趾间无皮膜，擅长爬树，十分贪吃。硜山下的人也常常能看见絜钩下山，在部落里到处寻找谷粒的身影。

一开始，还没人意识到问题的严重性。因为絜钩没有攻击性，又只吃一些掉在地上的谷粒，不会破坏庄稼，人们也就随它们去了，甚至还有一些善良的人会专门在家门口撒下一些谷粒喂它们。可是随着絜钩来得越来越频繁，这个部落发生了瘟疫。等到人们发现瘟疫爆发的时间与絜钩出现的时间完全一致时，已经为时晚矣。

河流湖泊、农田湿地……到处都是絜钩。絜钩在哪户人家出现，哪户人家就会生疫病。为了安全，人们开始驱赶这些絜钩，但絜钩早就习惯了此处的生活，怎么会舍得离开呢？不管人们如何吓唬、打骂，它们都不走；就算是当下离开了，没一会儿也会折返，在部落里四处找食物。

为了治疗瘟疫，首领下令派了许多医术高明的巫医制药看诊，其间不少人还因此丧生。可每次情况稍有好转，絜钩一来，瘟疫就会卷土重来。

有个叫陆言的青年深受其害，他染疫休养好后便主动带着大家驱赶絜钩。陆言心思巧妙，见以前的办法没有用，便用薄木片做了一只威武的木鹰挂在自家树上。风一吹，木鹰便来回晃动，

神异档案

异能：引发瘟疫

形态：野鸭形，长鼠尾

地域：硜山

好似在搜寻猎物的活鹰，絜钩看到便吓得四散而逃。

见这个方法有用，家家户户都做了木鹰。一开始，絜钩确实害怕，可是时日久了，絜钩发现这些鹰根本就不会伤害它们，便又大摇大摆地出来捣乱了。

见此情形，陆言苦思良久，终于想出了一个好主意。他改良了木鹰，往木鹰嘴里安装了木制弹簧装置，并放置了大量果核。只要风吹动木鹰，便能触发机关，自动向下发射果核。

很快，改良版的木鹰挂满了整个部落。风一吹，木鹰们迎风起舞，发动攻击，打得前来觅食的絜钩抱头鼠窜。即便偶尔有一两只没被打中，也会被发射果核的“嗖嗖”声吓到。这种动静让絜钩误以为时刻有人在猎杀它们，久而久之，便也不敢来了。

成长小站

祸患往往积于小事，如果人们一开始就与絜钩保持距离，便不会让部落疫病频发。但如果事先未能察觉，后期勤动脑，积极补救，也是一种处事智慧哟。

经典重现《山海经·东山经》

“有鸟焉，其状如凫而鼠尾，善登木，其名曰絜钩，现则其国多疫。”

48

dài niǎo
䲦鸟

首山附近有个小村庄，村中有个人叫奇峰，他身体虚弱，有湿气病，一到冬日便要比别人多穿两件冬衣；即使是夏天，他也必须穿长衫保暖。他求医半生，终于在两日前，得到了一个消息：首山北边的机谷里面有一种鸟，可用于治疗他的湿气病。

那种鸟叫䲦鸟，叫声像鹿鸣，长得像猫头鹰，但是有三只眼睛和一对大耳朵，十分奇特。

奇峰仿佛看到了希望，收拾行囊之后就往机谷去了。他带着许多擒鸟的工具，跋山涉水到了首山，没想到，刚到山脚下就遇见了一只䲦鸟。

那只䲦鸟在一只受伤的猴子跟前徘徊，时不时用脑袋拱拱猴子的身体，好像在安抚猴子。

可只要奇峰一靠近，䲦鸟便会立刻飞走；待他走远了，便又回来看护猴子。

奇峰料定䲦鸟生性善良，心生一计。

他先是从包裹里掏出治伤的药物救了猴子，又装出准备离开此地的样子，匆匆往一条小路上走。只是没走几步，他便在一个略微陡峭的土坡边故意摔倒，惨叫一声，滚下了山坡。

他闭着眼睛，静静地躺在地上。果然，䲦鸟飞了过来。䲦鸟先是端详了奇峰一会儿，接着便用爪子推他，用脑袋拱他，见奇峰迟迟不醒来，甚至急得叫唤了起来。

神异档案

异能：食之可治湿气病

形态：枭形三目，有耳

地域：首山

说时迟那时快，奇峰猛然睁眼，从包袱中抽出小刀就扎了䲃鸟一刀。幸亏䲃鸟躲闪及时，这一刀只是划伤了它，并没有要它的命。

䲃鸟发出惨叫，顽强地扑棱着翅膀往机谷逃去。奇峰见这一

刀没能割下鸟肉，便也跟了上去。

一步错，步步错。

奇峰进机谷之后才暗暗懊恼，自己不该进来的。这里之所以叫作机谷，就是因为机关重重，进来容易出去难。奇峰一进机谷就跟丢了鴸鸟，找了几个时辰，连鴸鸟的影子都没再见着。不知道是不是他的错觉，奇峰感觉周围的树木好像是活的，一直在动。奇峰故意在树干上系上布条，可走了一会儿，竟然发现四周都是布条。这时候奇峰想要下山，却再也找不到来时的路了。

此时，山谷里开始下雨，奇峰穿的衣服不够多，包袱里还都是捕鸟的用具，没有太多干粮。很快，他就吃完了所有的东西，又冷又饿，昏死了过去。这一次，善良的鴸鸟没有出现在他身边。

成长小站

诚心相求或许会有回应，自作聪明设计谋私只会让自己走入绝境。为人处世，还是要坦坦荡荡才行呀。

经典重现 《山海经·中山经》

“其阴有谷，曰机谷，多鴸鸟，其状如枭而三目，有耳，其音如鹿，食之已垫。”

49

qǐ zhǒng
跂踵

神异档案

异能：带来瘟疫

形态：鸟形，一足猪尾

地域：复州山

古时的部族分散各地，依靠牛羊和农田生活，但是有些地方不是过于炎热就是极其寒冷，所以各部族之间常有斗殴、争抢好地盘的事情发生。为了掠夺资源，人们有时候甚至会使用一些下作的手段。

一日，青山族聚居地暴发了一场史无前例的瘟疫。最初只有一只小羊羔抽搐、口吐白沫、腹泻，然后是两只、三只、四只……很快，整个羊圈的羊都被传染了，接着是牛、马，甚至是人。

瘟疫来得又快又猛，大家疏于防范，导致了大范围的传染。但凡跟患病的人畜有过近距离接触的，必然中招。等到大家有所察觉之时，青山族一大半的人都被感染了。

族长的儿子齐格是个十八岁的少年，他整日在草原上疯玩，部族的每一个角落都被他逛遍了。他发现，在瘟疫出现的同时，部族里多出了一种他从未见过的鸟。那种鸟长得像猫头鹰，只有一只脚，还有一条猪尾巴，十分奇怪。可是还没等齐格将自己的猜想告诉父亲，部族更大的危机就来了。

青山族的死对头苏罗族趁机进攻，烧了他们的主营，抢走了物资，使青山族族长不得不带着族人离开家园，往交好的山麒族聚居地撤退。可由于食物、药物短缺，天气严寒，这一路青山族死伤无数。等他们赶到山麒族聚居地时，几乎已经不能称为一个部族了，连青山族的族长也在途中病逝。

幸亏山麒族族长并没有落井下石，他不仅收留了他们，还派遣了医生为他们治病，给予了食物和居住地。经过这一次部族动荡，齐格变得沉默寡言，整日只知道练习箭术。

一日，齐格正在山麒族的边界狩猎，忽然又看到了那种长着猪尾巴的怪鸟。齐格想起了自己之前的发现，心中不悦，一箭射杀了怪鸟。可是他没想到怪鸟不止一只，而是成群结队地在往山麒族聚居地靠近。

这次齐格迅速向上汇报，并且派出一队做好了防护措施的人马，带上长棍、长鞭等工具，将怪鸟赶到了远离山麒族的固定区域关了起来。与此同时，他还将十多头牛羊赶入了那个区域，以便验证瘟疫是否真的跟它们有关。

做完这些，齐格又命令参与赶鸟的人烧毁所用的工具，换洗衣服。果然，没多久那些牛羊便身染瘟疫死了。

搞清楚了这件事情，齐格马上展开行动。他召集人马穿上密不透风的服装，将燃烧的柴火绑在了那些怪鸟的尾巴上，又命人沿路设障，逼得它们直奔苏罗族的领地逃去。

很快，在齐格的布

置下，苏罗族内部暴发了瘟疫。听到这个消息，青山族的人喝酒宰羊相庆。此时，齐格却派人给苏罗族族长送去了和解书，引得族人愤怒不已。

齐格耐心地向他们解释：“我的父亲也在瘟疫中死亡，苏罗族趁瘟疫夺走了我们的家园，可报仇并不会结束我心中的痛苦，连年交恶只会带来更大的伤亡。这一次我们是赢了，可是保不齐苏罗族什么时候卷土重来，没有谁可以一直盯着对方。我只想用瘟疫夺回我们的家，并不想让它蔓延。毕竟，若是疫情扩散，大家都逃脱不了被感染的命运。”

齐格的话打动了族人，他忍下悲痛和怒气，顾全大局，与苏罗族族长定下和解盟约：青山族帮助苏罗族消除瘟疫，苏罗族退还占领的土地，并保证从此永不侵犯青山族。

和解书签下次日，齐格便秘密派人射杀了那些怪鸟。果然，瘟疫很快便消失了。那种怪鸟，据说就是原居于复州山的跂踵。

成长小站

冤冤相报何时了，有时候，在非原则性问题上大度一些，原谅别人也是成全自己哟。

经典重现《山海经·中山经》

“有鸟焉，其状如鸮，而一足彘尾，其名曰跂踵，现则其国大疫。”

50

míng shé
鸣蛇

鲜山上有一种神奇的动物，叫作鸣蛇。它生有四只翅膀，叫声像是击打钟磬的声音。传说鸣蛇的祖先是螣（téng）蛇，螣蛇乃是上古神兽、司火之神。不过，鸣蛇没有这么厉害，它是灾蛇，会引发旱灾。

鸣蛇无心害人，人们却因为它流离失所。因此，鸣蛇一离开鲜山便人人喊打，没办法，它只能四处逃窜。

这一日，鸣蛇遇到了一个小乞丐。小乞丐人小胆子大，他知道鸣蛇的事却不认识鸣蛇，便告诉它，自己十四岁，叫邹麒，三年前便开始流浪了。因为附近正闹旱灾，人们果腹艰难，他几乎讨要不到食物。鸣蛇心中愧疚，又因为邹麒是第一个不驱赶自己的人，便为他跑去很远的地方找了一些干净的水，又叼来新鲜的果子给他充饥。

小乞丐很高兴，说要跟鸣蛇交个朋友。鸣蛇以为对方不讨厌自己，便将自己的身份坦白告知。没承想，还没等鸣蛇说完，邹麒就变了脸。他之所以会流浪，就是因为旱灾，自家的土地颗粒无收。

于是，他生气地用石头砸鸣蛇，大声地斥骂驱赶它。鸣蛇伤心不已，更加心疼这个被自己连累的孩子，怕他不能在乱世生存。所以，鸣蛇并没有真正离开，而是每每先邹麒一步，替他找到

神异档案

异能：带来旱灾
形态：蛇形四翼
地域：鲜山

可以果腹的食物，放在他必经的路上。

邹麒每天都能“捡”到一些吃的东西，有时候是一两块兔肉，有时候是一些野菜叶子，有时候是一些新鲜的果子。他并没想到有谁在悄悄保护他一个无用的乞丐，而是认为这是前面逃难的人掉下的食物，每次都开开心心地吃光。

就在邹麒又“捡”到一块糖饼时，遇到了两个逃难的中年男人。他们饿得不行，见邹麒拿着香喷喷的食物立刻面露凶光，咆哮着叫邹麒交出来。邹麒不肯，其中一个男人便用力推倒了他，可邹麒还是将糖饼死死地抱在怀中不肯松手。于是，这两个大男人一边对他拳打脚踢，一边还说一些不堪入耳的话语骂他。

一直跟着邹麒的鸣蛇再也忍不下去了。只见它猛地从旁边的草丛钻出，张开血盆大口，发出嘹亮的鸣叫，将那两个男人吓得落荒而逃。此时，邹麒也被吓得瑟瑟发抖，鸣蛇看了他一眼，默默地走开了。

这一次，邹麒没有用东西丢它，而是偷偷跟了上去。他揪着衣角跟鸣蛇道谢，并表示自己愿意听听鸣蛇的故事。

在聊天的过程中，邹麒了解到：

鸣蛇会带来旱灾并非是它主观上想作恶，而实在是它控制不了自己的能力。

于是，邹麒问：“那你为什么不待在鲜山呢？”

鸣蛇告诉他，那是因为鲜山寸草不生，食物少，日子实在是不好过。

邹麒想了想，觉得鸣蛇下山也可以理解。他又想起了刚才鸣蛇嘹亮的鸣叫声，给鸣蛇提了一个建议：以后鸣蛇要去哪里，就先发出嘹亮的鸣叫预警，自己再帮它向大家解释，给当地的人足够的时间蓄水，等到鸣蛇捕猎结束回到鲜山后，大家再正常用水。

一人一蛇一拍即合。刚开始人们还有些不配合，但为了避免旱灾，又经过了几次有效的实践，人们便也适应了这种生活方式。旱灾的受害者越来越少，鸣蛇也过上了幸福的生活。

成长小站

机智的邹麒不仅帮助了鸣蛇，也帮助了鲜山附近的人。当面对不可改变的困境时，我们不妨调整思路，退而求其次，先让自己免于受难。

经典重现《山海经·中山经》

“其中多鸣蛇，其状如蛇而四翼，其音如磬，现则其邑大旱。”

51

huà 化 shé 蛇

神异档案

异能：引来大水

形态：人面豺身，长鸟翼

地域：阳山

从前，在阳山山脚下有个叫齐洋的人，他每天都会去附近的一个村子里贩卖自家种的果蔬。他的果蔬都是当天采摘，当天售卖，十分新鲜，因此很受欢迎。

这天，齐洋照常去村里卖果蔬，走到半路忽然听见一阵骂声。他放下扁担，四处寻找，却只见到了一只长相怪异的鸟。

它长着人的脸、鸟的翅膀，身躯却像豺狼一样壮硕，还像蛇一样贴地爬行，看起来有些惊悚。

齐洋受到了惊吓，挑着担子转头就跑，直接回家了。他惴惴不安，总觉得要出什么大事。

十日后，此地水位暴涨，河水泛滥，径直淹没了村里不少田地屋舍。幸亏大水是白天发的，大家逃跑及时，才没有造成大规模的人员伤亡。

齐洋修缮了被水流冲坏的菜园后，不禁想起了那天的奇遇，于是向家人和邻居诉说了这件事。他的妻子以为他是被洪水吓傻了，好在他的邻居是个爱听志怪故事的人，听完齐洋的话后，他便说："你可能是遇到了化蛇。"

传闻化蛇生活在阳山上，只要它一出现，便会引发水灾。

齐洋心有余悸，好在之后这儿都风平浪静。三个月后，就在偶遇化蛇的记忆逐渐从齐洋脑中消散之际，齐洋再次听到了那种诡异的骂声。齐洋一边祈祷“不是化蛇”，一边循着声音找去，结果又看到了熟悉的一幕。

齐洋深知化蛇的厉害，当即连滚带爬地跑回了家。他连忙通知亲朋好友搬离此地，又匆匆收拾了自家能拿走的财物，采完了已成熟的蔬果，拉着妻子前往高地躲避水灾。妻子半信半疑，不愿意为了一个传言大费周章。

一向好脾气的齐洋发了大火。妻子见他这样着急，这才同意搬离，好友亲邻也在齐洋的劝说下暂时离开了熟悉的家园。

“如果无事发生，那么就当是出去玩几天嘛。”大家都这样安慰自己。

做完这一切，齐洋又找到了主事的王长老说明情况，希望长老可以召集村民在村子周围多挖一些排水渠，以此抵挡大水。

王长老不认识齐洋，只以为他是一个疯子，听到齐洋的建议更是当即笑出声来：“像人一样的鸟形蛇怪？你怎么不去讲故事哄小孩儿呢？你算什么东西，因为你的一句话我就要费钱费力、兴师动众，大家还不把我当傻子吗？这真是我今年听到过的最好笑的笑话。”

王长老取笑了齐洋一番，将他赶了出去。齐洋摇摇头，事已至此，他已经尽力了。于是，他带领妻子和相信自己的邻居开始寻觅避祸的高地，沿途遇到村中的村民他也会劝告解释，能救一个是一个。

第二日，齐洋一行人就到了隔壁村，齐洋又以同样的话劝告这儿的邓长老。这位邓长老对村民爱护有加，仔细听完齐洋的叙述后，又在村中打探了一番。他发现“卖菜人齐洋”的名声极佳，村民们都说他诚实可信。很快，邓长老就叫来了村中几个德高望重的老者。几人商量到了后半夜，认为开挖排水渠就算现在用不上，对村民们来说也是好事，于是天一亮就立马动工了。

齐洋认为邓长老这样一心为村民们着想很是难得，于是跟妻子和邻居们一起留在了这里，帮忙挖掘排水渠。

两日后，洪水如期而至。

邓长老管理的村庄由于事先开挖了好几条排水渠，成功引走了洪水，因此没有任何财产损失、人员伤亡。旁边王长老管理的村子可就惨了，水流不仅冲毁了许多良田屋舍，连王长老本人都被冲到了五里以外，三日后才被人发现。

成长小站

虽然口说无凭，但我们也不能如王长老一般对别人的话妄下结论，而要耐心分析，仔细求证，这样做出来的决定才会更明智哟。

经典重现《山海经·中山经》

“其中多化蛇，其状如人面而豺身，鸟翼而蛇行，其音如叱呼，现则其邑大水。”

52

sān zú guī
三足龟

何多是个倒霉蛋，父母去世后给他留下了两间石屋，却被叔叔婶婶以照顾他的名义骗走了。他们得手后当即变脸，对何多不管不顾，甚至在何多患上痈肿后谎称此病可以自愈，不给何多治疗。他们还在邻里间抹黑何多，称他不孝，对家人无礼。结果，何多作为继承人，被挤对得无法再待下去，只好离开了家乡。

他身无分文，临走时叔叔只丢给了他一袋子干粮。何多一路走走停停，想找一个可以定居的村落。

这一日，他路过了大苦山，眼见干粮所剩无几，也没有钱可以住客栈，于是找了一间废弃的神庙居住。庙中供奉着的东西很奇怪，不是神仙也不是圣人，而是一只只有三条腿的乌龟。

龟像旁边还有块石碑，上面记载了神龟的来历。何多心生好奇，便走上前去看。原来此龟名叫三足龟，生于大苦山中的狂水。石碑上面还记载了一个故事：

在很久以前，共工与颛顼相争，共工一怒之下撞了不周山，结果让西北方向支撑天穹的柱子倾塌。随着西北的天空缓缓下沉，各处开始闹起了灾荒。

女娲不忍自己的子民受苦受难，便炼制五彩石，将天补了起来，可是仍没有东西支撑不断下

神异档案

异能：食其肉则不生大病，可消痈肿

形态：龟形三足

地域：大苦山

沉的天。正当女娲苦恼之时，一只巨大的神龟现身，表示愿用自己的身体充当天柱。女娲非常感动，她不忍神龟因此被永远禁锢在一处，便在与它协商后，取走了它的一条腿作为天柱。因此，神龟成了三足龟。由于大苦山是三足龟的家乡，当时的百姓们为了纪念它，便在此为三足龟修碑立传，加以供奉。

但是，随着时间的流逝，记得并且对三足龟心存感激的百姓越来越少，以致最后神庙无人祭拜，杂草丛生。

何多对此心生感慨，他先是将破庙打扫了一番，而后又拿出最后两块干粮，一块放进了自己嘴里，另一块放到了三足龟的祭台之上。

“你我都是可怜人，一同分食了这最后的食物吧。”

何多吃完干粮后，便带着无家可归的绝望，迷迷糊糊地在神

庙里睡着了。神奇的是，他竟然梦到了三足龟。

梦中三足龟对他表示了感谢，还说自己会治好何多的痈肿，同时鼓励他说："生活充满了无限的希望，一时的困顿并不重要，只要你敢于从头再来，便是新生。我会为你留下一个治痈肿的秘方，你拿去谋生吧。"

许久之后，何多醒了过来，发现祭台上的干粮不见了，取而代之的是一块肉，而自己的痈肿竟然也真的好了。

他想起了三足龟在梦中对自己说的话，心想：莫非这块肉就是治疗痈肿的秘方？

于是，何多朝着三足龟的神像重重磕头道谢，离开了大苦山。在确认肉块无毒后，他找了一个患有痈肿的人试用，果然，那个人很快就康复了，而且再也没有生什么大病。

三个月后，何多凭借替人治疗痈肿攒下了一笔钱，还收获了好名声。人们听了何多的奇遇，被三足龟曾经的壮举与如今"滴水之恩涌泉相报"的行为感动，纷纷奔赴大苦山祭拜，神龟庙又恢复了往日的香火。

成长小站

神龟托梦或许只是美好的幻想，但善待他人、热爱生活、敢于从头再来的人定能收获幸福的人生。

经典重现《山海经·中山经》

"其阳狂水出焉，西南流注于伊水。其中多三足龟，食者无大疾，可以已肿。"

53

yǎo
鴢

青要山上有一种草，茎是方形的，开黄色的花，结红色的果实，名为荀草，女人吃了荀草容貌会变得格外美丽。山中还有一种名叫鴢的鸟，样貌像野鸭子，身体是青色，尾巴却是红色的，还有一双红眼睛，据说女人吃了这种鸟的肉就可以多生孩子。

一个名叫姜让的女子听说了此事，便花大价钱让人去往青要山，摘了一些荀草，抓了几只鴢供她食用。

果然，她的容颜得到了极大改善，皮肤比以前更加白皙细嫩，脸上细小的皱纹和斑点瑕疵也全部消失了。

她如此大费周章，就是因为想要嫁给部落长老的儿子张仰，但她并不是贪恋张仰的权势，而是被他的博学多才吸引。

果然，在她精心安排的“偶遇”下，张仰一眼就相中了她。由于姜让十分贤惠，他们很快便结为了夫妻，还生下了几个活泼可爱的女儿。

张仰十分喜欢姜让，时时刻刻都要让她陪伴在自己左右。可是姜让的婆婆并不高兴，她认为姜让靠美色侍人却脑袋空空，对张仰在部落中的发展起不到任何作用，于是每天都在姜让向自己问安时为难她。一旦姜让面露不悦，她便立刻告诉张仰，说姜让对自己不敬。

神异档案

异能：食其肉则多子

形态：鸭形，青身、朱目、赤尾

地域：青要山

在她的挑拨下，张仰也逐渐认为妻子有些肤浅。见时机成熟，婆婆便建议张仰与姜让分开。张仰对姜让虽有不满，常年累月相处下来却也是真心爱妻子的，因此他没有答应。可婆婆不死心，竟然邀请了一个出身高贵且爱慕张仰的李姑娘到家中住，还跟张仰说，李姑娘是远房亲戚，遭遇不幸才来投靠，实际就是希望儿子能与李姑娘结缘。

李姑娘长相秀丽、举止得体、听话乖巧，样貌虽然不及姜让，却对部落管理的事情颇为了解。时间一久，张仰也跟李姑娘熟了起来。姜让好几次撞见他们谈话，气得不行，常跟张仰争吵。一来二去，张仰也觉得“耳根子不清净”，不太愿意见她了。

没承想，李姑娘虽然表面温婉，内心却并不善良。独自面对姜让时，她总是故意出言挑衅。姜让心中有气，终于有一日，她忍无可忍动手推了李姑娘一把。原本这一推并不碍事，李姑娘却故意顺势摔入水中，害得自己生了一场大病。

张仰以为妻子泼辣至此，一怒之下便罚姜让闭门思过，甚至连几个孩子也让母亲带去身边养育了。

姜让伤心欲绝，空荡荡的院子里，她时常一发呆就是一下午。她从青要山捉来的鴢还有几只养在院中。此时它们还像从前一样无忧无虑，游泳时将尾巴露出水面，愉快地戏水、梳理羽毛。

经此一事，姜让终于想明白了，靠美貌吸引他人是最愚蠢肤浅的。

姜让想清楚后，便托人将剩下的鴢放回了青要山，自己也开始学习管家和处理部落基础事务的技能，修身养性。时间一晃过了三个月，一日，张仰忍不住来探望姜让，发现她的谈吐见识与之前全然不同，很是心动。姜让询问后也发现，丈夫虽然狠狠惩罚了自己，但在此期间，他并没有跟那位李姑娘有什么不规矩的行为，甚至还请求母亲将李姑娘送走，免得家宅不宁。这一夜，夫妻俩促膝长谈，解开了所有矛盾。

之后，他们时常一起商量重要的事情，婆婆见媳妇变得如此能干，也不好再说什么。

成长小站

美丽的外在或许能够让我们更加自信，但内在的能力才是我们的“绝招”哟。

经典重现《山海经·中山经》

“其中有鸟焉，名曰鴢，其状如凫，青身而朱目赤尾，食之宜子。”

54

窃脂

qiè zhī

神异档案

异能：抵御火灾

形态：鸟形，赤身白首

地域：崌山

传说在一个偏远的小部落中有两位长老，一位叫尚联，他性格温和，待人宽容，大家都喜欢他。另一位叫周随，他曾救过首领的性命，为人残酷狠辣，时常欺负族人。但因为周随对首领有救命之恩，首领总是对他的所作所为睁一只眼闭一只眼。

两位长老彼此之间不对付，整日斗法，都想把对方比下去，可始终没有结果。终于有一日，这个分胜负的机会来了。

部落发生了火灾，救火队整整扑了一夜才将火扑灭。这已经不是第一次发生这种事情了。由于部落强盛、人口多，人们的屋舍都紧挨着，每次出事，都会造成巨大的损失，很让首领头疼。这一次也是，灭火之后，还有许多事情要做：出资赈灾、安抚族人、排查火源、预防火灾等。

就在此时，周随受贿的事情被告到了首领这里。首领本就焦头烂额，一听这事更加心烦，不知道该怎么处理这个狂妄的救命恩人。经过一番思忖，首领想出了一个主意：将容易失火的区域一分为二，让两位长老分别掌管火灾预防，谁要是能让自己的管辖区免生火灾，谁便是唯一的大长老。如果周随赢了，便可将功补过；如果输了，数罪并罚也不迟。

首领觉得这个主意极妙，当下就吩咐了下去。

尚联听说此事之后，不慌不忙地领了命，心中早有盘算。可周随的心态就没有这么好了，他本来就没什么真本事，全凭运气救下首领才当上了长老，此刻真有事来了，他只能着急上火，让手下四处寻找抵御火灾的方法。

多日寻找无果，周随心中着急，怕自己失去长老宝座，便叫下人偷偷监视尚联。结果，还真的被他“偷”到了一个好办法。

下人窥探尚联多日，从尚联那里得知有种鸟叫作窃脂，饲养它就可以抵御火灾。周随先发制人，立马向首领汇报了这个防火方法，并且叫人大肆寻找窃脂。

这边闹出了极大的动静，但尚联那边还是静悄悄的。周随也没有再管他，以为尚联没有了对策，在默默等着走人。

周随找到了奇鸟窃脂之后，就发放了下去，让人们饲养，几乎每家每户都有一只。周随认为自己的准备已经十分妥当，只等火灾发生了。可这种事情是求不来的，过了一个多月，还是没有什么动静，丧心病狂的周随为了尽快把尚联挤走，竟然在一个晚上偷偷放了一把火。冲天的火光和救援的动静惊醒了首领，他立刻派人救火，并且询问了火灾发生的具体位置。

结果却让人大跌眼镜：尚联管辖的区域一点儿火星子都没有，而周随管辖的区域却遭遇了有史以来最严重的损毁。

首领当即将他们召来盘问，这才得以弄清事情的原委。

原来尚联也暗中命人捉来了窃脂，饲养在辖区的族人家，但是二人的窃脂截然不同。尚联的窃脂来自崌山，模样如同猫头鹰，身体呈红色，脑袋为白色；周随的窃脂除了也是只鸟以外，其余跟尚联的窃脂相比根本就是两个东西。

“那你怎么就敢认定它是能御火的窃脂呢？”首领问周随。

只见周随抓耳挠腮了好一阵子，才支支吾吾地说：“窃脂窃脂，不就是偷胭脂吗？我试验过了，所有的鸟里，只有这种鸟会偷吃胭脂。”这一回答弄得大家啼笑皆非，最后还是博学的尚联认出了这种吃胭脂的假窃脂。原来，它真正的名字叫作桑扈，因为会偷吃胭脂，也被一些人调侃为“窃脂”，事实上，它跟能御火的窃脂根本不是同一种动物。

周随窃取别人的办法，却只知其一不知其二，还因私心误伤族人，罪大恶极。

此时，首领也不再留情面，严厉地惩处了他，并由尚联负责，妥善安置了受灾的族人。

成长小站

学习最忌讳一知半解，虽然周随“偷”信息不光彩，但如果他能研究明白，也不至于落得如此境地，可见还是要潜心研究、学好学透。

经典重现《山海经·中山经》

“有鸟焉，状如鸮而赤身白首，其名曰窃脂，可以御火。”

55

zhèn

鸩

神异档案

异能：无

形态：野鸡形

地域：瑶碧山

相传很久以前，在一座深山中住着一位有名的巫医，名叫杨如风，人称药王。他的“含笑”一毒，冠绝江湖，无人不知。此人有两个弟子，一个是从小跟在他身边的徒弟，叫张焕；另一个是他的亲儿子，叫杨兆。

杨如风许诺会将自己的衣钵[1]传给其中一个人，但出于私心，他希望那个人是自己的亲儿子。可杨兆并不好学，每次学习药理都要杨如风费心劝诫或者打骂督促，他虽然聪明，但实在贪玩。张焕却每日苦学药理，勤加练习各种药物的配制。但张焕为人急功近利，手法也十分残忍，他总会用小动物试药，希望能够配制出比“含笑”更厉害的药，以压过师父的盛名。

杨如风对这两个徒弟都不放心，所以也一直没有把“含笑”的配方传给他们。但好在他们俩相处一贯和睦，对他也十分恭敬。

生活温馨而平淡，可是杨如风患有无法根治的咳疾，只能每天用药调理。但长期的咳嗽还是让他心肺受损严重，终于有一日，在杨如风给两位徒弟授课的过程中，他吐了一口血。

杨如风感觉自己时日无多，但是他的独门秘

---

1. 原指佛教中师父传授给徒弟的袈裟和钵，后泛指师父传授给后人思想理念、技能等。

诀还未传授给继承人。他心中着急，便将他们一一喊到了床前说话，说要将最重要的本事教给他们。

先进去的是杨兆，他在房中待了许久，最后红着眼睛，手中拿着一本医书出来了。张焕看不到书名，但猜测是“含笑”的配制秘方。张焕心中忐忑，“含笑”只会传授给继承人，被传授的人也自然是新的药王。可是担忧也没有用，他只好先去见师父。张焕来到病床前，杨如风刚吐过血，唇色依然鲜艳，面色却苍白恐怖，仿佛一日内苍老了十多岁。师父跟张焕寒暄了一通，并请他在自己离世后，看在多年的师徒恩情上，好好照顾自己的儿子。

张焕点头答应了，心中却很是气愤。他心想，“含笑”的秘方一定给了师弟，自己比师弟的本事大许多，却因为不是师父的亲生儿子而落选，这实在不公平。于是，张焕生出了仇恨之心。

很快，定继承人的大事被提上了日程，张焕和杨兆需要同时参加一个比试——制毒。谁制的毒更难解，谁便是下一任药王，但为了安全，禁止配制致命的毒药。

制毒时间是三日，张焕和杨兆各自忙碌了起来。张焕查阅各种医典古籍，找到了一种剧毒之物。

相传，在瑶碧山上生活着一种喜欢吃蜚虫的鸟，名叫鸩。它外形似野鸡，有剧毒。如果用这种鸟的羽毛接触酒水，酒水便会变成毒酒，能让人毙命。而且，鸩毒无色无味，即便是像杨如风这样的药王也不一定能看出端倪。

张焕原本想将毒酒给师弟喝下，好让自己成为师父唯一的弟子，可是很快他就改变了主意。

“师父那么偏心！我继承了他的衣钵，他可能也不会善待我，我还要照顾他，凭什么？”

由于按照比试的规定，他俩制的毒，需要由善解百毒的药王

亲自尝毒，才能分出输赢，他便决定先谋害师父，再对付师弟，抢走“含笑”秘方。

张焕打定了主意，没想到，到了比试当日，杨如风竟临时改变了规矩。因为他的身体不再适合尝毒，便让两个弟子将各自配的毒药喝下去，他根据毒发状态，来判断毒性高低，分出胜负后再由他来替他们解毒。

张焕搬起石头砸了自己的脚，可如今也是骑虎难下，他只好硬着头皮舔了一下，心想鸩毒的毒性也不至于这么烈。结果他的舌头才刚缩回口腔，便倒地身亡了，甚至连药王杨如风都来不及替他解毒。

他不知道的是，师父病重，看透了自己的儿子实在不具才干，便只将一本自编的解毒奇书给了儿子，并且叮嘱他辅佐张焕，在张焕行事不当时好好规劝；若是张焕日后用动物试毒，让他务必用这本书中的解毒法保护那些小生命。至于这个所谓的比试，不过是为了让张焕继承药王称号更名正言顺一些罢了。张焕的狠心害死了自己，辜负师恩，自食恶果。

成长小站

疑心易生暗鬼，嫉妒更是会让人发狂，遇到我们以为的“不公平的事”，我们要先理智地求证，不能单凭自己的想象就下定论哟。

经典重现《山海经·中山经》

“有鸟焉，其状如雉，恒食蜚，名曰鸩。”

56

qīng gēng
青耕

神异档案

异能：抵御瘟疫

形态：鸟形，青身白喙，白目白尾

地域：堇理山

在草原上，许多部族之间为争抢资源都发生过战争，不和睦是常态。

北宁族和柾（jiù）族势不两立，频繁攻打对方，但是双方实力相当，一直难分胜负。

一日，北宁族族长从属下口中得知，草原上的某部族曾用跂踵引发瘟疫，战胜了敌对部族。这个消息激起了北宁族族长的贪欲，他命人去寻找此灾鸟。

历时三个月，投入了大量的钱财和人力，北宁族人还真的从复州山找到了跂踵。

之后，北宁族族长不管百姓死活，将跂踵养在了两族交界的村庄中，并且在夜里悄无声息地分批投放入柾族聚居地。

果然，柾族生活区暴发了瘟疫，但生活于交界地的北宁族族人也被感染无数。知晓内情的将领希望北宁族族长可以暂停此事，并且派来巫医救助百姓。

北宁族族长表面答应，实际上却只是让人送去了少量的抗疫药品，没有派人支援，也没有下令停止投放跂踵。

由于药品不足，再加上没有后援，北宁族边界很快就陷入了混乱，甚至很多放往柾族聚居地的跂踵，也在混乱中反跑向了北宁族腹地。

北宁族族长不管百姓死活，禁止难民入城，

同时又继续派人搜寻跂踵，不断投放。

眼见瘟疫遍地，民不聊生，柾族族长坐不住了。

好在世间万物相生相克，有引疫灾鸟，自然就有消疫吉鸟。柾族族长最信任的一位军师博学多闻、学富五车，正巧知道解决之法。

相传，在堇理山上有一种神鸟名叫青耕，它形似喜鹊，身躯是青色的，嘴、眼睛及尾巴都是白色的，叫起来像是在喊自己的名字。据古籍记载，这种鸟有抵御瘟疫的神奇能力。

柾族族长当即下令，前往堇理山寻找青耕。

有了青耕相助，柾族人成功驱逐了跂踵，瘟疫很快消失。但北宁族族长并不知情，还在令人没日没夜地捕捉跂踵。结果没过多久，柾族遭难的“喜讯”没传来，北宁族的腹地开始出现了瘟疫，不满北宁族族长的民众更是集结成军，准备造反了。

趁此机会，柾族族长在军师的建议下广施仁政，接待两族难民，不仅给他们提供水和食物，派巫医给难民治疗，还搭建了草棚给大家居住。柾族族长的善行广为人知，更多人前往投靠，北宁族族长即便意识到了自己所犯的错误，此时也悔之晚矣。

就这样，北宁族族长搬起石头砸了自己的脚，没多久就被逼着卸下了族长一职。

成长小站

妄图以下作的恐怖手段战胜对手的人，通常都会被自己所害，所以即便是在仇恨面前，也要保持理智哟。

经典重现《山海经·中山经》

“有鸟焉，其状如鹊，青身白喙，白目白尾，名曰青耕，可以御疫，其鸣自叫。”

57

fēi yú
飞鱼

神异档案

异能：飞，食其肉不畏雷，抵御兵祸

形态：似猪似鱼，身带红纹

地域：骢山

骢山有河，所以生活在骢山附近的人都以捕鱼为生，也算是丰衣足食。

可是这里的渔村有个奇怪的习俗——村民们要轮流向村里的言长老进献巨额谢礼，每个月一次。这个习俗已经存在数十年了，大家之所以都不敢拒绝，是因为言家掌握着一个秘方。

村民们外出捕鱼，有时候在水上一待就是几个月，大河辽阔无边，充斥着各种危险，其中最致命的就是雷雨。雷雨天河面常有风暴，水下常有漩涡，人被卷入水中轻则破皮断骨，重则身死船毁。

每次出发前，言长老都会给每位上船的渔民发放一碗蛋羹，吃下去就能避雷。尽管这听起来很不可思议，但数十年来，吃了蛋羹再出发的人确实都没有被雷电伤害过。

因此，渔村里的百姓都对言长老心怀感激，可是巨额谢礼也着实让大家苦不堪言。

这个月轮到黄乔了。

要进献给言长老的谢礼几乎等于他一家三口大半年的口粮，黄乔原本已经积攒得差不多了，可是年中时狂风席卷了渔村，人人遭殃，黄乔家在村子的最外围，半间房子都被狂风卷飞了。不得已，他只好先挪用礼金去修缮房子，可这么一来，需要进献的谢礼就没着落了。

眼看进献谢礼的日子越来越近了，黄乔只好将家中上好的鱼搜集起来，包装成漂亮的礼包给言长老送去。言长老看见这么大的包裹立刻喜笑颜开，可是当他发现包裹里面不是钱财而只是一些鱼时，他立马变了脸色，将黄乔赶了出去。

他还发话，下一次捕鱼所有人都没有蛋羹吃。这可吓坏了大家，没有了神奇的蛋羹，如果遇上雷电，就是死路一条！忧心忡忡的村民纷纷将矛头指向了黄乔，甚至有人不顾同村的情分出手殴打他。最后，为了平复言长老的怒气，大家东拼西凑把黄乔的礼金凑齐了，连夜给言长老送去。

出发那天，所有人都如往常一样等在言长老家门口，由言长老分赏蛋羹。除了黄乔，所有人都得到了一碗香喷喷的蛋羹，里面还加了某种不知名的鱼肉，有些咸味，整体十分嫩滑。大家拿到蛋羹后都大口吃了起来，但不管黄乔怎么求情，言长老还是一口都没有分给他。村民们碍于言长老的面子，无人敢替黄乔说话，他只能孤零零地坐上了一艘小船，远远跟着捕鱼的队伍，心中祈祷平安。

可有时候就是怕什么来什么，黄乔驾船行驶了半个时辰后，忽然遇到了大风暴，电闪雷鸣，黄乔的渔船被狂风吹得原地打转。

他心中惶恐至极，拼命摇桨追赶队伍，可是大雨倾盆，响亮的雨声掩盖了黄乔的求救声。

就在这时，黄乔看见了一种奇怪的鱼。它们像鸟一样翱翔于空中，头却有些像猪头，还长着红色的花纹。

它们完全不怕风暴，反而像在庆祝什么一样一起飞进暴雨之中，轻薄的鱼鳍在雨中闪着耀眼的光芒。它们一次又一次地跃出水面，又遁入水中。

黄乔无暇欣赏眼前美丽的景象，他的船剧烈地晃动起来，闪电与惊雷就像落在他的耳边。最后，他的船一头撞在了暗礁上，四分五裂了。

黄乔撕心裂肺地朝着同村的捕鱼队伍呼喊，可是没有得到任何回应。所幸在他精疲力尽之前，抓到了一块木板，暂时保住了一条命。孤独漂荡一天一夜后，他彻底看不见船队了。

黄乔无力地躺在木板上，这时，一条怪鱼摔落在他身上。黄乔已经饿极了，他急需补充体力，便抱起怪鱼啃咬起来。

吃饱之后，他又在大河中漂浮了两日，竟奇迹般地遇上了一条废弃的小船。这条小船虽然简陋，但是并没有坏，总比他身下的木板好很多。黄乔立刻坐上了这条小船，朝着渔村的方向划去。

令人意外的是，这一次他路过的地方都风平浪静，什么风暴雷电都没有，最后他竟平安回到了渔村。

又过了半个月，捕鱼的队伍回来了。黄乔那天早早就去了言长老家，言长老的妻子以为黄乔是来求饶送钱的，便请他进去坐。黄乔不敢坐，便在院子里转悠，转到后院时，他忽然发现了许多晒干的怪鱼，正是他之前生啃的那一种。言长老的妻子看见黄乔跑到这里来了，有些慌张，当即就把他赶了出去。这让黄乔不禁猜想：莫非这种怪鱼就是加在神奇蛋羹里的东西？于是，他独自出发，抓了许多飞鱼带回来，试验多次，终于确定这种飞鱼有避雷的神奇功效。他又翻阅古籍，发现它还能抵御兵祸。原来言长老就是靠着飞鱼敛财，威胁村民，侵占大家的劳动果实的。

黄乔把这个秘密告诉了大家，他不计前嫌，村民们很感激他。言长老因此名誉扫地，再也抬不起头来，自动搬离了这个渔村。

成长小站

现实生活中，并非人人都能做到不计前嫌、以德报怨，可见黄乔虽然贫困，却是真正的君子，我们应该向他学习。

经典重现《山海经·中山经》

“正回之水出焉，而北流注于河。其中多飞鱼，其状如豚而赤文，服之不畏雷，可以御兵。”

58

zhǐ tú
鴲鵌

某偏远小部落的王帐中，首领的妻子望月氏对他的妾室[1]安氏受宠不满已久。

望月氏家世显赫，父亲是部落的大长老，而安氏家世平平，凭借首领的宠爱才有如今的身份。望月氏总是刁难安氏，但首领时常出面为安氏说话，因此她们也还算是相安无事。

直到有一日，这个局面被打破了。

外族进献了一只吉鸟，名叫鴲鵌，说是能抵御火灾。它长得像乌鸦，脚是红色的，很是奇特，引得安氏连连称赞。首领见安氏如此喜欢，便将这只鴲鵌送给了安氏。

望月氏作为首领的正妻，自觉大失颜面，可是这是首领的意思，她也只好忍气吞声，可安氏的消息日日都能传到她的耳朵里。

据说安氏给这只鸟赐了名字，叫作祥，又派人精心饲养，还专门比照它的模样雕刻了石像，立在房屋的屋檐上；安氏还给它作了不少画，人们都说安氏画艺超群。

首领也很喜欢这只鴲鵌，还特意请来了控火高人对着鴲鵌喷火，看鴲鵌表演御火。

首领因此总是留宿在安氏那里，这让望月氏很生气。她根本不相信这只鸟能御火，反而觉得

神异档案

异能：抵御火灾

形态：乌形赤足

地域：丑阳山

1. 古时男子于正妻之外所娶的女子。

这就是安氏吸引首领注意的把戏。

终于，望月氏再也忍耐不了了。一日，她趁着首领与安氏都不在家时，闯入安氏的屋子，命人杀掉了躹鵌。

等到安氏回家后，看见躹鵌死了，悲痛不已，立马就向首领告了状。首领狠狠斥责了望月氏，可望月氏家中势力大，地位撼动不得，最后也只是被罚禁足自行忏悔。

好巧不巧，就在躹鵌死掉的当夜，首领所在的屋子发生了火灾。屋子挨着屋子，大火一路烧到了望月氏的卧室。

不巧的是，望月氏因为被首领处罚，心中愤懑，又觉得丢脸，将仆人都赶了出去，自己独自待在房间内。起火时无人协助，望月氏不幸遇难。

不久，闻听此事的外族又送来了一只鵸䳜，神奇的是，从此之后，这个部落真的再也没有发生过火灾了。

这下子，大家都知道了鵸䳜是能够抵御火灾的吉鸟。之后，首领又令人按照鵸䳜的样子刻了石像，在每间房子前都放置一尊，以祈求平安。

成长小站

一夫多妻等落后的封建婚姻制度早已被废止，但故事中望月氏的嫉妒之心仍可见于许多人身上。每个人都希望自己被偏爱，但这并不能成为我们行不义之事的理由哟。

经典重现 《山海经·中山经》

"有鸟焉，其状如乌而赤足，名曰鵸䳜，可以御火。"

59

hé

鹖

神异档案

异能：无

形态：野鸡形

地域：辉诸山

许多年前，有个叫焦多的青年，他的父亲是一个部落的首领，在抵御外敌时战死了，于是他年纪轻轻就被赶鸭子上架，成了部落的新首领。他什么都不懂，经常被父亲的老下属们训斥。

其实老下属们忠心耿耿，只希望首领快快成材，带领部落走向辉煌，为他父亲报仇。可他们越是责骂焦多，焦多就越是怀疑自己的能力。他被保护得太好了，不懂战争的残酷，不懂死亡的含义，不懂要如何担起保护子民的责任，反而在一声声责骂中懈怠起来。眼看敌人就要发起第二轮进攻了，大家都急得不行。

但是偏偏此时有奸臣蛊惑焦多，说他是首领的儿子，是天生的将领，把他哄得心花怒放，焦多也在这些糖衣炮弹中变得更加荒唐。

这天，奸臣又送来了一个新鲜的玩意儿，叫鹖。据说这种神奇的鸟类栖息在辉诸山上，山中有许多野驴、麋鹿，鹖却能在这些大型动物里称霸。因为它十分好斗，一旦开战至死方休，所以谁也不敢惹鹖。

焦多很喜欢这只鸟，立刻给它准备了仆人和黄金鸟笼，甚至令人修建了一个超大的斗鸡场，又准备了一百只战斗力强的雄鸡跟鹖决斗取乐。

焦多兴奋地说：“我倒要看看它是不是真的有那么硬气，不死不休。如果鹖能连着斗垮一百只鸡，我就封它为座下大将军！”

他亲自开了赌局，还花了许多黄金押在了鹖的对手身上。首领都如此，下面的人也立刻争抢着下注，所有人都期盼着这场决斗。然而那个斗鸡场刚刚建造好，敌对部落就攻打了过来。

焦多手下的士兵被美酒佳肴和松散的生活养废了，不复昔日勇猛。很快，焦多的部队被击溃了，士兵四处逃散，而平常围绕在焦多身边的奸臣们更是早早收拾了值钱的东西逃走了。焦多孤立无援，结果自然是一败涂地。

好在还有几位忠臣拼死带着他杀出重围回到了驻扎地，焦多羞愧难当又愤怒至极，他杀掉了自己的爱马，赶走了伺候自己的仆人，疯狂地破坏从前的一切，斗鸡场也被他一把火焚毁了。然后，焦多终日饮酒，变得昏昏沉沉，无论臣下如何劝告，他都不愿意见人。焦多自认无能，不是做首领的料子，干脆甩手不干了。

直到有一日，一个士兵前来禀告，说鹖跑出来了，问焦多如何处置。焦多本来不想管，可是一想到那个送鹖来的奸臣，就气得想杀掉鹖。

没承想，他出去后看见的竟是鲜血淋漓、奄奄一息的鹖。他立刻问怎么回事，下人一五一十地告诉了焦多。

原来当时前线战败，部落驻扎地也有些混乱。看管鹖的下人跑了，笼子却没关，鹖就从笼子里跑出来了。它循着声音找到了一百只鸡所在的笼子，跟它们打起架来，而鹖竟然真的一一将它们斗垮，直到最后一只倒下，它才离开。

焦多久久不语，忽然丢掉了手中的大刀，长叹一声："我不如它。"

一只鸟都有如此不屈不挠的精神，他作为部落首领却迷失在失败的情绪中无法自拔，这实在是太窝囊了。焦多在惭愧中清醒过来，请人救治了鹖，自己也开始潜心学习部落的管理知识和练兵的方法，希望可以早日成为一位合格的首领。

成长小站

"觉得自己不行"不是消沉的理由，面对困难，我们应该努力学习，以不屈不挠的精神不断提升自己。努力不一定会成功，但一定会让我们更加优秀。

经典重现《山海经 · 中山经》

"中次二山济山之首，曰辉诸之山，其上多桑，其兽多闾麋，其鸟多鹖。"

60

龙鱼（lóng yú）

神异档案

异能：无

形态：似鲤又似鲵

地域：沃野之北

五峰村位置偏僻，气候干燥，草木却生长得十分茂盛，因此很容易发生火灾。五峰村不临河，居民们靠山吃山，大部分人力都被用于维护山林。因为一旦发生火灾，便需要从十几里外挑水，因此家家户户用水都有限制，日子过得很辛苦。

没承想这一日，因为有人在野外烤兔子时没有将火完全熄灭，引燃了周围的植物，导致了一场火灾。大火不断蔓延，烧毁了许多东西。

为了救火，五峰村人投入了大量的人力物力，甚至在救火过程中，还有两位村民被烧成了重伤。这场火灾使他们遭受了巨大的财产损失，而后续又要栽树、养护土地……村民们苦不堪言。

这时候，有位云游的高人飞星途经五峰村。五峰村的百姓们虽然拮据，但依然热情地招待了远来的客人，长老更是请他住在自己家中。

晚上，长老给飞星做了几盘凉菜，备好了酒，与他边喝边聊天。长老听飞星讲述外面世界的精彩，又想起了自己的烦心事，郁闷不已，便喝了很多酒。飞星见他不快，便主动询问事由。借着酒劲，长老倾诉了个痛快。

飞星知道事情的经过后，劝长老跟他同行，感受外面世界的美妙，长老却不愿意。

“我们的祖先都埋在此地，做人不能忘本，也不能离根啊！”

飞星也不好强求，只是在离开时，赠送了长老十条龙鱼。

飞星介绍，龙鱼生活在沃野的北边，长得像鲤鱼又像大鲵，十分珍奇。

村里的水源本来就不多，长老并不想浪费水饲养这种怪鱼。于是，他对飞星表示了感谢，婉言拒收这份礼物。可没承想，飞星不肯罢休，一个劲儿劝说长老收下。长老推脱不了，只好收下，自己留下了一尾，将其他龙鱼分给了村民们养在家中。

毕竟这是人家的一番好意，既然收下了，自然不能马虎对待。长老在自家开凿了一个小池塘喂养龙鱼，其他的村民也学着他这样做。一到雨天，小池塘里蓄满了水，村民们很高兴。长老见这招有用，便鼓励那些没养龙鱼的村民也修建小池塘蓄水，还让大家在池塘边栽种草木以养护水土。

没想到正是这一举措，救了大家的性命——

火灾再次来临时，因为家家户户门前都有蓄满雨水的池塘，大家很快就将火浇灭了。

龙鱼虽没什么异能，但从那以后，他们都管龙鱼叫神鱼。

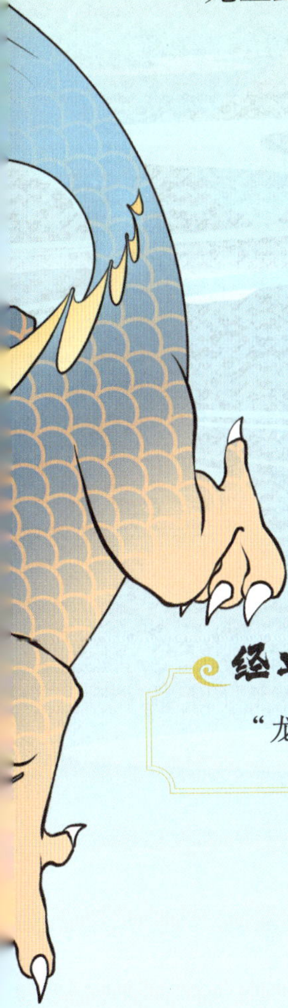

成长小站

虽然五峰村不再受火灾危害，可我们仍要对火保持警惕，要做到不盲目在野外生火，必须生火时也要人走火灭，不留安全隐患。

经典重现 《山海经·海外西经》

“龙鱼陵居在其北，状如鲤。一曰鰕（xiā）。”

61

翳鸟

yì niǎo

神异档案

异能：遮天蔽日

形态：鸟形彩羽

地域：蛇山

在一个富饶美丽的地方，有位青年叫齐磊，他是部落首领的儿子。

此人风流成性，放荡不羁，在部落中颇有名气。仗着家中财产丰厚，他对迷恋的姑娘常常一掷千金。但齐磊并不是什么专情的人，他总是在得到姑娘的芳心后见异思迁，让人一头雾水。

这一日，部落里来了一支表演的队伍，舞姬们出生异域，个个金发碧眼，其中一位名叫桑赤的舞姬，尤其美艳动人，齐磊对其一见倾心。桑赤的每一场表演，他都会买票前往观看；有时因为不满旁人的目光落在桑赤身上，他还会花高价包场，表演结束之后，更是会打赏无数珍宝。

所有人都明白这位长老之子的心思，只是这一次，他的糖衣炮弹仿佛并不奏效。那位舞姬根本不吃他那一套，珍宝礼物打动不了她，长老之子的身份她也视如粪土，更何况她还十分讨厌这种以貌取人的男人。这可把齐磊急坏了，他成日跟着表演队跑，对桑赤紧追不舍。偶尔表演队被邀请去别的长老家表演，齐磊也会求父亲帮自己说话，死皮赖脸地要一张请帖。

渐渐地，表演队里所有人都知道了有一个叫齐磊的人在拼命追求桑赤，而桑赤出于礼貌，偶尔也会跟他说几句话，但也仅此而已。

齐磊十分不解，他哪里受过这种委屈。终于

有一日，齐磊醉酒后，借着酒劲找到了桑赤，哭喊着询问她到底想要什么。

桑赤想让他知难而退，便不慌不忙地开口说：“如果你能找到这世界上最珍贵的宝石，我就嫁给你。”

齐磊大喜，这下总算是有了努力的方向。于是，他马上咨询了部落里见多识广的智者，终于从智者口中得知了何为“世界上最珍贵的宝石”。

据说在北海之中有一座山叫作蛇山，山上生活着一种鸟，羽毛如绸缎般顺滑且五彩斑斓，身躯庞大，飞上天空之后，投下来的阴影足够遮蔽整个小镇。这种鸟叫作翳鸟，而翳鸟的眼珠就是“世界上最珍贵的宝石”，叫作翳珀。翳珀在平时是油绿色的，但只要被阳光一照，就会变成褐色，十分神奇。

齐磊非常兴奋，马上着手让人建造了船只，又在部落中找了几十个孔武有力的勇士相随，准备亲自去蛇山杀翳鸟、取翳珀。

可是天有不测风云，就在齐磊的船靠近蛇山时，海上兴起了大风浪，将船上许多人卷下了海，许多猎鸟的工具也在风浪中丢失。等他千辛万苦到达了蛇山后，却因为工具不足而被翳鸟扇起的狂风掀翻，摔下了蛇山。所有人里只有齐磊从小娇生惯养，自然也就数他摔得最惨——摔断了一条腿，成了瘸子。

齐磊耗费大半家财却无功而返，现在自己也成了瘸子，终于开始有些后悔。但他后悔的并不是自己追求桑赤，而是后悔自己从前整日浑浑噩噩、游手好闲，不知道锻炼自己，整日玩弄姑娘们的感情。他又想到出发前慈母声泪俱下的劝阻，觉得自己真是不孝。可现在就算自己想好好做人，成就一番事业，恐怕也来不及了。

齐磊虽然侥幸回到了部落，可他这副样子实在羞于去见桑赤。

于是，齐磊便在悉心料理完那些遇难者的后事之后，开始闭门学习，修身养性了。

很快，到了齐磊的生日。母亲见齐磊最近郁郁寡欢，便给他办了一场庆祝会。没想到，桑赤不请自来。

齐磊因为瘸腿自卑，躲着不见。不想桑赤并没有发怒，反而亲自敲响了齐磊的房门。

她微笑着问齐磊："你之前说要娶我，还作不作数？"

齐磊傻了，呆呆地看着桑赤。

桑赤知道齐磊的心结，便向他坦言："你对我的感情我明白，只是你从前太过混账，不堪托付。如今你求学上进，你若是不改初心，我愿意嫁给你为妻。"

"可是……我没有找到世界上最珍贵的宝石。"

桑赤笑了，说："你不是已经有了一颗善良向上的心吗？还有什么比它更珍贵呢？"

就这样，洗心革面的齐磊迎娶到了心爱的姑娘。

成长小站

善良向上的心就是这世界上最珍贵的宝石，也是能让我们受益一生的财富哟。

经典重现《山海经·海内经》

"有五采之鸟，飞蔽一乡，名曰翳鸟。"

越翻越有趣的山海经故事

异域神人篇

张步天 / 主编
古　净 / 著

湖南人民出版社

图书在版编目（CIP）数据
越翻越有趣的山海经故事 / 张步天主编. -- 长沙 ：湖南人民出版社，2025.5
ISBN 978-7-5561-3596-7
Ⅰ. K928.626-49
中国国家版本馆CIP数据核字第202439ZU59号

越翻越有趣的山海经故事

YUE FAN YUE YOUQU DE SHANHAIJING GUSHI

主　　编　张步天
出 版 人　张勤繁
本册著者　古　净
监　　制　傅钦伟
责任印制　虢　剑
资源运营　湖南中教出版传媒有限公司
责任编辑　张玉洁
特约编辑　刘　缘
责任校对　夏丽芬
产品经理　冯紫薇
封面设计　杨思慧

出版发行　湖南人民出版社［http://www.hnppp.com］
地　　址　长沙市营盘东路3号
邮　　编　410005
经　　销　湖南省新华书店

印　　刷　长沙新湘诚印刷有限公司
版　　次　2025年5月第1版
印　　次　2025年5月第1次印刷
开　　本　710 mm×1000 mm　1/16
印　　张　41.5
字　　数　490千字
书　　号　ISBN 978-7-5561-3596-7
定　　价　158.00元（全三册）

营销电话：0731-82221529（如发现印装质量问题请与出版社调换）

前言

《山海经》，中国上古三大奇书之一，历来被誉为“上古文明的展示窗”“先民奇幻想象的至宝”。其以瑰丽动人的神话故事、灵幻玄妙的神异动物、浩瀚系统的神境创造成为国人心中永恒的经典。

作为我国首屈一指的文化瑰宝，《山海经》兼具地理、历史、神话、天文、医药、生物、矿产、民俗等多学科研究价值，所纳之广令人叹为观止。国人对这一宝藏的挖掘从未停息：先秦时期，《尚书》《诗经》《逸周书》《庄子》等典籍当中已可见对《山海经》的探索痕迹；西汉时期，司马迁、董仲舒、东方朔、刘向等名家都流露出对《山海经》的赞叹痴迷；直至汉晋，刘歆与郭璞的增编注传使《山海经》研究渐成体系……这样璀璨的一颗文化明珠，怎能让孩子们错过？于是，我们编写了这本《越翻越有趣的山海经故事》。本书以《山海经》原文为基础，以“儿童视角”为考量。

内容上，本书紧抓《山海经》的奇幻面，择取各种神人神话、异人国、灵兽、奇禽等相关记载，汇编为《异域神人篇》《天地灵兽篇》《奇幻鱼鸟篇》三卷。

其中，《异域神人篇》记载了孩子们熟悉的神仙朋友：追逐

太阳的夸父、塑泥成人的女娲、镇守昆仑的陆吾……亦收录了孩子们闻所未闻的异国奇旅：胸有大洞者生活的贯胸国、恐惧睡眠者生活的伯虑国、指甲盖般的小人儿生活的周饶国……

《天地灵兽篇》深入山林，以诙谐的笔触刻画那些长相奇异且各具神通的灵兽。当康、天狗、举父、飞鼠、朱厌……它们或为人类赐下福报，或给世界带来灾厄，于跌宕起伏的故事中尽显神功异能。

《奇幻鱼鸟篇》则上天下海，其中既有神鸟凤凰的风采、精卫填海的执着，又有神龟撑天的震撼、虎蛟割肉的大义，先民的美好道德追求在它们身上尽展无余。

形式上，本书以趣味故事为主体，附加《神异档案》《成长小站》《经典重现》等栏目，辅以精致彩绘，将《山海经》中扑朔迷离的描述具化为一个个生动可感的形象、一段段妙趣横生的奇遇。

这是一本孩子能读懂、乐意读的《山海经》，将带领他们叩响那个神秘世界的大门，开启一段惊险刺激的文化旅程。

目录

神人

异人国

神人

1

gǔ

鼓

神异档案

异能：制造旱灾

形态：人面龙身

地域：钟山

从前，有座山名叫钟山。

守护这座山的是一位人脸蛇身的山神，名叫烛阴。他有个不学无术又喜欢惹是生非的儿子，名叫鼓。

鼓和他的山神父亲一样，样貌非常奇特。

他就像一条长有人脸的巨龙，身体庞大又弯曲，很是威武。不过，鼓可不愿意天天守山，那太无趣了。于是，他结交了很多恶神。他们整天不是计划着去这里捉弄人，就是去那里折磨人，可以说是作恶多端。

这天，鼓又犯愁了，因为钟山他已经玩腻了，可哪儿好玩呢？

于是他的狐朋狗友钦䲹说：“我倒是知道有个地方好玩！”

鼓一听便来了兴致，说：“你快说说看！”

钦䲹笑道：“我听说昆仑山有一位天神名叫葆江，他拥有罕见的不死灵药。”

“不死灵药？”

鼓眼睛一亮，心想要是能抢来这不死灵药服下，他定能永生不死、功力大增，这是多少人的梦想啊！

鼓越想越觉得有意思，于是大手一挥，说道：

“走，我们上昆仑山，会一会这个葆江。”

到了昆仑山，他们先是藏在暗处，见葆江路过，鼓与同伴配合，一下就将毫无防备的葆江制服了。

鼓本来也没打算杀他，谁知，葆江宁死不屈，鼓觉得他不识抬举，一气之下就杀害了葆江。

很快，这件事就被天帝知道了。天帝大发雷霆，盛怒之下，下了一道指令——让鼓他们以命抵命。

鼓与钦䲹这才知道事情的严重性，他们连夜逃回了钟山，希望烛阴能够出面保护他们。

烛阴悔恨自己没有好好教育儿子，以致儿子闯下这弥天大祸。可如今，他就算想护也护不住了。毕竟，天帝的命令是不容许任何人违抗的。

他连叹三声，痛惜地对儿子说：“如今，为父也保不了你了，你好自为之吧！”

鼓自知大祸临头，吓得瘫坐在地。

最终鼓和钦䲹被天帝诛杀在钟山东面一个名叫嵣崖的地方。可奇怪的是，鼓和钦䲹死去后，他们的身躯却没有化为尘土。

原来，他们在逃亡时，猜想自己这次在劫难逃，早就已经服下了从葆江那里抢来的不死灵药。于是，他们获得了新生。

可鼓和钦鸡并未因此而悔过，相反，他们发誓，要让人间生灵涂炭。果然，他们化身成了凶兽。

钦鸡变成了一只有着白色脑袋、红色鸟喙（huì）[1]、老虎爪子，身上布满黑色花纹的大雕，人称大鹗。

民间传闻，只要大鹗一出现，就会爆发大的战乱。

鼓则化成了一种名叫鵕（jùn）鸟的灾鸟，它身形像鹞鹰，有红色的爪子和直直的嘴，长着黄色的花纹和白色的头。它的叫声与鸿鹄[2]的叫声相似，可是，它不像鸿鹄一样能给人带来好运。只要它出现，人间就必定会发生大的旱灾。

就这样，他们俩以大鹗和鵕鸟的形象留在人间继续作恶。可由于身形小了许多，人们对他们的畏惧也减少了许多，但凡发现他们的踪迹，人们便驱赶追打。

成长小站

每个人都有可能会犯错，但大家一定要知错就改，不能像鼓一样执迷不悟，不然也只能受驱赶追打了哟。

经典重现《山海经·西山经》

“又西北四百二十里，曰钟山，其子曰鼓，其状人面而龙身，是与钦鸡杀葆江于昆仑之阳，帝乃戮之钟山之东曰𡼖（yǎo）崖。”

1. 即鸟嘴。

2. 即天鹅。

2 yīng 英 zhāo 招

传说英招长相非常奇特，他身躯像马却有老虎的斑纹、人的面目，还长了一对巨大的翅膀。

他骁勇善战、功绩累累，深受百姓的爱戴，大家都尊称他为“守护神”。

但也正是英招名气大，才引起了众仙的忌妒，甚至有仙家直接挑唆天帝说：“英招在民间的名声都快要盖过您了，这也是不敬呀。”

天帝虽不是小气之辈，但每回见到英招，他心里都难免有些不舒服，思前想后，就给英招分配了一个任务——镇守槐江山。

槐江山是一个山清水秀，盛产黄金、玉石等矿物的好地方。不仅如此，它还是天帝选中的度假山庄，可谓人间仙境。

英招看着这个美丽的地方，心里很清楚，这就是一座困住他的花园，但他还是欣然接受了。

不仅如此，英招还一路翱翔，用响亮的声音四处宣告天帝的旨意。他的叫声和他的长相一样奇怪——像水井上用来抽水的辘轳转动的声音。槐江山附近的人，每天都能听到这种声音回荡在山谷间。

英招有了“好去处”，这下众仙就再也没有什么异议了。

欣赏英招的人却说：“真正的战神，不管放在哪儿，都能像金子一般发出光彩。”

神异档案

异能：无

形态：马身人面，虎文鸟翼

地域：槐江山

果然，英招就算是个“守门的”，也非常称职。

据说，生于昆仑山的凶兽土蝼就曾在昆仑山作恶。土蝼虽然看起来温和，但是它吃人。

一次，土蝼在扑杀生灵时被英招发现，英招便将它制服了。

土蝼以为，自己这次一定会一命呜呼，却不想英招非但没有杀它，还对它说：“以后别再害人了，否则我不饶你！”

土蝼被英招的仁慈打动，又十分佩服他的战斗能力，便再也没有在槐江山出现过了。

日子就这么一天天过去了。

直到有一天，天帝来到槐江山度假，他看着站在一旁的英招问：“我把你安排在这里，你可有怨过我？”

英招说道：“没有！”

天帝点点头，内心却深感惭愧。

晚上，天帝望着这片祥和的土地，久久不能入眠，他的妻子羲和便问他是否有心事。

天帝说：“当初为了安抚众仙，我才把骁勇善战的英招安置在这里，如今想来，实在是屈才。可他不仅没有抱怨，还将这里管理得井井有条，我觉得很对不起他。”

羲和笑道：“那还不简单，大禹不是正在与九头蛇妖相柳作战吗？你就派英招前去支援。他要是立下战功，你就可以名正言顺地论功行赏了。”

天帝听羲和这么一说，立即眉开眼笑。

于是，他当晚就下了一道命令，让英招去降伏相柳。

英招不负众望，很快得胜归来。他回到天庭复命，天帝准备给他一个要职，而英招却回答：“能够帮助大禹降伏相柳，是为民除害，我不需要赏赐。”

说完后，他就回了槐江山。

大家都说，英招放弃了这么好的机会，真是可惜！事实上，他才是真正的聪明人。淡泊名利，远离利益纷争，这样才能过得踏实舒心。

自此，那些忌妒英招的人也变得格外佩服他、敬重他。

成长小站

位高权重并不一定是最令人幸福的事情，健康、自由、快乐，凭借自己的能力发光发热、造福大众，不也很好吗？

经典重现 《山海经·西山经》

“实惟帝之平圃，神英招司之，其状马身而人面，虎文而鸟翼，徇于四海，其音如榴。”

3

陆（lù）吾（wú）

昆仑山是一座神山，是万山之祖，更是传说中天人两界的重要关口，天神陆吾的职责便是镇守昆仑山。

陆吾长有老虎的身子和人的面目，体型足有九十九只老虎那么大，并且长有九条虎尾，很有威严。

他日日夜夜傲立在昆仑之巅，任何风吹草动都逃不过他的眼睛。只要有坏人胆敢靠近昆仑山，陆吾便会立刻挥舞尖利的虎爪将其扑杀，颇有“一夫当关，万夫莫开”的气势。听说很多心怀不轨的人和怪兽，只是多看了陆吾一眼，就被吓得尿裤子，更别提真的来昆仑山作乱了！

不过陆吾本性并不凶恶，相反，他对待自己的子民十分仁慈。无论是什么灵禽异兽，只要它们不危害天界，不做坏事，陆吾便不会为难它们，甚至还时常帮助它们。因此，熟悉陆吾的动物们都很敬爱他。

在没有骚乱需要自己出面摆平时，陆吾便会去巡视天帝的花园，给里面的花朵浇浇水，松松土，以其神力调控气温。所以说，他除了是昆仑山的镇守者之外，还是一个心思细腻、办事周到的管家。

他的好朋友树鸟看不惯它崇拜的陆吾干这种粗活儿，便常常在他耳边说：“陆吾大人，您骁

神异档案

异能：掌管时节

形态：虎形九尾，人面虎爪

地域：昆仑山

勇善战，天赋异禀，真的甘愿当一个浇水的园丁吗？”

每次听到树鸟这么说，陆吾都笑而不语。

蛟龙立即替陆吾解释：“大人自有大人的打算，你只要管好自己就行，别操心了。”

是啊，他早就有了打算。要不然，他为什么每天都勤奋练功呢？不就是希望有朝一日，能为天帝效劳吗？

没过多久，陆吾的机会就来了。

那日，阳光正好，一切看起来都是那么的祥和和美丽。天帝派陆吾和他的好友英招，一起协助大禹，诛杀相柳。

在众人的努力下，相柳败下阵来。

本以为，这件事就这样平息了，没想到，相柳的手下共工对大禹他们杀死相柳的事怀恨在心，召来了巨浪阻挠大禹的治水工作。

陆吾眼见情况不妙，立即前去支援。

那日，他与共工足足打了九个回合，但九战皆败。在战斗过程中，陆吾被打得遍体鳞伤，但他不气馁，每次倒下后都会重新站起来，给大禹争取到了宝贵的时间。

由于他协助大禹完成了治水工作，天帝论功行赏，封他做了威武的天界护卫。

这时，树鸟开开心心地飞来，对着陆吾一个劲儿地道贺：“恭喜大人！终于不用浇花种地了。”

陆吾笑了笑，说：“浇花种地，既能修身养性，又能提升功力，我看挺好的！”

树鸟惊讶地叫道：“大人的意思是，还要继续当园丁？”

陆吾没有回答，而是淡然地说：“我在昆仑山上种的萝卜应该成熟了。我们今晚就把它拔出来，下锅炖了吧！”

树鸟一听“炖”字，吓得不敢吭声了！它心想：大人该不会是要把我也给炖了吧！看来，陆吾大人是一个有主见、有谋略的人，我还是少操心为妙！

成长小站

面对工作不必挑肥拣瘦，我们要学习陆吾，在大事上建功立业，在小事上尽责尽心。

经典重现 《山海经·西山经》

“西南四百里，曰昆仑之丘，是实惟帝之下都，神陆吾司之。其神状虎身而九尾，人面而虎爪，是神也，司天之九部及帝之囿（yòu）时。”

4

耆（qí）童（tóng）

古时候有一个名叫太子长琴的人，他是火神祝融的儿子。祝融的父亲叫耆童，耆童的父亲则是颛（zhuān）顼（xū）。据说，颛顼是尊贵的部落首领，他上知天文，下知地理，凭着自己的聪明才智，替人们做了不少好事。

可就是这么一个大好人，成婚后很久也没一儿半女。

于是，部落的人们对着满天星辰祈祷：“请赐给我们的首领一个活泼健康的孩子吧！”

或许真的是上天被他们的真诚打动了，不久后颛顼便有了一个儿子。

不过很奇怪，这个孩子一出生就满头白发，全身的皮肤也皱巴巴的，看起来就像一个小老头儿。

部落中的人看到这个情况都很紧张，心想：这不会是个坏征兆吧？这个一头白发的孩子，不会给部落带来什么灾祸吧？

于是，部落中的人纷纷开始嘀咕起来。

由于情况实在特殊，颛顼也困惑不解，便给这个婴儿卜了一卦。

颛顼心想：如果卦象不吉，这个婴儿真是灾星降世，那我恐怕也只能大义灭亲了。

可令所有人都没有想到的是，卦象显示这个婴儿是整个部落的贵人，他的降生会给部落带来

神异档案

异能：歌声能激奋人心

形态：人形

地域：騩山

福气，保佑大家子孙兴旺。

得知这个消息的民众格外高兴，他们高举火把，围着篝火跳起了舞。

颛顼也十分欣喜地看着这个孩子，并给他取了一个十分特别的名字——耆童。

耆童极具音乐才华，天生一副好嗓子，学鸟叫能引来百鸟，就连蛇听了他的歌声都会变得温顺无比。

大家都把耆童当作部落的吉祥物，而且也确如卦象所指，耆童子孙满堂，大大增加了部落的人口。据说现在姓“童”的人，就是他的后代。

可部落的生活并非总是安宁快乐的。颛顼晚年，某个小部落叛变，引发了战争。

看着年迈的父亲，耆童主动担起了行军的责任。他先是把老弱妇孺安顿妥当，后又选出健壮的青年集成军队，抵抗外敌。

可外敌的战斗力实在强劲，颛顼的部落被逼得连连后撤。颛顼急得满头大汗，心想：若是吃了败仗，部落众人恐怕就难逃被人奴役鞭打的命运了。

正在此时，颛顼听到营帐外有几只喜鹊在叽叽喳喳地乱叫。

颛顼心烦不已，耆童却灵机一动，说道：“父亲别担心，让我来试一试吧！”

说完，他走出营帐，高声唱起激奋人心的歌曲。他的歌声就像敲钟击磬一样洪亮，而且还带着一种别样的韵味，甚至连叽叽喳喳的喜鹊都附和他唱起了美妙的歌。

士兵们原本还垂头丧气的，听了他的歌以后，一个个热血沸腾，充满了斗志。他们立刻聚集起来，勇猛地冲向敌人的阵地，打了一场漂亮的胜仗。

从此，部落的人们便把耆童视为天神。

相传耆童以人的身份死去后，便真的飞升为神，住在清幽美丽的騩（guī）山。

不少人说自己曾经在騩山见过耆童。有的人说，自己听了耆童的歌声，从身体到心灵都更加健康了；有的人说，耆童的身边生活着许多蛇类，那些蛇就像是耆童的守护神，一直保护着他；还有的人说，化为神的耆童根本就不叫耆

童，而是叫老童。

可不管怎么说，耆童的传奇故事一直在人间流传，他也成了人们心中美好的化身。

成长小站

占卜问卦是远古时期人类判断凶吉的一种方式，并不科学，我们切不可相信哟。

经典重现《山海经·西山经》

“又西一百九十里，曰騩山，其上多玉而无石。神耆童居之，其音常如钟磬。其下多积蛇。”

5 帝江

dì jiāng

从前，有一座山叫天山。山上蕴藏着丰富的金属和玉石，还盛产石青和雄黄。天山的北面有一个很大的部落，部落里的人们十分热爱生活，而且每个人都能歌善舞。

一个星辰灿烂的夜晚，部落里的人们正围着篝火弹琴跳舞，忽然，一团红色的光从天山上飞射下来，笔直地砸向了人群。

人们被吓得四处躲闪，但那团火光很奇怪，它非但没有伤人，还浮在了半空中。

人们纷纷躲到石头后面，伸长脖子偷看。

不看不知道，一看吓一跳！这哪是什么火光啊，分明就是一只怪鸟。

只见它长得圆滚滚的，活像一个充满了气的羊皮口袋，而它那圆圆的肚皮下面，还长有六只脚，背上还有四只翅膀。最令人惊讶的是，它没有头，也没有眼、耳、口、鼻、舌。

众人议论纷纷，实在想不到它是什么东西。

这时，部落里一位见多识广的老妇人认出了这只怪鸟。

她说道：“大家别害怕，这是帝江！他温和善良，不会伤害我们的。帝江虽然没有五官，但是他精通歌舞。来！我们继续唱歌跳舞吧！”

大家听了老妇人的话，小心翼翼地走了出来。

谁料，他们一吹笛子，帝江居然真的跟随乐

神异档案

异能：无嘴能唱歌

形态：状如黄囊，赤如丹火，六足四翼，无面目

地域：天山

声跳起舞来。

“哇，你们快看，他……他在跳舞！”一人惊呼出声。

接着，又有人唱起了嘹亮的歌曲，却不想，帝江立马就跟着唱出了悦耳的歌。

人们又惊又喜，便也不害怕帝江了，而是和他一起唱歌跳舞，开心地度过了整个夜晚。

见天空泛白，帝江飞回了自己居住的天山。天山的冬天很冷，山上人迹罕至，所以就算山上盛产奇珍异宝，在帝江看来也是没有意思的。能够出去跟人类一起玩玩，他很高兴。

正当帝江回味昨晚时，他的好朋友——南海的帝王儵和北海的帝王忽就来了。

倏笑道："帝江，你是不是又跑出去玩了？"

帝江扇动了一下翅膀，算是回答。

他非常高兴好朋友能来找他玩，于是大摆宴席款待了他们。

倏和忽每次来帝江这儿，都会被盛情款待，因此有些过意不去。

看着美酒佳肴，忽叹了一口气，说："大家都有眼睛、耳朵、鼻子、嘴巴这些，只有帝江没有，他什么乐趣都无法享受，实在是太可怜了。"

"是啊。"倏点点头。

忽说："不如我们送帝江一个礼物吧！"

倏笑道："好啊！不如我们就为他凿七窍吧，这样他也能赏奇景，吃美食了。"

他们都觉得这个想法非常好，对视了一眼后，笑了。帝江听说了这个计划之后也很期待。

于是，倏和忽找来工具，每天为帝江凿一窍，努力了七天后，帝江终于有了七窍。

可还没等他们庆祝，帝江就死了。

看着一动不动的帝江，倏和忽痛哭了起来。

他们原本以为，自此帝江就能像正常人一样生活了，却不想，这个计划反而让他失去了生命。

他们的哭声引来了大雪，大雪下了三天三夜，使天山变得更加寒冷了。

这时，一位神秘的老人拄着龙头拐杖缓缓走来，他摇头叹息道："每个人生来都是独一无二的，没有七窍就是帝江最自然的状态，强行变得和别人一样，不见得是什么好事。"

忽见他气度非凡，忽便问：“先生可有什么办法救帝江吗？”

老人摇摇头，道：“时也，命也，由他去吧！”

倏和忽没明白老人话里的意思，但是，自从帝江死后，原始世界便一脱蒙昧状态，萌发了文明的新芽。

或许，这就是帝江在人间的价值吧！

成长小站

每个人生来都是独一无二的，如果想改变，便在内在学识的增长和品德培养上发力吧！

经典重现《山海经·西山经》

“有神焉，其状如黄囊，赤如丹火，六足四翼，浑敦无面目，是识歌舞，实惟帝江也。”

6 少昊（shào hào）

神异档案

异能：掌管百鸟

形态：人形

地域：长留山

夜静月明，乘船过海的人隐约听见一阵阵悠扬的琴声。

划船的老人带着一个小孙子，孙子问：“爷爷，我们船上没有人弹琴，怎么会有琴声呢？”

老人笑着摸了摸小孙子的头，说：“爷爷给你讲个故事吧！”

传说，有座山叫长留山，那里居住着神明少昊。

小孙子对少昊天神很感兴趣，就问：“爷爷，少昊天神有什么本领呢？”

“这少昊天神啊，从小就能听懂鸟语，是鸟类的好朋友。”

“那鸟和琴声有什么联系呢？”

老人笑了笑，继续讲故事。

少昊天神所在的部族以鸟为图腾，“凤文化”便是在他的部落里形成的。据说在少昊诞生的时候，天空出现了五只凤凰，它们颜色各异——红、黄、青、白、玄，飞落在少昊氏的院子里，因此他又被称为凤鸟氏。

后来，少昊建立了自己的部落联盟。

他的侄儿颛顼小时候常过来玩。少昊特别偏爱他，只要是颛顼想要的东西，少昊都会想办法帮他拿到，而颛顼也十分尊敬少昊。

有一天，颛顼对少昊说：“叔叔，我觉得你

这儿和别的地方很不同。”

“哦，你说说看？”

“在你这里，百鸟和人类是平等的。叔叔尊重每一只鸟，所以，鸟也尊重叔叔，愿意听叔叔的。”

少昊觉得这个小侄儿特别聪明，当场就大笑了起来。

的确，在少昊的管理下，他的部落联盟非常安宁。而且，他还用心管理着鸟儿们。

他会命令高傲的凤凰当百鸟的总管，派燕子掌管春天，伯劳[1]掌管夏天，鹦雀掌管秋天，锦鸡掌管冬天。除此之外，他又安排了五种鸟管理鸟界日常事务，安排了九种扈鸟掌管农业……

少昊非常疼爱他的小侄儿颛顼，还给他制作了琴和瑟，教他弹奏，带他与鸟儿玩耍。

后来，颛顼成了中央天帝，那张琴和那把瑟便被丢在了东海。所以，当有人乘船驶过东海时，便能听见琴或者瑟的声音。

---

1. 雀形目伯劳科伯劳属鸟类的通称，羽毛多为灰色、黑色、白色和红棕色。

小孙子听完后忙点头道：“原来是这样啊。那爷爷，你去过少昊天神的故乡吗？”

老人笑道：“没有，不过我听说那是个非常美丽的地方。那里的山中有非常多带有彩色花纹的玉石和长着花尾巴的野兽，就连在天上飞来飞去的鸟儿，都长着有纹路的脑袋。或许，少昊天神闲暇时也会站在山顶上，看着晚霞出神。”

“就像我们现在这样吗？”

小孙子望着天边的晚霞，兴奋地说。

“是啊，就像我们现在这样，看着美丽的晚霞……”

小孙子开心极了，他想，或许自己和少昊天神看着的正是同一片晚霞！

成长小站

爱护自然，爱护动物。或许我们如今看到的那只翱翔天空的小鸟，它的祖辈也同少昊一起愉快地玩耍过哟。

经典重现《山海经·西山经》

“又西二百里，曰长留之山，其神白帝少昊居之。其兽皆文尾，其鸟皆文首。是多文玉石。”

7

shén chì

神魑

神异档案

异能：鸣叫声能让人犯困

形态：人面兽身，一足一手

地域：刚山

据说，刚山上有许多叫神魑的山神，他们长着人脸与野兽的身子，却只有一只手和一只脚。但他们之间也有区别：有的是一手一脚长在身体的同一边，而有的则是长着左手右脚或右手左脚，看起来十分怪异。他们的叫声就更加奇特了，像是人在呻吟，又像是人在打哈欠。

神魑体型较小且总是成群结队的，因此，即便他们并没有其他神的那些超凡能力，他们也能够驱使虎、豹等猛兽。所以，他们在山上过得十分自在。

神魑居住的刚山上，有着茂盛的漆树，还盛产宝玉。刚山下是刚水，向北流入渭水，而刚山的山脚有一个小部落，神魑经常来这个部落里捣乱。

部落的人都知道神魑，也非常害怕神魑，因为部落里一直有这么一个传闻：神魑有一种令人犯困的能力。

据说当神魑鸣叫的时候，茂密的漆树林中便会弥漫出一股瘴气，人们听着他们的叫声，吸着这种瘴气便会打瞌睡，而神魑之所以这样做，就是为了让人放松警惕，好一口将人吞下。

所以，人们只要听到神魈的叫声，就会捂住耳朵；只要听说神魈到部落里来了，就会紧闭房门，害怕得不敢出去。

神魈生性顽皮，喜欢捉弄人类。他们常常趁着夜色溜进部落，毁坏房屋，咬死牲畜，甚至掳走年轻貌美的女子和天真的孩子。

他们与其说是山神，不如说是胡作非为的土匪，是人人喊打却又不敢打的怪兽。

人类对此烦恼不已，可又拿他们没有办法。毕竟，他们数量众多、灵活无比。

直到有一天，一个白发苍苍的游方[1]老人来到了这个部落。

老人说："我倒是有办法治这些神魈。"

大家半信半疑。这个老人不是他们部落的，实在不知道他是敌是友。只是如今实在没有别的办法，人们也只能听他的安排。

老先生捋了捋白须，笑道："今晚要是那些神魈敢来，你们就在家门口放爆竹。"

"好！我们听您的！"大家纷纷点了点头。

到了晚上，神魈果然又偷偷溜进了这个部落。不料，他们刚踏进一户人家的院子，耳边就传来了"噼噼啪啪"的炸响。

这可把神魈吓坏了，只见他们一个个浑身战栗，连滚带爬地跑回了刚山。

那晚，大家兴高采烈地从屋里走出来庆祝，他们终于有办法制服这群怪兽了。原来，神魈害怕火光和炸响啊！

1. 指僧人、道士等人为修行问道或化缘而云游四方。

后来，只要神魄来部落，人们就会放爆竹，一来二去，神魄竟然闭山不出了。

从此，这个部落变得安宁了，燃放爆竹也作为一种庆祝方式流传了下来。至于那个老人是谁？至今仍是一个谜，不过村民们都说，他就是“福神”。

成长小站

燃放爆竹可以帮助这个小部落的人驱赶神魄，但我们可不能随意燃放烟花爆竹哟，它们可是很危险的。

经典重现《山海经·西山经》

“刚水出焉，北流注于渭。是多神魄，其状人面兽身，一足一手，其音如吟。”

8 武罗

wǔ luó

从前有座青要山，由天神武罗掌管。他外形像人，喜欢穿带有豹纹的衣服，耳朵上还戴有金属耳环。

不过，武罗天神是男还是女，一直都是个谜。唯一能确定的是：武罗天神十分美丽。或许正因如此，人们才坚信他有使女子变美的能力。

青要山下就有一户人家听到了这个传闻。

这对夫妻老来得女，十分不易，却不想这个女儿越长越丑，最后竟然连他们自己都有些接受不了了。

一日，邻居告诉他们：“只要你们的女儿上青要山虔诚地求武罗天神，她就有机会变美！”

夫妻俩很担心：青要山少有人去，野兽猛禽肯定很多，十分危险。他们的女儿若真去了，只怕还没见着武罗天神，小命就丢了。

因此，夫妻俩说什么也不让女儿去冒险。

可是他们的女儿很想去试一试，她长期受人白眼，过得实在辛苦。

于是，女孩儿当晚就跪下来恳求父母，说：“让我去吧！不管能不能见到武罗天神，只要试过，女儿就不后悔。”

夫妻俩见女儿这么执着，也就含泪答应了。

临走时，他们给女儿准备了很多干粮，母亲还特地交代道：“女儿啊，要是没找着，就

神异档案

异能：让女子变美

形态：人面豹文，小腰白齿，穿耳以鐻

地域：青要山

马上回来啊！”

“好的，母亲。”

“女儿啊，这把刀给你防身，万事都要小心啊！”父亲解下自己多年不离身的宝刀递给了女孩儿。

女孩儿收下刀，独自往山上去了。

在山上，她足足走了三天都没有见到武罗天神。

“武罗天神，您在哪里？您……”女孩儿说着就累晕了过去。

等她醒过来的时候，发现包袱里的干粮都被鸟雀吃完了，而此时她的肚子也传来了“咕噜咕噜”的声音。

幸运的是，她身旁长满了一种野草。它的茎是方形的，有黄色的花朵和红色的果实。

“好漂亮啊！”女孩儿惊呼出声。在确定此草的果实无毒后，她摘了几个放进嘴里充饥。

可还没等她吃饱，山上便响起了狼嚎。

“武罗天神还没有找到，我可不能死，不如先回家取一些干粮再来吧。”

说完，她便急匆匆地摸黑下山了。

“母亲，我回来了。”女孩儿带着满脸愁容敲开了家门。

夫妻俩差点儿没认出

眼前的人来。

"女儿啊，你见到武罗天神了？"

"没有呀。"

"那你……你怎么变得……变得……"

女孩儿摸了一下自己的脸，心想自己一定更丑了。毕竟这三天，她不眠不休地找武罗天神，一定很憔悴吧！

女孩儿赶紧回屋照镜子，没想到，镜中的自己竟成了一个绝色佳人。

很快，这件事就在整个部落里传开了。根据女孩儿的描述，部落里的巫医[1]说："你吃的那种野果，应该是荀草的果实，只是没想到它竟有这样神奇的效果！或许，是因为它在生长过程中沾染了武罗天神的神气吧。"

"神气？"女孩儿笑了笑，她不知道所谓的"神气"是否真的存在，但武罗天神的确给她带来了好运。毕竟，自己是为了寻找武罗天神，才去了青要山。

成长小站

容貌是天生的，没有人可以提前"规划"自己的长相。因此，我们不能以貌取人，更不能对容貌不符合自己审美的人指指点点哟。

经典重现《山海经·中山经》

"魋（shén）武罗司之，其状人面而豹文，小腰而白齿，而穿耳以镶，其鸣如鸣玉。"

1. 原始部落中负责与所谓的鬼神沟通，又兼具如今医生职能的人。

9

泰逢

tài féng

神异档案

异能：发光，给人带来好运

形态：人形虎尾

地域：和山

和山不长草木，看起来十分荒芜，但是山中有着十分丰富的矿产宝藏。

这个地方是由吉神泰逢所管理的，有一个以打猎为生的小伙子，就在这儿见到了这位吉神。

见过吉神后，小伙子整个人精气神都不一样了，同部落的人见到他，还以为是认错人了。毕竟这个小伙子近来霉运连连，总是一副垂头丧气的样子，今天却突然就“人逢喜事精神爽”了！

甚至连他家中滞销的皮货和干肉都被一个走街串巷的小贩给“批发”走了，只是前日里诚心求娶的一位姑娘还没有回信，让他有些担忧。

可小伙子还是为卖出皮货和干肉开心，挑着水都忍不住哈哈大笑。

朋友问他：“你今天怎么运气这么好？我们的皮货和干肉在家都快烂了也没人要。”

“就是，你该不会是请巫师作法了吧？”

小伙子把水桶放下，对朋友们说：“没有，你们别瞎猜了，我是碰到吉神泰逢了。”

“真的吗？我只听部落里的长老说起过他，他到底长什么样啊？”一个朋友问。

小伙笑了笑，说：“他出现的时候，会发光。他的面相跟普通人差别不大，不过，他身后长着一条长长的老虎尾巴。那尾巴可漂亮了，比普通的老虎尾巴粗，也更长，还闪着金光呢！”

“呀，你真是有福气了，老朽活到现在都没见过吉神泰逢。”一位路过的老人也投来了羡慕的目光。

“老人家，听你这么说，你好像对吉神泰逢有些了解呀！”

这位老人笑着摸了摸胡须道：“我也是从老一辈人那里听说过他的故事。”

于是老人家便给大家讲起吉神泰逢的故事来：

吉神是能给人带来吉祥与幸运的神明，泰逢自己也知道自己有这个能力，所以经常出门，赐福给那些碰到他的良善之人。

传说，远古时期有两位大族首领也曾偶遇过他。那日两位首领一起乘马车来到了一座桥上，突然狂风大作，车队只好停止前进。这时，一位乘着华美车驾的虎尾仙人缓缓来到他们面前。

其中一位首领以为见到了妖怪，回去后连忙叫来族中长老询问。长老听了首领的描述后开心极了，他说：“这是吉神泰逢，您能够遇上他，就一定会有好事发生。”

果不其然，这位首领外派

征战的战士在当天传来了捷报。

听完老人家所说的故事后，大家就更相信小伙子身上一定还会有好事发生了。

果然，小伙子挑着水一回家，母亲就告诉了他一个好消息：他求娶的那位姑娘，已经同意嫁给他了。因为姑娘觉得他诚恳善良，是连吉神都能遇到的人，一定是个有福气的小伙子！

于是，小伙子朝着东南西北四个方向参拜，以此答谢吉神泰逢。部落的其他人也越发向善，他们都希望自己有朝一日也能够与吉神相遇，得到赐福。

成长小站

吉神泰逢赐福可遇而不可求，但只要一心向善，努力上进，我们便可以成为自己的专属吉神哟。

经典重现《山海经·中山经》

“吉神泰逢司之，其状如人而虎尾，是好居于萯山之阳，出入有光。泰逢神动天地气也。”

10

骄虫
jiāo chóng

神异档案

异能：操控昆虫

形态：人形二首

地域：平逢山

平逢山光秃秃的，野蜂成群，很是危险。

相传大禹治水时就曾路过平逢山。

当时大禹的手下顺手打死了几只扑过来的野蜂，没想到这一举动竟招来了怨恨。一时间蜂群从四面八方涌来，碰到人就狠狠地蜇，大禹和他的手下都被蜇得鼻青脸肿，惨叫连连。

这场人蜂大战足足持续了两个小时，那些蜂或被打死，或因蜇人的毒针被扯去而痛得无法动弹，而大禹这方虽然获得了胜利，却也遍体鳞伤、筋疲力尽了。

正当大禹一行人想趁机穿过平逢山时，一个双头人挡住了他们的去路。只见他用手在空中轻轻一点，地上死去的野蜂便复活飞起来了。大伙儿看到这个景象都吓得目瞪口呆，其中一个急躁的士兵向那双头人大吼："你是什么妖魔鬼怪？快报上名来！"

双头人转过一个头看了那人一眼，从容不迫地向前走去。

大禹的手下举起手中的兵器向双头人砍去，手起刀落，那个双头人却突然化作一群蜂飞走了。还没等大家缓过神来，复活的野蜂便组成进攻阵势向大禹等人扑了过来。

大伙儿经受不住蜇咬，只能赶紧撤到山下。

在山脚下，大禹施法召来平逢山山神，询问

双头人的事情。

山神说："这个双头人是居住在本山的神明，名叫骄虫，他主要负责掌控各种有毒的昆虫，本山就是这些毒虫的巢穴。不过，若人不去侵犯他，他一般不会主动让毒虫攻击人类。"

大禹接着问道："那你能否请来骄虫天神与我谈一谈呢？"

山神摇了摇头，说道："骄虫傲慢乖张，怕是谈不拢。"

大禹无奈，只好先安排大家在山脚下扎营休息。

当晚，大禹一直在想，明天该怎么带领大家平安过平逢山。

隔天，大禹见众人的伤口愈合得差不多了，就让他们用皮革裹好自己，同时准备好火把，一起冲进平逢山。

都说"飞蛾扑火"是自取灭亡，昆虫们应该都是害怕火的。

果然，这些蜂一见他们的火把就害怕，很快就被烧死、熏死了一大片，尸体落在地上足有一寸厚。

正当大伙儿惊叹这种方法可行时，火把却燃尽了。突然，空中飞来许多手掌大的巨蜂。这种巨蜂的毒针又长又尖，能扎进皮革中叮人，把他们蜇得"嗷嗷"直叫。

大禹见状，连忙喊道："快撤退，快！"可这可怕的巨蜂已经拦住了他们的去路。

正当他们束手无策之际，一辆华美的马车从空中缓缓落下，两旁还站着长相俊美的侍卫和俏丽的侍女。

原来，这是西王母的三女儿玉卮娘子的坐驾，她算准了大禹一行人路过平逢山时会有难，特地前来帮忙。

玉卮娘子召来骄虫，叫他赶紧为大禹等人让道，并要他赔礼道歉，保证以后再也不指使蜂群乱蜇人了。

骄虫很是不满，说："是他们先伤了我的蜂！"

大禹理亏，便先向骄虫道歉了，可骄虫还是不依不饶的，果然不是一个好说话的神。

玉卮娘子想出了一个主意："那我替你定一个规矩吧！以后，要是有人到这座山上来，就先献祭给你一只活鸡。你收了祭品就要管理好蜂群，不让它们胡乱蜇人，怎么样？"

骄虫听后，觉得这个规矩可行，立马答应了下来。

于是，在大禹进献完活鸡后，骄虫也向大禹等人鞠躬道了歉，并放大禹一行人通过了平逢山。

成长小站

他人有错在先，我们维护自己的权益是正当且应当的，但切不可以暴制暴、纠缠不清，将矛盾放大哟。

经典重现《山海经·中山经》

"有神焉，其状如人而二首，名曰骄虫，是为螫（shì）虫，实惟蜂蜜之庐。其祠之：用一雄鸡，禳（ráng）而勿杀。"

11

tuó wéi
𧒂围

神异档案

异能：发光

形态：人形，羊角虎爪

地域：骄山

骄山林深树茂，天神𧒂围就居住在这里，他长得像人，但长有羊角和虎爪。

他常在雎水和漳水的深渊里游玩，水下有他的巨大宫殿，非常华美。

一日，大禹带着士兵经过骄山，突然天降暴雨，士兵们都被雨淋成了落汤鸡。就当众人准备找地方躲雨时，雨却突然停了。

大家正纳闷，忽然山脚河流中有一道白光闪现，光亮中间隐隐约约显现出一个奇怪的影子。

“这究竟是何方神圣？”

大禹的手下纷纷摇头，于是，大禹只能派人前去打探。

可等了很久，那人也没有回来，大禹只好再派人前去。结果，新派去的人也是久久不归。

“我们派出去的人，不会都被那个妖怪给吃了吧？”大家都开始紧张了起来，大禹只得唤来山神打听消息。

山神道：“大人，唤我前来，有何吩咐？”

大禹问道：“水底那个会发光的妖怪你认不认识？”

山神一听，忙解释道：“那是𧒂围大人，他可不是什么妖怪，而是骄山之神，并不会作恶的。”

“若是不会作恶，那为什么我们派去的人都没有回来呢？莫不是被吃了？”大禹的手下还没等大禹开口，就匆匆插嘴了。

山神被那人说得一愣一愣的，随即为难地回答道："这……这我就不知了。"

"好吧，辛苦你了！"大禹说完，便让山神退下了。

可眼下派去的人还是没有回来，大禹心中很是着急。

于是，他准备亲自前往，找回失踪的下属。

士兵们很担心他，纷纷劝道："大人，您可不能去冒险啊！"

就在这时，河中白光闪动，蠱围手持两把带钩的兵器从光中走了出来。

大禹的手下见了，丝毫没有退缩之意，相反，他们个个都勇猛异常，纷纷持兵器向蠱围砍去，准备为失踪的兄弟报仇。可兵

器砍到蠱围身上没有任何实际作用，只是迸发出了几道刺眼的光芒。眼看他刀枪不入，大家更发愁了。

就在大家一筹莫展之际，大禹的好朋友应龙即时赶来救援。应龙随即与蠱围展开激战，把蠱围击回了水里，并成功救回了大禹的手下。

本以为这件事就这么过去了，却不想待众人回到营地时，又遇上了狂风暴雨。

这里的河流也没有白光呀，难不成遇到别的什么妖物了？

就在大禹头疼之时，他的手下向他献了一计。

“大人，我知道有件法宝名叫赤碧二珪，它发出的光芒能够照透千尺深潭，连泥土都能照得透亮。我想，如果我们有了这件宝物，一定能照出是什么怪物在这里兴风作浪！”

大禹想了想，说：“好，那就派你前去将这法宝寻来一用！”

“属下领命！”

大禹的手下信心满满地离开了，大禹却犯起了嘀咕：“这究竟又是什么东西在作怪呢？”

成长小站

危机面前不抛弃同伴、不放弃朋友的人才值得信任，大禹没有不管士兵的死活，应龙也没有对大禹的困境置之不理，所以他们都是值得我们学习的人哟。

经典重现《山海经·中山经》

“神蠱围处之，其状如人而羊角虎爪，恒游于雎漳之渊，出入有光。”

12 计蒙

jì méng

神异档案

异能：呼风唤雨

形态：人身龙首

地域：光山

大禹的手下不负众望，终于在几日后将法宝找了来。大禹手持法宝，果然照见了蠡围正和一个人身龙首的怪物坐在水中的宫殿里对饮。

“这又是什么怪物？”

“我看，他和那蠡围关系匪浅，前几天为难我们的肯定就是他，说不定他是想替蠡围报仇呢！”大禹的手下说。

大禹点点头，又唤了山神前来，并邀请他帮忙鉴别另一个“妖怪”。

山神一见，忙说道：“大人安心，这并非什么妖怪，而是神明计蒙。他可是司雨之神，又叫雨师，每当他出入水面时，都会带来狂风骤雨，也不是什么恶人。”

大禹长舒一口气，至少现在可以确定前些天遇到的狂风骤雨并非妖异之象。

“计蒙虽然长相可怖，但是性情温和、与世无争。至于您说前些天遭受了暴雨袭击，这我就不太清楚原因了。”山神补充说。

眼见问不出什么，大禹只得先让他退下了。

谁知到了夜里，营地周遭大风又起，空中乌云密布、电闪雷鸣，很是吓人。

大禹出营察看，见计蒙此刻正飞在空中。他四面环绕着耀眼的光芒，将黑夜照得如白昼一般。一位军士将兵器朝计蒙狠狠扔去，计蒙怒目圆睁，翘起胡须深吸一口气，吐出水柱将那件兵器击落，然后就消失不见了。

计蒙认为自己的朋友被大禹袭击，此刻自己也受到了攻击，越发相信大禹等人都是坏人，他们之间的误会也就更深了。

于是，之后的几天，双方斗得不可开交，损失惨重。

就在局面僵持不下时，天空的西南角飘来了一片祥云，许多侍卫簇拥着一驾香车驶来，而车里坐着的，正是云林右英夫人。

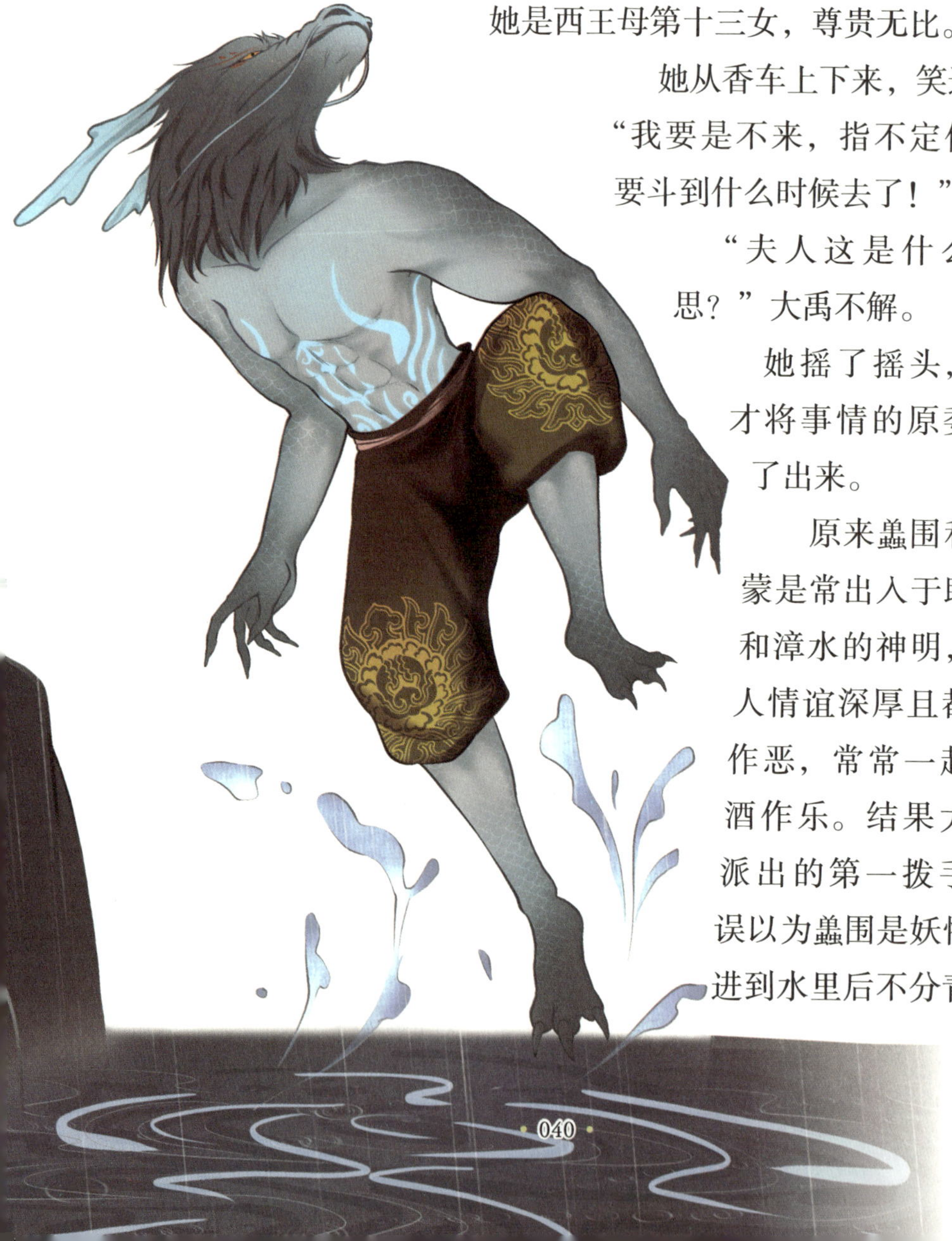

她是西王母第十三女，尊贵无比。

她从香车上下来，笑道：“我要是不来，指不定你们要斗到什么时候去了！”

“夫人这是什么意思？”大禹不解。

她摇了摇头，这才将事情的原委说了出来。

原来蠱围和计蒙是常出入于睢水和漳水的神明，二人情谊深厚且都不作恶，常常一起饮酒作乐。结果大禹派出的第一拨手下误以为蠱围是妖怪，进到水里后不分青红皂白就去围攻，打搅了两位神明的宴会，这才导致了后来的一系列冲突。

“原来是我方惊扰两位天神在先，实在是抱歉。”大禹也是个深明大义之人，知道自己是做错的一方，立马诚恳地向两位天神道了歉。

这两位天神也不是什么小气之辈，见大禹这样诚恳，又有云林右英夫人劝和，便也说：“我们也有错，出入水面时会起狂风暴雨，没有留意到你们的营地就在附近，让你们受惊了。既然我们都有错，这事就这么算了吧！”

就这样，在云林右英夫人的帮助下，双方和解了。

成长小站

许多激烈的矛盾冲突都源于一些小误会。因此，我们往后一定要戒骄戒躁，遇到事情先积极沟通，尽量避免激化矛盾，给双方带来不必要的损失。

经典重现《山海经·中山经》

“神计蒙处之，其状人身而龙首，恒游于漳渊，出入必有飘风暴雨。”

13 帝二女

dì èr nǚ

神异档案

异能：引来疾风暴雨

形态：人形

地域：洞庭山

娥皇和女英是尧帝的两个女儿，尧帝晚年，因为长子丹朱不堪重任，不得不另选继承人，大臣便推荐了舜。

尧帝虽然知道舜是一个很有才华的英俊青年，但还是想好好考察他一番，于是就把自己的两个女儿都嫁给了他，想看看他是怎么处理家事的。可是，这两位妻子在名分上谁主谁次呢？娥皇和女英争论不休。

最终，尧帝想到了一个办法。

由于当时舜正准备迁往蒲阪，尧帝便跟两个女儿说："你们同时向蒲阪出发，哪个先到，哪个就做舜的妻子，剩下的那个便只能做妾室了。"

就这样，娥皇和女英向着蒲阪出发了。

娥皇是个朴实的姑娘，她只骑了一匹大马，带了两三个随从。女英讲究排场，她不仅准备了华美的车驾，还选了毛色漂亮的骡子来拉车。

不想走到半路，女英队伍里的母骡突然要生产了，车队不得不停了下来，而正是由于这个时间差，娥皇早女英一步到了目的地。

女英又气又急，便规定骡子今后不准受孕，不准生驹。

自从娥皇得到了正妻的名分，女英便处处看娥皇不顺眼，时常与她闹别扭。舜知道后，为了消解女英心里的怒气，就常陪着她赏花看月。女

英被舜的真诚打动了，她知道名位的高低并不会影响舜对自己的感情，便开始反思自己的无理取闹。

于是，女英一改往日的嚣张，开始学着和娥皇好好相处。舜的“后宫危机”就这样被化解了。舜做的这些事情，都被尧帝看在眼里。

三年后，尧将帝位传给了德才兼备的舜，舜也从没忘记尧帝对他的谆谆教诲，在治理国家方面表现突出。

舜对外，派大禹治理了洪水，使人民过上了安定的生活；对内，他对娥皇和女英一视同仁，使娥皇和女英从原来的针锋相对变得相亲相爱，姐妹俩更是鼎力协助舜为百姓做了不少好事。

他们之间恩爱和睦，在舜帝晚年，娥皇和女英还请求陪伴他全国巡游，可舜不忍两位夫人陪着他长途跋涉，便在出发之日偷偷带着随从走了。

可姐妹俩还是不辞辛苦，一起追到了扬子江边。

突然，江面刮起了大风，眼看她们乘坐的那艘小船就要沉没了，幸亏一位渔夫及时赶到，救了她们，还将她们送到了洞庭山。

可娥皇和女英在洞庭山还惊魂未定，便听到了舜帝在苍梧去世的消息。她们哭得肝肠寸断、撕心裂肺，甚至连站都站不稳，只能扶着竹子，看向苍梧的方向。

她们一边看一边哭，泪水洒在竹子上，形成了斑纹，后来人们便将这种竹子称为“湘妃竹”，而她们姐妹俩也没能扛住思念之苦，纷纷投湖自尽了。

但是她们并没有灰飞烟灭，而是化作了湘江女神。据说，她们心情愉悦的时候，湘江就会风平浪静；倘若她们想起了以前那些悲伤的事情，湘江就会狂风怒号，暴雨倾盆，还会有很多的神怪出现。

成长小站

殉情是一种情感至深的表现，但生命诚可贵，大家切不可学习。如若失去至亲之人使我们痛彻心扉，我们也一定要坚强、乐观地活下去。

经典重现《山海经·中山经》

“帝之二女居之，是常游于江渊。澧（lǐ）沅（yuán）之风，交潇湘之渊，是在九江之间，出入必以飘风暴雨。”

14

yú ér
于儿

神异档案

异能：发光

形态：人身，手操两蛇

地域：夫夫山

夫夫山物产丰富、风景优美，如同立体的绿色画卷。山神于儿就生活在这个如同仙境一般的地方。他长着人的身体，手里拿着两条蛇，很是威武。

这天，山神于儿在巡游长江时碰见了河曲的智叟，他们一见如故，于儿便请智叟去自己家中做客。

酒过三巡后，智叟笑道："我最近碰到了一件趣事！有一个老人，叫愚公。他生活在山区，有一天，他突然想到外面的世界去看看。

"可是啊，想要离开这山区，就必须翻越拦在他门口的那两座大山。于是他连夜召集了乡亲们，说想直接挖山！可笑的是，大家还都对他这荒唐的想法表示了赞同！"

于儿一听，倒觉得这个叫愚公的老人有点儿意思。这么大岁数了还能说干就干，十分难得。

于儿笑道："挖穿山有点儿不现实吧？"

智叟一拍大腿，越说越起劲儿了，因为在他心里，愚公移山，本就是一件非常滑稽且愚蠢的事。他说道："可不是嘛，凭他的力气，连小山都不能削平，又怎么能挖穿太行、王屋这样的大山呢？再说，他挖下来的土和石头又怎么办呢？"

于儿一笑，说："的确如此，那最后怎么

样了？”

“最后……嗝……最后……他们把那些土和石头都扔到了渤海的边上了……”

智叟说着又打了一个饱嗝儿，正要昏睡过去时，于儿笑道：“兄长，何不带我去见一见这愚公呢？”

智叟有些难为情，但又不好驳了于儿的面子，便说：“行吧！不过，以你现在这副模样，怕是会把他们给吓住，要不，你变成我这样？”

“兄长，你看好了！”

于儿摇身一变，就把自己变成了和智叟一样的普通人。他满意地看着自己的这副打扮，拉起智叟就去了愚公住的地方。

果然，一位白发长须的老人正领着一帮壮汉挑担子、凿石头、挖土，就连七八岁的小孩儿，都在一旁蹦蹦跳跳地帮忙。

智叟走上前，拱手向愚公行礼。

愚公也回了一个礼，抬头一看，见到一个新面孔，就问：

“先生是？”

“哦，我叫于儿，我听说，你在移山？”

“是的。”

智叟讥笑道：“老人家，就凭你残余的岁月、剩下的力气，连山上的一棵树都挖不动，又怎么能挖穿大山呢？”

愚公态度十分坚决，说：“即使我死了，还有儿子在呀！儿子又生孙子，孙子又生儿子，子子孙孙无穷无尽，可是山不会变大，还怕挖不平吗？”

智叟哑口无言，而一旁的于儿却将愚公的话记在了心里。

之后，于儿回到了自己的夫夫山，那几日，他的脑海里不断地回荡着愚公说过的话。是啊，只要有决心和信心，再难的事，也不怕完不成呀。

于是几天后于儿就上天庭，向天帝汇报了愚公移山的情况。

天帝也被愚公矢志不渝的精神感动，便派了夸娥氏的两个儿子，将那两座大山给背走了。

成长小站

许多事情或许看着很难，但只要我们不放弃就总有成功的希望，毕竟再难也不会难过移山，不是吗？

经典重现《山海经·中山经》

“神于儿居之，其状人身而手操两蛇，常游于江渊，出入有光。”

15

zhù róng
祝融

神异档案

异能：操纵火

形态：兽身人面，乘两龙

地域：不详

祝融是炎帝的后人，也是掌管夏季的季节神和六月的值月神。他有着人的脸、野兽的身子，出行时驾着两条龙，十分神气。可祝融脾气不好，一遇到不如意的事，他就会暴跳如雷。

在祝融很小的时候，燧人氏就发明了钻木取火。人类虽然有了火种，但是不会保留和使用，而祝融从小就对用火有特别的天赋。因此，在冬天，祝融便可以喝暖暖的汤水，吃煮熟的肉，而部落里的其他人就只能生活在饥寒交迫之中。

大家都很羡慕他，都想请教祝融如何才能保留火种。可是想归想，没有人敢主动去问他。毕竟大家都知道祝融脾气不好，万一惹恼了他，别说火了，可能自己还会被狠狠地教训一顿。

一天夜里，祝融正打算睡觉，突然，他的窗前有影子晃动。他心想：难道是小偷？

于是他悄悄地走到门边，轻轻地推开门，伸出半个脑袋察看情况。只见一个衣着破烂的小孩儿正趴在他门口，看起来很是可怜。

祝融把那人抓过来问道：“你这么晚不回家，在我家门口晃荡什么？”

那小孩儿哆哆嗦嗦地说：“因……因为我实在太冷了！你家有火，很温暖。”小孩儿说着，眼泪就流了下来：“没有火，我连这个冬天都过不了啊！”

祝融这才意识到他不应该一人享受火，而应该使整个部落的人都掌握火种的保管与使用。

于是次日，祝融就开始教大家这些知识。自此之后，祝融便成了部落里的大红人，大家都很敬重他。

可在一次迁徙中，这个大红人竟把部落的火种弄熄了。

由于当时天气正寒，大家都急得团团转。

“要是没火，我们会被冻死的啊！”

“是啊是啊！”

他们你看看我，我看看你，最后纷纷看向了祝融。

只见祝融长叹一口气，说道：“你们别慌，让我来想想办法吧！”

于是，祝融开始钻木取火，可是这儿的木头都受潮了，根本钻不出火来，脾气火暴的祝融气得把手里的钻头都扔了出去。

大家一看祝融发脾气了，都抱成了一团，大气都不敢喘一下。

谁料，这时奇迹发生了——钻头重重地砸在石头上居然碰出了火花！

大家都惊呆了，没想到石头也能生出火苗来。

祝融灵机一动，大叫一声："快去找些干燥易燃的芦花来。"

大家把芦花递给祝融，他将芦花放在石头上，又用一块坚硬的石头狠狠砸向那块放了芦花的石头。

"咣当"一声后，那芦花竟然真的被点燃了。

人们兴高采烈地围着火苗叫了起来。相传这便是击石取火的发明过程。

由于击石取火远比钻木取火方便，很快这种取火方式便普及了。由于火是红色的，所以人们尊称祝融为赤帝，黄帝还封他为主管火的正火官。

后来黄帝派祝融去对抗蚩尤，祝融见蚩尤的士兵都身披兽皮，便采用了火攻，赢得了胜利。

经此一战，祝融就成了人人尊重的火神了。

成长小站

或许我们不像祝融一样掌握着他人不知道的技能，但我们仍可以学习他乐于分享、勤于思考的好品质。

经典重现《山海经·海外南经》

"南方祝融，兽身人面，乘两龙。"

16

刑天
xíng tiān

刑天本是炎帝手下的一员大将，他生得高大威猛，对炎帝相当忠诚。不过，他一直想与天帝争夺神位。

很快，他动手了！

这天，刑天偷偷地来到了天帝的卧室。他一手拿着盾牌，一手握着巨斧，正要袭击天帝，却不想，天帝早有防范，一个翻身就躲过了他的攻击。

刑天气得腮帮子都疼了，说："真没想到，你这么老奸巨猾！"

"哼，看招！"天帝拔出他的宝剑就和刑天打了起来。

他们打了几天几夜，从屋内打到了屋外，两人都使出了全部的力气，可始终不分上下。

不得已，天帝将刑天引到了常羊山，趁刑天体力不支，天帝一剑斩掉了他的头颅。

只听刑天惨叫一声，他的头颅就顺着山坡滚到了常羊山山脚下。

可没了头颅的刑天并没有死，而是伸手在地上到处摸，想找回自己的头颅。他的力气极大，被他的手摸过的地方都被按成了平地。

天帝见状开始恐慌起来，他赶紧拔出随身的宝剑，一剑劈向常羊山。瞬间，常羊山就被劈开了一道大裂缝，刑天的头颅也滚落了进去。

神异档案

异能：以乳为目，以脐为口

形态：无头人形，乳为首，脐为口

地域：常羊山

随后，两半山又合二为一，发出轰隆隆的巨响，自此，刑天的头颅就永远埋在山里了。

刑天虽然听到了声响，感受到了地动山摇，心里也明白是怎么一回事了，但他还是不甘心，还在继续找他的头颅。

天帝无奈地摇摇头，劝他说：“你就放弃吧！你的头颅已经找不回来了！”

闻言，刑天气得捶胸顿足！

他不想放弃这几天的苦战，非要和天帝分出个高低来！

只见他愤怒地举起手中的斧子和盾牌在空中胡乱挥舞，可是没有眼睛和嘴巴，他既看不见敌人也发不出怒吼。

或许是心中一决高低的愿望过于强烈，刑天的身体突然发生了变化：他的双乳化成了眼睛，肚脐化成了嘴巴。

刑天重见光明了，他又一次能发出愤怒的战吼了！

看到这一幕的人，包括天帝，都感到惊愕不已。

观战的人开始喊道：“你放弃吧！你打不过天帝的！”

“打不过，也得打！”刑天不听，继续和天帝战斗。最后，刑天还是没能赢过天帝，但天帝也被刑天的执着所感动。

刑天虽然战败了，但他坚强不屈的精神，使他成为流传千百代的战神。

成长小站

刑天“一决高低”的举动或许只是莽夫之勇，但他认准目标便不放弃的执着令人敬佩，也值得我们学习。

经典重现《山海经·海外西经》

“刑天与帝争神，帝断其首，葬之常羊之山。乃以乳为目，以脐为口，操干戚以舞。”

17 蓐收

rù shōu

神异档案

异能：掌管秋收与刑罚

形态：人形，左耳有蛇，乘两龙

地域：不详

蓐收专管刑罚，是一位威猛的天神。他住在世界西边的尽头，他的住所每天都能看到太阳落下。他出行时，还会有两条龙伴随左右，庄严得不得了。

相传在很久以前，有一个八百余人的部落，他们的首领昏庸无能，偏信奸臣。

有一天，这个首领做了一个怪梦。

他梦到自己在神庙里祭祀，房间里却站着一个高大的怪人。这人长着人的脸，却有着老虎的爪子，浑身上下都是白毛，左边的耳朵上缠绕着一条小蛇，手里握着一把大斧头[1]，身后还有两条巨龙，像是他的守护兽。这个怪人看起来阴森森的，就像是从地府里走出来的鬼怪，要索人性命。

这位首领被吓出了一身冷汗。

他脑海里飞速闪过自己做过的每一桩坏事，想着想着，整个人就跪在了地上。

“饶了我吧，我再也不敢了！”

首领越想越害怕，身子也开始哆哆嗦嗦，就想着赶紧跑。

突然，那个怪人开口了：“你别害怕，我不会伤害你。我来是特意告诉你，天帝下了一道命

1.《国语·晋语》记载。

令，让附近的一个部落来袭击你的部落，你好自为之吧。”

首领听完后，心里产生了疑虑：附近的部落？那个才三四百人的小部落怎么可能敢攻打我的部落呢？

但想归想，他还是连忙伏在地上向那人叩头，表示感谢。

首领一觉醒来后，召来了见多识广的谋士，让他来解梦。

谋士听后，平静地说道：“首领，根据您的描述，您刚刚说的怪人，应该是天神蓐收。他时而人形，时而人形虎爪，但总是左耳挂蛇。他是天上的刑神，天帝降下的惩罚都由他来执行。他托梦是来警告您，您一定要做一位贤明的首领。如果您不把这事放在心上，恐怕咱们的部落将有大难。还有，您一定要提防那个

小部落啊！”

首领一听，这谋士好大的胆子，竟敢说自己不是明主！

他觉得谋士在故意说一些不吉利的话，就判了谋士流放。

谋士被带走时对着天空长叹了三声，接着，他又指着首领大骂道：“你这个昏庸之人，不听人劝告，你就等着遭难吧！”

这个首领本身就喜欢听好话，哪里受过这样的气！只听他大斥一声：“哼，说我会遭难！好！我不判你流放了，我先让你遭难！”于是，这个正直的谋士就这么丢了性命。

接着，首领又召了别的谋士过来给他解梦。

这些人都知道那个谋士的下场，便专门说了一些好听的话给他们的首领听。

“梦是相反的，您做了一个吉祥梦。”

“未来，我们的部落一定会繁荣昌盛的。”

首领听了，哈哈大笑，还奖励了这些谋士许多牛羊等牲畜。

结果，没过几年附近的那个小部落果然纠集了别的势力一起举兵进攻，占领了这个部落的土地。

那个首领悔不当初，只能一个人瘫坐在自己的宝座上，嘴里一直念叨着：“我真应该重视蓐收的警告啊！”

成长小站

如果有朝一日我们能成为一个团队的领导者，一定要记得不偏听顺耳的话，不偏信谄媚的人哟。

经典重现《山海经 · 海外西经》

“西方蓐收，左耳有蛇，乘两龙。”

18

烛阴

zhú yīn

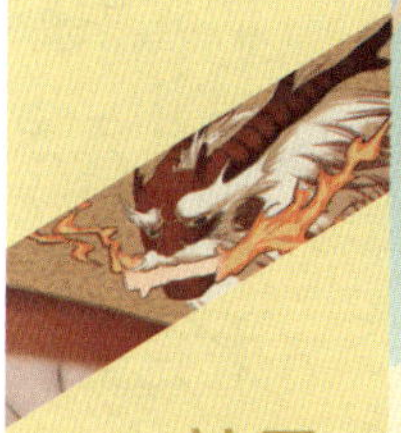

神异档案

异能：掌管昼夜、四季

形态：人面，蛇身，赤色

地域：钟山

烛阴又叫烛龙，他长着人的脸和蛇的身子，身长足足有一千里，浑身散发着红色的光芒。由于他体型过于庞大，所以平时就只能盘在钟山山脚下。

传说烛阴通过睁眼与闭眼就能决定世界的昼夜，通过呼吸就能左右四季轮转，他睡着时的呼噜还会化作持久的大风摧毁一切，因此，他只能不吃、不喝、不睡觉。亿万年来，他都不曾歇息一秒，始终恪守着让世界正常运转的职责。

对于有永恒生命的烛阴来说，人类的生命转瞬即逝，再厉害的猛兽也不过是一粒尘埃。

然而，关于烛阴的故事，人类津津乐道。

传说有一片土地，那里只有黑夜没有白天。

由于缺少阳光，植物无法生长，飞禽走兽度日艰难，人类也很难生存下去。

年轻人远走他乡，只剩老弱病残继续在这里生活。

在一个星光灿灿的夜晚，一个孩子坐在草垛上望着天空，他说：“我好希望能有白天啊！”

“白天嘛，嗯，应该快了！”

说话的是一位背着酒葫芦的老先生，他骨瘦如柴却很有精神。

“先生，真的会有白天吗？我长这么大都没有见过。”小孩儿眨着闪亮亮的眼睛问道。

老先生喝了一口酒，笑道：“烛阴是舍不得让大家受苦的！”

“烛阴是谁呢？”小孩儿问。

老先生捋了捋他的长须，笑道：“烛阴是决定昼夜交替与四季轮转的神。他睁眼，阳光就会照耀大地；他闭眼，世界就瞬间陷入了黑暗；他只要轻轻地吹一口气，世界就会飘起雪花；如果他吸一口气，世界就会烈阳高照。”

小孩儿听得一愣一愣的。

过了许久，他站了起来，指着天空说道：“他为什么不愿意帮帮我们呢？”

“可能……烛阴把我们这儿给遗忘了。”

“嗯，我们是一个很小很小的部落。烛阴每天都很忙，把我们忘记了也是有可能的，可是我好希望有白天啊。”

老先生摸了摸小孩儿的头，说：“或许，我们可以求求他。明天你让大家把家里最好的东西拿出来供奉烛阴，好吗？”

“好呀好呀，我们供奉他，那么，他就不会忘记我们了。”

老先生笑眯眯地点点头。

小孩儿把这件事告诉了大家，可是大家都不相信一个小孩儿说的话。不过大家转念一想，这儿没有白天也实在难以生活，不如就试一试。于是，大家陆陆续续地搬出了家中的好东西。

供奉活动一连进行了三日，就在大家都心灰意冷之际，太阳竟然真的从东方升了起来。

阳光照在每个人的身上，这片土地上的人们便都开始信奉起烛阴来。只是很奇怪，无论小孩儿怎么寻找，那位教他的老先生都再也没出现过。

有人说，他或许就是烛阴的化身。

也有人说，他是天帝派下来拯救他们这个小部落的天神。

但无论如何，这儿因此获得了生机，成了一个理想的栖息地。

成长小站

“供奉”“祭祀”等活动是先民们表达对自然敬畏的方式，并没有什么科学根据。我们能够了解关于烛阴的美丽传说，在精神层面便已经有所收获了哟。

经典重现 《山海经·海外北经》

“钟山之神，名曰烛阴，视为昼，瞑为夜，吹为冬，呼为夏，不饮，不食，不息，息为风，身长千里。在无启之东。其为物，人面，蛇身，赤色，居钟山下。”

19 xiàng 相 liǔ 柳

神异档案

异能：无

形态：九首人面，蛇身而青

地域：昆仑之北，柔利之东

传说古时洪水泛滥，大禹奉命修筑堤坝，治理泛滥的洪水。

水神共工心中不快，他想：要是这洪水被大禹治理好了，还有我什么事呢！于是，他召唤出了滔天大水为难大禹。

眼看任务完成不了了，大禹急得焦头烂额。他搓着手，嚷嚷道："这该如何是好？"

很快，这件事就传到了天界和龙族，那些与大禹交好的神仙纷纷前来助阵。有了神力加持，大禹很快就把滔天的洪水治好了。

为了答谢仙友们，大禹大摆宴席，而另一边，共工的阴谋没有得逞，他愁眉苦脸，连连叹气。

这时，他手下的猛将相柳自告奋勇道："主公，让属下替您排忧解难吧！您就派我前去，把那大禹给制服！"

共工一看，相柳蛇身九头，还张着血盆大口，甚是吓人。即便他不能打败大禹，至少，也能将大禹吓得肝胆俱裂。于是，共工立即同意了相柳的请求。

走的时候，他还不忘提醒一句："要是输了，你就别回来了！"

相柳自信满满，他觉得自己一定不会输。

开战那日，大禹一见这个蛇身九头的怪物就被吓了一跳。

“这是何方怪物啊！以前怎么从来没见过啊！”

大禹的手下答道：“这是相柳。”

接着，大禹的手下连连摇头，说：“不少农民的良田被他侵占，就连森林都被他破坏了。现在，那些村庄正闹饥荒，百姓们流离失所啊！”

“怎么就没人治他？”大禹问。

“他一直受共工的庇护，是个邪神，所以没有人敢得罪他！”

大禹听完火冒三丈，心想：这不就是一个怪物吗？于是，大禹长矛一挥就和相柳打了起来。可几百回合下来，他们依旧不分高下。相柳身手了得，那九个脑袋更是让人防不胜防。

就在大禹即将败下阵来时，他的神仙朋友及时赶到，大家团结一致，终于将相柳制服了。

大禹将长矛刺向相柳其中一颗脑袋，说道：“今日我就要为民除害！”被刺伤的相柳当即叫了起来，那叫声凄厉可怕。他的

伤口更是一下子就涌出了大量的血，那些血像洪水一样，一落地就将地面泡成了沼泽。

这片沼泽又臭又毒，凡生物经过，都会被这气味给熏死。

大禹看到这种情况，也不敢再继续追杀相柳了，生怕他的血会污染整个陆地。

可这片毒沼泽已经形成，又该怎么办呢?

大禹首先想到用泥填平，可泥土一倒进去，立马就被同化了。他整整填了三次，都没有什么作用。最后，大禹实在没办法了，只好挖出有毒的烂泥将沼泽变成一个大水池，并用挖出的泥土为参战的天神修建宫殿。有了仙人们的仙气加持，那些烂泥也只能“乖乖听话”了，这就是传说中“众帝之台”的来历了。

那么，被大禹放走的相柳跑去哪儿了呢?

据说，失败的相柳觉得自己颜面尽失，在本土无法再待下去了，索性逃往了现在的日本，化名为八岐大蛇。至于真相是否如此，恐怕就只有这个邪神自己清楚了。

成长小站

朋友是人一生的财富，即便是像大禹那样英伟的人，也需要朋友的陪伴与支持哟。

经典重现《山海经·海外北经》

“在昆仑之北，柔利之东。相柳者，九首人面，蛇身而青。”

20

夸父

kuā fù

相传远古时期，深山中居住着力大无穷的巨人族。他们高大强壮，十分威武。他们的首领称为夸父，夸父的两只耳朵上挂着两条黄蛇，两只手里还各持着一条蛇。别看他外表似乎很凶恶，实际上，他心地善良、性格温和。

一天，夸父躺在绿油油的草地上，脑海里突然产生了一个奇怪的想法。他跟旁边的青年说："太阳每天都会升起，可是，为什么它一到晚上就落下了呢？你说说看，它晚上跑哪儿去了？"

青年想了想，回答道："它可能太劳累了，所以就躲在家里睡大觉了吧！哈哈……"

说完，这个青年便哈哈大笑了起来。

可夸父完全不觉得好笑，他严肃地说："我喜欢光明，不喜欢黑暗。我要把它抓住，一直固定在天上！"

青年听见夸父的想法，觉得异想天开，于是急忙劝道："首领啊，你可别做傻事啊！太阳可是羲和娘娘与天帝帝俊的孩子，你……你这样做，就不怕天帝降罪吗？"

夸父嫌弃青年过于胆小，他说："这有什么好害怕的！"

夸父说完，就真的起身去追逐太阳了。他觉得自己孔武有力，一定能成功把它捉住的。

就这样跑啊跑啊，忽然，他看到了一棵大

神异档案

异能：喝干河流

形态：巨人形

地域：不详

桃树。

他想着有根手杖的话能够更省力一些，于是就把那棵大桃树连根拔起，削成了一根大手杖。

有了手杖，夸父越跑越来劲了，他一刻不停地向着太阳奔跑，一心想要追上太阳，很快，他就追到了禺谷。

禺谷是落日休整的地方，落下的太阳就像一个巨大的火球，烤得靠近的夸父口干舌燥。

“好渴啊，我实在是太渴了！”

此时，他的喉咙就像要裂开了一般，身上的皮肤也被烤得通红，活像一只熟了的大虾。

夸父跑到了黄河边上，他俯下身去，“咕咚咕咚”地喝水。没想到，他竟然一口气喝干了整条黄河，但他依然觉得口渴。

于是，夸父开始奔跑着寻找水源，他一边跑还一边大喊：“太渴了，实在是太渴了！”

很快，他又跑

到了渭河边，俯身喝起渭河水来。可他越喝越渴，越渴越喝，最后，就连渭河的水也被他喝干了。

但是夸父仍然觉得自己的五脏六腑都渴得冒火星子。

于是，他又赶往北方的大湖，只可惜这次他没有赶到便倒下了，手上的手杖也被他抛在了一旁。

当太阳的光辉再次洒在夸父的脸上时，他合上了眼睛。他丢掉的手杖，竟然变成了一大片桃林；他的身躯也化成了一座大山，后人称之为“夸父山”。

后来，在夸父山附近定居的人越来越多，他们都被称为“夸父的后人”。他们总会重复地讲着夸父逐日的故事，代代相传！

成长小站

夸父逐日既是胸怀大志的表现，又警示我们不可自不量力。大家在树立理想时，要记得结合实际哟。

经典重现《山海经·海外北经》

“夸父与日逐走，入日。渴欲得饮，饮于河渭，河渭不足，北饮大泽。未至，道渴而死。弃其杖，化为邓林。”

21

zhuān 颛 xū 顼

神异档案

异能：无

形态：人形

地域：务隅山

从前，有一座山叫作务隅山，这里是颛顼和他的嫔妃们[1]合葬的地方。

颛顼是中国上古部落联盟的首领，黄帝的曾孙。他从小就十分聪明，十几岁时就辅佐他的叔叔少昊。

少昊死了之后，颛顼继承帝位。经过多年努力，他成为天下共主，建都于商丘，后来又迁到了帝丘。

据说，他在位七十八年，活到了九十八岁，是名副其实的长寿帝君。而且，这位帝君睿智神勇，留下了不少佳话。

相传曾有一个黄水怪，作恶多端。它通过吐黄水，淹没了人们的农田，冲毁了人们的房子。

大家对这只怪物深恶痛绝，可偏偏奈何不了它。很快，爱民如子的颛顼听说了这件事，他暗下决心，一定要把这只黄水怪除掉。

他们打了三天三夜，难分胜负。

黄水怪故意刺激颛顼说：“世人都说你颛顼神通广大，我看，也不过如此嘛！”

颛顼闻言非但没生气，还心平气和地对黄水怪说：“耳听为虚，眼见为实嘛。你看我们打了这么久也分不出高下，要不我们今天就休战一天，

1. 古代帝王的姬妾，也可以指皇宫里的女官。

养好精神明天再战，如何？”

黄水怪一听笑了，它心想：颛顼一定是打不过我，想临阵脱逃吧！不过，他说得也对，打了这么久，我的身体早就疲劳了，这样打下去也很难有结果，不如休息一晚，明天一举击败他！

颛顼看黄水怪一直在考虑，便说：“你放心，明天我一定跟你接着打！”

黄水怪想了想，答应了。

这下颛顼心里简直乐开了花。通过刚才的较量他已经发现，仅凭自己的力量要想打败黄水怪是很难的，而现在休战，他便可以去搬救兵。

当晚，颛顼就上天找了女娲娘娘。

女娲娘娘一听颛顼是为民除害，立马就替他借来了天王宝剑，还悉心将宝剑的使用技法传授给了颛顼。

由于学习技法用时过多，颛顼刚从天上下来，就看到黄水怪等在那儿了。

“我还以为你不来了

呢！”黄水怪埋怨了起来。

颛顼二话不说，直接大叫一声：“看招！”

黄水怪原本还在为自己休养好的身体沾沾自喜，这会儿一招没出，就已经小命不保了。他直接被颛顼劈成了两半。

“颛顼你……”

黄水怪话都没说完，便化成了一摊黄水。

从那以后，凡间就再也没有黄水怪兴风作浪了。

为了震慑其他妖物，更为了给人类谋福祉，颛顼用天王宝剑把一旁的大沙岗变成了一座山，还用剑划出了一道河。从此，这里有山有水，人们也就过上了安稳且幸福的日子。

成长小站

面对坏人时，我们应该尽量避免与之发生正面冲突，而要像颛顼一样智取，要在保障自己安全的前提下与之斗争。

经典重现《山海经·海外北经》

“务隅之山，帝颛顼葬于阳，九嫔葬于阴。”

22

tiān 天 wú 吴

在朝阳谷有位天神叫天吴，他住在虹虹国北面的两条河中间。他身形像兽却长着一副人的面孔，还有八颗脑袋、八条腿、八条尾巴。他的皮肤是青黄色的，和将要成熟的稻谷颜色差不多。他是掌管水的神明。

传说，吴人部落的人曾在集体狩猎时，遇到过天吴。

那日，吴人部落的一伙人躲在草丛里，眼睛直勾勾地盯着一头野猪。

可那头野猪丝毫没有意识到自己已经被人类盯上了，它正愉快地吃着鲜嫩的青草呢！

突然，部落的首领一摆手，所有的人都冲了出去，围住了野猪。野猪知道自己很快就要成为人类餐桌上的一道美食了，吓得四处逃窜。

他们也没有想到，这头野猪会这么凶猛。很快，这头野猪就突破了他们的包围。

“快，把这头猪给拦住！别让它跑了！”

首领大叫一声，所有的人都拿着长矛对准了野猪的头。

可野猪跑得实在太快了，他们压根儿就追不上。

就在这时，高大威猛的天吴从树丛里跳了出来。只见他的八条腿跑得飞快，一身青黄色的皮毛又让他完美隐匿于灌木之中，就连这头野猪也

神异档案

异能：控水

形态：八首人面，八足八尾，背青黄

地域：朝阳谷

被蒙骗了过去。就这样，野猪被天吴逮住了。

当大家都以为这头野猪放弃抵抗时，它“呼噜”一声，就从天吴的手里挣脱开来，逃跑了。

“哟，还挺聪明的！”

天吴也不甘示弱，立即追了过去。

那头野猪赶紧跳入了河中，它大概以为这样就能躲开攻击了吧，却不想，天吴在水里行动的速度比鱼还快。一眨眼的工夫，野猪又被抓了。

其实，它从被天吴盯上的那一刻起，就注定是死路一条了。

眼下野猪也不再挣扎，它乖乖地闭上了眼睛，仿佛是认命了。

天吴十分大方，见吴人个个精瘦，便将这头野猪送给了他们，还给他们讲解了一番打猎的技巧以及野兽的习性。

由于天吴帮助吴人部落捕获了过冬所需要的猎物，所以大家很是崇拜天吴。

后来，由于部落纷争，吴人部落不得不告别山林，迁居到了长江三角洲附近，以捕鱼为生。可海里的神龟和大蛇比山林里的野兽还麻烦，它们熟识水性，总是在捕鱼的时候欺负他们。

天吴知道后亲自出马，没几个回合就将对方治得服服帖帖的。

海龟和大蛇打不过天吴，只好跪地求饶。

“饶命啊，我们以后再也不敢了！”

“这次要是饶了你们，我一走你们就会再作恶！”

于是，天吴左手捉龟，右手捉蛇，把它们送上了天庭，交给了天帝定夺。

由于天吴熟识水性且一直惩恶扬善，天帝就封了他为水神，而一直受天吴保护的吴人部落，更是将他尊为上神，加以供奉。

成长小站

用自己的能力保护他人的人往往会得到他人的尊敬，但现实生活中我们千万不可以盲目地出手，见人被欺负，帮他们报警也是一种很好的方式。

经典重现《山海经·海外东经》

“朝阳之谷，神曰天吴，是为水伯。在虹虹北两水间。其为兽也，八首人面，八足八尾，背青黄。”

23

句（gōu）芒（máng）

神异档案

异能：赐人寿命

形态：鸟身人面，乘两龙

地域：不详

句芒是中国古代民间神话中的春神，主要管理树木的发芽和生长，所以民间每年都会举办春祭来祭祀句芒，实际上就是希望他能够保佑人们五谷丰登。

相传句芒有着鸟的身体、人的相貌，他喜欢穿青色的长衫，平时出行还会驾着两条巨龙，很是神气。

除了春神一职外，句芒还辅佐青帝太昊，还是扶桑树的管理者……但最为神奇的，还是他有让好人延长寿命的能力。

传说在春秋时期，百姓因为饥饿偷杀了秦穆公的马。

秦穆公是当时秦国的君主，吃了他的马，在当时是要被杀头的。可是，秦穆公得知后非但没有怪罪他们，反而开仓放粮，救济百姓。

秦穆公的手下不理解，于是问秦穆公："您这是干什么？这些刁民必须严惩，否则，大家就都不把您放在眼里了呀！今天他们煮了您的马吃，明天指不定还会做出什么出格的事来呢！实在不可饶恕啊！"

秦穆公听后长叹一口气，说："百姓之所以流离失所、饥饿难耐，全都是因为我没有治理好国家，这怪不得他们啊！"

秦穆公的手下被秦穆公的话感动了，说道：

“您太仁慈了。”

秦穆公不仅爱民如子，还重用贤臣。他曾用五张黑羊皮，从楚国人的手中把落难的百里奚[1]赎了回来，以礼相待，百里奚也因此成了他的左膀右臂。

很快，句芒听说了这位贤君，特意赶来相见。

那日，秦穆公看见天边飘来了一个穿着青衫、驾着两条龙的怪人，吓得立即躲到了庙宇的柱子后面。

句芒看到秦穆公这一举动，意识到自己驾龙出行对于凡人来说过于奇异，便亲自动手把秦穆公拉了出来，说道：“你别怕，我不是来害你的！”

秦穆公抹了一把额头上的汗水，虽然心中有些害怕，但还是礼貌地朝句芒鞠了一躬。

“敢问来者是？”

句芒答：“我叫句芒，

1. 春秋时期著名政治家、思想家。

是春神。”

见对方彬彬有礼，确有神仙的气度，秦穆公便也放下心来说：“我失礼了！”

“不知者无罪。我今天来，是领了天帝的旨意，给你增加寿命，同时为你的国家赐福，使之风调雨顺。”

秦穆公一听，立即跪在地上拜谢句芒。

句芒却说：“这是你应得的，你若不是爱民的贤君，也根本不会得到这些恩赐，所以你与其谢我，不如好好治理你的国家。”

说完，句芒就化作一缕青烟，消失在了秦穆公面前，而这个故事也就此传扬开来。

大家都希望遇到句芒赐寿，便都开始效仿秦穆公，立志做个行善积德的好人。因此，秦穆公的国家也就越来越繁荣昌盛了。

成长小站

仙人赐寿只是美好的想象，但这也正说明积德行善、体恤弱者、敬重贤才的人，人们都会希望他幸福长寿。

经典重现 《山海经·海外东经》

“东方句芒，鸟身人面，乘两龙。”

24

yán dì
炎帝

神异档案

异能：无

形态：人形带牛角

地域：不详

姜姓部落有位擅长用火的首领，人们都尊称他为炎帝。相传他长着人的身体，但有一对牛的角，懂得运用火，发明了刀耕火种，创造了两种翻土的农具，还教导了部落的人垦荒，种植粮食。

由于粮食和火对于人类生产生活意义重大，人们便把他和黄帝齐称为中华文明人文始祖，并自称为炎黄子孙，以示敬重。在炎帝身上，还有一些十分有趣的故事。

据说，炎帝在教人类种植时，曾看到过一只全身通红的鸟。它的嘴里叼着一株九穗的谷物，当它从炎帝身边飞过时，穗子上的谷粒掉在了地上。炎帝见谷粒非同寻常，仿佛闪着某种神光，便把它们捡起来，种在了土里。

这些谷物长成后，便成了人类的粮食。

解决了温饱问题后，炎帝又致力于研究医药，希望帮助人类远离病痛。

炎帝发现，人们在野外采摘的野果、野菜，食用之后会有不同的效果：有些让人中毒身亡；有些却让人容光焕发；还有一些让人不好不坏，只是一个劲儿地打瞌睡。

于是他猜想，这些植物中就藏着祛病强身的秘密。可由于当时实在没有什么经验可以借鉴，炎帝只能亲自尝百草。他的目的很简单，就是要辨明百草的功效。

他带着人马在野外奔波，遇到看起来可以食用的植物，他就亲自尝一尝，再让手下把他食用后的反应和功效都记录下来。

久而久之，他便多了一个称呼——神农氏。

有一天，神农氏把一棵草放进嘴里没多久，便头痛欲裂，眼前一片昏暗，最后一头栽倒在了地上。

他的手下赶忙将他扶起来。

所幸此时的神农氏尚有意识，他用仅有的力气指了指旁边的一棵红色灵芝草，他的手下立即将那棵灵芝放进嘴里嚼烂，喂给了神农氏。

许久之后，神农氏恢复了精神，这才支撑着身子站起来，亲自记下了那根差点儿要了他老命的毒草——钩吻草，同时写道：误食此草，灵芝草可解。也正是从那以后，人们便把灵芝草当成了起死回生的灵药。

手下见他差点儿丢了性命，纷纷劝他，让他放弃尝百草，还是回家好好休养为好。

神农氏却笑着摇摇头说：“我不能回去！我的子民们，仍然处在饥寒交迫之中，他们会误食毒物，病了也不会找药草医治，如果我可以帮助他们解决这些问题，那我才算是一个称职的领袖。”说罢，他又接着尝百草。

在多次死里逃生后，他终于弄明白了山中的植物哪些能够让人精神振奋，哪些会让人嘴中发麻发苦；哪些性热，哪些性凉；哪些能充饥，哪些能治病。

从那以后，人们治病救人就有参照了。

神农氏用实际行动，为部落的百姓们创造了幸福的生活。

成长小站

神农尝百草的大无畏精神值得我们学习，但小朋友们可千万不要随意采食野草、野果哟，毕竟就连可解毒的神奇灵芝，也只针对钩吻草而已。

经典重现《山海经·海内经》

“炎帝之妻，赤水之子听訞生炎居，炎居生节并，节并生戏器，戏器生祝融。”

25

bā 巴 shé 蛇

神异档案

异能：其肉可治心痛和肚子痛

形态：黑蛇青首

地域：犀牛西

从前有一种身体是黑色，头却是青色的蛇，叫巴蛇，百姓都称其为蛇形邪神。

有句话叫“人心不足蛇吞象”，据说这里的“蛇”指的就是巴蛇。现在人们用这句话来表示人贪心不足，却不知道“蛇吞象”确有其事。

巴蛇非常大，它的身躯就像河流一样宽，当它的目光锁定大象后，便会用身体缠住大象，然后，用巨大的力气把它绞死再吞掉。它吞掉大象之后，需要三年的时间才能把大象消化掉，然后才会将大象的骨头吐出来，而被它吐出的象骨，也是一味十分名贵的药材，可以用来治疗内脏方面的疾病。

可巴蛇除了会吞食动物，也会袭击人类，因此时常有“巴蛇食人”的恐怖事件发生，人们苦不堪言。

当时的帝君黄帝知道后，便派了曾射掉九个太阳的英雄后羿前去射杀巴蛇。

很快，后羿就找到了这条大巴蛇。

巴蛇见后羿威武非凡，身上还背着箭，它扭头就跑。毕竟要是被他一箭射中蛇腹，自己就会一命呜呼。

一场人蛇追逐战就此展开，他们一追一跑，不知道多久之后，巴蛇累得实在是跑不动了。它立马游到了湖里，而湖中恰好有一座带有大山洞的山，巴蛇就藏进了山洞中。

后羿这时也累得气喘吁吁。他想，巴蛇总不能一直躲在山洞里吧！于是他就坐在湖边的一棵树下喝水，吃干粮，等巴蛇出来。

由于这座小山在湖的中央，山上根本没有什么动物，巴蛇很快就饿得前胸贴后背了。于是，在不久之后的一个深夜，巴蛇偷偷地伸出了脑袋，看了看后羿的方向。

见后羿靠在树下似乎睡着了，巴蛇觉得自己找到机会了，便偷偷溜出了山洞。可它的身子才刚出来一半，头正伸向水里，后羿就已经拉开了弓。只是这一箭射在了蛇鳞上，被弹进了水里，没能造成什么实际伤害。

巴蛇吓得大气都不敢喘，赶紧朝水里溜去。

可是它既不是龙也不是鱼，在水里泡了好些天后，十分难受。见岸边似乎没有什么动静了，它再一次试探性地伸出了脑袋。

巴蛇四处看了看，发现后羿已经不知所踪了。它赶紧上岸，拼了命地往西逃。结果耳边“嗖嗖”两声箭响，后羿不知道又从哪儿跳出来了！

只见他拉弓搭箭，一气呵成。而且，后羿这次学聪明了，他知道巴蛇背部的蛇鳞会弹开他的箭，于是就只瞄着它的腹部射，很快就射中了。

中箭的巴蛇倒在地上，开始后悔自己食人的行为。如果自己只吞吞象，没准儿现在还活得好好的。

可是现在后悔已经来不及了，后羿将巴蛇斩成了两段，巴蛇的尸体便化成了山丘，称为巴陵。

不过也有人说，巴蛇并不是邪神，而俗语中提到“巴蛇”，恰恰说明了人与巴蛇之间关系密切。巴蛇甚至有可能是人类崇拜的神明，古壁画中那些象征勇武的巨大蛇图腾便是明证。

那么，事情的真相究竟是什么呢？没有人能得出结论。

成长小站

无论古时的巴蛇是食人凶手还是勇武象征，大家都要记住，在日常生活中碰到蛇类要快速离开才更安全哟。

经典重现《山海经·海内南经》

“巴蛇食象，三岁而出其骨，君子服之，无心腹之疾。其为蛇青黄赤黑。一曰黑蛇青首，在犀牛西。”

26

èr fù
贰负

神异档案

异能：无
形态：半人半蛇
地域：疏属山

传说古时有一位贤明的首领曾命令手下去疏属山挖藏有神秘力量的发盘石。

一天，壮士们竟然在石头下面发现了一间石室。这间石室看起来已经有些年头了，于是便有人好奇地走了进去，打算一探究竟。

结果，石室的门一打开，他们就看到了一个没穿衣服的人。那人身上又脏又黑，脚上还戴着镣铐，双手被反绑在树上。

壮士们吓得大气都不敢喘，他们的带头人提议道：“我们先把他运回部落，交给首领处置！”

大家深觉有理，可是谁都不敢轻举妄动。

见状，带头人又说：“都别杵在那儿了，快来一块帮忙搬，说不定首领还有重赏呢！”

最后，大家齐心协力把那人搬了出来，并放上马车运回了部落。

可是一到部落，大家又都傻眼了——这个人竟然已经变僵了！

首领百思不得其解，便找来长老们商量。

“各位长老看看，这到底是怎么一回事！”

长老们也是一脸困惑。

就在这时，学识最渊博的那位大长老突然惊叹了一声，而后说：“首领，据我所知，这是贰负，他和自己的臣子危做了大逆不道的事，被天帝囚禁在疏属山了。不过也有传闻说当时被囚禁

的是贰负和危两个人，或许是误传吧。”

首领笑了笑，说：“原来是他啊！”

关于这件事，首领也听自己的父亲讲过。

传说，贰负是一个半人半蛇的天神，勇猛无双但喜欢杀戮，所以就成了后世武官的象征。

天神窫窳人面蛇身，跟贰负有些像，但他老实善良，深受人们的喜爱。因此，贰负对窫窳怀恨在心。

“我们都是天神，凭什么他更受百姓的喜爱呢？”

贰负说什么都不服气！贰负的臣子危知道了贰负的心思，为了讨好他，就向他提议杀死窫窳。

俩人心照不宣地笑了笑，很快，他们就合谋把可怜的窫窳杀死了。

他们本以为自己做得很隐秘，却没想到，纸始终是包不住火的。俩人行凶的事很快传到了天帝耳朵里，天帝当即震怒！

为了惩罚贰负，天帝下令将贰负囚禁在疏属山中，给他的右脚戴上了沉重的镣铐，反绑住双手，拴在了石室中的一棵老树上。

天长日久，贰负又一直保持着同样的姿势，他的身体也就逐渐僵硬。

不过，天帝是一位十分仁慈的神，他虽然囚禁了贰负，让他受尽了折磨，但只要贰负能诚心改过，就会安排一位贤人给他一个机会。

今天，贰负等来了这个机会：这位贤明的首领把他从深渊中解救了出来，如果他已悔过，他便将洗净一切的罪过，投胎转世，重新做人。

“我想，那位贤人就是您呀！首领！”长老们拱手喊道。

首领点了点头，明白了其中的含义。拯救了贰负之后，他也更加励精图治，誓要带领大家过上好日子。

成长小站

害人终害己，即便是天神，也逃不过正义的审判。可见唯有行好事、做好人才能真正幸福一生哟。

经典重现 《山海经·海内北经》

“贰负之臣曰危，危与贰负杀窫（yà）窳（yǔ），帝乃梏之疏属之山，桎其右足，反缚两手，系之山上木。在开题西北。”

27

wáng zǐ yè shī
王子夜尸

神异档案

异能：无

形态：人形，肢体皆断

地域：不详

王子夜尸就是王亥的尸体。据说，他的双手、双脚、胸部、头部、牙齿都是分开的，一到夜晚，这些肢体又会重新组合在一起，拼凑成王亥的样子。他经常在山林间徘徊，好像有什么冤屈需要申雪！

相传王亥曾经是商国首领冥的长子。古时神勇的大禹虽完成了治水工作，但是人们不懂得管理，所以后世黄河又一次泛滥了。

为了治理黄河，夏朝的王以天下共主的名义任命冥，也就是王亥的父亲去治水，而王亥就成了他父亲的副帅。

他们一起治理黄河水患，通过多年努力，终于把问题解决了。可惜，王亥的父亲冥在治水任务即将结束时，不慎落入河中淹死了。

夏王对冥的死深感遗憾，想给王亥加官晋爵以补偿他们家，王亥却拒绝了。

王亥请辞回到了自己的国家——商国。

回国后，王亥开始教自己的子民驯马，还教他们用牛车拉着货物到其他小国、部落去做买卖。久而久之，人们就把这些人称为商人，把那些用来交换的物品叫作商品，据说，商人和商品的称呼就是这么来的。

有一次，王亥和弟弟王恒带着货物跟有易氏进行交易，有易氏首领绵臣见商国这么有钱，就打起了王亥的主意——把王亥杀了。

不仅如此，绵臣与他的部下还将王亥的尸身给分解了！因为怕消息被泄露出去，他们连王亥的随从都没有放过！最后，绵臣将王亥的马车和货物统统运回了自己的部落。自此，无辜身亡的王亥便化为王子夜尸日日在林间闲逛哀唱。

绵臣以为自己做得天衣无缝，却没想到，那晚王亥的弟弟王恒躲过了这场灾难。

王恒把伤养好后，便去有易氏找绵臣对质。

可惜绵臣老奸巨猾，他为了掩盖自己的罪行，竟然编造了一个弥天大谎，将杀人之罪直接嫁祸给了王恒。

绵臣说，王恒爱慕自己的妻子，他的妻子却喜欢长相英俊的王亥，所以王恒便在王亥醉酒时，趁他不注意，将他杀死了。王恒杀人，自己部落的一名侍女正好看见了。

很快，“目击者”侍女就被带了过来，她说王恒用斧头把他哥哥劈成了八块，还详细阐述了他的作案过程，叫他有口难辩。

王恒哭喊道：“你们这是血口喷人！”

绵臣却说：“人证在此，你就乖乖认罪吧！”

于是，不善言辞的王恒被他赶出了部落，还被扣上了杀人犯的帽子。至于绵臣，他不过是这场手足相残戏中一个被妻子背叛的可怜虫罢了。

时间一晃过去了许多年，王恒也早已告别人世。此时商朝建立，商王旧案重查，得知了王亥遇害的来龙去脉。为了给自己的祖先雪耻，商王将绵臣的罪行昭告天下，王子夜尸的林间游荡传闻也就此在民间消失。或许，他所需要的就是真相大白。

后来,大家便尊称善于经商的王亥为“华商始祖”“中斌财神”，希望他能够保佑自己逢凶化吉、财源广进!

成长小站

再周密的阴谋也只能是阴谋，谎言不可能取代真相。当贪欲驱使我们用不正当手段谋夺某些东西时，它就已经将我们引向了罪恶的万丈深渊。

经典重现 《山海经·海内北经》

“王子夜之尸，两手、两股、胸、首、齿，皆断异处。”

28

léi shén
雷神

神异档案

异能：肚子一鼓即响雷

形态：龙身人头

地域：雷泽

吴地西面的雷泽中住着一位能控制雷电的神明，他的名字叫雷神。他有着人的脑袋、龙的身体，但也有人说，他的脑袋上长有一对大龙角。

相传黄帝与蚩尤对战时，黄帝的士兵被蚩尤召来的妖怪迷惑，失去了作战能力。看着士兵们一个个垂头丧气，黄帝重重地叹了一口气，说：“这该如何是好啊！”

黄帝的属下提议道：“要是有一面雷鼓就好了！”传说中雷鼓有激奋人心的功能，无论人被什么迷惑，一听雷鼓声便能立即清醒过来。

什么叫雷鼓？据古籍记载，以怪物夔的皮为鼓面，以可操控雷电之人的骨头为鼓槌，这样的鼓便叫雷鼓。

黄帝勇猛无双，很快便找来了夔的皮，可是，鼓槌该去哪里找呢？

又一位属下说：“吴地西面的雷泽住着一位雷神，我想他或许有这个能力。”

神明不是怪物，不可不以礼相待。于是，黄帝便亲自去了雷泽，请求雷神帮忙。

雷神一开始是不愿意帮忙的。毕竟，做鼓槌得抽掉他身体里最大的一根骨头。

可黄帝眼含热泪将自己遇到的困境和蚩尤对百姓的危害向雷神讲明了，雷神也不免动容。毕竟就连雷泽附近的居民，都时常被蚩尤手下的妖怪残害。

于是，他忍着痛，自剔了一根骨头给黄帝当鼓槌。

有了雷鼓后，黄帝的士兵们果然个个神采奕奕，很快就赢得了这场战争的胜利，而雷神这边就没有这么幸运了。

雷神失去了一根骨头，时常感觉疼痛，力量也大大减弱，甚至连脾气都暴躁了。

于是，每次雷神心情不好，雷泽就会响起惊雷，这让住在附近的华胥国子民感到害怕！

他们怕雷神引来水灾，将他们这个小国家冲走。

就在大家一筹莫展之际，华胥国的一个姑娘站了出来，她说要去雷神殿里找雷神评理。

姑娘来到雷神殿，只见她双手叉腰，指责道："你堂堂一个大雷神，能不能管理好自己的情绪啊！别动不动就发怒！你知不知道，你每一次发怒，我的家乡就会发生水灾，很多百姓就会遭难！"

雷神见这姑娘生得貌美如花又胆大直率，

对她十分欣赏，不由得心生爱慕。

于是雷神现身说：“你说得对，我不开心就会引来惊雷和水灾，但那是因为我实在难忍疼痛。如果你嫁给我的话，我想我就会开心许多。”

姑娘觉得雷神花言巧语，很不正经，并不是真心爱她，便没有答应他。

雷神似乎看穿了姑娘的心思，他笑道：“我不善言辞，或许显得有些不真诚，但如果你愿意嫁给我，我一定不再发怒，而且会真心爱护你。”

“行！”为了华胥国的安危，姑娘竟真的答应了嫁给雷神。

雷神确实是个诚信的神明，娶了姑娘后，他就只在适宜的时间内召唤惊雷、行云布雨。

一年以后，姑娘给雷神生了个儿子，雷神非常高兴，脾气也变得越来越好，雷泽两岸因此风调雨顺。

成长小站

虽然雷神忠于对姑娘的承诺，但在现实生活中，我们可千万不能随意听信陌生人的话哟，毕竟不是每个人都像雷神一般诚信正直。

经典重现《山海经 · 海内东经》

“雷泽中有雷神，龙身而人头，鼓其腹。在吴西。”

29

禺虢

yú hào

在东海的沙岛上生活着一位神明，他长着人的头和鸟的身子，耳朵上挂着两条黄蛇，脚下也同样踩着两条黄蛇，他的名字叫禺虢。

禺虢有个儿子叫禺京，两人长相颇为相似。禺虢的父亲是黄帝，他自己是东海之神，掌管着东海。

禺虢一贯严肃，东海的海怪见了他，没有一个不害怕的。

他还很喜欢发怒，只要他一动怒，东海就会掀起滔天巨浪，所以，东海的海怪们也渐渐学会了察言观色。

如果禺虢身上的蛇，颜色从黄色变成了青色，就说明他要发怒了，大家能躲就躲，躲不了就得想尽一切办法逗他开心。

这个规律是可靠的，但是逗乐禺虢十分困难，因为他心中藏着一件大事。

黄帝将炎帝和蚩尤击败后，禺虢寝食难安。禺虢总觉得，炎帝如今虽老实，但他不会甘心，他一定会找机会报复黄帝。可是，什么时候实施报复呢？

禺虢越想越烦闷，为了这件事，他还专门找过黄帝。他说：“父亲，您对炎帝是不是过于宽容了，您要小心他回来报复您啊！”

黄帝笑道：“炎帝的品行，我比任何人都了

神异档案

异能：动怒会掀起巨浪

形态：人面鸟身，珥两黄蛇，践两黄蛇

地域：东海

解。倒是你，我看你还是多花点儿心思管理东海吧！”

“父亲，小心驶得万年船，斩草要除根啊！”

“我的事，你就不用操心了！”

禺虢在黄帝那里受了气，回到东海便大发脾气。

“父亲怎么老喜欢帮一个外人说话呢？明明我才是他的儿子！他非但不怕位子被别人给抢了，还怪我没有治理好东海！这一切，都怪炎帝，要不是他，我也不会被父亲责怪！”

就在这时，他突然看到了炎帝的小女儿女娃驾着船在东海里游玩。

东海可是他的管辖地，他岂能容忍炎帝的孩子这般“胡闹”！再说了，海上风浪不定，翻船也是情理之中的嘛。

“你可别怪我，谁让你父亲跟我有仇呢！”

于是，禺虢故意掀起巨浪，将可怜的女娃卷进海里淹死了。

可女娃没有就此消失，她化作一只精卫鸟，日日夜夜、不眠不休地衔石头填海，弄得海怪们纷纷跑出来看他的笑话。说他恃强凌弱，又说他不敢对炎帝动手，只能欺负手无缚鸡之力的小女孩儿。

黄帝知道了之后更是对他失望透顶，不止一次出言责怪。

现在禺虢一看到精卫鸟，便觉得头皮发麻，仿佛那些责骂自己的人时时刻刻都跟着自己。他也试过劝解精卫鸟：“你就别浪费精力了，按照你现在这个速度，就算是填个千万年，也填不平我的东海啊！”

精卫鸟不理他，依然没日没夜地填着东海，而禺虢也只能日日看着它填海，独自生闷气。

成长小站

恃强凌弱者即便取得了一时的胜利，他的罪恶行径也会刻印在人们的心里，被人们唾弃，所以大家千万不要这样做哟。

经典重现 《山海经·大荒东经》

“东海之渚中，有神，人面鸟身，珥两黄蛇，践两黄蛇，名曰禺虢。”

30

禺京
yú jīng

神异档案

异能：控水

形态：人面鸟身，珥两青蛇，践两青蛇

地域：北海

很久很久以前，海上有五座独立成峰的岛屿，由于它们的底部不相连，所以会随着潮水的涨落摇晃。因此，每当海上波浪滚滚之时，这五座岛屿上的人便没办法生活，为此大家十分苦恼。

可是这并非人力可以解决的问题，大家又能怎么办呢？

于是，有位老船夫就说："大家别担心，我们或许可以求一求管理这五座山的仙圣们，说不定他们会帮咱们！"

"仙圣们那么忙，怎么会帮我们？"

"这可没准儿，仙圣们住在山上，肯定也早就受不了它们摇晃了！说不定，他们已经在想解决办法了。"

此话一出，大家也觉得很有道理，便纷纷拿出海货供奉仙圣。

果然，这五座山的仙圣也早就忍无可忍了。他们一合计，便将此事禀告给了天帝。

天帝听后也很为难，五座岛屿虽然不算大，但要固定也实在不简单，谁有这个能力呢？

这时，天帝的妻子常羲给他出了一个主意："您还记得禺京吗？我想，他有这个本事。"

"禺京？"

见天帝似乎没有印象，常羲便说："也有人

叫他禺强。”

“哦！你说的是那个家伙呀！”天帝这才想起来。

禺京生活在北海，父亲是东海的海神禺虢，因此他神通广大。

他有着人的脸、鸟的身体，双耳还挂着两条青蛇，脚下也踩着两条青蛇，看起来跟他的父亲十分相像。

他为人和善，能力非凡。

除此之外，禺京还是四时、四方之神中的一员。这些都是非常重要的神职，禺京能胜任，可见他是有实力的。

于是，天帝立马下了一道指令，派禺京前去处理！

禺京收到天帝的指令后开心得不得了！毕竟他很爱“出风头”，眼下这个机会正好让他大展拳脚。

于是，禺京运用自己的神力找来了十五只巨大的灵龟，命令它们把山驮在背上，他自己则扇动翅膀在天空中盘旋，操纵海中洋流为灵龟们指明方向，将五座岛屿连接起来。

至此，人们再也不用担心岛屿摇晃了，而仙圣们也过上了安稳的日子。

经此一事，天帝也看到了禺京的本事，就派他去协助颛顼管理北方了。从此，禺京的贤名在百姓中传扬开来。

成长小站

禺京是个爱“出风头”的神明，可即便如此，他也没有滥用神力作恶招摇，而是通过正当渠道，行正义之事“出风头”。可见体现自身的优越，也要使用正确的方式方法。

经典重现《山海经·大荒东经》

“黄帝生禺虢，禺虢生禺京。禺京处北海，禺虢处东海，是为海神。”

31

nǚ chǒu
女丑

女丑是拥有强大法力的女巫，有人说女丑是一个人，也有人说女丑是两个人。她们养了一只大螃蟹当自己的灵兽，并且常常会站在蟹背上遨游四海，欣赏山河美景。

她们喜欢穿飘逸的青色裙子，面容姣好，身上还散发出一股迷人的香味，因此人们都说，女丑并不是巫，而是神。她们出行时或是戴着遮脸的长帷帽，或是用衣袖遮挡脸庞。因此，真正见过女丑面容的人屈指可数，但她们的英雄事迹广为人知。

相传在上古时期，某天十个太阳同时出现在天空中，大地上的植物被烤得焦枯，河水也蒸发干了，百姓们苦不堪言。

善良的女丑见不得人类受苦，于是，她们披上战袍，坐上彩色的轿子来到了丈夫国北面的山顶上祈雨。

她们唱祈雨的歌，跳祈雨的舞。可是一点儿作用也没有，那十个太阳依然高高挂在天上，而雨神也始终没有露面降雨。

女丑不死心，仍然留在山顶祈雨。

她们终日不吃不喝，试图用自己的虔诚来感动上苍。

就这样一连过了几个月，天空中还是连一片乌云也没有。

神异档案

异能：无

形态：人形

地域：某海内

人们听说女丑为了祈雨还没有下山，就派了几个年轻人上山去看情况，结果只看到女丑被烈日晒干的尸体。

令人感动的是，她们就连死，都保持着祈雨的姿势。

人们看到后纷纷大哭了起来。

他们对着天空哭喊，那哀声久久回荡在山间，终于惊动了天神。

天帝帝俊被女丑牺牲自己拯救人类的事迹感动了，便派了后羿射下九个太阳。从此，天空就只剩下一个太阳了！

说来也奇怪，后羿射完那些太阳后，天空立马乌云密布，接着便下了三天三夜的大雨。

后来，人们为了纪念女丑，就给她们修了神庙，希望她们死后可以飞升成仙。

成长小站

美丽的容貌使女丑成为人们仰慕的对象，但其无私奉献、舍己为人的精神才是她们超脱“巫”而成为“神”的根本哟。

经典重现《山海经·大荒东经》

“海内有两人，名曰女丑。女丑有大蟹。”

32

yìng lóng
应龙

应龙和普通的龙不同，他背上有一对翅膀，身上长满了坚硬的鳞片，飞行时既威武又神气，是上古时期的神明。而且，他的脸细长俊美，十分端庄。

除此之外，应龙还十分正直。

据说，黄帝与蚩尤作战时，曾有人向黄帝进谏，要黄帝亲自去一趟凶犁土丘，找到可以呼风唤雨的天神应龙，协助他取胜。

黄帝想，应龙是神，恐怕不会轻易答应自己。谁知应龙一听是请自己去讨伐作恶的蚩尤，一下就答应了。

有了应龙相助，黄帝如虎添翼。

应龙见蚩尤大军人数众多，思索片刻后便决定采用水攻。只见他张开大口喷出巨流，一下就冲散了蚩尤的大军。

蚩尤也不甘示弱，他见招拆招，请来了风伯和雨师。

风伯和雨师布阵作法，瞬间天空乌云密布，大风呼呼地朝黄帝的大军袭来。

两军打得不可开交，难分胜负。

黄帝想，再这样打下去双方都占不到便宜，只会两败俱伤，于是去找蚩尤谈判。

黄帝向蚩尤阐明，双方斗个你死我活，这样不仅劳民伤财，还各自不讨好，实在没有必要。

神异档案

异能：呼风唤雨

形态：龙形有翼

地域：凶犁土丘

可是，蚩尤早就杀红了眼，哪里肯和黄帝讲和。他直接狂笑道：“哼！今日有你就没有我，有我就没有你！我们之间，必须得分出个高低胜负来！”

黄帝见蚩尤冥顽不灵，只好请来了天女帮忙止雨阻风，又让应龙加大水攻强度，这才将蚩尤的大军打败。

经此一战，应龙神力损耗大半。天帝见应龙作战有功，就任命他为江河湖海的统治者，过一段清闲的日子。

可闲居在南方的应龙并没有真的闲下来，时常动手惩奸除恶。

日月更替，斗转星移，一转眼就到了大禹时期。

由于共工作乱，大禹担负起了拯救苍生的重任。有一次，他的部队遇上了毒物聚积的大沼泽，他本以为会就此沦陷，谁知应龙及时赶到帮助了他们。

虽然应龙的神力不及从前，但他还是毫不犹豫地与那些毒物展开了激烈的斗争。

他还从沼泽中救下了不少人。

大禹感动不已，便央求他留在自己身边辅佐自己。面对这种辅佐贤主、造福百姓的事，应龙当然不会拒绝。

人们感念英勇救人的应龙，特意为他修建了神庙，尊称他为“神龙”。

成长小站

就跟应龙的神力一样，一个人的力量也是有限的，但是我们帮助他人、造福世界的善意和勇气是无限的。面对自己力所能及的事情，记得“该出手时就出手”哟。

经典重现 《山海经·大荒东经》

“大荒东北隅中，有山名曰凶犁土丘。应龙处南极，杀蚩尤与夸父，不得复上。故下数旱。”

33 羲（xī）和（hé）

传说从前有个羲和国，这个国家有一位十分漂亮的女子名叫羲和，她每天都会在甘渊给她的孩子们洗澡。

她的孩子和别的孩子不同，他们的身体像乌鸦，长有三只脚，浑身散发着刺眼的光芒，但大多数时候，他们更像圆圆的火球，人类称他们为太阳。

这些太阳孩子是她和天帝帝俊所生。

羲和每天给太阳们洗完澡，就把他们挂在扶桑树上。太阳们会轮流按照羲和的安排从东到西巡游天空，这就有了人间的日升和日落。

每天，羲和都会给一个孩子套好龙车，拉着他在天亮时分从曲阿出发，赶往汤谷。

在这个孩子完成一天的工作之后，她会帮他洗净灰尘，然后去接她的第二个孩子来值班。

虽然羲和每天都很辛苦，但看着孩子们活泼可爱的模样，她觉得所有的辛苦都是值得的。为了不让孩子们觉得无聊，她还经常唱歌给孩子们听。她的歌声十分美妙悠扬，从天的一边飘往另一边……

就这样，他们母子周而复始地工作了千万年，为人类送去了光明与温暖。

可安宁日子并不会永远存在，随着太阳们年龄的增长，他们越来越觉得母亲管得太多了，而

神异档案

异能：生十个太阳
形态：人形
地域：甘渊

且，每天重复地工作也让他们觉得很疲劳、很没意思。

有一天，太阳们因对自己排班的次序不满而大吵了起来。他们吵着吵着，竟然一起飞离了扶桑树，齐刷刷地出现在了天空中。

这可不妙！

十个太阳所散发的热量，直接把大地烤得冒烟了，人们生活得十分艰难。

大家纷纷指着天空中的十个太阳埋怨道：“不得了了，十个太阳烤死人喽！”

羲和看到自己的孩子们如此顽劣，焦急地大喊：“孩子们，快回到扶桑树上去，别再胡闹了！”

可是十个太阳吵得不可开交，哪里肯听羲和的话。

最后，这件事闹到了天帝那里。为了人类，天帝不得不选择大义灭亲。

他派出后羿，射下了九个太阳。

剩下的那个太阳被吓得不轻，原来胡闹的后果这么严重！他再也不敢惹事了。所以，他每天都会乖乖地配合母亲羲和值班。

这件事平息之后，人们感念余下那个太阳的尽职尽责，便将新收获的麦子做成太阳的形状供奉给太阳，以此答谢太阳给了他们阳光，让他们获得了丰收。

最后的那个太阳看到人们如此对他，内心也十分感动。从此，他就更加勤勤恳恳工作了。他要站好每一班岗，不辜负天下人。羲和看到孩子的改变后，也感到十分欣慰。

成长小站

调皮吵闹也要分时间和场合，如果像太阳们一样，忽视自己的职责而给人间带来巨大的灾难，那么调皮吵闹也会是一种大罪过哟。

经典重现《山海经·大荒南经》

“有女子名曰羲和，方日浴于甘渊。羲和者，帝俊之妻，生十日。”

34 常羲

cháng xī

常羲

在大荒西边的原野上有一片湖泊，月亮之母常羲就在这里给她的孩子们洗澡。

常羲是天帝的另一位妻子，她面若桃花，身材高挑，十分美丽。她和帝俊拥有十二个月亮女儿，个个都花容月貌，非常讨人喜爱。

不过，她们可不像太阳哥哥们那般淘气，她们会老老实实地轮流在天上执勤。由于天上有亮晶晶的星星做伴，所以她们并不寂寞。

有时，星星们也会和月亮一起玩捉迷藏。所以人们才会偶尔发现月亮躲进了云层里。不过在大部分的时间里，她们还是很乖的。

这天，常羲像往常一样给女儿们洗澡，女儿们开心极了，在水里跳来跳去！

“你们呀，太淘气了！”常羲用手点了点女儿们的鼻子。

她的小女儿偏着脑袋，问道：“母亲，您说我们为什么每天都要执勤呢？”

常羲笑道：“如果你们不执勤的话，那么天空就没有月亮了！没有月亮也就意味着晚上没有光，人们就会陷入黑暗之中。”

女儿们摇摇头，不理解什么是黑暗。

常羲抚摸着女儿们，笑道：“黑暗就是什么也看不见了。”

“那不就是个睁眼瞎吗？”小女儿这么一说，

神异档案

异能：生十二个月亮

形态：人形

地域：不详

姐姐们“扑哧”一声大笑了出来。

“所以，你们不能淘气，要乖乖执勤，知道吗？”常羲宠溺地看着女儿们。

小女儿想了想，笑道：“那我以后不调皮了，我也不跟星星玩捉迷藏了，我要一直安安稳稳地待在天空中，替百姓照明！”

“哦，原来那天躲起来的是你啊！”

看吧，小女儿被逮着了。但常羲没有教训她，而是摸摸她的头说道：“你今天能说出这番话来，表示你真的长大了，母亲以你为荣。”

女儿们都开心地点了点头。

之后，常羲便拉着车子送女儿们去执勤了！

常羲与羲和虽然都是贤妻良母，但常羲在照顾孩子之余还会做许多其他工作，比如调合阴阳。

她又要照顾孩子，又要忙工作，天帝体谅她的辛苦，就提出替她找个帮手，帮忙驾车每日护送她的月亮女儿执勤。可常羲并没有同意，她坚持每天亲自护送月亮女儿。

对于她来说，能够每天看到女儿们欢天喜地地去执勤，是一件很幸福的事情。毕竟女儿们都在用自己独特的光芒，照亮着整个世界。

成长小站

常羲女神既要照顾孩子又要忙工作，十分辛苦。在生活中，我们的妈妈也是一样，所以大家一定要懂得感恩妈妈的付出，支持妈妈的工作哟。

经典重现《山海经·大荒西经》

“有女子方浴月。帝俊妻常羲，生月十有二，此始浴之。”

35

xī 西 wáng 王 mǔ 母

神异档案

异能：制不老药

形态：人形，头戴玉胜，虎齿豹尾

地域：昆仑山

有座神山名叫昆仑山，昆仑山上藏有许多奇珍异宝，还长满了艳丽的鲜花，是真正的人间仙境。西王母就住在这里。她的住所由各种各样的宝石堆砌而成，远远望去就像一座十分华丽的宫殿。

人们每每看见那座宫殿，都会猜想西王母本人一定貌若天仙，可现实恰恰相反，她与当时人们定义的“美”毫不相干。

当时中原地区的女性大都喜欢把头发盘成发髻，西王母却时常披散着长发。虽然她长着人的身体，却有一条豹尾，甚至还长着老虎的獠牙，很有威严。

西王母的吼叫声如同虎啸一般，整座山都会因此而震动。不过，她是不会轻易发出这种声音的，除非有不怀好意的人上山求长生不老药。

嫦娥便是吃了西王母炼制的长生不老药才得以奔月升仙的，但那颗神奇的不老药本是西王母赐予后羿的，结果阴差阳错地落入了嫦娥口中。这件事还给西王母惹了不小的麻烦，所以西王母对于赐药一事便更加谨慎了。

不过，据说西王母曾对一位帝君心软过。

那位帝君品貌端庄，求药也不激进，他日日诚心参拜，向西王母诉说自己治理天下的宏愿。西王母见他胸怀大志又很敬重神灵，就现身赐了

他不死神药，还与他共同探讨了修德立身的道理。

服药之后的帝君百战百胜，他侵占了很多的小国，权力越来越大。

但是，他忘了自己当初在西王母面前许下的承诺。他说他会做一位明君，造福百姓。可如今，他不仅修建起华美的宫殿和巨大的陵墓，还偏信佞臣、沉迷美色。为博美人一笑，他不惜派出军士搜罗天下奇珍异宝，弄得百姓怨气滔天。

很快，西王母知道了这件事，她觉得自己受到了欺骗，于是在他的统治区域降下了灾难。

眼见神明的庇佑已经远去，那位帝君唯恐自己一败涂地，痛定思痛，他开始励精图治，不再沉迷酒色，而发誓要做一位好的帝君！

但无论他如何恳求，西王母都没有再赐福于他。

由此可见，西王母是一位非常有原则的神明。

成长小站

人生本就是起起落落、有得有失的。如果能够不改初衷，好好践行大义，自然是得多于失；如果半途而废，沉迷享乐，恐怕就会失多于得了。

经典重现《山海经·大荒西经》

“有人戴胜，虎齿，有豹尾，穴处，名曰西王母。”

36

女娲

nǚ wā

女娲是上古神话中的创世神之一，她长得花容月貌，有一条长长的蛇尾。

传说，女娲创造了山川以及飞禽走兽后，总觉得这天地之间还缺少了点儿什么，于是整日愁眉不展。

这天，女娲独自来到黄河边游玩。突然，她看到水中自己的倒影来了灵感——自己内心寂寞，不正是因为这世上还缺少一些像自己一样的“人类”吗?

于是，女娲从黄河边找来了一些泥土，照着自己的相貌捏了一个又一个泥人。她从清晨一直忙到了晚上，但也只捏好了几个泥人。

伏羲看她那么辛苦，就关心地说：“我看你忙了一天了，早点儿休息吧！”

女娲摇摇头，说：“这离我想要的数量还差很多呢！”

“不着急，慢慢来吧！”伏羲安慰道。

女娲点点头，但手里仍然不停地捏着泥人。伏羲看劝不动女娲，只好让她继续工作，而他则回到自己的竹屋里睡觉去了。

第二日天亮时，女娲已经捏完了一盘泥人。

只见她端着盘子，往泥人身上吹了一口仙气，那些小泥人就一个个动了起来。

女娲满意地看着自己的劳动成果，准备捏更

神异档案

异能：造人与补天

形态：人身蛇尾

地域：不详

多的泥人。可是一个个用手捏实在是太费神了，女娲就直接拿着柳条往泥浆里一搅，再用神力一甩，将点点泥浆化成了人形。

可惜，人类终究不是神仙，他们不能长生。所以每过几十年，人类就会死掉一批，女娲为此感到十分心痛。

伏羲看女娲整日为这些人类而发愁，就对她说：“生老病死乃是常态，你也不必伤神！”

“如果他们能繁衍后代，就像我们的父母生了我和你一样，或许我就能省心很多了！”

伏羲跟着点了点头，说：“嗯，我看这个想法很不错！那你就要将泥人分出男女，这样一个生育下一代的时候，另一个可以照顾她。”

女娲说干就干。她把人分成了男人和女人，赐予了女人孕育下一代的能力。女娲还教导男人，要在

妻子生产时照顾妻子，毕竟女人生下的是两人共同的后代。

人类自行繁衍，这可比女娲造人省心省力多了。

后来，女娲就默默地守护着这群人类，看他们男耕女织，看他们快乐幸福地生活。为了提高他们的生活质量，女娲还发明了许多乐器供他们娱乐。

就这样，日子一天天地过去了，直到共工和颛顼交战，共工一气之下撞倒了不周山，导致西北角的天空失去支撑塌陷了下来，就连日月星辰也跟着滑向了一侧，另一侧的天地顿时陷入一片黑暗之中。

趁着夜色，妖魔鬼怪纷纷跑到人间来作怪。他们见人就吃，连老人、妇人、小孩儿都不放过。

女娲看着人间生灵涂炭心痛不已，于是她亲自下凡，降伏了那些残害生灵的妖魔鬼怪，接着，她又去找了许许多多的五彩石，把它们烧成滚烫的岩浆，用它们修补好了破裂的天空。她还找来了海里的一只巨龟，用它的脚做天柱，支撑塌陷的天。

就这样，人们又过上了幸福快乐的生活，而大地也恢复了往日的生机。

成长小站

女娲的故事有许许多多，但其中对于“母性”的赞扬是共通的。就像女娲爱着自己的人类孩子一样，我们的母亲也很爱我们哟。

经典重现 《山海经·大荒西经》

“有神十人，名曰女娲之肠，化为神，处栗广之野，横道而处。”

37

qiáng liáng 强良

神异档案

异能：驱除邪祟

形态：衔蛇操蛇，虎首人身，四蹄长肘

地域：北极天柜山

北极天柜山的山脚下有一个小部落，部落里的人个个敦厚老实，甚至连狩猎都觉得残忍，平时仅以野果和谷物果腹。那里生活安宁，算是一方乐土。

但这种安居乐业的状态并没有维持太久，在一个伸手不见五指的夜里，有十来个穿着黑色破旧衣服的人来到了这儿。

他们的头领是一个戴着黑色眼罩，肩膀上架着一把大刀的男人。他凶狠地对着人群喊道：“快把你们值钱的东西给我拿出来！”

部落里的人都被吓得缩成了一团，大气都不敢喘。许久之后，一个年轻人吞吞吐吐地说：“我……我们部落很穷，连首领家都没……没有值钱的东西！”

头领盯着几个妇人，笑道：“是吗？我看你们这儿的姑娘一个个都长得貌美如花呀！”

他话音刚落，就听见不远处传来几声大叫：“强良来了，强良来了！”

“强良？”

头领一听，眼珠子都差点儿蹦出来了。他赶紧通知兄弟们：“快，撤退！”

其余贼人都不知道发生了什么事，一个个都还傻愣在那里。

头领又吼了一声：“撤退！强良来了，我们

讨不到好。”

没一会儿，他们就跑得无影无踪了。

部落里的人这才松了一口气，大家纷纷把目光投向了那位喊“强良来了”的少年。

“大哥哥，强良真的来了吗？”一个小女孩儿睁着圆圆的眼睛问道。

少年不好意思地笑了笑，摇头说：“骗他们的！”

人们这才知道，这是少年为了救他们而说的“善意的谎言”。

那么，让强盗们闻风丧胆的强良是谁呢？

传说强良住在北极天柜山，长相奇异。他有着老虎的头、人的身体，嘴里还叼着一条蛇，胳膊上也缠着蛇，而且还长有四只蹄子。他威名远扬，专门吞噬鬼怪和疫症，是人人爱戴的好神。

但是强良是出了名的暴脾气，特别是当他遇见坏人时，他是一定会动怒的。所以那些恶贯满盈的人，最怕的就是强良了。

“唉！”突然人群里发出一声叹息。

只见一位老人站了出来，他满眼忧虑

地说："你这招是不错，可也只能解燃眉之急，下次这些强盗再来，我们又能怎么办呢？我们不能一直用这一招啊！骗得了一时，可骗不了他们一世！"

"是啊，这可怎么办呢？"

就在大家一筹莫展时，少年灵机一动，说道："或许，我们可以在自家门口张贴强良的画像或者放置他的泥像……"

老人突然满脸欢喜，说："这个主意很好。强良长相威严，这样做一来可以祈求他的庇护，二来也可以让那些强盗害怕，就这么办！"

说来也奇怪，自从他们把强良的泥像放到家门口，又在自家门上张贴了强良的画像后，强盗再也没有来过这儿了。

就这样，强良成了大家尊敬的神明。

成长小站

击退那些强盗的也许并不是强良的威名，而是他们内心深处对正义的恐惧。所以人千万不能做坏事，不然即便一时逃过了制裁，内心也会一直遭受煎熬。

经典重现《山海经·大荒北经》

"又有神，衔蛇操蛇，其状虎首人身，四蹄长肘，名曰强良。"

异人国

38 结胸国

jié xiōng guó

国民档案

异能：无

形态：人形结胸

地域：结胸国

从前有个懒人，他天天只知道吃，吃了之后又不干活儿，躺在地上就呼呼大睡！

这天，他又在偷懒。他的母亲李氏揪着他的耳朵，把他从地上拉了起来。

“哎哟！娘！您轻一点儿，轻一点儿。”

那人耳朵都被李氏给揪红了，可李氏还是不肯撒手。

李氏骂道：“你整天吃了就睡，睡醒了就吃，我养你跟养头猪没什么两样！”

“哼，养头猪还能管你叫娘啊？”

李氏气得火冒三丈，直接拿起一旁的藤条就往儿子屁股上打。

这小子虽懒，但手脚灵活，只见他蹦蹦跳跳的，竟然躲了过去，还笑着嚷嚷：“娘呀，你打不着我！”

“你早晚要跟那些结胸国的人一样！”

李氏此话一出，那小子就不动了。

他们部落没有人不知道结胸国。相传结胸国的国人非常懒，懒到每天就只知道吃，吃了既不运动又不工作，直接就躺在床上睡大觉。日复一日，年复一年，因吃下的东西没有消化，所以他们的胸口就长出了一块尖尖的东西，看上去就跟鸡胸脯一样。这也是结胸国国名的由来。

他们那里的人会把一种长长的虫子看作蛇，

把蛇看作鱼，大家都说，这是因为他们奇懒无比，所以格外蠢笨。因此，大家都不愿意被人说是结胸国的人。

结胸国的人对自己也是有些不满意的，但他们不满意的是自己的外貌而不是懒惰和愚蠢。他们认为那怪异的胸口有失体面。

曾有一个结胸国的人就为此咨询过一位医术高明的巫医，希望找到医治的方法，好让自己看起来跟正常人一样。

可巫医摇摇头，表示自己从未见过这种疑难杂症，反倒是一旁看热闹的一个老婆婆说："这还不容易？我给你开个方子，不需要你服药，你只需要把自己身上的'懒筋'抽了，再把'馋虫'去了，就好了。"

于是那人问："老婆婆，何为'懒筋'，何为'馋虫'啊？"

老婆婆答道："你说为什么有些人好吃懒做，而有些人勤奋刻苦呢？"

那人摇了摇头。

老婆婆眯着眼睛继续说道："懒人的身体里有一根'懒筋'，就跟人的筋骨能控制人行走一样，'懒筋'会让人变懒，所以要抽掉！

"'馋虫'最喜欢钻到嘴馋的人身体里去，只要把它赶跑，人不就没那么贪吃了吗？

"你们国家的人全都好吃懒做，所以长相奇特，你可见过我们这些日日下地干活儿的人长这样奇怪的东西呀？"

听老婆婆这么一解释，那人豁然开朗。

可他带着"药方"回到结胸国，一晃几年过去了，他还是原来的样子。

原来呀，方法是有了，但是他懒得抽"懒筋"、去"馋虫"。

李氏的儿子听到母亲将自己比作结胸国的人，他哭丧着脸生了大半宿的闷气。他还做了一个梦，梦到自己也长出了鸡胸脯，变得蠢笨无比。

第二天，天刚亮，李氏听到院子里有动静便推窗看去，原来是她儿子已经起来干活儿了。

李氏看到儿子的改变，心里也宽慰了许多。看来，这小子的“懒筋”抽了，“馋虫”也赶跑了，这还真的要谢谢结胸国的人呢！

成长小站

身体上的懒惰使人精力不济、肥胖臃肿，精神上的懒惰使人毫无想法、愚蠢盲从，所以大家一定要提防长“懒筋”、生“馋虫”哟。

经典重现《山海经·海外南经》

“结胸国在其西南，其为人结胸。”

39 羽民国

yǔ mín guó

国民档案

异能：飞

形态：长头，身生羽

地域：羽民国

很久以前，在神秘之境的一棵古槐树下有一位老人，他每天都会给孩子们讲故事。这天，他又来到了树下，孩子们一下就把他围了起来，大家都很好奇他今天会给他们讲什么离奇的故事。

老人慈祥地看着孩子们，笑道："今天我来给你们讲一讲羽民国！"

"羽民国在哪里？离我们这里远吗？"一个扎着冲天辫的孩子问道。

老人摸了摸他的脑袋，开始讲故事。

相传羽民国的国民有着人类一样的身形，还长着鸟的翅膀和鸟的嘴[1]，但是也有人说，他们只是头太长，被误认为是长了鸟嘴。他们飞不高也飞不远。

羽民国的人不是从他们妈妈的肚子里直接生出来的，而是从蛋里孵出来的，就像生活在他们国家的鸾鸟一样。

"鸾鸟是什么？"又有孩子提问了。

老人笑着告诉他们，鸾鸟是一种神鸟，人类吃了它们的肉就能成仙，羽民国的人对此也很感兴趣。

不过，鸾鸟非常机灵，它们将巢筑在高高的树上，普通人根本就接近不了。

1.《归藏》有此记载。

然而也有例外，羽蒙就是那个例外。

由于长相奇特，羽民国的人几乎都是“闭国不出”的，但羽蒙从小就向往外面的世界，所以，他经常偷偷离开羽民国到人类的世界去玩耍。

由于他的长相实在引人注目，一开始，他总被人当作山精妖怪。后来，他学聪明了，每次出门都换上极其宽松飘逸的衣服，再戴上一顶长帷帽。这样，人们不细看就发现不了了。

随着他出行次数的增多，他也越来越了解人类。他发现，大部分人类都有梦想。

有些人想成为部落首领，带领部落称霸一方。

有些人想包揽全天下的买卖，成为最富有的人。

还有些人想把自己的田种好，每年都能丰收，让家人过上幸福安定的生活。

…………

大家都有自己的梦想。

那么，他呢？

这天，羽蒙坐在树上仰望天空。突然，一只鸾鸟飞过，羽蒙伸手跟鸾鸟打招呼。

“嗨，朋友，你怎么又飞回来了呀？”

“羽民国是我的家乡，就算我飞得再远，也不能忘了自己的家乡呀！”鸾鸟停在了他坐的那根树枝上。

一人一鸟，你一句我一句地聊着，仿佛回到了他们刚认识的那个下午。

那天，羽蒙像往常一样偷溜去了人类的世界，来到一个大部落，看到了一只鸾鸟被人类关在笼子里。

所幸那人并不知道这是鸾鸟，只是将它当成了普通的鸟类。

于是，羽蒙很顺利地买下了这只鸾鸟。

鸾鸟以为羽蒙会像其他羽民国的人一样把它吃掉，却不想羽蒙一走出这个部落就把它放走了。

“快飞吧！飞得越远越好！最好，永远也不要再回有人的地方，免得别人吃掉你。”

“谢谢你，年轻人，我记住你了。”

“我叫羽蒙。”

就这样，他们成了好朋友。

今天，他们又相遇了。

“你这次要在羽民国待多久呢？”羽蒙问道。

鸾鸟说：“我这次回来是特意找你的，我想和你一起去更远的地方看一看。这不也正是你一直以来的梦想吗？”

“和我？”羽蒙摇摇头道，“恐怕不行，我不会飞！”

“你有翅膀啊！”

“可是，我们羽民国的人生来就飞不高也飞不远。有翅膀又有什么用呢？”

鸾鸟笑了笑，这就是它这次飞回来的目的——它要教会羽蒙飞翔，以此报答他的救命之恩。

就这样，鸾鸟每天带着羽蒙到山边去练习飞翔，它一遍遍地给他演示如何发力，如何调整飞行路线……

一开始，羽蒙像只雏鸟一样笨拙地挥动着翅膀，每次起飞都会很快坠落，摔得鼻青脸肿。

后来，他慢慢掌握了技巧，逐渐能够飞行一小段距离了。

就这样，十米、五十米、一百米……一点点努力，一点点进步。

讲到这儿时，老人抬头望向了天边。

孩子们追问道：“后来呢，后来羽蒙会飞了吗？羽蒙和鸾鸟一起去更远的地方看世界了吗？”

老人笑道：“反正我离开羽民国的时候，他还在山边练习呢。不过我想，后来他一定和鸾鸟一起飞过田野、山峦，飞向更宽更广的地方了！”

孩子们笑成一团，都觉得带翅膀的羽蒙实在是太神奇了。

“好了，今天的故事讲完了，我也要回家了，我的朋友来接我了。”

成长小站

有些理想要实现或许很难，但一点点努力、一点点进步就会一步步成真。

经典重现《山海经·海外南经》

“羽民国在其东南，其为人长头，身生羽。一曰在比翼鸟东南，其为人长颊。”

40

讙（huān）头（tóu）国（guó）

国民档案

异能：无

形态：人面有翼，鸟喙

地域：讙头国

据说，讙头国和羽民国的人长得差不多，不过羽民国的人能起飞，而讙头国的人完全飞不起来，他们的翅膀只能用来当拐杖。

讙头国的国民非常脚踏实地，他们喜欢按部就班的生活，每天都会去河边捕鱼。

捕鱼时，他们的“翅膀拐杖”就能够大展神威了！因为水流湍急，人站在激流中很容易失去重心，被流水冲走，而有了“翅膀拐杖”，他们就多了两个支撑点，便能稳稳当当地站在水中叉鱼了。

当有大鱼出现时，普通渔民都忙着甩渔网或是钓竿，而讙头国的人便会用他们鸟喙一样尖利的嘴巴直接攻击。日久天长，他们的“啄鱼功”甚至能帮他们摆平海中的海龙。

虽然国民朴实无华，但讙头国这个国家很有来历。

传说讙头国的形成与尧帝的长子丹朱有关。

当初尧娶了散宜氏的女子，生下了丹朱。丹朱出生时全身通红还闪着光芒，十分神奇。

而且，少年时期的丹朱聪明伶俐，尤其擅长下围棋。尧帝认为擅长下围棋的人都有治理天下的本领，所以便将他当成继承人来培养。

可谁知道，丹朱展现出了一点儿小聪明就骄傲自满，仗着自己出身高贵，任何人的话都听不进去，待人接物也开始嚣张起来。

尧帝看到自己从前引以为傲的孩子变成这副模样，实在是痛心，以至于他整宿睡不着。

“唉，我的功业可不能败在他手里啊！”

他的妻子倒也明白事理，并不重男轻女。她建议道：“除了丹朱，咱们还有娥皇和女英啊！”

是啊，儿子不争气，还有女儿；女儿不争气，还有女婿呢！娥皇和女英嫁的舜，不就是一个有才华、有抱负的年轻人吗？因此，尧帝更加器重舜了，可这引起了丹朱的忌妒。

他自暴自弃，为了让自己心里快活，便经常乘船出游。不仅如此，他还常常带着一群人一起玩耍，整日游手好闲，只知道吃吃喝喝。

因此，尧更加确信他不是一个好的继承人，于是立即昭告天

下要把帝位传给舜。

丹朱才华不济脾气却大，他觉得他才是尧帝的孩子，舜是抢了他的位置。于是丹朱谋反了！他甚至直接将刀架在自己父亲的脖子上，威胁尧帝说：“父亲，只要你昭告天下，把位子传给我，我就饶你一命！”

好在舜机智过人，一早就看穿了他的诡计，解救了尧帝，制服了丹朱。

尧帝念及骨肉之情，没有杀丹朱，只是把他流放到了遥远的丹水地区。可丹朱并没有放弃谋反，他一而再、再而三地发动攻击，但都没有成功，最后自尊心受损，直接跳海自杀了。

死后，他的灵魂化作了一种怪鸟，而那些追随他的人也就此定居在了海边。日复一日，年复一年，他们长得越来越像那种怪鸟——不仅长出了翅膀，还长出了鸟嘴。于是，讙头国就这么诞生了。不过好在他们并不像丹朱一样善妒，因此讙头国一向安宁。

成长小站

人们常说性格决定命运，丹朱如若是个大度理性之人，即便才华不如舜，或许也能像讙头国的国民一样过上安稳幸福的生活。所以，“无才修德”绝不是一句空话哟。

经典重现《山海经·海外南经》

“讙头国在其南，其为人人面有翼，鸟喙，方捕鱼。一曰在毕方东。或曰讙朱国。”

41

zhì guó
臷国

以前有一个叫臷国的国家，它在三苗国的东面。这个国家的人都有着黄色的皮肤，非常喜欢射箭。他们的箭法简直到了出神入化的地步，就连躲在草丛里的蛇，他们都能一击而中。

生活在臷国的人们，脸上都会不自觉地挂着微笑。有人猜想，这是因为这个国家地理位置好，年年风调雨顺。

他们这儿每季都有新鲜的水果吃，粮食充足、蔬菜丰富，十分富庶。就连他们这儿的蚕都要比别的地方肥一些，所以吐出来的蚕丝质量非常好。因此，这里的人不管男女老少都能穿上冬暖夏凉的蚕丝衣裳。

不仅如此，这里的动物和人也十分和谐，人类不会屠杀动物，而动物也不会攻击人类。这个国家，简直就是人们心中的世外桃源。

据说，曾有一个渔夫不小心闯入了臷国。

臷国人几乎不会出去，所以人们看到有陌生人进来都很惊讶。他们先是一愣，接着就把他们见多识广的长老叫了过来。

长老一看渔夫便问他：“先生，你这是从哪里来呀？”

渔夫也很诚实，一五一十地把自己如何遭遇风暴，如何误入臷国的事情告诉了长老。

“来者是客！你不妨先在这儿休息几天

国民档案

异能：无

形态：人形黄皮

地域：臷国

吧！”长老笑道。

于是，渔夫就跟着长老走进了一个村里。

渔夫一边走一边看这里的风景，不由得感叹道：“世间竟有如此美丽的地方，山清水秀、鸟语花香，简直就是神仙化境啊！”

路过一个凉亭时，长老吩咐大家拿来了一些酿好的果酒和茶点招待渔夫。

渔夫看这里的人们衣着古朴，跟他自己穿的款式不太像，便问：“这儿是？”

长老答：“这儿是㦸国，我们都是无淫的后人。”

“无淫？”渔夫揪着自己的小胡子想了半天，这才想起当年爷爷给自己讲过的故事。据说舜帝有一个儿子名叫无淫，他因故降临到了一个叫㦸的地方。

这么说来，㦸国人都是舜帝的后人啊！

渔夫忙起身朝长老鞠了一躬，说：“我真是没想到，有生之年还能遇到舜帝的后人啊！我死而无憾！”

毕竟，舜帝可是传说中的贤明圣君，非常了不起。

长老忙把渔夫扶起来，笑道：“那都是很久以前的事了，来来，我们继续喝酒聊天！”

就这样，渔夫喝了一杯又一杯。

酒过三巡后，众人无话不谈。比如：现在有哪些部落，出了什么英雄，流行什么服装……最后，连家里那些鸡毛蒜皮的小事都说了个遍。

“我们靠捕鱼为生，朝不保夕，生活艰难啊！外面可不像你们这儿，吃得好、穿得好、用得好，生活无忧，如果可以的话，我想一直留在这儿！

“我苦了一辈子，累了一辈子，也想晚年能享清福啊！”

说着说着，渔夫就昏睡了过去。

等他再醒来的时候，发现自己正躺在船上。什么世外桃源，什么长老，都消失得无影无踪了。

渔夫使劲地揉揉眼睛道：“难道那只是我做的一个梦？这世上根本就没有什么载国？”

他一拍脑袋，山还是那座山，水还是那方水，船还是那条船。

渔夫这才恍然大悟，世人都说神仙好，自己刚才在梦里也算是体验了一把神仙日子。

不过，梦归梦，生活还是要照旧。于是渔夫笑着划船离开了那片海域，谁又能说，他前方不是通往载国的路呢？

成长小站

丰衣足食的安定生活从古至今都是人们的追求，今天国家强盛、物产丰富，我们更要好好珍惜自己的生活哟。

经典重现《山海经·海外南经》

“载国在其东，其为人黄，能操弓射蛇。一曰载国在三毛东。”

42 贯胸国（guàn xiōng guó）

国民档案

异能：无

形态：人形，胸有窍

地域：贯胸国

古时共工作乱，人间洪水滔天，大禹治水遇到困难，便召集各路神仙开会商讨对策。由于这次会议非常重要，所以大禹特地交代了不许迟到，也不能缺席！

结果防风氏却不将这件事放在心上，他在会议结束后才慢悠悠地走来，把大禹气得火冒三丈。

现在是对抗共工的关键时期，会议的纪律又早有强调，可防风氏不但不听，态度还极其嚣张。

只听他清了清嗓子说：“一个破会而已，早来晚来反正来了就行！”

为了稳定军心，也为了整肃纪律，树立自己的威信，大禹不得不下令把防风氏给杀了。

可防风氏的后人不这么想，他们认为大禹就是故意跟自己的首领过不去。因此，他们一直怀恨在心。

后来，洪水平息了，大禹也成了一国之主。有一天，大禹准备去民间考察情况，出行时天帝还专门派了两条龙给大禹驾车。

大禹坐在龙车里，带着他的手下浩浩荡荡地出发了。在他们路过一座山时，天上却飞来了几支箭。

“嗖嗖——”

幸好天帝派来的两条龙神通广大，它们腾飞起来帮大禹躲过了致命一击。

大禹摸了摸胸口，叹道：“真是出师不利啊！难道是碰上山精妖怪了？”

话音刚落，天空便乌云密布，下起了倾盆大雨。

突然，又一支快而准的箭朝大禹射来。大禹的手下眼疾手快，就在箭即将射中大禹时，他用斧头把那支箭劈成了两半。

他着急地喊道：“护驾！”

由于大禹的手下众多，刺杀他的人自知失去了机会，于是便拿出尖刀朝自己的胸膛刺去……

大禹一惊，喊道：“慢着！”

可是已经来不及了，刺杀者的尖刀已经刺穿了胸口，形成了一个很大的洞。

大禹叹了一口气问道：“这些都是什么人？”

大禹的手下答："是防风氏的后人。"

大禹点点头，这才想起自己曾经斩杀了防风氏。那时也是迫于无奈，现在想来，他觉得很愧对防风一族。大禹想，他们敢于为自己的领袖报仇，也算是忠诚勇敢。于是，他派手下拿来了一些不死草，塞进了他们胸口的洞里。说来也奇怪，这些人竟然就此复活了，不过，他们胸口的洞始终没能愈合，还一代传一代，保留了下来。

由于是大禹救了他们，所以他们对大禹又有了新的看法！恩仇相加，一时他们也不知道该如何是好了。

不过，话又说回来，他们已经为自己的首领死过一回了，所以现在也不再是防风一族了。于是，他们放下仇怨，就在这座山上住了下来。由于他们的胸前都有一个洞，他们还给自己的聚居地取了一个新的名字——贯胸国。

后来人们提起贯胸国，还会讲这样一个笑话：

"贯胸国的人抬轿子可比我们方便，只要拿两根竹竿从他们胸前的大洞穿过去，就能把人抬走了。走在路上，后面的轿夫还能从前方抬轿人的胸口看到前面的美景呢。"

成长小站

古时以"士为知己者死"表达忠诚，我们既要学习他们对自己所在部落或国家的赤诚，又要珍爱自己的生命哟。

经典重现《山海经·海外南经》

"贯胸国在其东，其为人胸有窍。一曰在载国东。"

43

不（bù）死（sǐ）国（guó）

国民档案

异能：不死

形态：人形黑皮

地域：不死国

很久以前，有个面带胎记的老人，她整天疯疯癫癫的，逢人就说她曾遇到过一个从不死国出来的人。她说那人皮肤黝黑、身材偏瘦，看起来跟她差不多大，但事实上他已经好几百岁了。那人还说自己姓阿，大家都叫他小阿，因为他在不死国，算个年轻人，他喜欢吃甘木……

老人将不死国人描述得有鼻子有眼儿的，但部落里的人都只当她是个睁眼说瞎话的疯婆子，根本就不相信她。

可是老人完全不在乎，继续说着她和小阿的故事。

不死国人的生活非常幸福平静，人人都很长寿，而且还不会生病……

他们基本上不会为生活发愁，国内的所有物资也是共用共享的。

小阿刚从不死国出来的时候，在路边摊上拿了一个包子。他以为这儿也跟不死国一样，什么东西都是可以直接拿的，便只是朝着那个小贩鞠了一躬，就带着食物准备离开了。

在他们不死国，鞠躬是大礼。可是小贩不是不死国人，他就拽着小阿的衣领说要去请部落里的长老评理……

幸亏老人正好路过，大发善心替他付清了包子钱。

小阿知道老人是好人，又觉得自己初来乍到，需要一个引路人来教自己外面世界的规矩，便一路跟着老人。老人走到哪儿，小阿就跟到哪儿。老人的弟弟在部落冲突中牺牲了，她看小阿善良中带点儿傻气，也怕他被坏人给骗了，便开口收留了他。

很长的一段日子里，他们就像一对姐弟。

老人带着小阿四处游览，给他讲人类世界的生活常识，小阿也总给老人讲不死国的故事。

他说：“除了我们的国家，还有一个国家的人不会死，那就是无启国。他们寿命很长，生活在洞穴里，不需要进食，只要呼吸空气就能生存。那里的人，从来都不生孩子，不过他们本来就不会死亡，所以也就没必要繁衍后代了。

“我们的国民并非天生不死，而是必须要吃甘木才能长生，如果遇到意外，还是会死去的。可是无启国的人，即便是遭遇意外，沉睡许多年后也能重生。”

老人听得又惊又喜，她可从来没有听说过这么离奇的事。

老人本以为他们会一直这样幸福地生活下去，却不想，小阿突然向她告别了！原因很简单，不死国外没有神奇的甘木，不吃甘木，他便会有性命之忧。

老人难过地问他还会不会再回来，小阿想了想告诉老人，等他回去把一切都打点好了，他会再找机会出来见她，还会给她带上一些甘木，助她延年益寿。

可是时间一晃过了两年……

讲到这儿，老人早已眼泪汪汪。

孩子们问道："小阿会来接你吗？"

老人坚定地点头，可是孩子们一点儿都不信，都已经两年了，不死国的小阿肯定已经忘记她了。于是，孩子们嘻嘻哈哈地跑了。

时间一晃过了三十年，当年听故事的小孩儿都已经长成了健硕的中年人，他们其中的一个在集市上开了一间包子铺。

一日，有个黑黑的老头儿拿了他的包子向他鞠个躬就准备走，他刚想开口要钱，却听到一旁一个面带胎记的老人说："又忘了？这可不是在不死国哟。"

成长小站

长生不死是人类从古至今的追求，但这只是一种美好的幻想，大家还是通过规律饮食、锻炼身体来追求健康长寿吧。

经典重现 《山海经·海外南经》

"不死民在其东，其为人黑色，寿，不死。

44

fǎn 反 shé 舌 guó 国

国民档案

异能：无

形态：人形，反舌

地域：反舌国

反舌国在不死国的东面，这里的人外形上跟普通人几乎没区别，但是他们的舌头是反着长的，也就是舌根长在嘴边，而舌尖向喉咙方向延伸。

他们说话发音都跟其他人很不一样。因此，非反舌国人往往听不懂他们在说什么。他们很少外出，如遇特殊情况，他们就会派出精通各种语言的长老交涉。

这样的舌头有利也有弊。虽然语言难懂，但是他们能发出像百灵鸟一样动听的鸣叫声。所以，很多外人都热衷于去他们国家学习音韵，有两位痴迷音乐的年轻人就曾为此去过反舌国。

刚进反舌国国境不久，他们就看到了一位九十多岁的老人坐在竹凳上哼曲子。

那声音婉转悠扬，使人听了如痴如醉。

年轻人见状立即走到老人面前虚心地请教：“老人家，您哼的是什么曲子呀，可不可以教教我们呀？”

老人上下打量着这两个年轻人，过了许久，才用他们可以听懂的语言说：“我们的曲谱都是按照反舌国国民的发音特点编录的，这都是绝密，我教不了你们！”

两个年轻人开心坏了，他们终于遇着一个能跟他们交流的人了。这一路走过来，那些人说话叽里呱啦的他们根本听不懂。

“那我们应该去找谁学习呢？”

老人摇摇头，什么也不肯再说了。

后来这两个年轻人才知道，反舌国是禁止向外人传授他们的曲谱的。相传很久之前，有人也以学习音乐为名来此，结果通过他们的曲谱破解了他们的语言，伪装成反舌国人给反舌国惹来了战乱。

两个年轻人跋山涉水、千里迢迢来到这里，自然是不愿意放弃的。可他们一连问了好几十个人，都没有得到正面回应。

他们要么就装作听不懂，要么就一声不吭。

最后这两个年轻人只好罢休，就在他们打算回去的时候，却突然看到了一张告示。

原来是反舌国的王后得了重病，正在重金悬赏治疗之法。

其中一个年轻人说道：“要不我去试试？”毕竟他的父亲就是部落的巫医，他又好学，自然也懂一些医术。

另一个年轻人却有些担心，说：“万一你没有治好他们的王后，我们不会被砍头吧？”

懂医术的年轻人没有多解释，只是说：“难道你不想学习他们国家的曲谱了吗？”

“话虽如此……”

还没等他说完，那个懂医术的年轻人就把

告示给揭了下来。

或许真是幸运之神眷顾，王后的病症正好是他所擅长医治的，那个年轻人仅用了两剂药就把王后的重症治好了！反舌国国君十分高兴，说要赐给他许多财物。

可是年轻人对这些东西一点儿兴趣也没有，他提出想要学习反舌国的各种曲谱以及他们的发音技巧。

这可让国君犯了难。

眼见如此，年轻人想：反舌国的医生连这种病症都治不好，此处医疗水平必然不高。于是，他提出以随身携带的几张药方和自己总结的一些诊病心得作为交换。这样一来，反舌国的人日后有什么病痛也不至于丧命。而且，两个年轻人发誓，他们绝不会做任何有害反舌国的事。

国君想了想，相比曲谱，还是国民的性命更重要。何况这两个年轻人连财富都能拒绝，想必日后也不会为谋利出卖反舌国。

就这样，大家都得到了自己想要的东西，皆大欢喜！

成长小站

年轻人依靠医学知识拿到了自己心心念念的曲谱，可见即便不是专门从事某项事业，学习求知上也是技多不压身呀。

经典重现《山海经·海外南经》

“反舌国在其东，其人为反舌。”

45

zhōu ráo guó
周饶国

国民档案

异能：无

形态：矮小人形，冠带

地域：周饶国

有一位樵夫，他从小就羡慕同村经商的人，因为他们可以四处游走，遇到许多神奇的事，自己却只能日复一日地砍柴，没半点儿新鲜可言。

这天，他又上山砍柴，结果一不小心就掉进了一个洞穴里。洞穴侧面有个小洞，人弓着身子便能通过。

樵夫爬呀爬，很久之后终于看到了光。他刚想抱怨自己倒霉，却发现眼前的景致十分诡异——这里的花草树木比正常的要小许多，远处的城门和房子也小得可怜！

“这是哪儿？”樵夫一边走一边挠着自己的后脑勺，半天都没有回过神儿来。

这时，城门口走来了几个身高不到一尺的小人儿。他们着装整齐，还戴着帽子。樵夫本想躲起来，可眼前根本就没有地方藏得下他，因为就连那些“大树”都比他小许多。

那些小人儿看到樵夫也吓了一大跳。他们尖叫：“啊，是巨人国的人！他们来捉我们了！”

樵夫尴尬得不知所措，他轻轻地说：“我不是巨人国的人！”

可是那些小人儿完全不相信，一个个像绿豆似的“滚”进了城里，而且城门也“咣”的一声就关闭了。

“有巨人国？那他们这儿就是小人国喽，难

怪他们小小的，看到我就像老鼠见到了猫。”樵夫自言自语道。

过了一会儿，樵夫敲了敲他们的城门。

这时，一排排穿着盔甲、拿着兵器的小人儿走了出来。

“快离开！不然我们就对你不客气了！”那些小人儿喊道。

他们虽然个子小小的，却非常有气势。

樵夫觉得好玩，便拎起了一个小人儿，将他放在自己的手心里说：“嗨，我不是巨人国的巨人，我是从外面的世界进来的，我不会伤害你们！”

那小人儿才不听他说什么呢，拿着长矛就扎向了樵夫的鼻子。

樵夫疼得在地上打滚儿，那些小人儿却笑了起来。

“耶，胜利了！”

樵夫怒了，他气急败坏地从地上站了起来，说道：“我就是一个砍柴的，不小心来到了你们的国家，我又没有对你们怎么样，你们伤害我，不觉得无礼吗？”

那些小人儿面面相觑，这个“巨人”好像的确没伤害过他们。巨人国的人可要暴躁多了，难道他们真的误会他了？

樵夫见那些小人儿有些犹豫，他继续说道：“你们能告诉我怎么离开这儿吗？如果能离开，你们扎伤我的事，我就不跟你们计较了。”

这时，扎伤他的那个小人儿站出来问道：“你真的不是巨人国派来的奸细吗？”

“我要是奸细，我现在就可以把你们抓走，你们还能好好地跟我说话吗？”樵夫捂着鼻子说道。

刚刚被那小人儿这么一扎，他真是疼得眼泪都快要流出来了。

那些小人儿嘀咕了一阵，一个年长的小人儿走了出来，说道：“我们姑且就信你一回，不过现在天色已晚不好找出口，你暂且在这里住一晚吧！等明天天一亮，我们就帮你找出口。”

樵夫一听，觉得他们还挺热心，便与他们和解，留了下来。

通过交谈，樵夫知道了这里是周饶国，也叫小人国，小人国与巨人国不睦。巨人国的人一直把小人儿当成一种可以延年益寿的“肉芝”仙草，总是来抓他们。但是小人国国民实在很小，难以抵抗巨人们的攻击，所以每次都伤亡惨重。

“你们一定吓坏了吧。”樵夫说。

“对呀，我们可高兴了。”一个小人儿说。

樵夫以为自己听错了，结果又一个小人儿接话：“我们特别高兴。”说完，他还流下了眼泪。

樵夫这才知道，小人国的人在表达情感时还有说反话的习俗。

樵夫正为他们的遭遇伤感，忽然听到一个小人儿大喊：“巨人国的人来了！”

瞬间，那些小人儿乱作一团，四处寻找藏身之所。

樵夫好奇，巨人国的人到底有多大？于是他探头一看，只见一个比自己高出几倍的人正蹲在城门口。巨人的两只眼睛就像是两个大灯，在黑暗里发出恐怖的光芒。

樵夫一下子就想起了小人儿被当作“肉芝”的事。见还有十个小人儿没找到藏身之所，樵夫机智地用手在地面抠出了十个小洞。小人儿身材矮小，刚好躲进洞里，藏到了地下。

巨人在城中扫视了一圈，除了樵夫这个大家伙，一朵“肉芝”都没发现，便垂头丧气地走了。

通过这件事，那些小人儿也知道了樵夫是个心地善良的大家伙。次日，他们就帮樵夫找到了出口，离开时樵夫依依不舍地向那些小人儿挥手。

“你赶紧走吧，我们最讨厌你了！”

樵夫心领神会，这是他们在说反话，于是他也说：“嗯，我也讨厌你们！很讨厌！”

说完，双方都露出了灿烂的笑容。回去的路上樵夫想：谁的经历还能比我这次奇遇更美妙呢？希望那些小人儿一直平安吧！

成长小站

我们或许不会误入小人国，但如果我们能够在力所能及的范围内帮助那些小动物，那我们也是心地善良的大家伙哟。

经典重现《山海经·海外南经》

“周饶国在其东，其为人短小，冠带。”

46

长臂国

chángbìguó

在古老而神秘的长臂国中，生活着一群奇特的居民。他们有着长长的手臂，站着的时候，他们的手臂甚至会垂到地上。

长臂国人以捕鱼为生，而他们的长手臂就是他们捕鱼的利器。虽然他们只要稍微弯一下腰就可以捕到鱼，但他们并不单打独斗，而是会选择与长股国人合作捕鱼。

长股国人人如其名，他们的腿非常长，手臂却非常短，这一点与长臂国人恰恰相反。不过，要不是这种身体差异，他们的合作关系还无法建立呢！

传说这两个国家的居民原本过着各不相干的生活，凑巧某一日清晨，准备去河边捕鱼的长臂国人遇到了正在捕鱼的长股国人。

由于长臂国人腿短，不坐船的话，他们就只能在岸边抓鱼，一来二去，鱼儿学精了，便都不在岸边活动了。因此，这个长臂国人没能抓到鱼，只好坐在岸边看长股国人抓鱼。

长股国人腿很长，能直接走到水很深的地方抓鱼。但由于他的手臂实在是太短了，每次刚一蹲下，鱼就溜走了，最后这个长股国人也是连个鱼影子都没能捞到。

长股国人心想：这可怎么办啊，一条鱼都没捞到，我今晚恐怕要饿肚子了。

国民档案

异能：无

形态：人形长臂

地域：长臂国

突然，岸边的长臂国人大笑了起来。

长股国人十分生气地说：“你不也没抓到鱼，还笑我呢！”

“我不是在笑你一个人，我是在笑我们两个人！”

长股国人不解地问：“什么意思？”

“我在笑我们俩不懂得利用彼此的优势。”

长股国人恍然大悟，说：“你的意思是我们不懂得取长补短，不懂得合作？”

“是啊，你腿长，我手长，要是能好好合作，不就能捕到足够的鱼了吗？”

长股国人一拍脑门儿，笑道：“我个子高，我背着你到水深的地方去捕鱼！”

“好嘞！”

说干就干，这两个人立马就齐心协力捕起鱼来。

长臂国人也确实有本事，他的手臂又长又灵活，一捕一个准儿，看得长股国人目瞪口呆，而长股国人的腿又直又长，就算鱼儿游到再深的地方，长股国人也能走进去。

没一会儿，他们捕到了很多的鱼。

路过的居民们见了，纷纷开始效仿他们。

从此，长臂国人和长股国人就达成了合作协议。

这也让他们深刻地意识到：只有通力合作、相互尊重，才能实现真正的成功，获取更多的资源。

成长小站

无论是国与国之间还是人与人之间，互利互惠的合作都是不能少的，毕竟人人都不是全才，总会在自己不擅长的领域需要他人的帮助，不是吗？

经典重现《山海经·海外南经》

“长臂国在其东，捕鱼水中，两手各操一鱼。”

47

yàn 厌 huǒ 火 guó 国

国民档案

异能：喷火

形态：兽身黑色

地域：厌火国

从前，有一位孤苦无依的老人，他不仅贫困不堪，还病痛缠身。

每当冬季来临时，同族的人就开始担心他被冻死。可奇怪的是，一连过了三个冬天，这位老人都活得好好的，甚至精神还越发好了。

于是大家都开始猜想，这位老人是不是吃了什么灵丹妙药呀？

毕竟，在那么冷的季节里，健康的老人都不一定能撑得下去，更何况他体弱多病，家里还连条保暖的兽皮被都没有。

于是，族人都跑来问他："老先生，您是不是有什么神仙赐的灵药啊？"

老人笑道："我哪有什么灵药，不过，神仙倒是遇着了。"老人一边说一边回忆他遇到厌火国人的场景。

那日，他上山去砍柴，遭遇大雪，差点儿冻死在路上。谁知他恰好遇到了一个浑身漆黑，长得像猿猴一样的人。

只见那人从口里吐出长长的火焰，一下子就把他的柴火点燃了。

有了火，老人很快就恢复了过来。

为了答谢他，老人还专门请这人到自己家中做客。

虽然家境贫寒，但是老人还是尽己所能烧了

一些好菜，又拿出了自己珍藏多年的美酒。可是这人居然不吃肉也不吃菜，更不喝酒，而是飞快地跑到了厨房，将灶台下的火炭拿起来吃。那人一边吃，嘴里还一边喷着火星子，他还安慰老人不要怕，说他们厌火国的人都是这样的。

老人想，或许正是由于厌火国人胃里沉积了火炭，所以他的身体才会散发暖气，嘴里才能吐出火焰。于是，老人就把这个厌火国人留下来了。

说到这里，老人的脸上露出了微笑。

这时，族人问："那个厌火国人还在你家里吗？"

老人摇头说："已经走了！"

是啊，春天来了，万物都复苏了，厌火国人也想回家了！他又怎么好意思一直留着人家呢！

“厌火国人以火炭为食，他们的国家为什么还要叫厌火国呢？”族人追问道。

“我也问过那人同样的问题，他说：‘我们国家住着一群叫祸斗的妖怪，它们天生就会惹祸。而且，它们还不讲卫生，喜欢到处大小便。它们是火神的宠物，非常喜欢火，甚至把火当作自己的食物，连它们的排泄物也是火，所以总是给我们国家带来火灾。可是这群祸斗的外形就跟普通的狗没什么差别，它们全身都长着黑毛。所以，当你看到一条黑狗时，你压根儿就不知道这是祸斗还是黑狗！这可把我们愁坏了。大家苦不堪言又无计可施！所以，干脆就把国名改为厌火国了。’”

老人说完这个故事后，大家心里纷纷盘算着，什么时候他们也能请厌火国人来家里小住就好了。这样，寒冷的冬天就可以省下不少柴火。只可惜，厌火国人是可遇而不可求的客人。

成长小站

以炭为食的厌火国人固然神奇，但村民们关心同村孤寡老人的善意更让人们感动，敬爱自家长辈或许容易，“老吾老以及人之老”可是很难得的哟。

经典重现《山海经·海外南经》

“厌火国在其国南，兽身黑色，火出其口中。一曰在讙朱东。”

48

sān shǒu guó
三首国

国民档案

异能：无

形态：一身三首

地域：三首国

在神奇的昆仑山上，有一棵名叫琅玕的神树，它是集天地灵气生长起来的。它挺拔高大，连叶子上都泛着光泽，结出来的果实更是像美丽的珠玉一般。

传说凤凰特别喜欢在琅玕树上筑巢，还很喜欢吃它的果子。每次吃的时候，凤凰都会发出清脆高昂的叫声，表达它心中的喜悦。

这棵神树一开始是由天神陆吾掌管的。他每日都要用灵水灌溉琅玕树，隔三差五还得替它擦擦叶子。

陆吾是一位体型十分庞大的天神，虽然他热爱园丁的工作，但是这种活儿实在太过精细，稍一用力就会折断琅玕树的叶子。因此，他每次打理完琅玕树，都要歇息好一会儿。见此情形，凤凰却在一边“咯咯咯”直笑，一边笑还一边大口大口地吃果子，看起来很是快活。

陆吾真想爬到树上，把这只讨厌的“鸡”捉下来拔光毛。

凤凰也看出了陆吾的心思，便正儿八经地给他出起了主意，说：“我看你还是请个帮手来吧！”

陆吾问道：“请谁合适呢？”

“三首国的人啊！”

凤凰有翅膀，地位又尊贵，因此成天自由地

飞，自然也是见多识广。

陆吾想了想，好像是有那么一个国家叫三首国。

那里的人乍看上去跟普通人没什么区别，却长着三个头。不过，他们三个头思想统一。

比如，一个头想晚餐吃红烧肉，另外两个头就不会想晚餐吃清蒸鱼。

他们三个头的后脑勺是连在一起的，就像一个三角形，因此他们比普通人看得更广，真正能“眼观六路，耳听八方”。

陆吾笑了笑，对凤凰说：“好吧，那我就不拔你的毛了。”

“哼！”凤凰骄傲地继续吃它的果子去了。事实上，他们是非常要好的朋友。

很快，陆吾就聘请了三首国的人来照顾琅玕树。

三首国的人勤快诚恳，他们每天都会定时给琅玕树浇水、施肥，有时候，他们还会亲自爬到树上去，给树捉虫子、赶鸟雀。不仅如此，他们还会排好班次轮流在琅玕树周围巡逻，对琅玕树的照顾可谓无微不至。

等到琅玕树的果子成熟时，三首国的人会小心翼翼地将饱满硕大的那些摘下，亲自送上天宫，其余的便会留给凤凰食用。毕竟当初可是凤凰举荐他们的！对于凤凰的知遇之恩，三首国的人铭记在心。

天帝看到三首国人这么勤奋努力，便每年都赏赐很多的宝物给他们。有了这份恩宠，三首国的人工作起来就更加卖力了。

相传，如果现在路过昆仑山，幸运的话还能看到三首国人在照顾琅玕树呢。

成长小站

在很多人看来，长相奇异的人或许都是妖怪，三首国的人却利用自己的特点尽职尽责地工作着，赢得了天帝的认可。可见，外表从来都不是个人发展的决定因素哟。

经典重现《山海经 · 海外南经》

“三首国在其东，其为人一身三首。一曰在凿齿东。”

49 一臂国

yī bì guó

国民档案

异能：无
形态：一臂、一目、一鼻孔
地域：一臂国

从前，有一个国家叫一臂国。这里的居民都只长了正常人类的一半身体，所以也被称为“半身人”。

由于他们生来就只有一只手臂和一条腿，一只眼睛和一个鼻孔，所以，他们不能独自生存，甚至连农耕、建造房屋等工作都难以完成。不过这可难不倒他们，他们想出了一个十分聪明的方法——两人互助生活。

所谓两人互助生活，就是将两个一臂国人用绳子系在一起，组成一个完整的人。虽然刚开始配合时双方难免有些摩擦，但经过长时间的磨合和练习，默契也就产生了。

怎么配合呢？

比如，他们吃饭的时候，会一个人拿着筷子，另一个人拿着碗，你吃一口，我也吃一口。如果一个人先吃饱了，那他就会非常有耐心地等待另一个人吃饱。

再比如，他们睡觉的时候会相互迁就，如果两人中有一个人困了，那么另一个人就会和他一起去休息。

虽然他们也可以将绳子解开分头行动，但是，为了长远的合作，他们往往都会选择牺牲自己的一部分自由。

后来，经过一代又一代重复练习，他们也就

默契到形同一人了。在某些工作上，他们甚至还能比普通人做得更好呢。

因此，很多人都把他们这个国家的人比作比翼鸟[1]。在这些“比翼鸟”中，还有不少感人的小故事呢。

相传有一个叫阿方的一臂国人，他从小就和一个叫阿林的男孩儿绑在了一起。

他们相依为命，每天都会一起去田地里劳作，一起去山林里打猎，一起去河边捕鱼。

他们默契十足，只需要眼神交流便能知道对方想要什么，是真正的好朋友、好兄弟。

可是有一天，阿林突然生病了。一臂国的巫医告诉阿方，阿林这病需要很多的药才能调理好，言下之意就是需要花很多的钱。

阿方心里难过极了。

阿林看出了阿方的不安，他笑着说：“我可能会拖累你，你解开绳子，去找新的伙伴一起生活吧！”

阿方犹豫了一下，解开了绳子。

1. 传说中一目一翼的鸟，它们需要雌雄并翼飞行。人们也常用比翼鸟喻指恩爱夫妻与形影不离的朋友。

从那以后，阿林的脸上就再也没有笑容了。他希望伙伴能够有好的生活，但是也确实心有不舍。

可奇怪的是，离开的阿方并没有和别的伙伴捆绑在一起。他虽然是个半身人，但他非常勤奋。他每天起得比别人早，睡得比别人晚，赚的工钱虽然不多，但他都舍不得花，全部攒了起来。

时间一晃过了大半年，他竟然带着攒的钱又回来找阿林了。

原来这些日子，他在外面努力赚钱就是为了给阿林治病啊！

通过阿方的努力，阿林的病终于治好了，他们决定继续共同生活，为了彼此的幸福而努力奋斗。就这样，他们又重新系在了一起。

在一臂国里，还有许多像阿方和阿林一样的人，他们为彼此牺牲，为彼此着想，愿意用自己的手与同伴共创一个美好的未来。虽然他们只有一半身体，但他们拥有一颗完整的心，里面装着充足的爱。

相传这些伙伴之间都有着共同的信仰，那就是：合作、友爱、奉献。

成长小站

伙伴之间不能“大难临头各自飞”，而是要互帮互助，彼此支持。这样，再大的困难也会被你们攻克哟。

经典重现《山海经·海外西经》

“一臂国在其北，一臂、一目、一鼻孔。有黄马虎文，一目而一手。”

50 奇肱国

jī gōng guó

在远古时期，有一个神秘而独特的国家，叫作奇肱国，它坐落在高耸的山脉中。这个国家的人只有一条胳膊，却拥有三只眼睛，其中一只还长在额头上。他们的眼睛分阴眼和阳眼：额头上的是阴眼，而另外两只眼睛是阳眼。

阳眼是白天用来看事物的，到了晚上就会休息，而阴眼则负责在晚上观察万物。

说来也奇怪，他们的阴眼有点儿像有夜视能力的动物的眼睛，即使外面漆黑一片，只要睁开阴眼就能看得一清二楚。

奇肱国的人虽长相有些恐怖，但他们十分聪慧和勤劳。为了弥补一条胳膊带来的不便，他们会不眠不休地干活儿，还会制造各种各样的机关、工具。

自动播种器、风车灌溉器……据说他们光农用工具就制造了五六种。这些工具大大提高了奇肱国的农业生产水平，使他们丰衣足食。

除了农用工具外，奇肱国的工匠还发明了各种机械设备，比如飞车等。

飞车拥有复杂的构造，能够在空中自由穿梭。乘坐飞车，奇肱国人就可以猎捕高空中的怪鸟和其他会飞的动物。

有一次，一个奇肱国的小伙子驾驶着自己制造的飞车在空中追逐一只怪鸟，突然，怪鸟加速

国民档案

异能：无

形态：人形，一臂三目

地域：奇肱国

下冲，小伙子急于追赶，一不留神就连人带飞车撞在了一棵大树上。虽然没有死，但是他的手臂受伤，失去了制作工具的能力。

小伙子躺在床上自言自语道：“唉，本来我就只有一条胳膊，现在它也断了，我恐怕再也不能工作了！”

就这样，小伙子在家哭了三天。第四天早上，住在他隔壁的一个小伙子竟然为他带来了一条机械手臂，那是他特意为他制作的。

这条机械手臂由各种复杂的小机关组成，能够模拟人类的胳膊做任何事。只是由于目前还有一些小问题没解决，所以在使用过程中会偶尔“卡壳”。

于是，受伤的小伙子整天把自己锁在房间里，思索该如何完善机械手臂。邻居明白他的难处，更是时常提供帮助，一同改进技术。

经过几次改良，他们终于合力制出了一条完美的机械手臂。

本以为这只能帮助小伙子一个人重燃对生活的信心，却不想许多失去手臂的人都闻讯赶来讨教。

一传十、十传百，这种机械手臂受到热捧，帮助了许多遭受意外失去了手臂的人。甚至原本健康的奇肱国人，也会为自己安上一条这样的机械手臂，变成两只手，提升工作效率。人们还亲切地将其称为“奇肱之臂”。因此，这两个小伙子也成了奇肱国最受欢迎的人。

成长小站

人总会遇到各种各样的困难，每当这个时候，我们便可以想一想奇肱国的这个小伙子。他连失去唯一的手臂都能够开动脑筋重新振作起来，我们为什么还要垂头丧气的呢？

经典重现《山海经·海外西经》

“奇肱之国在其北，其人一臂三目，有阴有阳，乘文马。”

51 女子国

nǚ zǐ guó

国民档案

异能：无

形态：人形

地域：女子国

女子国与传说中的女儿国很像，国境之内都是女子，没有男子。女子国在巫咸国的北面，气候宜人，景色优美。那儿一年四季都开满了鲜花，国民们两两一组，共同生活，无忧无虑。

可是，她们怎么繁衍下一代呢？

传说，女子国有一处温泉，想拥有下一代的女子只要去那里洗个澡就能怀上小宝宝，然后像外面的妇女一样产子。

外人都觉得这里是真正的人间天堂，却不想这里的人也有自己的烦恼。

因为，这儿存在一个可怕的生育诅咒：如果是女婴，就能在女子国健健康康地长大；但如果是男婴，通常活不过三岁就会夭折。

有一位女子国国民就曾产下了一个男孩儿。

那男孩儿长得眉清目秀，十分可爱，女子知道女子国的诅咒，明白自己的儿子是活不过三岁的，所以整天忧愁。

女子的母亲看到女儿茶饭不思，就对她说：“要不，你带着孩子离开女子国吧！离开女子国，没准儿孩子就能活下来。”

女子有些害怕，她惊讶地看着母亲，说：“母亲，我从来没有离开过家，我……”

“离开这里，否则你的孩子肯定活不下来。”

女子本还在犹豫，毕竟她连在女子国都很少

出门，怎么敢独自离开家乡去别的地方生活呢？可是一想到自己的儿子，女子决定拼一拼。

或许真应了那句话：女本柔弱，为母则刚。女子离开女子国后很快就在一个猎户家里找到了活儿干，尽管生活十分艰难，她却将自己和儿子照顾得很好。

见儿子长得白白胖胖的，女子很是高兴。转眼就到了她儿子三岁的生日，女子准备为儿子好好庆祝一番。可是，当她从睡梦中醒来时，她的儿子已经永远停止了呼吸。

她以为只要不在女子国，儿子就能逃过“活不过三岁”的诅咒，可是……原来这个诅咒任谁都没办法打破，就算是逃到天涯

海角也没有用。

当女子抱着儿子的尸体回到女子国时，女子的母亲差点儿哭晕过去。

“母亲，救救他，救救我的儿子吧！”

女子的母亲无力地摇摇头，说：“孩子，你的儿子已经死了，谁又能让人起死回生呢？”

从那以后，女子就发誓再也不生孩子了！

有时候，她看到别人家的孩子，就会露出痴痴傻傻的笑。每次有小孩子路过自家门口，她都会走过去抚摸孩子的头发。

她仿佛从那些孩子的身影中看到了自己的儿子。他的小模样是那样好看，眼睛像宝石一样一闪一闪的，还会叫她妈妈呢。

他说：“妈妈，妈妈，我们下辈子再当母子吧！”

下辈子……女子望着远方，如果人真的有下辈子的话，她再也不要做女子国的女子了！

成长小站

女子国的生育诅咒只是一个奇异的传说，但这也正说明，不存在绝对的人间仙境。因此，在遭遇苦难时我们便要拿出十二分的勇气面对，毕竟，这个世界原本就不存在万事顺心一说。

经典重现《山海经·海外西经》

“女子国在巫咸北，两女子居，水周之。一曰居一门中。”

52

bái mín guó
白民国

国民档案

异能：长寿

形态：人形，白身披发

地域：白民国

在龙鱼北有个叫白民国的国度，那里的人肌肤雪白，喜欢披散着长发，还特别喜欢吃浆果。他们的浆果树长出来的叶子硕大翠绿，浆果本身又甜又香，非常美味。白民国人每每遇到什么喜事，都会酿美酒。不过他们酿酒跟别的地方不一样，步骤极其简单——用膏露浸泡浆果就行了。

据说，喝一升这样的酒就能醉三年，这三年中不管听到多大的动静，醉酒的人都不会醒过来。

白民国人都是天帝帝俊的后人，他们以白民为姓。或许是因为有“神族血脉”，又或许是因为他们与神兽乘黄为伴，这儿的人寿命都很长，可以活到几千岁，所以醉个三五年对他们来说也不算什么。

世人都以长寿为福，所以都想探知白民国的奥秘。

曾经有一个老人就从白民国带走了一个可爱的小姑娘。

那个小姑娘离开白民国后一直都很不开心，她一心只想回到白民国。于是，她整天都问老人：“奶奶，你能带我回去吗？”

老人摇摇头，抚摸着小姑娘的头发，笑道：“乖，在这里生活不是更好吗？在这里你每天都能吃到不同的美食。”

是啊，当年要不是奶奶拿了一种她没见过的食物把她骗出了白民国，现在她还在白民国生活呢。

“在你们国家，天天只能吃浆果，你看，在这里山珍海味任你挑选呢。”老人笑眯眯地说着。

小姑娘难过地低下了头。虽然她在这儿吃了很多从来没有吃过的东西，老人也很疼爱她，可是这儿毕竟不是她的家。她多想回到白民国去啊！

由于她天生皮肤雪白，这儿的人都说她是一个女妖，会给人们带来不幸。每次她走在路上，人们都会躲着她，甚至连小孩儿也离她远远的。

小姑娘很孤独，她无法交到朋友，也无法融入他们的生活。

一天夜里，小姑娘思乡情切，便想再次请求老人带她回白民国。正当她推门准备叫“奶奶”时，小姑娘却发现老人哆哆嗦嗦地在炼制什么药水。

小姑娘被吓坏了，她只想逃跑，却在离开

的时候不小心绊倒了一个花瓶，惊动了老人。老人听到声音后立马出来，抓住了小姑娘。

小姑娘害怕极了，说：“奶奶，求求你放我回去吧！”

老人叹了一口气，本来她想一直瞒着小姑娘的，可是现在纸是包不住火了。

“我一直想破解你们白民国国民长寿的秘密，可是始终没有进展。”

“所以，你哄骗我来这里，就是把我当观察对象吗？你照顾我，疼爱我，都是假的？”

老人心一颤，见小姑娘眼含热泪的样子，她也难过了起来，说：“不，我从来没有想过伤害你。不过，一开始我的确是……可是时间久了，我是真的把你当成亲孙女了。”

“会有祖母让亲孙女跟她的父母分离吗？奶奶，如果你真的疼爱我，那你就放我回去吧！我们长寿，并没有什么特殊的方法。”

老人想了许久，终于点了点头。

次日一早，老人就将小姑娘送到了白民国边境。

小姑娘开心极了，她大步朝着家的方向跑去。跑开很远一段距离后，她又回头冲老人喊道："奶奶，你确实待我很好，谢谢你。不过，拐骗就是拐骗，没有人会愿意离开自己的家人。"

听到这话，老人的眼角也湿润了，她羞愧地低下了头。

小姑娘就像一只飞出牢笼的小鸟，此刻，她自由地奔跑在白民国的土地上。她一边跑一边想：我再也不贪吃，再也不跟陌生人走了，外面的山珍海味哪里有我家乡的浆果吃着踏实。

最后，小姑娘在回家的途中遇到了正苦苦寻找自己的母亲。她一下扑进母亲怀里，就算是要被狠狠责骂，她也不怕。可是母亲并没有骂她贪吃乱跑，而是紧紧地拥抱着她，一直说着"回来就好"。

这四个字给了小姑娘莫大的幸福感，是啊，回来就好，以后，她再也不会乱跑了！

次日，坐在白民国野地里的小姑娘狠狠地咬了一口手中的浆果，她笑道："真甜呀！"

成长小站

故事中的老人用食物拐骗了小姑娘，虽然她并没有伤害小姑娘，可拐骗就是拐骗。大家一定要提高警惕，不吃陌生人给的食物，不跟着陌生人走。

经典重现《山海经·海外西经》

"白民之国在龙鱼北，白身披发。"

53 长股国

cháng gǔ guó

很久以前，有一个长股国，那里的人腿特别长，站起来的时候就像巨人一样威猛，还总披着头发，让人不禁感到畏惧。

但是，长股国人生性善良，他们的腿长优势都用在生产生活上。比如，他们可以轻易采摘到大树顶上最红最甜的野果，拿去卖个好价钱；他们也可以走到河流的最深处捕捞最大最肥的鱼，美美地吃一顿；他们还可以帮助非长股国的人盖房子、搭屋顶，赚取生活费……

由于这一优势，人们都很羡慕长股国人，觉得他们简直万事顺心。可事实上，他们也有自己的烦恼。

当要出远门时，别的国家的人可以选择骑马、坐轿、乘船，可是长股国人由于腿实在太长，即便盘起腿来，一般的马车和小船也塞不下；骑马就更别提了，马腿还没有他们的一节小腿长呢。所以，他们每次都只能靠走路，虽然腿长步子大，但在长途跋涉之下，磨破双脚的大有人在。一来二去，长股国人也就都不怎么愿意出远门了。

很快，这件奇异的事传到了黄帝的耳朵里。

黄帝想看看，长股国人的腿到底有多长，怎么连马车和小船都载不下呢？这未免太夸张了。于是，黄帝派人给长股国人发去请帖，邀请他们来自己的住所做客。

国民档案

异能：无

形态：人形长腿，披发

地域：长股国

准备宴饮的人特意加大了座位的间隔，又将两个桌子拼成一个桌子。他心想：再长的腿也放得下了吧。

结果，长股国人一来大家都惊呆了。这哪里是腿呀！简直就是两根长柱子嘛。

他们甚至连出入大门都十分困难，幸亏那会儿建筑古朴，即便是黄帝这样尊贵的人，住的也不是什么坚实的高楼大厦。

为了让长股国人进屋，黄帝只好命人暂且掀去了屋顶。可刚解决进门的问题，新的问题就出现了——他们和黄帝等人说话时，大家都必须把脖子伸得长长的，否则由于距离远，根本听不清楚对方在说什么。才聊几句，大家就觉得腰酸脖子痛，纷纷找起了膏药。

最后，黄帝和手下商议，给大家都安上木制的假肢，这样他们就跟长股国人一般高了。

为了能让长股国人自由出入，黄帝还特地建造了几座高高的房屋，所有的门高度都在八丈以上；为了让他们坐得更加舒服，黄帝特意命人做了一些很高的凳子，供他们休息；为了摆宴席，黄帝又令人抬来了许多两丈高的石桌……

长股国人将黄帝为他们所做的一切都看在眼里并深表感激。在做客的这些日子里，长股国人与黄帝建立了深厚的友谊，成为一段佳话。

成长小站

在这个故事中，长股国人的腿是否真长如房柱我们难以查证，但我们仍可以学习黄帝的赤诚待客之礼，用心为客人考虑。不过，我们可不能掀掉房顶哟。

经典重现《山海经·海外西经》

“长股之国在洛棠北，披发。一曰长脚。”

54

zhàng fū guó 丈夫国

国民档案

异能：肋骨生子

形态：人形，衣冠带剑

地域：丈夫国

传说在远古时期，有一位君王曾派过一个年轻人前往昆仑山，找西王母讨要不死灵药。

不死灵药难求，前往昆仑山的道路更是艰险。这个年轻人出发不久就迷路了，可他并没有放弃，而是坚持一直向西走。可走着走着，他竟然发现眼前的景物越看越熟悉。原来，他兜了一圈，又走回了原地。

“这可怎么办？”年轻人急得团团转。眼下，他手里的干粮也快吃光了，要是再找不到路，他恐怕就只能饿死在这个地方了。

年轻人环顾四周，发现这个鬼地方前不巴村，后不巴店，等到天色再晚一些，恐怕还会有猛兽出没！情急之下，他脱下鞋子直接往背后一扔，心想：都是命，鞋头指向哪边，我就往哪个方向走好了！结果，他走着走着，竟然真的走出一条路来。

虽然他还是没能走出这片山，但至少眼前的大树上挂满了可以吃的野果。这下，他可算是不用担心会饿死了。

于是，他接着赶路。很快，他的衣服就被树枝划破了，布鞋也磨破了。没办法，他只能用树叶做衣服，用树皮做鞋子了……

又过了十来天，他依旧没有走出这片大山。脚上的树皮鞋换了又换，他依旧记着自己的使命，摸索着去昆仑山的道路。

就这样，日复一日，年复一年……不知过了多久，他竟然从年轻的小伙子变成了一个白发苍苍的老人。其间，他住树洞、吃野菜……生活可谓非常艰苦。可是这片山就像人间绝境一般，除了他，自始至终连个人影都没有。

或许是他的尽职之心感动了上天，这件事很快就被天帝知道了。天帝心善，见他如此执着，于是施法进入了他的睡梦中。

梦里，他见天帝威武非凡，于是问：“您是神仙吗？”

“是的！”

“请问您有不死灵药吗？我的国君嘱托我寻找不死灵药。”

天帝惊讶，他竟然连做梦都想着完成使命，便摇摇头说：“我没有。”

那人失望极了，他向天帝诉说了自己一路走来的坎坷。他说自己没讨到不死灵药，即便是有一日能够回国，也没有颜面见他的君主。

天帝问他，除了这件事以外，还有没有别的愿望。那人回答：“我想有个孩子。”

天帝笑道：“你

会得偿所愿的。”说完，他就化作一缕青烟飘走了。

次日，那人从梦中醒来，惊讶地发现自己的肋骨处竟跳出了两个活泼可爱的小男孩儿。他想起了那个梦，深情地望了孩子们一眼后便永远地闭上了眼睛。

两个男孩儿在天帝的看护下很快就长大了！他们不再像他们的父亲一样寻找不死灵药，而是在这片山林中定居，过着无忧无虑的生活。再后来，他们也老了，新的小男孩儿又从他们的肋骨间跳了出来。他们就一直以这种方式繁衍后代。一生二，二生四，四生八……随着人口数量的增加，他们便成立了丈夫国。

丈夫国中全部都是男子，而且由于生于山林，这儿的人特别喜欢佩剑，估计是为了对付山中的野兽吧！

成长小站

男子对于君主的忠诚令人敬佩，但我们也要反思他完成任务的方式是否正确。如果已知即将面对的问题是凭一己之力无法解决的，不妨在一开始就召集人手合作进行。

经典重现《山海经·海外西经》

“丈夫国在维鸟北，其为人衣冠带剑。”

55 柔利国

róu lì guó

国民档案

异能：无

形态：一手一足，反膝，曲足居上

地域：柔利国

柔利国是一个神秘的国度，这里的居民与其他地方的人不同，他们只有一只手、一只脚，而且身体异常柔软。他们的膝盖可以向上弯曲，脚也可以向上弯曲，就好像章鱼的触腕一样。

由于他们的身体很软，不能像正常人一样行走，所以他们只能爬行。他们特别害怕阳光，因此他们居住的地方长满了高大的树木，树木能够替他们遮阳。如果他们不幸被强光暴晒，他们便会像见不得光的植物一样干枯而死。

柔利国的人一直过着安宁富足的生活，可由于他们身形特殊，不少人都对他们充满了好奇。有人认为他们是变异的怪物，有人则认为他们是受到了某种神秘力量的影响，还有人认为他们是长着柔软巨耳的摄耳国人后裔……

众说纷纭，大家都渴望去柔利国一探究竟。何况柔利国资源丰富、风景优美，是一个实实在在的好地方。

据说，曾经有一支军队就因为想要占领这个地方，破解柔利国人的秘密而入侵过柔利国。

柔利国人很有骨气，而且他们天生就十分聪明。他们在很小的时候，就学会了如何掌控自己的身体。

面对外敌，柔利国的国君竟然亲自领着军队出战。国君御驾亲征给了将士们莫大的自信和勇

气。他们纷纷起誓，为了自己的国家，他们甘愿抛头颅，洒热血。

战斗刚开始的时候，对方还以为柔利国人都是一群没骨头的废物，完全没把他们放在眼里。可是接触之后才发现，柔利国人骁勇善战、十分厉害。

他们的作战姿势看起来是那样的轻盈优美，就好像在跳舞一般。可是只要稍微不注意，他们的尖刀利剑就会刺穿敌人的身体，让敌人败下阵来。

三战三败后，入侵者自以为摸清了柔利国人的招式，便研发了一套“以柔克柔剑法”。他们本以为马上就能取得这场战争的胜利，却不想柔利国人还留了后招儿。

战场交锋，只见柔利国人突然开始喷射一种腐蚀性极强的毒液。那毒液一旦沾上身，就会立即腐蚀掉人的皮肤。甚至那些钢盔铁甲，在这种毒液面前也如同朽木。入侵者还没来得及施展自己的“以柔克柔剑法”，就已经沾上毒液，痛得在地上直打滚儿了。

为了防止全军覆没，他们的首领只好下令撤退，并保证再也不入侵柔利国。就这样，柔利国人成功地击败了入侵者，保卫了自己的家园，树立了国威。

成长小站

无论在什么时代，怀着掠夺目的入侵别人的家园都是很可耻的，就算是人与人之间，企图抢占别人的财物也是一种无耻的行为哟。

经典重现 《山海经·海外北经》

“柔利国在一目东，为人一手一足，反膝，曲足居上。”

56

shè ěr guó
摄耳国

国民档案

异能：无

形态：人形，两手托巨耳

地域：摄耳国

摄耳国处在一个被海水环绕的小岛上，由于是岛国，这个国家境内经常有奇怪的生物出没。摄耳国的人为了保护自己，每家每户都会养一些花斑大老虎当保镖。所以，他们在街上走的时候，身边就会有大老虎跟着，看起来非常威风。

摄耳国的国民都长着两只巨大的耳朵，所以这个国家也被称为巨耳国。

由于耳朵实在是太重了，摄耳国人平时必须要用两只手托着耳朵走路，不然他们的头就抬不起来。所以，在这里根本就不存在“跑步”这项运动。

巨大的耳朵这么麻烦，他们中有一个名叫白洋的青年便想：要是能把这对巨耳变成普通耳朵就好了。

于是，白洋乘船离开了摄耳国，来到了一个不知名的地方寻医问药。谁知他刚落座，就听到三个人在自己身后窃窃私语。

一位胖胖的男子说：“你们看，那个是不是摄耳国人？哇！他真有福气啊！”

另一位瘦瘦的男子回道：“我要是他就好了，我可听说了，人的双耳要是垂到了肩膀上，就表示这个人会长寿、富贵。”

这时白洋犯起了嘀咕，他所烦恼的巨耳竟然是外人梦寐以求的福寿象征，这还治什么呢？于是他昂着头自信满满地往回走，彻底打消了改造耳朵的想法。

可是耳朵对生活的不利影响依然在，他总得想个办法才行。于是，他发明了一种特殊的耳朵支架，只要将它戴在脖子上，支架就会帮助他支撑巨耳。

在摄耳国待着也无聊，他带着自己的新发明又出国了。

好巧不巧，他又遇到了之前的那三个路人。

那个胖的人和那个瘦的人又重复了之前的话，表示了对巨耳的羡慕，可他们中那个之前没发言的人说：“你们俩爱胡言乱语的毛病怎么还没好，上次不是去开过草药了吗？上个月你们还说脖子长的那个人一定长寿，我可听说他昨天就死了。”

白洋一听，惊得眼珠子都快掉出来了！自己怎么没想到，在求医的地方遇到的人，大多都“有病”嘛。

正当他灰心丧气之时，那个人又说：“不过耳朵大或者脖子长也不是什么毛病，还是先来听我给你们讲个故事吧。

“相传，曾经有一位部落首领问一位谋士：‘我听人说，如果人的人中[1]长度有一寸，那个人就能长命百岁了。我昨天量了量，发现我的人中正好有一寸长，我是不是就可以享受百岁的寿命呢？'

"结果谋士哈哈大笑，十分坦诚地说：'传说中白民国的人可以活上千岁，如果按照您的说法，那他们岂不是有比脸还要长的人中？'

"此话一出，这位首领也觉得这样的说法有些可笑，便也没有吭声了。"

那三人笑成一团，都觉得这个故事实在有趣，没一会儿就走了，白洋倒是在原地站了许久才回家。

不过从那以后，他再也不纠结自己的耳朵是大还是小了。他每天戴着自己的支架勤劳工作，用心生活，脸上总是笑嘻嘻的。

成长小站

古人的相面之术或许有过"神准"的案例，但是那些不过是万中一二的巧合。无论是大耳朵长人中还是小耳朵短人中，快乐生活才是延年益寿的根本哟。

经典重现《山海经·海外北经》

"摄耳之国在无肠国东，使两文虎，为人两手摄其耳。"

1. 上唇上方正中的凹痕。

57

jū yǐng guó 拘瘿国

国民档案

异能：无

形态：人形，颈生肉瘤

地域：拘瘿国

拘瘿国的人脖子上都长着一颗很大的肉瘤，而这肉瘤常年“拉拽”着他们的脖子，使他们没办法抬起头来。所以，他们走路的时候总得用一只手去托着肉瘤。也正是因为这样，他们总是看不清楚前方的路，经常摔跤。

拘瘿国有一个年轻貌美的少年，名字叫晚郎，由于长相英俊，很多人都喜欢他。不过他对自己的长相很不满，他讨厌自己脖子上的肉瘤，觉得既怪异又难看。

于是，他四处求医，终于打听到南方长着一棵神木，叫寻木，可以治好一切疑难杂症。而且，这寻木还带有“仙气”，因为它有千尺之高，高到可以穿透云彩。据说沿着这棵树向上攀爬，还能爬到天宫，看见神仙。

晚郎心想：这样神奇的树，必定可以治好我的肉瘤。于是，在一个美丽的清晨，他踏上了寻找寻木的旅途。

虽然他脖子上的肉瘤使他走路很不方便，但他仍然坚定地前进。其间，他遇到了很多的困难，比如崎岖的山路、波涛汹涌的河流……但他都凭自己的意志力一一克服了。

皇天不负有心人，最终，他找到了寻木。他抬头望着远处那棵千尺之高的寻木，心里又惊又喜。现在，他只要走过一片草地，再沿着一条溪流往前走，就可以摸到寻木了。

可是由于他过于心急，不慎一脚踩空，整个人滚进了沟渠里！

那沟渠的周围都是尖锐的石头，要是被尖石刺穿了喉管，那人就一命呜呼了！可眼下这情形他自己也把控不了，他一直滚呀滚，滚呀滚，就在他的脖子即将撞上尖石之际，他脖颈儿上的肉瘤却替他挡住了尖石的“攻击”。要是换了普通人，定然是要搭上一条命的。

身体稳定下来后，他发现虽然自己的肉瘤有些痛，也流了一

些血，但并没受什么致命伤，算是有惊无险。休息了一会儿后，他没有再去找寻木，而是抬起头看向寻木的方向，突然笑了。

晚郎回到拘瘿国后告诉大家，他找到了寻木，但他没有用它来治肉瘤，他还把自己寻找寻木时所遇到的惊险说给了大家听。

他希望大家都接纳自己现在的样子，毕竟寻找寻木路途遥远，还有许多的艰难险阻，要是为了美丽而搭上一条性命，那就非常不值得了。

他还说："每个人都有自己的缺陷，但是我们不能因此而感到自卑和难过，相反，我们应该学会接受自己的独特性。只有这样，我们才能真正地成长和进步。"

是啊，谁会想到，他曾经厌恶的肉瘤最终救了他的命呢！

晚郎的话给了大家很大的震撼，也让大家看到了一个全新的他，大家纷纷鼓起掌来。

成长小站

拘瘿国的人天生便长有肉瘤，所以那是他们的特征而不是一种疾病。如果我们发现自己身上突然长出奇怪的小疙瘩，那可一定要赶紧告诉爸爸妈妈，让他们带我们去看医生哟。

经典重现《山海经·海外北经》

"拘瘿之国在其东，一手把瘿。一曰利瘿之国。"

58

ǒu sī zhī yě
呕丝之野

国民档案

异能：吐丝

形态：人形

地域：呕丝之野

传说古时候有一位美丽的女子，她的父亲到很远的地方去打仗了，女子在家里等了很久，完全没有父亲的消息。

那晚，女子坐在窗前，望着天上的圆月叹了一口气，说：“也不知道父亲如今怎么样了！是生还是死，怎么也得来个信儿啊！”

别的战士都有家书寄回，她的父亲却音信全无，她的心里实在是着急啊！

就在这时，马厩传来了嘶鸣声。女子回头一看，家里养的那匹白色骏马竟来到了她身边。

女子笑着对它说：“马儿马儿，如果你有灵性的话，就帮我把我的父亲从战场上背回来。如果你能做到的话，我就嫁给你！”

那匹马好像听懂了女子的话，只见它挣开缰绳，一路朝北奔跑而去。

女子看着马儿离去的方向默默祈祷：“但愿父亲能早日回来！”

日子就这么一天天过去了，女子每天都会在窗口处往外眺望，可惜始终没有她父亲和骏马的身影。

女子想，自己是不是疯了，怎么能把希望寄托在骏马身上呢，或许当时的它只是想逃走罢了。

女子叹了一口气，再也不往窗口张望了。

又过了几天，一个深夜，女子坐在火堆旁就

着一点点微弱的光缝着手里破旧的衣裳。

突然，她听到门外有马蹄声。

女子一下子站了起来，她不顾手里的衣裳掉在了地上，急忙打开门跑到了外边。

外面夜色很浓，寒冷的风呼呼地吹过她的头顶。她听到马蹄声越来越近，越来越近了！

终于，她看见了那匹骏马，马背上还驮着一个穿着盔甲、受了伤的白发老人。

“父亲！”

女子跑过去哭喊道。

那个白发老人强撑着身体从马背上跳了下来，一把将女儿搂入怀里，说：“女儿，我回来了！今后再也不走了。”

“嗯！”女儿点头。

他常年在外征战，家中只有这个独女，现在想来，他觉得十分愧对自己的女儿。这时，骏马发出了一阵嘶鸣声，似乎是想引起女子的关注。女子看了看骏马，摸了摸它的头，笑道：“谢谢你！”说完后，女子就和父亲一同进了屋，而骏马只好落寞地回了马厩。

屋里，女子给父亲端了一碗热汤，说：“父亲，您快喝点儿，刚刚一定冻坏了吧！”

“嗯！”老父亲抿了一口汤，继续说，“这马儿说来还真是有灵性啊，要不是它，我早就死在战场上了！”

原来，他在战场上受了很重的伤，原本倒在地上已经奄奄一息了，是那匹骏马及时发现了他。它不仅叼来草药治好了他的外伤，还将他驮回了家里。

女子听到这里，心底慢慢地浮现出了一丝寒意。骏马救父亲之前，她可是向那匹骏马许诺，说它要是能帮她把父亲平安带回来，自己就嫁给它的。

可是，它是一匹马啊！人怎么能嫁给马呢？

父亲看出了女儿有心事，便问道：“女儿，有什么事你不妨直说！”女儿这才把事情的来龙去脉跟父亲说了。

父亲想了许久，立即下了一个决定，说：“女儿，你可不能嫁给一匹马啊！你还年轻，未来还有大把的好时光，怎能守着一匹马度过余生呢！这事你别管，父亲自有主张。”

隔日，这个老父亲就把骏马给杀了。

父女俩以为骏马没了，也就没有什么威胁了，却不想，这马的灵魂一直不散。每到夜里，女子都能听见窗外的马蹄声以及嘶鸣声。女子越想越害怕，终于在一个清晨，骏马化作一阵风将女子卷走了！父亲四处寻找都没有女儿的下落，终日郁郁寡欢。

终于在一个下午，他在离家不远处的一棵大树上发现了女儿的踪迹。可惜，他的女儿已经变异了，正往外吐着丝！父亲哭道：“女儿啊，是为父对不起你啊！没想到那牲畜会报复到你的头上来啊！”

“父亲别为女儿难过，这都是我欠下的债啊！”说完，她便永久地沉睡了。或许某一天，她能羽化成蝶，重获新生，但谁知道这一天什么时候到来呢？

成长小站

呕丝之野的故事只是人们奇幻的想象，但这警示我们要言而有信，如果无法实现自己的承诺，就不要轻易开口哟。

经典重现《山海经·海外北经》

“呕丝之野在反踵东，一女子跪据树呕丝。”

59

dà rén guó
大人国

国民档案

异能：无

形态：巨人形

地域：大人国

从前，有一位名叫大人的国王，他总是赤裸着上身，披散着长发，很是奇怪。而且，他皮肤黝黑，体型巨大。

相传大人国就是他创建的。大人国美丽且繁荣，这里的百姓都生得十分高大，而且都喜欢划船取乐。

一天，有一位老人带着他的小孙子去划船，突然发现水里有几条黄头的大青蛇。老人吓得使劲儿划船，可惜还是没能躲过毒蛇的攻击。

本以为这只是个意外，却不想老人被咬伤后不久，又有许多百姓被黄头青蛇咬伤。于是，大家便联名向国王求救，希望大人国王派兵帮他们把那些黄头青蛇杀了。

大人国王得知后，立马请来了最好的猎人和剑士，他说："谁要是能把这些黄头青蛇击败，我就封他为大将军。"

闻言，这些猎人和剑士都相当激动！由于他们身材健硕，一般的猛禽在他们眼里就相当于一只小兔子，所以在没见到那些蛇之前，他们压根儿就不把那些蛇放在眼里。

可惜那些黄头青蛇也是蛇中巨蟒，他们这些人根本不是黄头青蛇的对手。

只见它们一张开血盆大口，这些人就被吓得晕了过去。

有些幸运的人回来后向他们的国王禀报说：“那蛇不是普通的蛇，它们体型硕大，而且好像有什么灵力护体。我们只要一靠近它们，就动弹不得了，然后只能任由它们啃咬。”

大人国王听了后十分头痛，这拨人没用，便只好想其他的方法了。

这时，他身边的一位谋士献计道：“我曾听过一个传说，不知当讲不当讲！”

“有什么就直言吧，要是讲得不好，我也保证不让你的脑袋搬家。”

见大人国王如此幽默，谋士便也不再紧张了。

“我听闻，这黄头青蛇吃东西都是一口吞的，如果我们能够诱使它们去吃一个很大很大的东西，说不定就能将它们捉住。”

“你的意思是转移黄头青蛇的视线，从而达到目的？嗯，这主意是不错，不过……”大人国王拍了拍谋士的肩膀，继续说道，“怎么样才能让黄头青蛇吃下巨大的食物呢？”

“据我了解，这黄头青蛇最爱吃动物，我们何不……”

“嗯！有道理。”

大人国王听了谋士的话，当晚便吩咐人捕捉了许多野兔、野鹿来。这次，他们要将黄头青蛇一举歼灭。

百姓们听从了国王的指示，齐心协力布下陷阱——他们将野兔和野鹿数只捆成一团，做成了许多巨大的诱饵。没过多久，那些蛇就闻着味道过来了。

见此地食物成堆，它们还以为人类在讨好自己呢，却不想，正当它们吞咽到一半时，大人国的超大号捕蛇网就扣了下来。

这下，它们可算是全军覆没了。

就这样，大人国又恢复了安宁和平，而他们的大人国王，也成了百姓们心中真正的大人。

成长小站

古时人们大多以打猎获取肉食，所以野兔和野鹿都是食物。如今我国物产丰富，饲养的家畜能够为我们提供足够的肉食，大家可千万不能违规猎捕和食用野生动物哟。

经典重现《山海经·海外东经》

“大人国在其北，为人大，坐而梢船。”

60

jūn zǐ guó

君子国

神异档案

异能：无

形态：人形，衣冠带剑

地域：君子国

传闻古时有这样一个国家，那里的人每天都穿戴整齐，给人一种气宇轩昂的感觉，他们还喜欢在腰间佩一把宝剑，看起来非常威武。而且，他们都十分谦和有礼。

大家都说，正因为那是一个人人都很懂礼节的国家，所以才叫君子国。

有位商人就曾经去过这个神秘的国度。

刚到君子国时，商人完全不懂君子国的规矩，一门心思只想着和君子国的人做生意。

于是，为了能拓展人脉，他向国君进献了非常昂贵的宝物。

那是一颗可以在夜里发光的宝珠。商人想，国君一定非常喜欢，这样自己就能在君子国立足了！商人越想越兴奋，一整夜都没有睡着。

第二天，商人早早地起来了，他把自己打扮得很得体，头发也梳得油光发亮，还学君子国的人佩上了宝剑，就连他的随从都不免惊叹：“老爷人逢喜事精神爽啊！”

他也很高兴，于是说：“小子，咱们要发大财了！”

“发财？”随从一脸的震惊。

“是啊！我昨天给他们国君献了一枚宝珠，你想啊，连他们国君都在用我的东西，这不正说明我值得信赖吗？”一想到这儿，商人笑得连眼睛都眯起来了。

随从尴尬地笑了笑，没敢吭声。

就这样好几天过去了，商人盼星星盼月亮终于盼来了国君身边的人！可是他们并不是来赏赐他，而是来逮捕他的。

商人吓得尖叫：“你们……你们干什么？你们不能抓我！”

“抓的就是你！”

“我们国君有严格的规定，任何人都不能向他进献珍宝进行贿赂，轻者直接赶出国，重者要杀头处理！”

“杀杀……杀头？”商人吓得说话都不利索了。

“不过，你也别担心，你毕竟不是我们君子国的人，我们国君会从轻处置的！”

商人这才拍了拍胸脯。幸好他不是君子国的人，要不然，这

条小命可就保不住了！

很快，士兵就把商人带到了宫里。

一见君子国的国君，商人立刻跪在地上大喊："请国君饶命啊！听闻君子国向来重视礼仪，是一个文明大国，您作为国君，千万不要同我一般见识！"

国君笑道："你倒是挺会说话啊！"

商人心想，要是不会说话，他的小命早就不保了，还能经商这么久吗？

"我……我也是刚刚才听说你们国家的规矩，要不这样，我当着您的面，把这颗夜明珠给烧毁了，如何？"

国君一想，这样也好，就当是让所有人都看看，贿赂国君是不会有好下场的，那样人们也就不敢再进献珍宝了！

于是，商人为了保住自己的一条小命，亲手烧毁了自己的宝珠。回到自己的住处后，商人立马背起了自己的行囊，准备离开君子国。随从看商人心急火燎的样子，问道："咱们还发财吗？"

"不发了，不发了，再发下去，我就性命不保了！"

自此，君子国再没有发生过贿赂的事，他们君子一般的作风，也为他们赢得了外人的爱戴与信任。

成长小站

大家都想成为君子，可是在利益面前，并不是每个人都能守住自己的底线。但也正因如此，那些恪守原则的人才更令人敬佩呀。

经典重现《山海经·海外东经》

"君子国在其北，衣冠带剑，食兽，使二文虎在旁，其人好让不争。"

61

máo 毛 mín 民 guó 国

国民档案

异能：无

形态：人身生毛

地域：毛民国

在很久以前，有一个小部落，部落里有一个奇怪的男人，无论是刮风还是下雨，他都会坚持不懈地打猎劳作。

但是，他挣到的钱不会用，而是会偷偷地藏起来，甚至连他的妻子都不能花他一分钱。最终，妻子忍受不了他的一毛不拔，带着一岁多的孩子回了娘家。

即便是这样，他也执迷不悟，而且越来越吝啬。他每天只吃清水煮野菜，连一块肉都舍不得吃；只穿缝了又补，补了又缝的旧衣裳，连双新袜子都舍不得买。直到有一天，他病倒了。部落里的巫医看了看，面色凝重，连连叹气，说："你这病是治不好了。"

他抱住巫医的手臂哭喊道："您救救我呀！"

"救不了了，你已经病入膏肓了。"

是啊，这些年来他没日没夜地做事，苦活儿累活儿来者不拒，不仅把妻子逼走了，还把身体也累垮了，现在空留一堆钱，又有什么用呢？一想到这里，男人就非常难过，可是要他把钱全部捐出来帮助别人，他还是不愿意的。

终于，在三天后的一个深夜，一毛不拔的他永远闭上了眼睛。至于他的那些钱怎么处理，这已经不是他一个死人应该担心的事了。

可虽然如此，魂归冥府的他还在不断地念

叨：“不会有人偷走我的钱吧？我妻子不会回来拿我的钱吧？还有那些来帮忙料理我后事的人，他们不会私吞我的钱吧？”连阎王听了都连连叹气，这简直就是一个彻头彻尾的吝啬鬼啊！

“既然他这么吝啬、一毛不拔，我看不如就让他下辈子变成一个浑身长毛的人！看他拔不拔！”阎王身边的仆从如此建议。

于是，他就被阎王一脚踢入了轮回道。

没过多久，他就转世到了一个奇怪的地方，这里的人们浑身都长着又长又厚的毛发，活像一群毛猩猩。不仅如此，他们的毛还会不停地脱落。他们走到哪里，哪里就有他们掉的长毛。

他们吃饭时，毛会掉到他们的碗里，稍有不慎就吃进了嘴里；他们洗澡时也特别不方便，过多的毛发不仅会污染水，还总洗不干净；他们就连睡觉都有麻烦，因为床上到处都是他们的长毛，慢慢堆积起来，床就成了虱子的乐土。

不仅如此，他们一边掉毛还一边长毛，而且掉毛的速度远远赶不上长毛的速度！就算是大把大把地往下拔，他们身上的长毛也一点儿都不见少，为此他们十分苦恼。

后来，还是一位阅历丰富的智者路过这个地方指点了他们，说：“这是上天故意在惩罚你们呢！如果你们慷慨一些，多帮助别人，改掉吝啬的毛病，说不定就还有救！”

听了智者的话，他们开始试着帮助身边的人。

日子就这么一天天地过去了，他们帮的人越来越多，而神奇的是，他们毛发生长的速度竟然真的越来越慢了。而且，因为慷慨助人，“毛猩猩”的生活也充满了欢声笑语，再也不为那些毛发而发愁了。

相传，这个奇怪的地方就是毛民国。

可毛民国居民与生俱来的长毛到底是不是因为吝啬才长的呢？这已经不重要了。

成长小站

阎王与转世都是虚假传说，不过吝啬确实是不好的习惯。节约是不花不该花的钱，而吝啬是连该花的钱也不花，大家一定要弄清楚二者的区别，不要变成一个一毛不拔的吝啬鬼哟。

经典重现《山海经·海外东经》

“毛民之国在其北，为人身生毛。一曰在玄股北。”

62

dīng líng guó
钉灵国

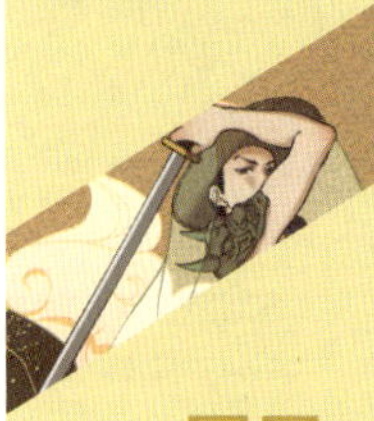

国民档案

异能：跑得飞快

形态：人形马蹄，膝以下有毛

地域：钉灵国

在很久以前，有个神秘的国度，那里的人会在“马掌”上钉马掌钉，发出“丁零丁零”的响声，因此被称作钉灵国，也叫马胫国。

但是他们的“马掌”可不是长在马身上，而是长在他们自己身上。钉灵国人膝盖往下还长满了长毛，他们跑起来就像飞驰的骏马一样快。因此，钉灵国人出门不需要骑马，只需要动动自己的马蹄子，就可以在山谷和森林之间自由穿梭了。

钉灵国人骁勇善战，他们的体力和耐力都超过了常人。当其他国家的人还急着骑马冲刺时，钉灵国人已经直接奔向了敌军。他们没有落马的风险，因此作战更加便利。而且，他们动作敏捷、速度惊人，作战时展现出的力量和勇气更是让其他国家的战士望而生畏。

因此，很多人都说他们是半人半马的“战怪”，畏惧他们，也鄙夷他们。

邻国人每次看到钉灵国人都会露出无比嫌弃的表情。

一天，一个钉灵国人去邻国买衣服。因为邻国人心灵手巧，做的兽皮服饰非常好看，那人便想买件美丽的裙子给自己的新婚妻子，可惜邻国人说什么也不肯将东西卖给那个钉灵国人。

那个钉灵国人问：“你为什么不做我的生意呢？我又不会赖账。”

“不好意思，我就是不做你的生意，请回吧！”邻国人说完后，就摆出了一个“慢走不送”的姿势。

那个钉灵国人只好两手空空地回了家。

其实，钉灵国人个个都勇猛无双，他完全可以强硬一些的，但他还是很有礼貌地离开了，并没有为难邻国人。

虽然在外常受欺负，但并不妨碍钉灵国人对外来客人热情友善。他们时常会为外来客商表演极速跑步和传统舞蹈，还会邀请他们品尝当地的美食。

凡是来过钉灵国的人，都会觉得这里就是人间天堂。可是邻国人就是看不起他们。

“唉——”没买到衣服的那个钉灵国人坐在门槛上发愁，他想，到底要怎样才能打破邻国人对自己的偏见呢？

结果，没过几天邻国就发了一场大洪水。

洪水奔涌而来，几乎要将那个国家整个淹没了。邻国人一个个都惊慌失措、四处逃命。消息很快传到了钉灵国，钉灵国人二话不说就跑去参与了救援，那个没买到衣服的小伙子也不例外。他奔跑的速度非常快，救了人之后便立即将他们放在安全的地方，然后又奔跑着回去救其他人。

他们不顾自己的疲惫，用尽全身力气从洪水中救人。一次、两次、三次……累得全身是汗也没有停下，终于帮助邻国人都脱了险。

那些被救的人纷纷朝他们下跪磕头，说：“谢谢你们呀，你们都是一群好人啊！从前是我们以貌取人，实在惭愧啊！”

那个卖衣服的人也找了过来，他对没买到衣服的那个钉灵国小伙子说：“这条皮裙就送给你吧，请你千万要收下，这是送给英雄的礼物。”

“这怎么行！我怎么能白拿你的东西，我……”

“收下吧，你的善良与热心应该被奖励。”大家纷纷过来劝小伙子，还对钉灵国人大加夸赞。

听着这些真心的表扬，钉灵国人却不好意思地躲了起来。原来，他们还是一群容易害羞的英雄。

之后，邻国人和钉灵国人相处得十分和睦，邻国人会把他们最好的服饰和最精致的工艺品拿出来和钉灵国人做交易。曾经，这些东西钉灵国人连想都不敢想！

再后来，很多国家的人都知道了钉灵国人洪水中舍身救人的事迹，纷纷放下了对他们的偏见，与他们结交。

成长小站

有人的地方就有偏见存在，我们不用为了别人口中的“我”而伤心，只要行事磊落、处世坦然，用真心换真心，人们迟早会了解真正的你。

经典重现《山海经·海内经》

“有钉灵之国，其民从膝以下有毛，马蹄善走。”

有一个古老的国度叫伯虑国。这个国家有一种奇怪的习俗，那就是他们不睡觉。但是他们不是因为不困所以不睡觉，而是因为害怕睡觉所以不眠不休。

曾经有一个游人就到过这里。

有一天，游人走在大街上，突然看到一位体态丰腴的妇人一头栽在了地上。他吓得赶紧过去施救，却被一旁的路人拦住了。

“你别管，她只是睡着了，没什么大碍。”

游人叹了一口气，说道：“你们要是困了就好好休息，不眠不休能有几个人受得住啊！”

那人笑道：“你懂什么！睡着了万一醒不过来怎么办？”

“怎么会醒不过来呢？”游人好奇地问。

路人把他拉到了一边，郑重其事地说：“我给你讲个故事吧，你听完就知道是怎么回事了。”

据那人说，伯虑国在很多年前发生过一次大的灾难。当时，整个国家都被一场瘟疫笼罩，人们一个接一个地去世，每个人都担心自己撑不到第二天清晨。于是人们都不敢睡觉，因为那些去世的人，绝大部分都是在睡梦中离世的。

听到这儿，游人笑着摇摇头：“真是愚不可及。”

“我看先生谈吐不凡，可有什么妙招儿啊？”

63

bó lǜ guó
伯虑国

国民档案

异能：无

形态：人形

地域：伯虑国

游人想了想，道：“你们害怕睡觉，其实是缺乏安全感。”

“那要怎样才能获得安全感呢？”

游人说：“何不建一座‘安眠神庙’，专门为那些害怕睡觉的人提供安全保障？神庙里的智者还能教导大家如何平静地面对死亡和未知，帮助大家克服恐惧。”

“这个主意倒是很好，可惜要实行就比较难了！”

“是啊，需要你们的国君配合才行！”

游人话音刚落，就听到有人喊道：“刚才晕倒的就是国君的妻子！”

游人觉得这是一个契机，于是便叫人抬着晕倒的国君夫人拜见了伯虑国的国君。游人动之以情，晓之以理，终于说服了国君。

在国君的带领下，一座“安眠神庙”建了起来。游人原本还很高

兴，心想自己可算是为伯虑国的国民解决了一个大麻烦。可奇怪的是，他在“安眠神庙”门口一连站了几个时辰都没看到有人进去睡觉，甚至连进去听智者开解的人都没有。

出于好奇，游人拉了几个人问：“你们为什么不进去呢？”

“这个……实在抱歉，睡着了以后的事谁都不能预料，万一我们在梦中死去了，总不能叫你偿命吧？”

“就是，我宁愿累极了晕过去赌一把，没准儿，几天后我就会苏醒呢？这样直接进去睡，恐怕很容易睡死过去。”

游人本想让国君当个榜样，没承想，一听说要真的进“安眠神庙”睡觉，伯虑国国君立马就溜走了。

于是，游人没再多说什么，背上行囊便离开了伯虑国。

他已经想明白了，就算建一百座“安眠神庙”，他们也是不敢进去睡觉的，伯虑忧眠，心魔难消。

成长小站

物质上的困难可以很快克服，人们心中的心魔却很难消除。所以，如果我们恐惧一个事物，就要趁早想办法打消这种恐惧，不能让它成为我们心里的大山哟。

经典重现 《山海经·海内南经》

“伯虑国、离耳国、雕题国、北朐国皆在郁水南。郁水出湘陵南山。一曰相虑。”

64

xiāo 枭 yáng 阳 guó 国

国民档案

异能：无

形态：人面长唇，黑身有毛，反踵

地域：枭阳国

据说曾经有一个叫枭阳国的国家，那里的居民个个都长得非常怪异：他们有着人的面容，但嘴巴特别大，嘴唇又厚又长，身上还长满了黑色的长毛，更奇怪的是，他们的脚是朝着身后长的。不过，他们的行动十分敏捷。大家都说，幸好枭阳国人都不是很聪明，不然就是真正难缠的人形野兽了。因为，他们最大的爱好就是吃人肉。

虽然他们见到人就咧着嘴大笑，但是确实是非常危险的存在。如果遇到了枭阳国人，一定要快速逃跑。

有一位年轻的勇士曾经就差点儿遭了枭阳国人的毒手。

那阵子，枭阳国附近经常有人失踪，所以大家都不敢靠近枭阳国，这位勇士却不怕。他是一位背着弓箭的猎户，特别喜欢打抱不平。

他听说了枭阳国附近经常有人失踪的事后，就跑过来想一探究竟。他还说："我倒要见识见识这枭阳国人到底有什么通天的本领！"

于是，在一个深夜，他独自来到了枭阳国边境的一片树林，林中回荡着风吹树叶的哗哗声。

突然，一道黑影闪过，勇士还没来得及眨眼，就被枭阳国人袭击了。等他醒过来的时候，只见几个浑身长满黑毛，跟大猩猩一样的人正瞅着他一个劲儿地傻笑。

“你们！你们是枭阳国人？”勇士保持冷静，上下打量着他们。

那些枭阳国人果然如传闻中的一样，智商不高——他们把他逮住了，但是没有在他手上绑绳子，给了他一个很好的逃跑机会。

勇士看准时机，慢慢从腰间抽出他的宝剑，趁那些枭阳国人不注意，将剑朝他们刺去。只是他也没想到，他们的皮肉如此厚实，连宝剑都刺不进去。这可怎么办？情急之下，勇士想起了他们先前抓住自己时大笑的样子。

枭阳国人大笑时嘴唇会翻到额头上，完全遮住他们的眼睛，让他们看不清东西，这就好办了！

于是，勇士佯装求饶，还说了许多恭维枭阳国人英明神武的话，逗得他们一个个哈哈大笑。就在此时，勇士出剑刺穿了他们的喉咙，成功逃离了枭阳国人的魔爪。

不仅如此，他还把这个方法传授给了周遭常年受枭阳国人侵害的国民。

渐渐地，大家都开始效仿勇士随身佩带宝剑，而他们路过枭阳国时也不再害怕了！毕竟，他们已经掌握了对付这群傻里傻气的枭阳国人的方法。

成长小站

面对强敌，如果有足够的能力正面取胜固然很好，如果没有，我们便要像勇士一般，学会利用对方的弱点谋取成功。

经典重现《山海经·海内南经》

“枭阳国在北朐之西。其为人人面长唇，黑身有毛，反踵，见人则笑，左手操管。”

65 氐（dī）人（rén）国（guó）

国民档案

异能：无

形态：人面鱼身

地域：氐人国

很久以前有个神秘的国家叫作氐人国，这个国家的居民长得很奇特——上半身是人而下半身是鱼。因为这种特殊的身体形态，他们既能在水里生活，也能在陆地上生活。

不仅如此，他们还有着帝王血统，与神树共同生活——他们是上古部落首领炎帝的后裔，与高大的建木为邻。

建木是一种神树，无论是日光或月光照耀着它，它都不会产生任何的影子；无论是遭受狂风还是暴雨侵袭，它都能安然立在那里，不发出半点儿声响。建木生长得十分高大，甚至可以直通天宫，是各路神明前往天宫的重要通道。

有一个部落里的长老就很喜欢讲建木和氐人国的故事，每次讲起那个故事，他都会潸然泪下。

很久以前，有一个勤劳朴实的年轻人，他在一棵高大的建木下结识了一个美丽善良的姑娘。

他见姑娘一个人躺在树下，便替她生火取暖、驱赶野兽，还将自己的干粮分给她吃，俩人交谈甚欢。

姑娘见他忠厚体贴，便说要嫁给他。年轻人心里很开心，他也很喜欢这个美丽温柔的姑娘。可是年轻人转念一想，他家里穷得老鼠都搬家了，姑娘嫁给自己恐怕连饭都吃不饱。

于是他对姑娘说：“实在不好意思，我不

能答应你！”

姑娘满心疑惑，问道：“难道你不喜欢我，觉得我配不上你？”

“不不不，我做梦都不敢想你这样好的姑娘会愿意嫁给我。”

“那你为什么不同意这门亲事呢？”

“我家境贫寒，而且我们部落的人不能擅自与外人婚配，除非有人介绍，与我一起上报部落中的长老。”

姑娘笑道：“那好办，我找个人上你们家去说媒就行了！”

年轻人没想到这姑娘行为举止如此大胆，活泼又可爱，便点头答应了这件事。第二天一早，他们各自回家。没过几天，年轻人的家中竟然真的来了一位介绍人，还跟他一起去面见了部落长老。

就这样，两个人很快便结了婚。

婚后，为了让自己的妻子过上好的生活，年轻人也更加努力干活儿，他的妻子也是十分的贤惠，把家里打理得井井有条，夫妻二人十分恩爱。

可是这样宁静的幸福生活并没有维持太久。一天，年轻人的家中来了许多客人，那些人仪态端庄、表情严肃，就像是传说中的神仙。还没等年轻人开口问，那些人便说要把他的妻子带走。

年轻人自然不会允许别人拆散他们夫妻俩，于是，他拿起一根木棒就要跟他们拼命。

“你们休想带走我的妻子！”

“你看仔细了，她可不只是你的妻子，她还是我们氐人国的公主。”说话那人一施法，姑娘就幻化成了半人半鱼的模样。

年轻人看到后非常震惊，但仍然抱住他的妻子哭道：“不管她是人还是鱼，她都是我的妻子，我是不会让你们带走她的。”

“不自量力！”说着，那人一甩衣袖就把姑娘带走了。

姑娘走后，年轻人就跟丢了魂似的，整日坐在门口呆呆地望着天空。

几天之后，当初那个介绍人登门拜访，她拄着拐杖来到年轻人身边说：“你还记得你小时候在河边救过的那条怪鱼吗？”

年轻人点了点头。虽然已经过了二十年，但是他还是能想起来，那是一条长着人手的小鱼，非常奇特。

“那就是你的妻子，她在建木下等你就是为了报恩，如今她的恩也报完了，她得回去，跟她的族人一起生活了。”

“婆婆，您能让我见一见我的妻子吗？”年轻人跪在地上恳求。介绍人叹了一口气，见年轻人是个情深义重的人，便向他透露：“我听说她被罚去守建木了。”

年轻人点点头，立即收拾好行李准备出发。

他跋山涉水，到处寻找氐人国的入口。可即便他历经了千辛万苦，也再没见过那种通天的神树，没进过氐人国。

他只能在群山之间日日夜夜呼唤自己的妻子。

一晃很多年过去了，当初意气风发的年轻人变成了一个白发苍苍的老人……

“后来怎么样了呢？”听故事的人问那个长老。

长老抿着嘴，抬手擦去了自己眼角的泪。

“那个年轻人就是你吧！”听故事的人说。

长老笑了一下说：“不过是故事罢了，这个世界上怎么会有氐人呢。不过，如果真的有，她不能一直留在那个年轻人身边，也应该是一直爱着那个年轻人的吧。”

长老说完后，大家都沉默了。是啊，无论神奇的氐人存不存在，人与人之间的感情都是真实的、宝贵的。

成长小站

连氐人都知道报恩，我们也要记得做一个懂感恩的人哟。不过以身相许可千万不要学，毕竟，我们可是理智的现代人。

经典重现《山海经·海内南经》

“氐人国在建木西，其为人人面而鱼身，无足。”

66

quǎn 犬 fēng 封 guó 国

国民档案

异能：无

形态：似犬非犬

地域：犬封国

有一个神秘的国度叫作犬封国，也叫犬戎国。犬封国盛产一种神奇的马，叫作吉量马。它双眼会闪光，通体长着雪白的皮毛，唯有马鬃（zōng）是火红色的，看上去十分奇特，但更为奇特的还是他们的国民。

相传犬封国男子都长得像狗，喜欢穿宽大的长袍，不过身体其余部位与普通人没什么两样；国内的女子则都是正常人形，而且十分美丽。

这里民智未开，是个男尊女卑的国度。姑娘们不能出去工作，只能在家等待她们的丈夫回来，而且她们还必须精心打扮自己，为丈夫准备好丰盛的美酒佳肴。

犬封国的男子食欲旺盛，吃得非常多，而且对食物的种类也很挑剔——他们只喜欢吃各种肉食，对蔬菜水果都不感兴趣。非犬封国的人都不明白，这样长得奇怪，吃得又多的男子，怎么能够娶到这些漂亮的姑娘呢？其实这是有缘由的。

在很久很久以前，高辛氏部族常年受外族骚扰，终日不得安宁。高辛氏迫不得已，只好颁布了一个招募令：谁能斩了外族首领的脑袋，谁就能娶他美丽的女儿。

高辛氏的爱犬盘瓠（hù）听到这个消息后兴奋极了，当晚它就偷偷潜入了敌方的领地。

三个月后，它竟然真的把外族首领的脑袋叼

了回来。高辛氏本来是很开心的，因为他的麻烦终于解决了，可很快他又开始发愁。盘瓠虽然勇敢机敏，可它始终是一条狗啊！狗怎么能娶他最爱的女儿呢？

“唉，还以为会是一位英勇的武士完成这个任务，却不想……”高辛氏实在是很想反悔。可是，他是一族首领，必须要守信用。正所谓君无戏言，如果他说话不算数，那以后还有谁会死心塌地地跟着他呢？

就在他左右为难之时，盘瓠突然开口说话了，它说：“主人，请不要担忧，只要您把我放在金钟内七天七夜，我就可以幻化成

人，娶您的女儿了。”

高辛氏一听，尽管满心疑惑，还是立马就按照盘瓠说的办了。

可当盘瓠躺在金钟里满了六天时，美丽的部落公主实在很好奇狗怎么可能变成人，于是就偷偷地将金钟打开了一条缝。

结果，盘瓠化人时间不足，他的身体虽然已经幻化成了普通人形，可头部仍然保留着狗的特征。

“这是怎么回事啊？”公主也吃了一惊。

高辛氏看到后叹了一口气，摇头说道：“女儿啊，你怎么如此心急呢？现在好了，他只能用这副身躯来跟你成亲了。”

公主这才发现自己干了一件多么愚蠢的事，可是事已至此，她又能怎么办呢，毕竟盘瓠化人失败也是她导致的。公主只好哭道：“既然如此，我就嫁给他吧。”

于是，半人半狗的盘瓠就和公主成婚了。后来，高辛氏由于不想让自己的女儿受苦，便划出了一大片土地作为封国送给了女儿和盘瓠。公主和盘瓠便带着众随从建立了犬封国。

不过很奇怪，无论是公主和盘瓠还是其他外来人员，只要在犬封国定居产子，所生男孩儿都是犬首人身，所生女孩儿都能像公主一般美丽。

成长小站

心急只会坏事！所以我们要尊重事物发展的时间规律，不能盲目贪快，更不能靠删减必要步骤实现所谓的提速。

经典重现《山海经·海内北经》

“犬封国曰犬戎国，状如犬。”

67

lín shì guó
林氏国

国民档案

异能：无

形态：人形

地域：林氏国

阿甲和阿乙都是商人，一天，他们结伴去很远的地方经商，路过了一个叫林氏国的小国家。

来这个国家之前他们就听说，林氏国人的身边总跟着一头奇怪的神兽。它的体型和老虎差不多大，身上有着五种颜色的斑纹，它的尾巴比身子还要长，人骑上它就可以日行千里，它的名字叫驺吾。

他们对这种野兽很感兴趣，心想，要是能得到一头驺吾，他们去别的地方就不用步行了。

就拿这次的生意来说吧，买他们东西的人要求他们三天之内将货物送到，他们紧赶慢赶，连睡觉都只敢睡几个小时，生怕误了生意。要是能有一头驺吾……俩人也就只敢想想，毕竟那样的神兽，岂是凡人能够轻易得到的。

就在这时，他们突然听见有人喊道：“救命啊，我的孩子落水啦！”

“不好！有人落水了！”阿甲连忙丢下货物准备去救人，阿乙却有些犹豫。只见他一把拉住了阿甲，紧皱着眉头说：“要是再耽误下去，我们的生意就黄了，到时候我们穿衣吃饭可能都成问题了啊！”

“那也没有救人重要啊！”阿甲斩钉截铁地回答。

阿乙想了想，一咬牙，也丢下货物跟着阿甲

救人去了。

幸好他们抢救及时，遇难的小孩儿才保住了一条性命，只是他们为此花了很多时间，生意恐怕是做不成了。可他们不知道的是，这个小孩儿竟然是林氏国国君的儿子。国君知晓这件事后，非常感激俩人，还邀请他们去做客。

由于生意已经被耽误了，对方又盛情难却，阿甲和阿乙便接受了国君的邀约。

阿甲和阿乙都是本分的生意人，他们不愿拿救人的事向林氏国国君讨要损失。可令人想不到的是，国君为了答谢他们救了自己的儿子，竟然要送他们一头驺吾作为谢礼。

阿甲和阿乙一听欣喜若狂，毕竟驺吾可是能载人日行千里的啊！

不过，他们也听说驺吾性子野得很，是很难驯服的神兽，所以就算国君要送给他们一头，他们也没办法骑它去送货。

这可怎么办呢？

阿甲和阿乙相互看了一眼后，将他们的顾虑告知了国君：“我们听说驺吾不好驯服啊！”

“这有何难，驺吾虽然性野，但是很通人性，二位心地善良，只要再加上一点儿勇气，我相信驺吾是非常愿意成为你们

的坐骑的。”

“那真是太好了！”

于是，他们就挑了一头合眼缘的驺吾。

“谁来向它展示自己的勇气，率先试骑呀？”驯兽师问道。

阿甲胆子一向都比较大，他拍拍胸脯说：“我来！”

刚开始走近驺吾，阿甲还有些担忧，可他没想到，等他真的来到驺吾身旁时，驺吾竟然主动俯下身来。就这样，阿甲和阿乙得到了日行千里的驺吾，相信用不了几个时辰，他们就能够将货物送到买家手里。

看来善良正直的人，运气都不会太差呀。

成长小站

善良是人际交往的基石，而勇敢是人突破自我的利器。我们也要像阿甲一样，心怀善意、勇于尝试。不过，我们可不能轻易去试骑小动物哟，毕竟它们不是通人性的驺吾呀。

经典重现《山海经 · 海内北经》

“林氏国有珍兽，大若虎，五彩毕具，尾长于身，名曰驺吾，乘之日行千里。”

68

yù 蜮 mín 民 guó 国

国民档案

异能：无

形态：人形

地域：蜮民国

很久以前，有一个叫蜮民国的小国家，那里生活着一群异人，他们都姓桑，以黄色的米为主食。之所以叫蜮民国，是因为这个国家生活着一种神奇的动物，叫作蜮。

蜮是一种毒性很强的虫子，它们生活在阴湿的山溪之中，样子跟鳖有些像，但是蜮只有三只脚，爬树下水都难不倒它们。它们的口中长有弩形的细长器官，可以喷出毒气，致使人生疮或是当场死亡，非常厉害。

蜮民国的人很害怕蜮，因为每年都有很多人葬身蜮口。一位名叫小桑的蜮民国少年就曾差点儿死于蜮的攻击。

那天，小桑跟往常一样上山打猎，突然听见有奇怪的声音传来。他抬头一看，吓了一大跳！

一只非常大的蜮正趴在一棵大树上盯着他，仿佛下一秒就要朝他喷出毒气了。小桑虽然心里很慌张，但表现得很镇定，他迅速拉开弓箭瞄准了蜮的头部，“嗖”的一声就将它击落在地上。

之后，小桑把射死的蜮带回了家。他本想做个标本，却不想被母亲稀里糊涂地做成了一道蜮汤。好在蜮肉并无毒，而且这汤的味道比鱼汤还要鲜美。

就这样，蜮民国的人发现了蜮是可食用的。

由于蜮汤实在过于美味，小桑整天都背着弓

箭上山去找蛾，导致原本威风凛凛的蛾一看到小桑就像老鼠见到猫，逃得远远的。

现在，蛾民国的人不再惧怕蛾，反倒是蛾开始害怕人类了。

可是，这种神奇的蛾究竟是怎么来的呢？

传说，在周惠王统治时期，王城里发生了很严重的战乱。周惠王不得已，只能离开王城迁到郑国去居住，可郑国人并不是什么良善之辈。他们觉得一个王竟然要到他们的国家躲灾，那一定要付出一些代价！

于是，郑国的国君时常派手下去找周惠王的麻烦。

周惠王此时就像是一只战败了的公鸡，哪里敢跟郑国国君斗啊！所以，他不得不把自己随身携带的一些珠宝进献给了郑国国君。

可郑国国君拿到珠宝后很是不悦，说：“周惠王就是这样忽悠寡人的吗？拿这些破东西过来，真是扫兴，我看不如把他赶走好了。”

说着，郑国国君就准备派人去赶走周惠王。

这时，他身边的手下行了一个礼，说道：

“您且慢，属下听说，他身边有一块美玉，那可是真正的价值连城之物。”

郑国国君眼珠子一转，当即派手下领着人去了周惠王的居所，让他们替自己寻找连城美玉。

一行人来势汹汹，周惠王等人根本无力阻拦。很快，他们便找出了一块晶莹无比的美玉。可还没等他们将美玉献给郑国国君，那玉就已经幻化成了蜮，疯狂地朝着人们喷射毒气。

他们无力抵挡，战胜了众人的蜮便逃走了。

成长小站

帮助遇难者本是人的应有之义，郑国国君却趁火打劫，不仅让自己的手下受伤，还使世间多了一种毒虫，我们可千万不能这么做哟。

经典重现《山海经·大荒南经》

“有蜮山者，有蜮民之国，桑姓，食黍，射蜮是食。有人方扜弓射黄蛇，名曰蜮人。”

69

shū shì guó

淑士国

国民档案

异能：无

形态：人形

地域：淑士国

相传，淑士国是一个崇尚君子文化的国家，他们以“贤良方正”“大方得体”为标准评价各色人物。

在这个国家，所有的国民都穿着素服，举止斯文，满口“之乎者也”，外表看起来很文明、很礼貌。但这些其实都是表象，他们的内心是很阴暗的。

要是跟人家产生了矛盾，他们表面上会彬彬有礼地向人家致歉，但一转头，他们就会辱骂人家。不仅如此，他们还非常吝啬，比如，他们买盐会细细地数好盐粒的数量，还会比较盐粒之间的大小；在街上买水果会要求去掉果皮和果核再称重。

可以说，他们就是一群地地道道的伪君子。

不过，这个国家有一位正直且大度的国君。

有一次，淑士国发生了一场重大的自然灾害，大量的房屋被毁坏，数百人无家可归。淑士国的国君对这场天灾感到十分痛心，于是派了很多将士前去赈灾，只是国库空虚，需要想一些办法筹集物资。

一位臣子说：“大王，我们何不召集富裕人士进行慈善捐助，以此救济难民呢？我想他们一定非常乐意。”

国君想了想便说：“这个建议不错，这件事

就由你去办吧！”他非常希望能够看到自己的子民在危难之时互帮互助。

领到差事的臣子立马找了国内的富商商量对策，想让他们捐赠一些食品、药品以及衣物等物资。可是这些人，一个个都表现得十分冷漠，他们并没有同情心。

最后，那位臣子把嘴皮都说破了，可还是什么都没有筹到，他只好垂头丧气地把这件事告诉了他们的国君。

国君这才意识到，大家平日里的友善都是假的！同时，他也深刻认识到，他的治国理念是有问题的。

于是，他派了好几位诚实的官员去调查，他想知道为什么淑士国的国民如此吝啬又没有同情心。

最后，他终于发现，淑士国的国民虽然崇尚君子文化，却忽略了一些重要品质，那就是仁爱与表里如一。

他们把吝啬计较看作节俭，把背后骂人看成不伤害别人的善良。于是，国君只好组织了一场慈善活动，希望能够给淑士国的国民们做个表率。

他亲自前往灾区帮助灾民，与灾民同吃同睡，直到他们的生活有所好转，他才回到了自己的宫殿。

之后，他派人去悉心打探国民们的变化，可是那个人迟迟没有回来。

国君坐在殿中想，思想的转变不是一日之功，无论打探回来的结果是好是坏，自己都会带领国民们好好改造。希望大家某一天都能成为真正的君子吧，只是，那一天什么时候才能到来呢？国君自己也不知道。

成长小站

人品从来都不是靠口头吹嘘，而是靠行动来彰显的。大度洒脱，救人于危难，表里如一……这些只有落实在行动中，才是真正的君子之德哟。

经典重现《山海经·大荒西经》

“有国名曰淑士，颛顼之子。”

70

tiān mín guó
天民国

国民档案

异能：驱使四兽

形态：人形

地域：天民国

在赤水之西有一个国家叫天民国，那儿的人能驱使四种野兽保护他们国家的安全。他们还特别会种植谷子,因此总有人偷跑到天民国来盗谷。

虽然那些野兽会驱赶外来者，但是也总有疏漏。这天，一群饥肠辘辘的人就跑来了天民国。

他们睡在一个废弃的神庙里，大家都战战兢兢的，因为他们都知道天民国有四种野兽守护，生怕惊扰了它们。可半夜，他们还是听到了猛虎的吼叫，他们吓得大气都不敢喘，缩成了一团。

接着，一个天民国人骑着一头老虎进来了。那是一位眉清目秀的少年，他看了看这些人的穿着打扮，本以为是有人来盗他们的谷子，却不想是一群可怜巴巴的灾民。

“你们都是哪个部落的灾民啊，怎么跑到我们国家来了？”

灾民们害怕极了，都不敢说话。

那少年笑道：“放心，我家的老虎不吃人！你们有什么困难可以跟我说。”

这时，人群里有一个胆大的人站了起来，他小心翼翼地说道：“我们的家园被一场天灾毁了，我们已经没有地方可以去了！”

“哦，这样啊。”

“我们已经三天三夜没有吃过东西了，我们不是来抢谷子的，我们只想来讨一点儿吃的，保

住性命。”

少年看了看这群灾民，感觉他们很可怜，于是便吩咐人拿来了一些食物。灾民们见此高兴不已，他们一边吃着食物一边弯腰朝少年道谢。

少年扶起他们，笑道：“不用谢，不过我帮你们也只能帮一次两次，今后你们有什么打算呢？”

大家伙儿你看看我，我看看你，都没有说话。这时，那个胆大的人走向前，说道：“大人，如今我们的家园被毁，实在想不到该去哪里了，看您气度非凡，您给我们指一条路吧。”

“你们有想过重建家园吗？”

那人有些为难地看了看少年，说道：“想过啊！当然想过！可是……我们不懂得种植……”不懂得种植就意味着没有粮食，就算他们现在回去了也会挨饿。

少年点点头，说道：“懂了，你们先在这里好好休息吧！过两天我再来看你们！”说完后，他留下一些粮食就走了。

回去后，少年就跟自己位高权重的父亲商量了一番。少年向父亲提议道：“要不，我们传授他们种植技术吧！这样就可以帮助他们重建家园，而我们也不必担心他们扰乱天民国了。”

“我儿心善，就依你说的办吧！”父亲对儿子的这个提议表示了赞同。

于是，在接下来的几个月里，天民国人就带着灾民们一起劳作。灾民们以自己的劳力帮助天民国人耕种，也在这个过程中学习如何选择适宜的土地，如何播种、浇水、施肥、除草等。

他们还发挥了自己的创造力，制作了许多耕种用的工具。经过一番努力，他们终于迎来了丰收。

天民国人将所获粮食的三分之一分给了那些灾民，又教导他们如何保存食物和催芽种植，还提醒他们无论何时都要储备一些口粮，以便应对未来的灾难。

“该学的你们都学会了，是时候离开了。”少年笑道。

灾民们抱着粮食一个劲儿朝少年道谢：“您的大恩大德，我们没齿难忘。”

后来，灾民们回到了自己的故乡，他们将所学的技术和经验传授给了其他人，终于过上了好日子。

成长小站

别人的帮助只能解一时之困，要想真正过上幸福的生活，必须依靠自己。所以，即便是在请求帮助时，我们也不能只是坐享其成，而要尽自己的力量，在辅助别人的过程中掌握自救的方法。

经典重现《山海经·大荒西经》

“西北海之外，赤水之西，有天民之国，食谷，使四鸟。”

71 轩辕国

xuān yuán guó

国民档案

异能：长寿

形态：人面蛇身

地域：轩辕国

在一个寂静的夜晚，一个年轻的男子路过一条小道，听到了哭丧的声音。他转过身，看见一支丧葬队伍。他们都穿着树皮制作的长袍，全身只露出一张脸，手持火把，面无表情地缓缓前行，男子顿时吓出了一身冷汗。

随着队伍逐渐靠近，男子看见了一具没有封棺的木棺。棺材里躺着一个年轻的男子，看上去皮肤还很有光泽，好像刚死没多久。

男子黯然神伤，觉得生命真是短暂，要是人能够长生就好了。

“唉！”男子不再害怕，而是重重地叹了一口气。突然，丧葬队伍中一位白须老人笑道：“你不必为此人难过。”

“为什么呢？”

其实男子压根儿就没有为死去的年轻人而难过，他感叹的是生命本身的脆弱。不过老人的话引起了他的好奇心，年轻的生命消逝，难道不该难过吗？

老人答道：“因为此人已经活了八百岁了，你应该为他感到高兴，他终于解脱了！”

男子简直不敢相信自己听到的话。

“老人家，您可别胡说，我只听过这世上有百岁老人，从没听过有八百岁的青年！这人……莫不是神仙？不过神仙可不会死啊！”

“那你就孤陋寡闻了！”老人摸了摸自己的白胡子，继续说，“你可曾听说过轩辕国？”

轩辕国？男子想了许久，摇了摇头。

老人笑道：“轩辕国的人都长得十分奇特，他们有着人的面目，却长着蛇的身子，他们的尾巴盘结在头上，就像一顶大帽子。正常人要是每天都戴着帽子可能会觉得脖子痛，但轩辕国人从来不会觉得不舒服。”

老人还告诉男子，轩辕国的风景也很优美，那里有凤鸟和莺鸾，它们会在天空中盘旋，在大树上筑巢产卵。轩辕国人喜欢吃凤鸟下的蛋，也喜欢喝树叶上的露水。有人说，他们是黄帝的后人；也有人说，轩辕国人长得和女娲很像，都是半人半蛇，所以他们是女娲的血脉。但无论如何，轩辕国都是一个神奇的国度，那里的人都很长寿，就算是短命的，也能活够八百岁。

男子听完后感到无比震惊，决定前往轩辕国寻找长寿的秘密。

于是，他偷偷跟在了那支丧葬队伍的后面，来到了轩辕国。

他逢人就问：“你可知长寿的秘密？”

人们都像看怪物一样看着他，然后摇头说道：“不知道。”

男子非常失落，猜想莫不是那个老人骗了他？可是，他在大街上随便拉一个人问年龄，对方都是几千岁，只是谁也不肯跟他多说别的话。男子只能继续在此游荡，打听长寿的秘密。时间久了，轩辕国人就都认识这个外国人了！

终于有一天，有一个人看不下去了，跟他说：“我们的长寿是与生俱来的，大家也不是不肯告诉你，只是这个实在是没有什么具体的方法。”

男子恍然大悟，又在轩辕国模仿了一阵子轩辕国人，希望自己能被同化。可是半个月过去了，他也没觉出身体有什么好的变化，反倒是感染了几次风寒，人也瘦了。

不过，他射箭的技术好了不少。毕竟他在这儿举目无亲，只能靠打猎为生。

“算了，射箭技术进步了也是好事。”说完男子就离开了轩辕国，成了一名出色的弓箭手。

成长小站

有些长处我们勤加练习可以习得，但有些优势是天生的，比如美妙的歌喉。因此，我们要珍惜并善用自己的天赋，不要浪费哟。

经典重现《山海经·大荒西经》

“有轩辕之国。江山之南栖为吉，不寿者乃八百岁。”

72

shòu má guó

寿麻国

国民档案

异能：无

形态：人形

地域：寿麻国

很久很久以前，有一个叫寿麻国的国家。它位置特殊，天气异常炎热。

它虽然不宜居，却大有来历。

传说南岳娶了一位名叫女虔的女子为妻。女虔聪明貌美且具有神性，她和南岳结婚不久就生下了季格，季格长大成人又生下了寿麻。

寿麻是一个有梦想、有抱负的人，他希望有一天能够带领他的族人过上幸福美满的生活。他们现在居住的地方每年都有数次大规模的自然灾害发生。虽然他们总会团结一致抵抗灾难，但还是生活得很不安宁。

一天，大地震动，汹涌的洪水从地里喷涌而出，仿佛要将整个部落吞没。

大家惊慌失措到处乱跑，这时，寿麻站了出来。他对族人喊道：“大家跟我走！”

于是，大部分的族人都跟在了寿麻的身后，他们一路向北逃去，找到了一个落脚的地方。

“我们先在这里住下来吧！”寿麻对大家说。

于是，他们开始在这里种植庄稼、养殖牲畜。慢慢地，人们也把这个地方当成了自己的家园。为了答谢寿麻的引路之恩，人们便把这个地方取名为寿麻国，推选寿麻作为他们的国君。

寿麻对此感到十分荣幸，他也暗暗发誓，自己一定会让族人过上安宁的生活。后来，为了保卫寿麻国，他还带人修建了高大而坚固的城墙。

几年后，寿麻国已经变得十分强大和繁荣了，可是人们始终没有忘记自己曾经的家，因为那里珍藏着许多美好的回忆。于是，有人请求寿麻，希望他能派人去他们原来居住的地方打探一下，看看洪水有没有消退，大地还震不震。

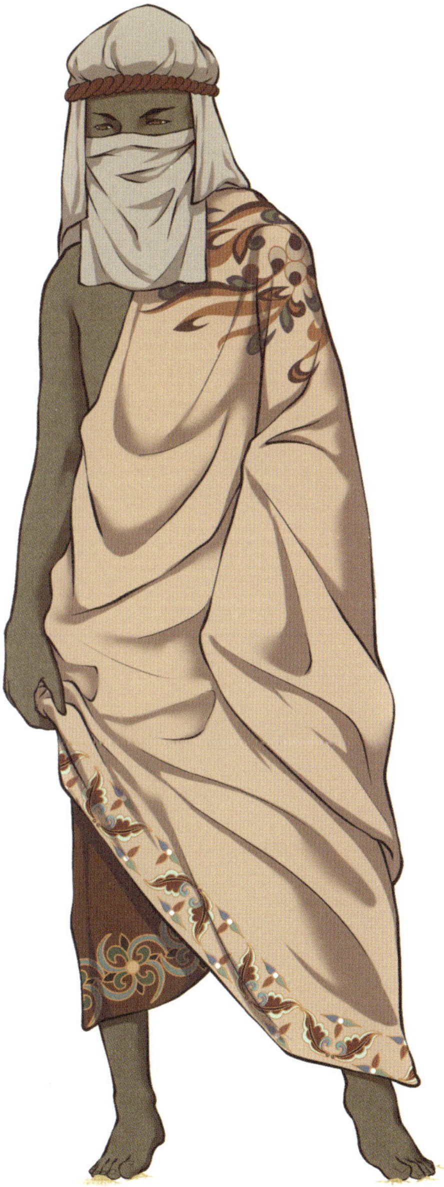

寿麻对大家的这一请求表示理解，于是就派了一些勇敢的人回到了他们原来居住的地方打探消息。当寿麻国人到那里时，他们惊呆了——那地方已经成了一大片湖泊，哪里还有什么人类居住过的痕迹呀！田地、房屋，甚至是高大的树木统统都消失了！

于是，他们把这一消息告诉了寿麻和国人，大家都感到十分惋惜，但是同时也很庆幸——如果他们当初没跟寿麻走，他们现在一定都淹死在湖底了。

为了纪念那些死去的族人，也为了纪念曾经的家园，寿麻在湖边立了一块碑。大家思念故人或是故土时，就可以去碑前参拜。

因此，麻寿国人对自己的国君更加感激了，他们决定好好珍惜当下的生活，好好发展自己的国家。

成长小站

不要后悔自己的每一个决定，因为你的选择可能是当时能做的最好选择。回忆固然很美好，可我们始终都要过好当下的生活，无畏地向前走哟。

经典重现 《山海经·大荒西经》

“有寿麻之国。南岳娶州山女，名曰女虔。女虔生季格，季格生寿麻。”

越翻越有趣的山海经故事

天地灵兽篇

张步天 / 主编
古　净 / 著

湖南人民出版社

图书在版编目（CIP）数据
越翻越有趣的山海经故事 / 张步天主编. -- 长沙 ：湖南人民出版社，2025.5
ISBN 978-7-5561-3596-7
Ⅰ. K928.626-49
中国国家版本馆CIP数据核字第202439ZU59号

越翻越有趣的山海经故事

YUE FAN YUE YOUQU DE SHANHAIJING GUSHI

主　　编　张步天
出 版 人　张勤繁
本册著者　古　净
监　　制　傅钦伟
责任印制　虢　剑
资源运营　湖南中教出版传媒有限公司
责任编辑　张玉洁
特约编辑　刘　缘
责任校对　夏丽芬
产品经理　冯紫薇
封面设计　杨思慧

出版发行　湖南人民出版社［http://www.hnppp.com］
地　　址　长沙市营盘东路3号
邮　　编　410005
经　　销　湖南省新华书店

印　　刷　长沙新湘诚印刷有限公司
版　　次　2025年5月第1版
印　　次　2025年5月第1次印刷
开　　本　710 mm×1000 mm　1/16
印　　张　41.5
字　　数　490千字
书　　号　ISBN 978-7-5561-3596-7
定　　价　158.00元（全三册）

营销电话：0731-82221529（如发现印装质量问题请与出版社调换）

前言

《山海经》，中国上古三大奇书之一，历来被誉为“上古文明的展示窗”“先民奇幻想象的至宝”。其以瑰丽动人的神话故事、灵幻玄妙的神异动物、浩瀚系统的神境创造成为国人心中永恒的经典。

作为我国首屈一指的文化瑰宝，《山海经》兼具地理、历史、神话、天文、医药、生物、矿产、民俗等多学科研究价值，所纳之广令人叹为观止。国人对这一宝藏的挖掘从未停息：先秦时期，《尚书》《诗经》《逸周书》《庄子》等典籍当中已可见对《山海经》的探索痕迹；西汉时期，司马迁、董仲舒、东方朔、刘向等名家都流露出对《山海经》的赞叹痴迷；直至汉晋，刘歆与郭璞的增编注传使《山海经》研究渐成体系……这样璀璨的一颗文化明珠，怎能让孩子们错过？于是，我们编写了这本《越翻越有趣的山海经故事》。本书以《山海经》原文为基础，以“儿童视角”为考量。

内容上，本书紧抓《山海经》的奇幻面，择取各种神人神话、异人国、灵兽、奇禽等相关记载，汇编为《异域神人篇》《天地灵兽篇》《奇幻鱼鸟篇》三卷。

其中，《异域神人篇》记载了孩子们熟悉的神仙朋友：追逐

太阳的夸父、塑泥成人的女娲、镇守昆仑的陆吾……亦收录了孩子们闻所未闻的异国奇旅：胸有大洞者生活的贯胸国、恐惧睡眠者生活的伯虑国、指甲盖般的小人儿生活的周饶国……

《天地灵兽篇》深入山林，以诙谐的笔触刻画那些长相奇异且各具神通的灵兽。当康、天狗、举父、飞鼠、朱厌……它们或为人类赐下福报，或给世界带来灾厄，于跌宕起伏的故事中尽显神功异能。

《奇幻鱼鸟篇》则上天下海，其中既有神鸟凤凰的风采、精卫填海的执着，又有神龟撑天的震撼、虎蛟割肉的大义，先民的美好道德追求在它们身上尽展无余。

形式上，本书以趣味故事为主体，附加《神异档案》《成长小站》《经典重现》等栏目，辅以精致彩绘，将《山海经》中扑朔迷离的描述具化为一个个生动可感的形象、一段段妙趣横生的奇遇。

这是一本孩子能读懂、乐意读的《山海经》，将带领他们叩响那个神秘世界的大门，开启一段惊险刺激的文化旅程。

目录

1

xīng xīng

狌狌

神异档案

异能：食其肉则善走

形态：猿猴形，白耳

地域：招摇山

远古时期有个叫黄天的小部落的首领，他不仅品行端正、廉洁奉公，还是一个大孝子。

一天，有个瘦子背了一个树皮袋来找他，说是有个好东西要给他看。黄天想，这人不会是来贿赂自己的吧！于是就问那个瘦子说：“你袋子里装的是什么？”

瘦子还没开口，树皮袋里就传出了一阵幽幽的叹息声：“只有一斗酒和我罢了！”

黄天感到好奇，这个袋子为什么会发出声音呢？他快步走过去打开袋子，看到里面居然是一只醉倒的猿猴。说是猿猴，它却长着一对白色的耳朵。黄天不禁对这个和人类一样有思想、有感情，还会说话的动物产生了怜悯之情。

据那个瘦子介绍，这个嗜酒的小东西叫作狌狌，十分珍奇。

“你是怎么抓到它的？”黄天问。

毕竟传说中的狌狌可是一种极难见的灵兽。据说，狌狌的身手十分敏捷，而且这种敏捷还能“传染”，如果有人能吃到一片狌狌肉，便可以健步如飞。

“哈哈，那是因为我有绝招儿。旁人只知道狌狌善走善爬，却不知道它们喜欢美酒……”瘦子一边说一边笑，很快就将捕获狌狌的绝招儿说了出来。

那日，他在野外上放了一葫芦美酒，又在酒葫芦旁边放了一双草鞋，他还故意把鞋带系上，绑在了树上。

很快，狌狌闻到了美酒的香气跑了过来。它警惕地看了看四周，发现没有人，于是，小心翼翼地把酒塞子打开，用手舀酒喝。一连喝了好几口后，它又躲到树后面朝四周张望，再次确定了附近没有人后，这才放心地抱起酒葫芦畅快地喝酒，直到喝得酩酊大醉。

那个瘦子还说，狌狌这种动物还有一个很有意思的特点，那就是它们醉酒后喜欢穿着草鞋跳舞，树皮袋里的这只狌狌就是这样。可惜它刚把鞋子穿上，正要站起来跳舞，就一头栽在了地上。于是，瘦子就这样轻松地把这只狌狌给捉住了。

“看来你抓它还是费了不少心思啊！”黄天说。

“那当然！”瘦子的眼珠子一转，接着说，“首领，您母亲的腿脚一直不好，要是把这只狌狌炖了……”

瘦子的话说到这儿时，黄天已经猜出了他的意图。

“说吧，你想从我这里得到什么？”

“首领呀，您不记得我了吗？”瘦子眨巴了两下眼睛说，“您再想想，两年前我上山打猎摔断了腿，是您命人采了草药救我，我才有今日啊。我之所以捉了这只狌狌来，就是为了报答您当年的救命之恩啊！”

“原来如此！”黄天叹了一口气，

继续说道，“万物皆有灵性，我怎么能将它……”

“我知道首领您心善，可是您的母亲……”

“我母亲的腿病已经有所好转了，这只狌狌还是放了吧！”

那只狌狌好像听懂了黄天的话，它迷迷糊糊地睁开眼睛，看着黄天，嘴角微微上扬，似乎在回应黄天的话。黄天见狌狌颇为有趣，就摸了摸它的脑袋。

“既然首领都这么说了，那我就听您的吧！”说着，瘦子就把狌狌交到了黄天的手里。

“多谢。”黄天接过狌狌便带着它一同去了山里。

他轻轻地拍了拍狌狌的头，用柔和的声音对它说：“走吧！去过自由的生活！切记从今以后不可再被美酒诱惑了。”

狌狌点了点头。

黄天笑着转身离去，而那只已经清醒的狌狌看着黄天渐行渐远，突然发出了清亮美妙的叫声。或许，这就是狌狌的致谢吧！

成长小站

万物有灵，传说中的“虎骨酒”“蛇羹”大部分都不具神效，但一定会对动物造成伤害。所以，在遇上涉及野生动物的食品、药品偏方时，我们一定要记得拒绝哟。

经典重现《山海经·南山经》

“有兽焉，其状如禺（yù）而白耳，伏行人走，其名曰狌狌，食之善走。”

2

lù 鹿 shǔ 蜀

神异档案

异能：佩其皮毛宜子孙

形态：马形白首，虎纹赤尾

地域：杻阳山

很久以前，在杻阳山上生活着一群名叫鹿蜀的神奇灵兽。它们经常成群结队地在草木茂盛的山间嬉戏，高兴的时候还会一起唱歌，那声音十分优美动听。

除此之外，它们的样子也十分美丽。它们拥有马的身体，并且像马一样健壮，善于奔跑。它们的头是白色的，有一条红色的尾巴，身上还长满了老虎的斑纹，但是性情十分温和。

然而，也正因为它们性情温和，不少居心不良的人便将它们当作“软柿子”，甚至对它们痛下杀手。因为它们身上的皮毛被称作神衣，而根据传说，人只要将鹿蜀的神衣披在身上，就能多子多孙，享受幸福美满的生活。因此，贪欲使人们成了追捕鹿蜀的刽子手,阿花的父亲就是如此。

阿花出生在部落中一个极其富裕的家庭里，可她的母亲一连几胎生的都是女儿，而她的父亲特别想要一个儿子来继承家业。于是，她父亲满世界地寻找“得子秘方”。

当他听说扒掉鹿蜀的皮，披在身上就能让他多子多孙时，他高兴得一宿没睡，第二天一早就花大价钱让人去寻找鹿蜀了。

可鹿蜀是一种非常敏感和警觉的动物，哪有那么容易抓住呢！于是阿花的父亲便以十头牛的高额赏金在部落中雇用了许多精壮的小伙子。那些人为了阿花父亲的十头牛，没日没夜地在杻阳山搜索。他们设下重重陷阱，就等着鹿蜀落网。

三个月后，他们竟真的捉到了一头鹿蜀。

那是一头非常瘦小可怜的鹿蜀，看起来像是刚出生没多久。

阿花的父亲一看，这头小鹿蜀又瘦又干，身上的皮毛也长得不够漂亮。为了不影响生儿子的效果，他就把它关进了草棚里，想着先养一段时间再说。

出于好奇，阿花悄悄地跑去了草棚。当她看到这头可怜的小鹿蜀时，她的眼泪都快要流下来了。

只见它小小的一头，腿上还流着血呢！

“你受伤了呀！别怕，我不会伤害你的，我来替你治疗吧！”阿花慢慢地靠近小鹿蜀。

一开始小鹿蜀害怕地直往后缩，慢慢地，它感受到了阿花的善意，也就放松了警惕。阿花熟练地帮小鹿蜀敷上草药，又摸了摸它的小脑袋，说：“等你的伤好了，我就送你回家吧！”

这话刚说完，阿花就捂住了自己的嘴巴。这可是父亲花了十头牛换回来的，如果她把它放了，父亲一定饶不了她。

可是，这头小鹿蜀真的很可怜啊！

阿花难过地离开了草棚，后来的几个月里，阿花每天都会去陪小鹿蜀说话，慢慢地，她们成了最亲密的朋友。

突然有一天，阿花听到父亲说，今晚就要把小鹿蜀杀了。阿花再也压抑不住内心想救小鹿蜀的欲望了，她跑到草棚将小鹿蜀身上的绳子解开，最后一次抚摸了小鹿蜀的头。

“快跑！”

小鹿蜀依依不舍地看着阿花。

“你再不跑就来不及了，我父亲准备今晚就把你杀了！”

小鹿蜀仿佛也听懂了阿花的话，转身跑开了。

“快跑吧小鹿蜀，希望你再也不要回来了。”

很快，阿花放跑小鹿蜀的事就被父亲发现了。

“你知不知道，小鹿蜀对我们家来说有多么重要！”父亲气愤地打了阿花一下，可是阿花一点儿也不怕，反而站得直直的。

她说：“父亲，披上鹿蜀的皮就能生儿子，你真的相信吗？我们捕猎是为了生存，不是为了炼什么生子药吧？”

“这……”父亲一句话也说不出来了！但他转念一想：我的女儿善良正直，又有哪一点比儿子差呢？面对我的责怪，她展现出的勇气可是一般男孩子都没有的。

从那以后，阿花的父亲对鹿蜀神衣也就没那么执着了。

成长小站

勇敢、善良、无私……这些美好的品质并不分男女，所以无论是男孩儿还是女孩儿，都可以是很优秀的孩子，大家可千万不能被封建的重男轻女思想影响哟。

经典重现 《山海经·南山经》

“有兽焉，其状如马而白首，其文如虎而赤尾，其音如谣，其名曰鹿蜀，佩之宜子孙。

3

猼訑
bó shì

基山的南面盛产玉石，而北面生长着许多奇奇怪怪的树木，山上还生活着一种很奇怪的灵兽，它的名字叫猼訑。

猼訑的样子长得很像羊，但有九条尾巴和四只耳朵，而且它的眼睛并不长在脸上，而是长在背上，跟传说中的神兽白泽很像。正因如此，人们相信猼訑和白泽一样拥有某种神奇的力量。

猼訑虽然长相威严，但它的性情极为温顺。它不会伤害其他动物，更不会攻击人。所以，猼訑一直很平静地生活在基山里。

一天，一个偏远部落的战将来到了这儿。

这个战将在很久以前就听人说过，上古时期的蚩尤身穿灵兽猼訑皮毛所制的战袍，作战异常勇猛。据说，不管是多么软弱无能的人，只要得到一件这种战袍，都能所向披靡，奋勇杀敌。这位战将趁着战败的间隙来到基山，就是为了找寻猼訑并用它们的皮毛做成战袍，以此赢得下一次交战的胜利。

这位战将是一位能干的勇士，他不仅懂得设陷阱，还会制作各种机关，所以，他很快就抓到了一只猼訑，成功获得了它的皮毛。

神奇的是，身披猼訑皮毛重返战场的战将，竟然真的凭一己之力，从敌对部落的战俘营里救出了他的手下。但是，他们并没有回到自己的部

神异档案

异能：披其皮则不畏

形态：羊形，九尾四耳，目在背

地域：基山

落，而是一同前往了狰池的栖息地——基山。

再次开战时，他们个个身披狰池皮战袍，看起来很是威风。

那场仗打得十分漂亮，他们不仅击退了敌对部落，还得到了许多战利品。

没有仗打的这段时间，战将便率领手下学习养殖狰池。毕竟，他们的部落要强大便需要很多的战袍。

可惜，狰池能够让人勇往直前、战无不胜的秘密是藏不住的。一个深夜，敌对部落一支精干的队伍偷偷地潜入了他们的驻扎地。

那支小队的目标不是夺人夺地，而是抢夺狰池。可是动静太大，战将的手下很快就发现了他们。眼看谁都无法拥有全部狰池，双方索性选择了鱼死网破——为了不让对方获得活的狰池，他们都将屠刀伸向了这群无辜的狰池。

经过一夜混战，两败俱伤。可怜

的猼訑也在双方争夺下死的死，伤的伤，侥幸逃跑的几只也被吓得再也不敢出现在基山上了。

后来，有人解释说，猼訑的皮毛压根儿就没有那么大的神力！所谓的增加勇气与战斗力，不过是因为猼訑长得实在是太奇怪了，因而披它皮的人看上去就像长了两只巨眼的怪物，令别人感到害怕，从而就不敢去靠近那人罢了！没想到，人们却因此痛下杀手，将它的皮毛当成了打胜仗的法宝。

成长小站

凭借外物使人变得勇敢、聪明、幸运等说法绝大部分都是骗人的，只能起到一种心理安慰的作用。真正的变强还需人本身努力，所以，大家不要被蒙蔽了哟！

经典重现《山海经·南山经》

“有兽焉，其状如羊，九尾四耳，其目在背，其名曰猼訑，佩之不畏。”

4 九(jiǔ)尾(wěi)狐(hú)

神异档案

异能：食其肉则不蛊

形态：狐形九尾

地域：青丘山

青丘山上住着一种名叫九尾狐的异兽，它们的外形跟普通的狐狸很像，只不过它们有九条长长的尾巴。

它们的叫声就像婴儿的哭声一般，但它们可不是什么温顺可人的动物，九尾狐最爱吃人！不过，若是人能吃到几片九尾狐的肉，那就太幸运了。传说它们的肉不仅可以使人延年益寿，还可以驱散妖邪之气。

虽说青丘山的九尾狐是一群吃人的异兽，但是它们对自己的家乡情深不可自拔。无论它们离家有多远，它们死时头都会一直朝着家的方向。人们都说，它们是一群可爱又可恨的“狐狸精”！

有一户人家就曾经被九尾狐祸害过。

那是一天深夜，有一对年轻的夫妻听到他们家门外有婴儿的啼哭声，他们想都没想就跑了出去。

只见一个竹筐子被扔在冰天雪地里，走近一看，那筐里还有一个被包裹得严严实实的小孩儿。此时，他正露出两只圆溜

溜的大眼睛，看起来非常可爱。

“这是谁家的孩子，怎么扔在这儿呢？”男人说道。

女人叹了一口气，道：“是啊，怪可怜的，要不我们把他抱回去吧！”

“嗯！”男人点了点头。

由于夫妻俩一直没有孩子，眼下突然冒出个小孩儿，他们自然喜欢得不得了。为了不让孩子饿着，女人还特地热了新鲜的羊奶喂孩子。

隔日，夫妇俩的邻居来他们家借农具，发现怎么敲门也没人应，感觉不对劲，便赶紧将门推开了。这时，他竟然看到这对夫妻死在了床上，而昨晚夫妇俩抱回来的那个小孩儿也消失得无影无踪了。

后来，接连几日，村子里半夜都会响起婴儿的啼哭声，可是到了第二天，就会传来死人的消息。

这下村中的长老坐不住了，他叹息道：“难不成我们的村子被诅咒了？接二连三地死人，不正常啊！”

“我看这事有问题，我们应该请高人来村里看看。”有村民提议道。

长老点点头，请来了隔壁村一位博学的高人。高人沿着村子走了一圈后面露难色，接着就连连叹气。

长老按捺不住心里的疑惑，问道：“高人，我们村不会是要出什么大事了吧？”

半晌，见那高人不吭声，长老又说：“您想说什么就尽管说！”

高人这才问起：“你们夜里是不

是常听到婴儿的啼哭声？”

“是啊是啊！”村民回答。

高人点了点头，说：“那就对了，那不是婴儿，而是青丘山的九尾狐。”

“九尾狐？是吃人的九尾狐吗？那可怎么办啊？高人可有什么法子？”长老着急地问道。此时，村民们也都被吓得脸色苍白，有的甚至已经瑟瑟发抖了。

“你们别怕，我这里有一支灌灌鸟羽毛可助你们抵御九尾狐的蛊惑。”说着，高人就把羽毛递给了长老。

长老虽不知道灌灌鸟是什么灵鸟，却立马把这根羽毛插在了村口的一棵大树上，以此祈求庇护。神奇的是，后来村民们虽然还是能够听到婴儿的哭声，却再也没有人出门去看了。大家都说，这是因为九尾狐的迷魂阵已经被破解了。

成长小站

许多骗子都是利用人们的同情心施骗的，大家务必提高警惕。不过，现实生活中并不存在九尾狐，大家如果听到有小朋友在暗处啼哭，可以告诉家长前去提供帮助哟。

经典重现《山海经 · 南山经》

“有兽焉，其状如狐而九尾，其音如婴儿，能食人；食者不蛊。”

5

chánɡ yòu
长右

灵兽长右最讨厌一种叫无支祁的动物，这事还要从很久以前说起。

据说，有一次大禹在治理淮河时路过了桐柏山，“轰隆”一声，天空电闪雷鸣，接着就刮起了狂风，掀起了地上的碎沙石，阻碍了他前行。

“这莫不是什么怪物在阻挠我？”

大禹说着就拿出了一个可以透视千里的宝物。他透过宝物往桐柏山一看，只见那个兴风作浪的怪物正龇牙咧嘴。它的外形和猿猴没有什么区别，都有着相同的塌鼻子、凸额头，眼睛一闪一闪的，就像金红色的宝石，但是它有着白色的头、青色的身子，十分奇异。

一位见多识广的手下看完后向大禹报告:“属下知道，这是水怪长右！”

“原来是这家伙啊！”大禹对长右还是有所耳闻的。

据说有座山叫长右山，那里不生长花草树木，山中到处都是溪流和沼泽。传闻长右山是女娲娘娘补天时遗漏的一块彩石所化，所以有着神秘的力量，变化无常。由于长右山每天都在变，所以没有人能记住长右山的样子，长右就生活在那儿。

“长右可是能带来水患的灾兽啊！”

“是啊，如果不把它给降伏了，以后一定会是祸害的。”

神异档案

异能：带来水灾

形态：猿猴形，四耳

地域：长右山

大禹的手下议论纷纷。

大禹听了之后，点点头说道：“大家别着急，我自有法子！”说完后，他就召唤了自己的神仙朋友前来帮忙。

大禹向神仙行了礼，说明了自己的担忧：“水怪长右在此作乱，恐怕百姓们的日子会变得很难过啊！”

仙人说：“不对呀，长右我十分了解，它性情温和，住在长右山，怎么会跑到桐柏山来兴风作浪呢？”

“这我就不知道了。”大禹如实相告。

仙人点了点头，笑道：“不急，容我去看看。”

仙人直接走进了桐柏山里，突然，天空乌云密布，只见他不慌不忙地将手一挥，天边出现一道白色的光，天空立马就放晴了。仙人法力高强，没费什么力气就把这个怪物逮着了。他左看右看，突然笑出了声，说：“这哪是什么长右啊，分明就是无支祁嘛！”

大禹看了一眼手下，他的手下低头喃喃道：“属下无能。”

“倒也不能怪你，长右和无支祁长得差不多，民间也有人把长右和无支祁当成同一物种。事实上，长右和无支祁虽然都是水

猴，但是长右有四只耳朵，而且不会像无支祁一样兴风作浪。长右性情温和，只要人们不去打搅它的生活，它是不会主动骚扰人类的。”

“多谢仙家了！”大禹又作揖道。

仙人点了一下头，之后就飞回了天宫。

无支祁也聪明得很，它见神仙走了，立马就变得调皮了起来。它拼命地挣扎着想要逃脱，任谁都按不住它。大禹正要动手，忽有一股洪流从山中涌来，精准无误地淹了这只无支祁。原来是长右听说了此事，特意赶来为自己“正名”了。

长右消灭了无支祁后，大禹在桐柏山的治水工作开展得很顺利，淮河一带再也没有无端发过大水了。

成长小站

“相似”和“相同”虽只有一字之差，但意义上天差地别。长右和无支祁同为水猴，性情也是大不一样的。所以，大家在面对问题时一定要认真甄别，别将“玉”字当成“王”字哟。

经典重现 《山海经·南山经》

“有兽焉，其状如禺而四耳，其名长右，其音如吟，见则其郡县大水。”

6

huá huái
猾褢

神异档案

异能：带来徭役

形态：人形，长猪鬣

地域：尧光山

尧光山中有一种灵兽，名字叫猾褢，它外表看起来就像普通人一样，但是身上长着猪鬣(liè),模样十分吓人。传说猾褢叫起来的声音就像砍木头的声音，它们又生活在山里，所以人们很难分辨，那“咣咣”声到底是猾褢的叫声，还是真的有樵夫在砍树。

猾褢非常怕冷，所以它们一到冬天就会躲进洞穴中冬眠，直到春天才醒过来活动觅食。尽管猾褢很少见，人们却非常讨厌它们。因为民间传闻，只要猾褢出现在某个地方，这个地方就会有很重的徭役。

徭役就是古时统治者强制百姓承担的无偿劳动。在古代，凡是身体健康的男子，几乎都要被抓去无偿干活儿。徭役沉重时，活活累死的大有人在,因此每朝每代都有为避徭役背井离乡的人。

这一年，便有一对父子为了逃离繁重的徭役连夜来到了一个叫“永乐”的地方。

“爹，我饿了！”儿子摸了摸肚子，看着对面冒着热气的食物咽了咽口水。

“行，咱们吃饱了就继续赶路。”

于是父子俩便点了一些吃的东西，准备先填饱肚子。

就在这时，一个中年男子坐在了他们身边。只见那男子衣着华丽，手里拿了一把羽毛扇，笑道："你们是从外地来的？"

父亲愣了一下没吭声，倒是他那傻儿子露出了八颗牙齿，笑嘻嘻地说："是啊是啊！"

男子抬手摸了摸自己嘴角的痣，笑道："那你们可来对地方了。"

"此话怎讲？"父亲问道。

"我们这儿的首领是出了名的好，他不仅爱民如子，还经常接济穷苦人家！"

"是吗？那你们的首领可真是一个大善人啊！"

"可不是嘛！"男子继续说，"你们今晚可有去处？"

儿子见父亲没有说话，就帮着回了一句："没有。"

“哦，不过你们别担心，来到这儿我们就是一家人了，我这就帮你们安排住宿。”

父亲想：难不成我们遇上贵人了？可这天下没有免费的午餐啊！这个人这么热情，不会有诈吧？

男子看出了这位父亲的顾虑，笑道：“放心吧，你们这么穷，我能讹你们啥？”

父亲点点头，觉得有道理，自己要钱没钱，要宝没宝，对方又能骗他什么呢？再说了，他们的首领可是一个大好人，想必在他的管辖范围内，也不会出什么坏蛋。于是，这位父亲就点头答应了。

男子此时也是笑嘻嘻的，等俩人吃完东西，他就带着他们往自家去了。

一路上，男子都在讲述“永乐”这个地方是如何如何好，可就在他们路过一片树林时，那位父亲听到了猾裹的叫声。

那叫声使他一下子就清醒了过来，因为他很久以前就听说过，猾裹这种怪兽最喜欢在天下太平的时候出现，它会扰乱时政、迷惑人心，有它在的地方必然徭役沉重、管理混乱。

“孩子，我们快走！”父亲赶忙拉住了儿子，儿子却还一头雾水地盯着他看。

男子闻言，立即喊道：“老哥，你这是怎么了？”

“真是抱歉啊，我突然有事要先告辞了。”父亲没等那男子反应过来，就拉着他的傻儿子往相反的方向跑了。

男子一拍大腿道：“这到嘴的肥鸭子居然跑了，真是扫兴。”说着，他也走了。

后来，父亲和儿子逃到了一个小村庄，安定下来才得知，那个叫“永乐”的地方，他们的首领是出了名的残暴，不仅奸诈狡猾还十分好色，而那个中年男子就是他手下的一个征役人。

父亲拍了拍胸口，说：“真是好险啊，差点儿我们就从一个魔窟掉进另一个魔窟里了！幸好猾裹救了我们呀！”

不过也有人说，猾裹本身没有什么威胁，它们从来不会主动袭击人，相反，它们很喜欢人。当看到人们生活富足时，它们便会想和人们一起生活。只可惜，许多领袖并不能始终兢兢业业地工作，当他们的统治区变得繁荣后，他们就会“飘飘然”，于是治理就变得混乱起来。

成长小站

骗子在行骗之前总会向我们发射大量的糖衣炮弹，许下许多诱人的承诺，可是耳听为虚，眼见为实，大家一定要提高警惕，不要听信那些哄骗哟。

经典重现《山海经·南山经》

“有兽焉，其状如人而彘鬣，穴居而冬蛰，其名曰猾裹，其音如斫（zhuó）木，现则县有大繇。”

7

huàn

䍺

神异档案

异能：长生

形态：羊形无口

地域：洵山

在洵山深处生活着一种神奇的动物，它的名字叫䍺。关于䍺，民间存在各种各样的说法：有人说它是山中的神兽，有人说它是可怕的妖怪，还有人说它只是一种普通的动物。不过大家都知道，䍺是杀不死的，而且不吃人。

洵山山脚下有一个小村庄，那里的村民非常爱听䍺的故事。虽然他们从来没有见过它，但每年年底，大人们就会围着火炉讲䍺的故事给小孩子听。

他们说，䍺长得就跟普通山羊一样，虽然没有长嘴，但它们本就是不需要喝水和吃食物的，而且它们拥有不死身，就算人类逮着它们了，也拿它们没办法，所以它们永远都是一副高高在上的样子。

他们还说，邻村有一个叫阿峋的人就亲眼看到过这种叫䍺的生物。

那日，他背着弓箭来到洵山打猎，见这里风景优美得就像一幅画，便想：要是我能一直生活在这里就好了，盖个小房子，种点儿小菜，那日子过得不知有多快活呢。

正这么想着，突然，他看到洵山山腰位置站着一头异兽。只见它一副高高在上的样子，看起来十分孤傲。

“那是什么，它不会伤害我吧？”

阿峋的心中涌出一种不安的情绪。毕竟，这种长得像山羊的异兽，他从来都没见过啊！

于是，他拔出背在背后的箭，瞄准了异兽的头部。与此同时，那头异兽竟也把目光瞄向了阿峋。奇怪的是，那头异兽明知有危险却没有撒腿就跑，反而很平静地盯着他看，仿佛是一尊雕像。

这种镇定反而让阿峋更加害怕，于是他将箭射了出去。

可就在阿峋的箭要射中它时，那头异兽竟突然消失不见了。阿峋越想越害怕，这大白天的，自己莫不是碰上了什么邪物吧！

就在他心慌想下山时，那头异兽却突然出现在了他面前。

真是不看不知道，一看吓一跳！眼前的异兽竟然没有嘴巴，而且还带着一种超然物外的神态。

“你不怕我？”阿峋疑惑地问道。

闻言，那头异兽摇了摇头。

“你是什么动物呀？”阿峋鼓足勇气问出了心中的疑惑。

“我叫䍺。”

那头异兽竟然会说话，而且它的声音还如铃铛一般清脆悦耳。可是，它没有嘴巴呀，那这声音是从哪里发出来的呢？阿峋左看右看，愣是没有找出它发音的地方。

“难道它会腹语吗？”阿峋嘀咕。

他曾经听人说过，有些人可以不张嘴而用肚子说话。莫非䍺也会这种神奇的发音技巧？

“那个……如果没什么事，我……我就先

走了啊！”

阿峋急忙往山下跑，可是跑了许久，他发现自己压根儿就没有跑出去，而是在原地兜圈子。

“后来怎么样了呢？阿峋不会真的被𩣡吃掉了吧？可是𩣡是不会吃人的呀！”听故事的孩子们追问。

大人们说到这里就没有再说下去了，可是孩子们觉得这个故事并没有结束，于是他们编了一个很有爱的结局。

“后来，阿峋和𩣡一起住在了洵山，他们盖了一座茅草屋，种了小菜，一起幸福快乐地生活着。不过由于𩣡很高傲，所以每天它都会指挥阿峋给自己梳理毛发，不然就一直叫，叫阿峋睡不好觉，谁叫他当初用箭瞄准自己来着。”

成长小站

在孩子们编的故事中，阿峋跟𩣡成了最好的朋友，但在现实生活中，如果我们遇到了可能存在攻击性的动物，一定要先想办法安全逃离哟。

经典重现《山海经·南山经》

“有兽焉，其状如羊而无口，不可杀也，其名曰𩣡。”

8 蛊（gǔ）雕（diāo）

很久以前，鹿吴山周边有一个小村庄，那里生活着一群纯朴勤劳的人。

然而，这个村庄最近发生了一件很奇怪的事：村民们出门干活儿时常会走丢。

有些人走丢了几天或几个月后就回来了；有些人却从此人间蒸发，再也没有回来过。

以前他们可从来没有遇到过这样的事啊！而且，那些回来的人一个个都变得枯瘦如柴，大家问他们发生了什么事，他们也只会支支吾吾地喊："有雕，有雕咬人！很大很大的雕，很可怕！很可怕！"

一个生活经验丰富的老人推测说："这些人可能是被栖息在泽更水中的蛊雕抓走了。"

蛊雕是一种凶猛的怪兽，它们长得像普通的大雕，但是它们的头上有一只角。它们以路人的血肉为食，经常藏在路旁，等有人靠近时，它们就疯狂地啄人们身上的肉；它们还会用婴儿啼哭般的叫声来诱骗路人，然后趁路人不注意时，从藏身地俯冲下来，用利爪紧紧地抓住路人，把他们带到巢穴里。蛊雕身形庞大，双翼展开有好几丈长，而且它们身手敏捷，能够在一瞬间轻而易举地抓走家禽。

"所以，那些没有回来的人，很有可能是被蛊雕给抓走了？"有人这么问。

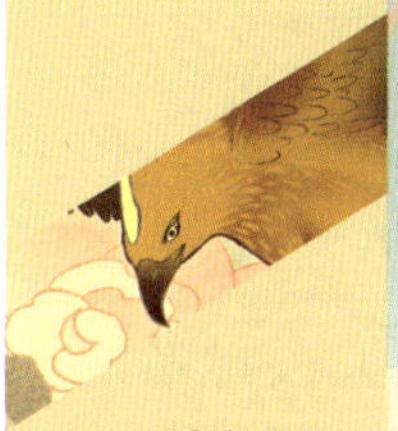

神异档案

异能：无

形态：似雕有角

地域：鹿吴山

老人点了点头，说："八九不离十！"

于是，村子里那些丢了丈夫的、丢了妻子的、失去父亲的、失去母亲的……都对蛊雕痛恨不已。

同时，大家也很担忧，毕竟要是不把蛊雕赶走，它们一定还会下山抓人的，那可怎么办呢？

村民们都没有主意，可是谁都不想被可怕的蛊雕抓走。于是，大家纷纷把目光投向了那个老人，希望他有办法。

"老人家，你还知道哪些关于蛊雕的事呢？说出来大家一起分析分析，没准儿能找到解决问题的办法。"一个年轻人说。

老人看着远方，许久才叹了一口气道："我听说蛊雕以前也不住在我们这里，而是住在雷泽。后来雷神搬去了雷泽，就把蛊雕赶了出来，它们没地方可去，只好跑到这儿来了！"

闻言，一个坐在角落的年轻人开口道："这么说来，蛊雕是怕雷神的，如果我们能请来雷神，是不是就能把蛊雕降住了呢？”

“你说什么呢！雷神可住在遥远的雷泽，山高路远的怎么找啊！而且，人家是神明，能听我们的话吗？”另一个年轻人说。

顿时，大家都沉默了。是啊，神明怎么是想请就能请来的呢？

“要不……要不我们画了雷神图贴在门口，蛊雕一看，没准儿会吓得不敢来抓人了呢？毕竟，它们可是在雷神手里吃了不少苦头的。”先前的那个年轻人提议道。

“这个主意不错！”

大家都很认同这个方法，于是家家户户都贴上了雷神的画像。说来也真是奇怪，从那以后，村里就再也没有发生过人口丢失的事情了。

虽然雷神像不过是一张画，可被赶出家园的蛊雕闻雷神色变，再不敢来犯。大家都说，这是一物降一物。

成长小站

这个一物降一物的故事告诉我们，面对困境要具体问题具体分析，要学会用巧劲儿。大铁棒都无法撬开的锁头，找到了那片小钥匙后，不也很容易打开吗？

经典重现《山海经·南山经》

“水有兽焉，名曰蛊雕，其状如雕而有角，其音如婴儿之音，是食人。”

9

lí 狸 lì 力

神异档案

异能：出现处大兴土木

形态：猪形，长鸡爪

地域：柜山

柜山上有一种神兽，名字叫狸力。狸力擅长挖土，长得像猪却有着鸡一样的爪子，叫声还很像狗吠。这座山上还住着一种灵鸟，它的名字叫鴸。狸力与鴸是好朋友，它们总在一起聊天。

这天，狸力坐在大树上望着蓝天白云感叹道："在山里生活真是憋得慌，好想到外面的世界走走啊！"

这时，它的好朋友鴸拍打着翅膀说道："外面可没有你想象中的那么好！"

"你出去过吗？"狸力问。

"当然，我两年前就出去过了……"

不知道为什么，狸力从鴸的脸上看出了失落。见狸力正盯着自己看，鴸笑了笑说："我还是觉得咱们柜山最好。"

"嗯，柜山是很好，但我还是想出去看看。"狸力笑着说。

鴸知道现在它说什么狸力都不会听，便只是叮嘱了它几句："人心险恶，你要多注意才是。"

狸力点了一下头，独自下山了。

它来到了一个小村落，发现这里十分热闹，有卖谷子的、卖菜的……狸力看得目瞪口呆。突然，有个小孩儿发现了它，他大声叫道："父亲，快看呀，这里有一头猪！"

"不，这不是猪。"小孩儿的父亲上下打

量着狸力，突然，他大叫了一声，“这是柜山的狸力呀！”

闻言，一旁的行人都围了过来，他们七嘴八舌地说着什么，狸力也听不清楚。它看着那些人嘴角的笑，心底涌出了一种不祥的预感，可它还来不及逃跑，就被人抓住了。

“我听说狸力最擅长挖土了！”

“它可以帮我们挖水渠吗？”

“有什么不可以的呢！”说话那人摸了一下狸力的脑袋，笑道，“小家伙，我请你吃东西，你帮我们挖水渠怎么样？”

狸力没吭声，那人便径直将狸力带到了一个小摊子前，然后用绳子将它套住，给它端来了一碗食物，说：“快吃快吃！”

狸力的肚子确实很饿，眼下它也无处可逃，于是就把那些食物吃了个精光。接着，那人就把狸力带到了挖掘水渠的地方并向它介绍道：“我们村常年遭受洪水冲击，所以需要挖一条大水渠，你能帮帮我们吗？”

说着，那个人解开了绳子。

狸力这才明白过来，他并不想伤害自己，只是实在需要自己帮忙。于是，狸力答应了。

它用锋利的爪子挖土，然后用尾巴将挖出的泥土甩出水渠，动作一气呵成。狸力挖的水渠不仅四壁光滑而且宽窄匀称。

村民看到后，纷纷朝狸力竖起了大拇指。不出三天，水渠就挖好了。狸力累得筋疲力尽，正想着休息一会儿

呢，另一个村民又把它给抱走了，他家地窖突然垮了，想让它帮忙挖个储藏蔬菜的地窖。

它刚把地窖挖完，又来了一个人……就这样，狸力不眠不休地帮村民们干着各种各样挖土的活儿，它觉得自己双眼都累得冒星星了。

终于，在一个伸手不见五指的夜晚，狸力偷偷逃回了柜山。

它的好朋友鸩看到它回来了，就问道："狸力，山下的生活怎么样呀？"

"那简直不要太好！村民们用美酒美食款待我，我整天吃了睡，睡了吃，别提有多快活了。"

"是吗？"鸩半信半疑。

"是啊是啊！"狸力说完就回自己的洞里睡大觉去了。

鸩摇摇头，它知道狸力是在逗自己，便笑着说："看你以后还敢不敢下山！"

唉！狸力暗暗在心里发誓，自己绝对不下山了！

成长小站

请人帮忙也要适可而止，我们既不能强迫人家，也不能让人家无休止地付出。这样的求助需求是不合理的，是一种变相的奴役哟。

经典重现《山海经·南山经》

"有兽焉，其状如豚，有距，其音如狗吠，其名曰狸力，现则其县多土功。"

10

羬（qián）羊（yáng）

神异档案

异能：其油脂可护肤

形态：羊形马尾

地域：钱来山

很久以前，有一个大家族，他们世世代代都靠在水中漂洗棉絮为生，虽然很辛苦，但他们的生活过得很安稳。

在这个家族里，有一个名叫阿善的人，他非常擅长制作防止皮肤冻裂的药。据说，人们只要涂上他制作的药，任何手脚干裂或肿胀的病症都会痊愈。

这天，有一个男人找到阿善，想要他的药方。

男人说：“我用一百头牲畜换你的药方怎么样？”

阿善想了想说：“我现在还不能答复你！毕竟这药方可是我们家族的秘方，是在多年的漂洗工作中不断试验研究出来的，我得跟族人好好商量一下才行。”

“好，那我三日之后再来！”说完，男人就骑着马走了。

到了晚上，阿善就召集了族人共同商议药方的事。

阿善说：“今天有人来找我买防止皮肤冻裂的药方，开出了一百头牲畜的大价钱，我想听听你们的意见！”

接着，他的族人议论了起来。

“我们世世代代漂洗棉絮，一年的收入也不够买几头牛，现在光卖药方就能得到一百头牲畜，我们不亏啊！”

“是啊，我看，不如就把这药方卖给他吧！”

阿善听了大家的话，点点头说：“嗯！既然大家都同意，那我就把它卖了吧！”

三日后，那个男人如约而来。他大手一挥，笑道：“怎么样啊？药方是卖还是不卖？”

“卖！”说完，阿善就把药方双手递给了男人。

男人斗大的字不识一个，匆匆瞟了一眼就把药方收了起来，然后给了阿善一百头牲畜。

男人得到药方后，径直去见了部落首领，说：“首领，我亲眼所见，那些手脚冻裂的人涂了这个药之后就好了，如今我把药方找来了，还请您过目。”

首领点了点头，问：“是很好，不过你呈给我有什么用意呢？”

男人双手抱拳道：“如今正是寒冬，如果将这药下发到军队中，那么我们的士兵就能免受冻疮之痛，能大大增强战斗力啊！”

“你有心了！”

很快，男人的计划就被落实了。

原来这个男人正是部落中的一位战将，他的那支部队就驻扎在部落边缘之地。

不久后，敌对部落来犯，男人领

兵迎战。由于他的士兵早早地涂了这种药膏，所以在冰天雪地里作战手脚也没有被冻伤，而敌对部落的人就没有那么幸运了——他们的手脚都长有冻疮，不仅痛还奇痒无比，战斗力大大削弱。男人抓住了这个机会，打了场漂亮的胜仗。

首领很开心，奖励给男人几百头牲畜，还将这个药方在全部落推广，这样，部落里的人冬日里都不用担心手脚被冻伤了。

大伙儿一看配方才知道，原来这种神奇的药膏，原料正是羬羊的油脂。羬羊是住在钱来山的一种灵兽，它长得像羊，却有着一条马尾巴。羬羊的脂肪很厚，提炼出来的油脂格外细腻滋润，不仅可以直接为皮肤提供养分，还能在人的皮肤表面形成一层保护膜，隔绝寒风。

有了这个秘方，人们再也不用担心冬天冻伤手脚了，而那位高价求秘方的战将，也成了部落的大英雄。

成长小站

好的东西就要大力推广、积极分享，这样才能发挥更大的作用，使更多人受益。而且，乐于分享本就是一种美德哟！

经典重现《山海经·西山经》

“有兽焉，其状如羊而马尾，名曰羬羊，其脂可以已腊（xī）。”

11

cōng 葱 lóng 聋

神异档案

异能：无

形态：羊形赤鬣

地域：符禺山

从前，在一个风景如画、绿树环绕的山村里住着一个放羊人。他是一个孤儿，同时也是一个聋哑人，所以，他从小就只能依附着自己的兄长生活。

这天，少年像往常一样去符禺山放羊。

他把羊赶到一片茂盛的草地上后，就去树上摘野果了。等他摘完果子再回来的时候，却发现他的羊不见了！

他急忙四处寻找，心想：我的羊不会被狼咬死了吧！

由于他不会说话，只能发出嘶哑的“啊啊”声。他找了很久，可始终没发现羊的踪迹，只能坐在石头上痛哭。一想到自己出生不久父母就死了，哥哥一把屎一把尿地把自己拉扯大，现在自己却大意地把家里唯一的羊弄丢了，他难过得不得了，觉得实在是对不起哥哥。

就在他痛哭的时候，不远处有一只山羊朝他奔来。

那只山羊长着红色的鬣毛，阿善看了看，这……好像不是他们家的羊啊！不过身形大小都差不多。

难不成是羊吃了红色的浆果染红了鬣毛？由于附近也没别的人放羊，少年便也没想那么多。

羊回来就好，这样哥哥就不会伤心了。

于是，少年就牵着那只羊回家了。

刚到家，少年就闻到了烤兔子的香味。找了那么久的羊，他的肚子早就饿得“咕噜咕噜”叫了，于是他径直跑进屋里准备吃东西。

他的哥哥无奈地看了他一眼，摇了摇头，说：“这孩子，就知道吃，也不管羊了！”

哥哥只好自己走到门外牵羊回羊圈。可是……他盯着羊看了好一会儿，发现这只羊根本就不是他们家的那只。于是哥哥朝少年做手势，询问他这只羊是哪里来的。

少年好一通比画才跟哥哥说清楚事情的经过。

哥哥又仔细地看了看这只羊，再次确定它绝不是自家的那只后突然笑了起来，说：“这红鬣毛……我们赚大了，这不就是传说中的葱聋吗？我听老一辈说，这种羊形灵兽住在符禺山，很是少见。我还以为他们是哄我玩的呢！没想到被你找到了。

“他们好像还说，五十几年前有一户人家找到了一头葱聋，卖了个大价钱，全家都享福了。”

于是，哥哥兴奋地对着弟弟做手势，一个劲儿夸他了不起，还告诉他，他们家马上就会有很多很多牛羊了。

很多牛羊？少年傻愣愣地盯着哥哥。

哥哥笑嘻嘻地说：“对，牛羊，拿它就能换很多牛羊。”他一边说还一边指着葱聋。

这下子，少年完全明白了哥哥的意思。此时少年一口兔肉也吃不下去了，那头葱聋本自由自在地生活在山间，是他将它当成自家的羊儿硬牵了回来。如果只是放在家中养着倒还没什么大不

了的，可如今要拉它去卖，这不是害它性命吗？少年于心不忍，觉得自己是个恶人。

那晚，少年偷偷潜入羊圈，牵着葱聋又回到了符禺山。

他解开了套在它脖子上的绳子，摸了摸它的脑袋，好像在说：快走吧！你别再回来了！

葱聋好像也明白了少年的意思，温顺地蹭了蹭少年。可是它没有离开，而是叼着少年的衣服往前走。少年心想：这葱聋要带我去哪里呀？

走了十来分钟，少年的眼前出现了一大片树林，树上还结着像红枣一样的果子。

少年经常在山上放羊，可是他从来没有见过这么好看的果子。于是，他忍不住摘了一个放进嘴里，那味道可真甜啊！他接连吃了好几个。

这时，他的耳边传来了哥哥的声音：“这臭小子把葱聋牵哪儿去了？等我逮着了，非打他一顿不可。”

“不好，你快跑，我哥来了！”少年急忙对一旁的葱聋说。

葱聋也点点头快速钻进了一旁的草丛，不一会儿就消失得无影无踪了。

这时，哥哥也过来了，他一把扯着少年的耳朵叫道：“葱聋呢？你把它牵哪儿去了？”

“已经跑了！”

此话一出，哥哥惊得瞪大了眼睛，说：“你听见了？还……还会说话了？”

“啊！”少年也被自己的声音给吓住了，难道是……少年抬头看了一眼树上的果子，流利地告诉了哥哥刚才发生的事。

“都说‘聋哑不分家’，你不聋了，便也不哑了，真好！”

“哥哥，你放过葱聋吧，我们可以摘一些这种果子去卖，这样也能换牛羊，过上好日子。”

哥哥点了点头，立马就跳到树上去摘这种神奇的果子了。

少年望着葱聋离去的方向，内心充满了感激。

成长小站

人都会犯错误，但我们一定要在小错误变成大麻烦之前及时纠正。做一个坦荡、善良、知错就改的人，也许会收获意想不到的惊喜哟。

经典重现《山海经·西山经》

“符禺之水出焉，而北流注于渭。其兽多葱聋，其状如羊而赤鬣。”

12

háo zhì
豪彘

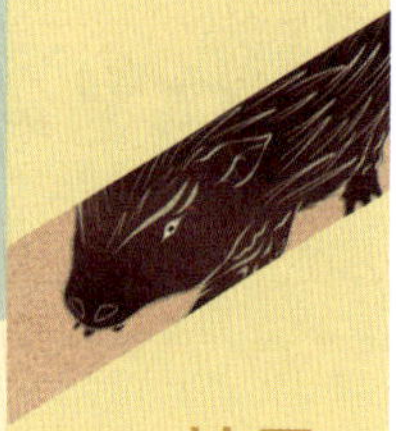

神异档案

异能：无

形态：猪形白毛，毛末端发黑

地域：竹山

竹山中生活着一种野兽，名字叫豪彘，也叫豪猪，因为它们长得实在是太像一头小猪了。它们浑身都长着硬硬的白毛，而白毛的尖端还带着一点儿黑色，看上去就像一根根小簪子。

这些硬毛可以帮助它们抵御敌人的攻击，同时，这也让它们无法亲近自己的同伴。特别是到了冬天，当它们本能地想挤在一起取暖时，它们就会被彼此身上的硬毛扎伤，不得不分开。

可是竹山的冬天实在是太漫长了！它们一个个冻得直打哆嗦。它们只能不断调整自己的位置和姿势来靠近彼此，只可惜，无论如何也不能真的贴近，只能挨冻过冬。

好在，春天很快就来了。天气暖和后，豪彘们就开始四处觅食了！它们是群居动物，非常喜欢跟同类待在一起，到了夜晚，它们还会沿着固定的线路排成一条长龙去觅食，非常有趣。

别看它们身上的硬毛那么厉害，它们可是一群温和的食草动物。无论是植物的根还是茎，它们都喜欢吃，就连树皮它们都能啃个精光。不过，它们最喜欢吃的还是树上的野果。可是它们和普通的小猪一样不会爬树，要想吃果子，就只能等果子成熟之后自己掉下来。

这天，就有一只馋嘴的小豪彘脱离了族群，独自来到树下等果子吃。它等呀等，等呀等……

从清晨等到傍晚，又从傍晚等到了第二天清晨，终于，一个鲜红的野果掉了下来。可是那个果子不是落在地上，而是砸到了小豪彘的脑袋上。如果是砸到了别的动物，那果子还会滚落下来，可小豪彘的头上长着尖尖的硬毛，果子一砸就被硬毛扎住了，想拿都拿不下来。

更加倒霉的是，它不仅没有吃到果子，还被一群恶狼盯上了。

“早知道我就该听妈妈的话，这下可怎么办？”小豪彘急得团团转，而那群恶狼看着这只倒霉的小豪彘也是束手无策。它全身都是坚硬的长毛，现在又在原地“呼呼”转动，它们就是想下嘴都找不到机会。

过了许久，小豪彘不转了，它拼命地摇着尾巴，还疯狂地哈气跺脚，看起来像是一个被点着了的小爆竹。恶狼们担忧，这发狂的小猪恐怕更难对付啊！其实它们不知道，这是小豪彘在发求救的信号呢。

很快，一群大豪彘“呼哧呼哧”地跑了过来。它们的身形虽然比狼小，但是它们有计谋！只见它们围成一团，竖起背部的硬毛步步逼近恶狼，恶狼一碰，就被扎得“嗷呜嗷呜”地叫唤。眼见捞不着什么好处，恶狼们也只好灰溜溜地跑了。

经过这件事后，小豪彘再也不敢独自乱跑了。它的妈妈看着它，叹了一口气问：“怕不怕？”

“怕！我怕！”

“看你以后还敢不敢偷溜出来！”

“不敢了！”小豪彘难过地低下了头。这时，豪彘妈妈将它头上扎着的果子给叼了下来，交给了小豪彘。

“快吃吧！你这个小贪吃鬼！”

“谢谢妈妈！”小豪彘开心地咬了一口那个大红果，它的味道实在是太好了。看来自己以后是很难吃到这么甜的果子了，不过，还是安全最重要。小豪彘最后不舍地看了一眼那棵高大的果树，跟着妈妈和同类一起回家了。

成长小站

小朋友们可不能一个人偷偷地溜出去玩耍或者去找吃的东西哟，那样是很容易遇上意想不到的麻烦，让我们陷入危险之中的。

经典重现《山海经·西山经》

“有兽焉，其状如豚而白毛，毛大如笄（jī）而黑端，名曰豪彘。”

13

jú rú
玃如

皋涂山上生活着一种十分凶猛的灵兽，名字叫玃如。玃如长得像梅花鹿，身上布满了花朵一样的斑点，还有着白色的马尾巴和四只角，而更离奇的是，它们的两只前足就像人类的手，而两只后足就像是马的蹄子，十分稀奇。所以，很多人都想抓住玃如，或是为了观赏，或是为了卖个好价钱。

这天，一个猎人背着弓箭和捕猎网来到了皋涂山。可是他并不着急寻找玃如的踪迹，而是不慌不忙地躺在了一棵高树下等天黑。

如果是不懂玃如习性的人，肯定会觉得这个猎人是个笨蛋，事实上，他是真正的聪明人。因为玃如最大的爱好就是晚上爬到树上去欺负一种叫数斯的鸟，在数斯居住的地方守株待兔，最有可能成功捕获玃如。

果然，天黑之后就有一只小玃如跑了过来，它“嗖嗖”几下就爬到了猎人身后的那棵大树上。只可惜，这里住的是一只很厉害的数斯，只见它双腿一蹬，就把小玃如蹬开了。还没等这只小玃如反应过来，这只聪明的数斯就已经展开翅膀飞走了，只留下小玃如在那里生闷气。小玃如还没发现，此时猎人已经瞄准了它。只见猎人跳起来将网一撒，小玃如就被牢牢罩在了网下。

可怜的小玃如还不知道发生了什么，它只能

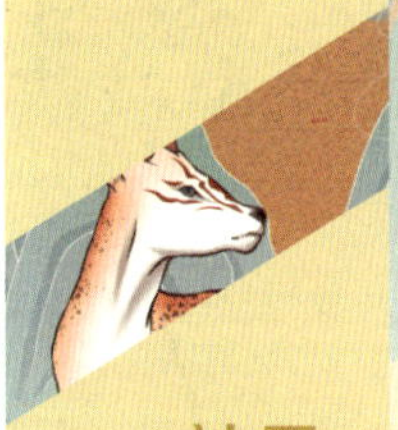

神异档案

异能：无

形态：鹿形白尾，马蹄人手，四角

地域：皋涂山

龇牙咧嘴地在那里撕着网。可是这张网是经过特殊处理，专门用来捕捉凶猛野兽的，它根本撕不开。

突然，小玃如发出了一声惨叫！

猎人心想：这下可糟了！传说中玃如是一种非常讲义气的异兽，这小家伙发出叫声就是为了搬救兵吧！

猎人环顾四周，果然发现有些不对劲——黑压压的树林里多了许多正死死盯着他的眼睛。

猎人摸了摸额头，沾了一手的汗道："我得赶紧跑了。"

正说着，无数只玃如拦住了他的去路，它们正恶狠狠地盯着他。

估计他做梦都没想到自己会遇到这么多玃如，要是把它们全部抓住，他肯定会发大财的，可是眼下它们的数目实在是太多了。

发财归发财，性命是最重要的！要是有财没命花，那也是白搭！

聪明的猎人知道现在唯一的脱困办法就是把小玃如放了，于是他小心翼翼地解开了那张网，说道：“你……你们别过来！我把它放了，我们讲和！”

小玃如一得到自由就跳起来咬了猎人一口，猎人疼得哇哇叫，反倒是把玃如们给吓着了。

只听一只大玃如仰天长嚎了一声，所有玃如便消失在了夜幕中。后来，猎人再也不敢上皋涂山了，而皋涂山的玃如也不敢再捉弄数斯了。

成长小站

螳螂捕蝉，黄雀在后。当我们调皮捣蛋捉弄别人的时候，我们便无暇顾及是不是有人也正准备伤害我们。所以，大家还是做个乖孩子吧。

经典重现《山海经·西山经》

“有兽焉，其状如鹿而白尾，马脚人手而四角，名曰玃如。”

14

líng yáng
羚羊

神异档案

异能：无

形态：似羊，头有大角

地域：翠山

很久以前，翠山上生活着一种十分神奇的动物，名叫羚羊。与我们如今能见到的普通羚羊不同，翠山的羚羊是灵兽，长着一对树枝般的大角。

它还有一套独特的自保方法——把角挂在高大的树上，身体悬挂在半空中。这样，羚羊在夜里就可以避开危险，安稳入睡了。

这天晚上，翠山有些不太平。

“呜呜呜——”一阵阵嗥叫声传来，那是一群狼在猎食。很快，它们就找到了独自挂在树上睡觉的羚羊。

它们对着羚羊虎视眈眈，仿佛下一秒就要将它吞掉。可是，这只骄傲的羚羊竟然一动也不动地闭着眼睛睡觉，仿佛完全不担心自己会有什么危险。

狼群一开始还不太敢靠近它，毕竟不知道这家伙是什么来历。可是，随着它们的肚子越来越饿，它们不得不冲上前去，尝试猎杀这只羚羊。

当它们张开血盆大口，试图一口吞下羚羊时，却撞在了羚羊的大角上，接着便发出了声声哀嚎。

狼感受到了剧烈的疼痛，只好惊恐地撤退了。

这会儿，羚羊也被惊醒了。它看了看逃跑的狼群，不以为意地继续睡觉去了。要说心大，谁能比得过这只羚羊呢？

就这样，羚羊能制服恶狼的传说在翠山中流

传开来，许多小羊纷纷跑来向羚羊请教。可羚羊哪有什么好的法子呀，它无非是靠它那对大角罢了。于是，它只能说："不好意思啊，我真的没有什么好的法子，你们另找高人吧！"

不过小羊们意志坚定，说什么也不走，它们一定要学到保护自己的法子！最后，羚羊也没办法了，只好对它们说："要不，你们学我挂在树上睡觉？"

因为大部分狼都是晚上才出来觅食的，只要小羊们能悬挂起来，应该就能躲避一部分危险了。

"太好了！"小羊们开心地叫了起来，于是，它们在头上绑上树枝，仿造羚羊的大角，然后学着羚羊挂在树上睡觉。可是，还没等狼过来，它们就因为悬挂身体而筋疲力尽了。

毕竟，它们不是羚羊，只是普通的羊啊。

看着小羊们跌倒了又爬起来，爬起来又跌倒，羚羊有点儿于心不忍了。突然，它灵机一动，想到了一个很好的主意，它说："要不你们轮流放哨怎么样？"

小羊们摇摇头，不明白羚羊的意思。

羚羊解释道："你们是一个群体，

可以互相照顾，不像我，必须自己保护自己。以后你们就住在一起，每天晚上让两只小羊放哨，大家轮流值班，狼来了就立即通知大家。这样，你们就有足够的时间逃命了！”

“这个办法不错！”小羊们纷纷点头。

这样一来，它们既不用再模仿羚羊，劳累自己，又可以安心睡觉了。

自此，小羊们不再盲目套用他人的方法，而是利用自己的群居优势求生，而羚羊也能过回自己的逍遥日子了。

成长小站

无论是方法还是技巧，都有一定的运用范围，并不存在真正通用的“公式”，大家要懂得利用自己的优势解决问题，不能盲目套用别人的办法哟。

经典重现《山海经·西山经》

“又西二百里，曰翠山，其上多棕楠，其下多竹箭，其阳多黄金、玉，其阴多牦牛、羚、麝（shè）。”

15

xiāo
嚣

羭次山中有一片树林，一到夜里，总是会传出奇怪的声音。

曾经有一个胆大的人夜里独自走进了这片树林，被吓得当场就晕了过去。虽然他第二天被人救回了家，但没过几天就一命呜呼了。

可即便如此，还是时常有人去羭次山探险，因为只有羭次山才有婴垣之玉。婴垣之玉是一种宝玉，传说只要把它佩戴在脖子上，就可以驱邪避灾。小婉就是探险者之一，她想寻得这种宝玉送给她的祖母。祖母年纪大了，十分惧怕打雷，每个雨夜都被吓得哆哆嗦嗦，村里人都说这是邪气入侵的缘故。

这天，小婉来到了羭次山。她走呀走，走呀走，仿佛进入了一个迷宫。

忽然，小婉身后传来了奇怪的鸣叫声，那声音不像人类的声音，也不像正常鸟类能发出的声音。难不成是鬼叫声？小婉越想越害怕，她闭着眼睛一边走一边念叨着：“我只是来找宝玉的，并不想做什么坏事，请不要跟着我，拜托拜托。”

可任由她怎么念都没用，那声音越来越大，越来越大……大到就像是在她耳边鸣叫一般。小婉鼓起勇气睁开了眼睛，发现不远处有一只猿猴。它的胳膊很长，比一般猴子的胳膊要长得多。此时它正攀扶在粗壮的树干上，一边荡一边盯着

神异档案

异能：投掷极准

形态：猿猴形，长臂

地域：羭次山

她看。

“原来是你在装神弄鬼！”小婉气恼地说。

突然，小婉的头被什么东西轻轻砸了一下。她扭头一看，另一只猿猴正抱着一堆果子，把小婉的脑袋当射击目标。它投掷的水平极高，每一个都不偏不倚地砸在了她头上。

“你们想干什么？”小婉怒了，觉得它们就是在捉弄自己。

这时，成群结队的猿猴从各处赶来，小婉慌了！只见它们有的用四肢走路，有的又只用两条后腿像人类一样走路……它们围绕着小婉，手舞足蹈。不过，它们一直没有做任何伤害她的事。

于是小婉壮着胆子问：“你们到底想干什么？”

这时，一只老猿猴走了过来，它摸了摸小婉的脑袋，说道：“别生气，我们只是想跟你玩而已，这山里太寂寞了。”

“你会说话？”

“当然，我们虽然长得像猿猴，可是比猿猴厉害多了。我们叫嚣，是这山中的灵兽！”

小婉心想：嚣？嚣张的嚣？怪不得这么调皮！

“你来我们这儿是找宝玉的？”

小婉点点头，然后一五一十地把祖母的事告诉了这只嚣。没想到它还挺友善的，直夸她是一个孝顺的孩子。

而后这只嚣告诉她，以前总有很多心怀不轨的人来这里找宝玉，都被它们收拾了，而小婉是个好姑娘，它们可以带她去找宝玉，不过她拿了东西后必须得再回来陪它们玩。

陪玩？小婉心里有些害怕。如果可以选择，她绝不会再踏进羭次山一步，但为了祖母，她别无选择。于是，她点了点头，答应了这件事。很快，小婉就在嚣的带领下找到了宝玉并带回了家。不过她并没有立马返回羭次山，而是在家中照顾祖母，想看看传说中的宝玉是否真有神效。

一连两个雨夜，小婉的祖母都睡得十分安稳。到了第三天晚上，小婉突然听到窗外响起了奇怪的鸣叫声，那声音小婉可太熟悉了，她知道那是嚣来找她了。于是，她探出脑袋朝山中喊道："我明天就来。"

话音刚落，窗外的鸣叫声就停了。小婉心想：它们也没有传说中的那么恐怖嘛，看来它们真的只是想找我陪它们玩而已。

于是，第二天小婉就上了羭次山，还给那群嚣带了许多自家种的鲜果。

之后，羭次山再也没有出过什么恐怖传闻。人们路过那片树林时，总会看到一个女孩儿和一群猿猴在玩耍。不过，如果有人在山中鬼鬼祟祟地做坏事，那群嚣还是会砸他个满头包的！

成长小站

森林原野就是小动物的家，如果我们乱砍滥伐、乱采滥挖，小动物们也会很生气哟！大家想想，自己是不是也不愿意有人破坏我们的家呢？

经典重现《山海经·西山经》

"有兽焉，其状如禺而长臂，善投，其名曰嚣。"

16

jǔ 举 fù 父

神异档案

异能：投掷极准

形态：猿猴形，臂带斑纹，长豹尾

地域：崇吾山

崇吾山中住着一种古老而神秘的异兽，它们看上去像健壮的猴子，但远比猴子更有智慧，它们的名字叫举父。

举父的手臂上有好看的花纹，还有一条豹子尾巴，很擅长投掷和跳跃，所以连老虎和豹子这样凶猛的动物看到它们都会躲得远远的。举父常居山中，对山下人类的生活心生好奇，时常会有那么一两只溜下山来。

这日，一只举父打扮成人的模样来到了山下的一个小部落。它是第一次来，完全不懂得人类世界的规矩，所以它只能机械地模仿人：看人们拿筷子吃东西，它也学着人握拳拿筷子。可惜，那筷子又细又长，食物就像长了脚一样老是跑来跑去的。

举父气极了，直接伸出它的小爪子抓着食物吃了起来。

这时，一阵笑声传来，原来是有个孩子在偷偷地观察它：“哈哈，那个人吃东西的样子好奇怪啊！”

“奇怪？”举父不开心了，它在崇吾山时，它的同伴都是这样吃东西的！于是它龇牙咧嘴地朝那个小孩儿扮鬼脸。

小孩儿吓得一头钻进了大人的怀里，喊道：“有猴子！”

大人们这才看清楚它的样子，说：“啊，确实有只猴子！”

于是，大家都围了过来，对着举父指指点点。举父明显感觉到他们看自己的眼神就像是看马戏团里正在表演的猴子，这让它很不自在。

这时，人群中一个壮汉认出了它，大叫道：“这可不是猴子，这是举父！”

“举父是个什么玩意儿？”

“举父可是夸父族的人啊！”

闻言，大家都吃了一惊。那个壮汉便索性将举父的故事说了出来。

传说，远古时期有一座气势雄伟、高耸入云的山，叫作载天山。载天山中生活着一个神秘而又强大的氏族，名为夸父族。这个氏族的人都是巨人，而且个个孔武有力。夸父族的首领夸父更是巨人中的巨人，英雄中的英雄，但是，他因为追逐太阳而渴死了。

夸父去世后，夸父族也四分五裂了，他们各自奔走，很多巨人都加入了蚩尤的队伍。后来蚩尤和黄帝作战吃了败仗，那些夸父族的巨人就躲进了深山之中，不再出门。隐居了一年又一年，他们不再是英勇善战的战士，而变成了一群猿猴一般的灵兽，名为举父。

“原来举父背后还有一个这么悲凉的故事啊！”人们开始同情起举父来。

先前笑话举父的那个小孩子甚至张开手臂，想要抱抱举父，这可把举父吓坏了。

只见举父一把扯过自己的帽子，轻轻一甩，帽子就把小孩儿的脑袋罩住了。大人们刚想将帽子拿开，举父又把身上的衣服脱掉，轻轻一抛，衣服就把大人们的脸也罩住了。最后，它用极快的速度一跃而起，消失在了人们的视线里。

人们拿下衣服帽子后感叹道："这个世界上恐怕没有人能比举父更擅长投掷了！"

看来，化为举父的夸父族人也不是一无是处的，当年，他们应该真的很厉害吧！

成长小站

夸父族人隐居不出会退化成兽状的举父，我们学到的知识和技能如果不时常复习运用，也会遗忘哟。

经典重现《山海经·西山经》

"有兽焉，其状如禺而文臂，豹尾而善投，名曰举父。"

17

土蝼
tǔ lóu

土蝼是一种凶恶的野兽，但在很久以前，它们并不是这样的。

土蝼形似四角山羊，性情温和，生活自在，最爱的食物是青草。那个时候它们从来不会伤害小动物，甚至还跟它们相处得非常融洽。直到有一天，因为人类的失误森林燃起了大火，所有青草都被烧死了。

从那之后，土蝼们失去了食物来源，它们不得不寻找新的食物。于是，它们把目标转向了那些比自己弱小的动物。很快，它们就成了厉害的猎手，凡是被它们锁定的动物，无一幸免。

不久后，森林逐渐恢复了原貌，青草也重新生长了起来。但是，土蝼们已经戒不掉吃肉的习惯了。由于周围的小动物都被它们捕杀得差不多了，它们只好把魔爪伸向了人类。但也正因如此，土蝼们遭受了人类的反扑，一度活不下去，只好夹着尾巴躲进了昆仑山的树林里。或许是因为土蝼们恶名在外，昆仑山上它们连半个朋友都交不到，甚至那些它们从未伤害过的物种也不愿意搭理它们，它们只得日复一日地独自穿梭在林间。

这天，土蝼们像往常一样在山林里捕猎，突然，一位名叫陆吾的天神出现在它们面前。这位天神看起来既英俊又威猛，只是，他的面容冷若冰霜，难道他和它们一样孤独吗？

神异档案

异能：无

形态：羊形四角

地域：昆仑山

孤独的神和孤独的兽在一起，或许就不孤独了吧！土蝼们一边想一边开始慢慢地接近陆吾。每天清晨，它们都会默默地来到陆吾的身边，陪着他看朝霞。有时候，土蝼们还会听陆吾讲行善的故事。

随着时间的推移，土蝼们也开始有了转变，它们不再疯狂猎食人和别的动物，甚至慢慢重新接受了食草过活。它们又变回了曾经温顺的四角山羊，还交到了许多动物朋友。

可是，土蝼们的安稳生活并没有维持多久。这天，一头凶猛的野兽跑进了昆仑山，它不断撕咬着小动物们，还打伤了跟在陆吾身边的异兽——树鸟。

于是，土蝼们一改往日的温和，化身成为凶猛的异兽。只见它们朝那野兽身上一扑再一咬，那野兽就再也动弹不得了。

见识过土蝼们的凶狠，树鸟吓得连怎么飞都忘了，事后，它向陆吾禀告了此事。

它说："大人啊，我冒着被您炖了的危险向您报告一件事。那些土蝼实在太凶猛了，我们昆仑山可是一座平静祥和的神山，不能收留这样恐怖的异兽啊！"

"你真是不知恩，土蝼们冒险救了你，你却排挤人家！"一旁目睹了整件事的小动物摇摇头说。

树鸟不再作声，它也知道的确是土蝼们救了它，可是它们猎杀那头野兽的样子实在是太凶猛了。

陆吾双手抱胸，什么也没说，倒是土蝼们觉得有些惭愧，纷纷乖乖地蹲在陆吾天神的身边，大气都不敢喘。

“你们不必害怕，我不会惩罚你们的。”陆吾继续说道，“相反，我还要奖励你们保护了大家。但是你们也要记住，曾经你们是迫于生计才杀生，现在食物充足，利爪獠牙只能够用来对付敌人，再也不能用来伤害无辜的人和动物了。”

土蝼们感激地点了点头。

从那以后，土蝼们就一直跟在陆吾的身边，有时候它们还会帮助陆吾执行任务，比如帮忙赶走可疑的生物等。看来，土蝼们终于找到了人生的归宿。

成长小站

人类需要补充蛋白质才能健康生活，所以我们吃猪肉、鸡肉、牛肉……但是，野生的小动物数量少，营养价值与家禽相当，而且可能携带各种病菌，大家千万不要捕食哟。

经典重现《山海经·西山经》

“有兽焉，其状如羊而四角，名曰土蝼，是食人。”

18

zhēng

狰

神异档案

异能：无

形态：状如赤豹，五尾一角

地域：章莪山

从前有座章莪（é）山，山中住着一种十分神秘的野兽，它的名字叫狰。

狰长得像豹子，头上长角，有一双琉璃般的眼睛。它身上长满了红色的毛发，屁股上还有五条尾巴，每一条都又粗又长，看上去既威武又美丽。这种神奇的野兽让章莪山下的村民很苦恼。

一到深夜，村子里的人总是会被一种可怕的声音吵醒，所以大家走的走，逃的逃，村里人口越来越少。

这天，有一对年轻的夫妇来到了这个村子。他们觉得这儿清幽雅致，想定居下来。怎料村民们以一种看怪物的眼神看他们。于是，那对夫妇问：“你们是有什么话想对我们说吗？”

村民们不回答，一个个都跑回了自己的家，再也没有出来过。

夫妇俩觉得这个村子有蹊跷，便做了一些吃的东西，打算送给村民们尝尝，顺便询问一下到底发生了什么事。

他们敲开了邻居的门，那是一个独居的老婆婆。“婆婆，我们想问一下……”

还没等他们说完，老婆婆就叹了一口气道：“我劝你们还是趁早离开吧！”

说完，老婆婆就关上了门。夫妇俩你看看我，我看看你，更加疑惑了。

到了晚上，夫妇俩正要睡觉，突然他们听见山上传来了“铮铮”的声音。那声音越来越大，越来越大，吵得人无法入睡。于是，夫妇俩一起坐了起来。他们推开门，正要去一探究竟，就看到了白天的那个老婆婆。

“老婆婆，您怎么来了？”妻子问。

老婆婆这才娓娓道来。据她介绍，他们村子后的山里有邪魅作祟，每到晚上就会发出“铮铮”异响，老人们都说，如果贸然靠近，就会有性命之忧。有些胆小的村民过于害怕，已经搬走了。

老婆婆一说完，夫妇俩对视了一眼，笑道：“邪魅作祟？那声音可是狰发出来的啊！它可是神兽。”

“神兽？”老婆婆对这俩人感到非常好奇，夫妇俩这才明白大家的疑惑。于是，他们问老婆婆：“您想想看，您除了每天晚上听到‘铮铮’声外，可曾真的见过有哪位村民受害吗？”

老婆婆想了想，是没有。于是，夫妻俩就把老婆婆送回了家。

隔日，夫妇俩为了消除村民们内心的恐惧，便将大家请到了自己家中并对他们说道：“大家听到的‘铮铮’声，是灵兽狰的叫声，它从前的确十分凶猛，但早已被烛阴收服，如今，它是真正的吉兽啊！难道大家没发现吗？这个村子的瓜果长得比哪儿都好，牲畜也格外壮实温顺。只要大家多积德行善，不滥捕滥杀，狰是不会下山害人的。”

“这些，你们是从哪里得知的？”好奇的村民问。

“我妻子自小好学，这都是她从那些有学问的智者那里听来的。”那位丈夫解释说。

村民们听了后你看看我，我看看你，仔细一琢磨，确实是这样。大家舒了一口气，都安心回家劳作去了。

从那以后，村子又恢复了宁静与和谐，甚至还兴起了学习知识的热潮。

成长小站

有时候我们害怕一个东西并不是因为它真的会伤害我们，而是因为我们对它一无所知。所以，我们一定要多学习、长见识，毕竟博学才能不惑，多知才能不迷信啊！

经典重现《山海经·西山经》

“有兽焉，其状如赤豹，五尾一角，其音如击石，其名曰狰。”

19

tiān 天 gǒu 狗

阴山有一种野兽，它有一个非常好听的名字叫天狗。

天狗长得像猫却有着白色的脑袋，常常会在深夜发出“猫猫”的叫声。

传说后羿就曾养过一只天狗，它对后羿十分忠诚，每次他出去打猎，它都会跟在后面，有时候还会帮后羿捕咬猎物。

后羿还有一个非常爱他的妻子，名叫嫦娥，他们住在深山里，过着与世无争的幸福生活。后来，天帝见后羿很有才能，便派给了他一项任务，那就是射掉天上的九个太阳。后羿的表现也没有令天帝失望，他出色地完成了任务。

事后，西王母为了褒奖他，赐了他一枚不死灵药。据说，人吃了这灵药就能够羽化成仙。

后羿有些为难，因为他很爱自己的妻子，如果他服用了此药就得跟自己的妻子分别了，他舍不得。于是，后羿把灵药交给了嫦娥保管，俩人说好，谁都不服用此药。

可后羿得到灵药的消息很快就传遍了大江南北，许多人都打起了灵药的主意。毕竟，谁不想当神仙呢？

那日，后羿去山上打猎，留下嫦娥一人在家。嫦娥并不知道危险即将来临，她像往常一样给后羿缝着衣裳，当她缝到一半时，突然听到窗外有

神异档案

异能：抵御凶邪

形态：猫形白首

地域：阴山

说话的声音。

嫦娥想，他们住在深山里，很少有朋友来访，会是谁呢？正当她打开门准备一探究竟时，一把刀架在了她的脖子上。

一个领头的贼人说：“快把你家里的仙丹拿出来！”

“什么仙丹？我不知道你在说什么！”嫦娥这才知道这些人都不是善人，他们是来抢灵药的。

灵药何其珍贵啊，怎么能让这群贼人抢走呢！

“你少跟我耍花样，你会不知道仙丹是什么？”那贼人眼珠子转了转，继续说，“你要是不交出来，我就把你的漂亮脸蛋割花。”

嫦娥想，绝对不能跟这些贼人硬碰硬，眼下自己一个人，只好先假装顺着他们再想别的办法了。最好是能拖延时间，等后羿回来就安全了。

于是她说：“行，你先把我放开，让我好好想想放在哪儿。”

贼人跟他的同伙你看看我，我看看你，都没有想放开她的意思。嫦娥叹了一口气，故作可怜地说：“你们看我一个弱女子，哪里能打得过你们呀。难不成你们还怕我跑了？”

贼人又互相看了看，这才把刀放了下来。

嫦娥松了一口气，说：“你们在这里等我，我去屋子里找出来给你们。”

“你动作快点儿！”

就这样，一个时辰过去了，后羿还没有回来。那些贼人有些不耐烦了，他们一脚踹开了门，准备硬抢。眼看自己再也没有办法保护灵药了，嫦娥只好将灵药一口吞了下去。

那些贼人知道自己上当了，他们气势汹汹的，准备杀了嫦娥把灵药取出来。正要动手，后羿回来了。他们知道后羿箭术精湛，凭他们几个是肯定打不过他的，便灰溜溜地逃跑了。

此时服下灵药的嫦娥身体也有了变化，她发现自己的脚离地面越来越远，整个人都飞了起来。

“嫦娥……”后羿深情地呼唤着。

“对不起，”嫦娥流下了两行清泪，她是想等后羿回来的，可惜他还是晚了一步！

“嫦娥，你别怕，我一定会想办法救你的。”后羿紧紧地抱住嫦娥，希望能把她拉回来，可是灵药的力量过于强大，后羿反而摔倒了。

后羿养的天狗见主人力量不够，立马就扑上去咬住了嫦娥的裙子，可是没有用，嫦娥还是飞向了天宫。

后来，嫦娥住在了月宫里，日日夜夜独守那一份寂寞。可是天狗以为是嫦娥抛弃了后羿，总想着替自己的主人报仇。于是，只要嫦娥不注意它便会偷偷吞吃月亮，相传这就是月食出现的原因。

天狗将月亮吞进了肚子里，人间就陷入了黑暗之中，人们只好敲击着器具，大喊大叫地恐吓天狗，而天狗一害怕，就把月亮吐出来了。

成长小站

月食只是一种普通的天文现象，天狗食月是古时人们奇妙的幻想。但是从这个故事中我们也可以发现，有时“我以为的”和“真相”并不一样，因此我们一定要擦亮眼睛哟。

经典重现《山海经·西山经》

“有兽焉，其状如狸而白首，名曰天狗，其音如猫猫，可以御凶。”

20

ào yē
獓㺒

三危山住着一种野兽，名叫獓㺒。它长得像牛，头上有四只角，身子是白色的，长满了又长又密的毛发，看上去就像披了一件蓑衣。

传说獓㺒是一种食人兽，十分凶残，所以大家都不敢招惹它。有一位巫医就曾遇到过它。

一日，某部落的巫医去三危山采药，由于山上的草药生长茂盛，他一直采到了晚上。

等他反应过来应当回家时，天上已是群星灿灿。于是他三步并做两步，拼了命地往山下跑。就在这时，一头巨大的獓㺒朝他扑了过来，一口就咬住了他的衣服。巫医被吓坏了，他哇哇大叫、拳打脚踢，心想这次自己肯定是要没命了，却不想，慌乱中他的手摸到了一块石头。于是，他握紧石头用力地砸向了獓㺒的头。獓㺒疼得直哼哼，巫医便趁它分神赶紧从它的身下爬了出来，躲进了草丛里。一直等到獓㺒离开后，他才拖着一身的伤下了山。

经过这件事后，巫医再也不敢去三危山了。不仅如此，他还把自己死里逃生的经历告诉了大家，并反复说："这头獓㺒十分凶猛，要是需要上山做什么事，你们可一定要在日落之前下山，否则后果不堪设想！"

部落中的一位勇士听了巫医的诉说后，想替大家除害。他一回到家就开始磨他那把弯弯的长

神异档案

异能：无

形态：牛形，白身四角

地域：三危山

刀，当晚，他就来到了三危山。虽然山上很危险，但勇士丝毫没有感到害怕。

蹲守了好一会儿，突然，他听到了树枝被压断的声音。勇士迅速握紧了弯刀，从草丛中跳了出来。

这头傲徆像是饿了很久，它一看到勇士，口水就流了出来。勇士认真打量了它一番，认为这头傲徆一定很危险，自己一定要万分小心才行。正在此时，傲徆跳了过来，仰头露出自己的四只角猛烈地撞向了勇士。

一时间，勇士只觉得胸口发闷，自己的五脏六腑仿佛被震碎

了一般。于是，他强忍疼痛抽出了弯刀，用力往傲徆身上一刺，成功击退了傲徆。

可是傲徆依旧不死心，它调整姿势，再次冲向了勇士。勇士一个转身，再次躲过了攻击，接着，勇士又在它的背上砍了一刀，这才把这傲徆制服。

后来，他将傲徆的皮制成了一件漂亮的蓑衣穿在身上，不仅防水效果一流，而且十分保暖。勇士的这件蓑衣成了他们家的传家宝，而三危山其他傲徆见有人身披同类的皮在此出没，便知道此地不宜久留，纷纷迁移到其他远离人类社会的山上去了！

成长小站

勇士为民除害的精神值得称赞，但那是因为勇士有这个实力。面对坏人或是危险的野生动物，我们可不能盲目地拔刀向前哟。这种事，还是及时寻求警察叔叔的专业帮助吧！

经典重现《山海经·西山经》

“是山也，广员百里。其上有兽焉，其状如牛，白身四角，其毫如披蓑，其名曰傲徆，是食人。”

21

huān

讙

神异档案

异能：防御凶邪，其肉可治黄疸病

形态：猫形，一目三尾

地域：翼望山

很久很久以前，翼望山下有一个小部落，少年阿音就住在那里。他对世间万物总是充满着好奇，所以他经常在山中四处游荡，想探寻更多奇怪且神秘的东西。

一天，阿音在山中漫步时发现了一只美丽的野兽。它长得像野猫，但只有一只眼睛，身后还长着三条毛茸茸的尾巴。更让阿音觉得神奇的是，这个小家伙的叫声非常奇特，比一百种动物同时叫还响亮，但那声音不仅不让人觉得聒噪，反而十分动听。

“如果能把这个小家伙带回去当宠物养该多好呀！”阿音的脑海里突然冒出了这么一个念头。

想到这儿，他便从包裹里拿出美味的食物来引诱这个小家伙。刚开始被捉住的时候，它还会挣扎，好像担心阿音会伤害它，而阿音非但没有生气，反而温柔地抚摸着它的头，对它说：“你别害怕，我不会伤害你的，我只是想养你！”

小家伙好像也听懂了阿音的话，变得十分温顺。就这样，阿音高兴地抱着小家伙回家了。

小家伙刚来到阿音家时很不适应，不是打翻了坛子就是打翻了罐子，最后还跳上房把草顶掀了。每次阿音都要帮它收拾烂摊子，但是阿音从来没有半句怨言。随着时间的推移，阿音和小家伙慢慢地建立起了深厚的友谊，而小家伙也适应了人类世界的生活。

小家伙一高兴就喜欢叫，刚开始阿音觉得很新奇，可时间一久，阿音就开始为小家伙担忧了。他想：要是被别人听到怎么办？会不会有人伤害它？就算没有，打扰到人家睡觉也不好呀！毕竟这个小家伙叫可是不分早晚的。

这天深夜，小家伙突然来了兴致。可它刚叫了没两声，就被阿音打断了：“嘘，我的小祖宗，你别叫了，大晚上的你还让不让人睡觉啊！”

它才不听阿音的话呢，一有机会就肆无忌惮地开始叫。

有一天，首领刚出生的儿子病了，部落中的巫医说：

“孩子是得了黄疸病，需要吃下讙肉才能痊愈。”

这一消息轰动了整个部落。首领为了救自己的儿子，派了很多人上翼望山捕捉讙。可由于讙是非常有灵性的动物，他们根本就找不到。首领愁得不得了，于是发了一则告示，说谁要是献出讙肉就有重赏，并且他还在告示中详细描述了讙的外貌与发音特点。

这下，阿音的邻居们都对他养的小家伙动起了心思，那不就是一只讙吗？为了得到赏金，邻居们就把阿音出卖了。

阿音知道自己保不住讙，他连夜把它送回了山里，说：“你快躲起来，不要让任何人发现你。”

讙依依不舍地看着阿音。

“快走！”为了让自己狠下心来，阿音掉头就走。眼看着自己的朋友走远，讙难过地低下了头。

之后，在没有讙的日子里，阿音整日都没精打采的。就这样过了小半个月，一天夜里，阿音突然看到他的讙正站在窗台上看着他。

阿音赶紧从床上跳起来走到窗边，问：“你怎么来了？难道你不知道这里很危险吗？”

讙摇摇头，说道：“阿音，你把我送给首领吧！”

“为什么？”

“我要和首领做一个交易！你放心，我一定会平安回来的。”

讙胸有成竹的模样让阿音感到疑惑，但是，他还是根据讙的意思，把它送给了首领。

说来也奇怪，当天首领就发了一则告示，他昭告全族，讙属于他们部落的保护动物，所有的人都不能再抓捕或伤害它们。

后来阿音才知道，讙跟首领商议，献出自己的一小节尾巴救下首领的儿子，但首领必须保证不再猎杀自己的同类。首领并非坏人，他只不过不忍看到自己的儿子有事，于是点头答应了讙的提议。就这样，讙又回到了阿音的身边，它的同类也过上了平静安宁的生活。

成长小站

我们爱自己的家人，讙也爱自己的同类、朋友，大家在做事时要学会将心比心，凡事也给别人留一条出路哟。

经典重现《山海经·西山经》

“有兽焉，其状如狸，一目而三尾，名曰讙，其音如夺百声，是可以御凶，服之已瘅。”

22

bó 驳

古时候，有一位偏远部族的首领很爱打猎。有一天，他骑着马来到中曲山，见这里不仅草木茂盛、虫鸣鸟叫，空气也十分新鲜，他不由得心情大好，拉开了弓。

就在他瞄准一头梅花鹿准备发射时，一只大老虎突然跑了过来。首领吓了一大跳，这只老虎一看就不是好惹的，眼下他也没带什么随从，万一被老虎一口吞了，连个报信的人都没有。首领正琢磨着如何躲避老虎，老虎却突然立住不动了。

神异档案

异能：抵御兵器的伤害

形态：马形，白身黑尾，一角，虎爪牙

地域：中曲山

首领觉得十分奇怪，按理说这只老虎应该扑上来吃掉他呀，是哪个环节出了问题呢？

带着这个疑问，他匆匆骑马离开了中曲山。

回去之后，他问部落中一位以智慧著称的长老，说：“我今天骑马去山里打猎，看到一只老虎，但奇怪的是，它看到我了也没有过来吃我，你说这是怎么回事呢？”

长老想了想，回答说：“我猜您今天骑着的是一匹白身黑尾的马吧？”

首领说：“没错！确实是这样的。”

长老捋了捋胡须，笑道：“因为您的马

长得像一种叫驳的异兽。驳在野兽中可是极有威望的，它连豹都能一口吞掉，老虎怎能不怕它呢？”

“原来如此啊！”首领点了点头。

据说，驳生活在深山里，它的叫声有点儿像击鼓时发出的“咚咚”声。只要它一吼，方圆几百里的动物都躲的躲，藏的藏，不敢出来。

驳长得像马，有着白色的身子和黑色的尾巴，它的头顶上还长了一只尖尖的角，神秘而美丽。不过，它可不是什么温顺的动物，相反，它十分凶猛，还长有老虎的利齿和爪子，特别爱吃大型动物，所以大家都把它看作凶兽。

不过也有人说驳是吉兽，因为它能帮人抵御兵器的伤害。

相传黄帝麾下的一位战将就有一匹驳。它不仅很忠心，还非常勇敢，一路跟着那位战将杀敌斩寇，而且这匹驳相当奇怪，它跟人一样，非常喜欢喝酒。不过人喝了酒会醉，而这匹驳，酒过三巡还异常清醒，因此那位战将对其很是喜爱。

可惜，在战将去世后，这匹驳就像失去了灵魂一般，不吃也不睡，就连它最爱的酒也不喝了。最终，它在悲伤中死去了。

都说人是有感情的，而牲畜都是没有感情的，可这匹驳偏偏就比很多人更重感情，可见其灵兽的本质。

成长小站

这位首领靠白身黑尾马躲过老虎攻击的故事或许是真的，但是无论如何，在面对凶猛的野生动物时，我们都不能心存侥幸。如果可以的话，还是赶紧偷偷开溜吧。

经典重现《山海经 · 西山经》

“有兽焉，其状如马，而白身黑尾，一角，虎牙爪，音如鼓，其名曰驳，是食虎豹，可以御兵。”

23

zhū yàn
朱厌

据说，曾有两个部族水火不容，它们分别是东方的龙城族和西方的鹰巢族。两族关系紧张的原因其实很简单——两族族长同时看上了小次山，想要据为己有。

小次山盛产玉石，要是谁夺了这座宝山，就等于拥有了无尽的宝藏。

于是，这两个部族为了争夺这座宝山一直交战，而且每一次战斗都非常残酷，充满了鲜血和死亡。无数家庭被破坏，无数百姓因为失去亲人和朋友而痛苦。

两族的族长其实都暗自嘀咕过：征战见血是常事，可为什么在小次山作战总是尤为惨烈呢？这样下去，还不等开采玉石呢，部族就要全军覆没了。

于是，龙城族的族长率先找来了高人解惑。

高人说道：“你们这是惊扰了居住在小次山上的神兽。”

龙城族的族长问道：“是什么神兽呢？”

“它名为朱厌，长得像猿猴，四肢呈红色，头部是白色的。还有，它十分凶猛，四肢强健，喜欢攀岩和上蹿下跳。”

“朱厌可有别的本领？”

高人又说：“传闻只要它一出现，天下就会爆发大战争，所以人们视它为不祥之兽。”

神异档案

异能：出现便会爆发大战争

形态：猿猴形，白首赤足

地域：小次山

“原来如此。高人可有什么好的法子治它？”毕竟这座宝山，龙城族的族长是势在必得的。

高人不慌不忙地说：“如果你想得到宝山，最好的办法就是跟鹰巢族合作！”

龙城族的族长有些为难，说：“我们两族交战数十年，合作……恐怕有点儿困难啊！”

“那就要看族长您了！”高人笑了笑，继续说，“您觉得是面子重要呢，还是宝藏重要？”

龙城族的族长被高人这么一说，脸色更难看了。

经过多日思考，龙城族的族长还是选择了宝藏。于是，他派人去鹰巢族谈合作，双方一拍即合，决定共同对战朱厌，开掘宝藏。

由鹰巢族先派士兵上山挑衅朱厌，而后龙城族的士兵再突袭，从背后夹攻它，让它腹背受敌。毕竟朱厌是异兽而非人类，它压根儿就想不到人类有这么多对付它的办法。

于是，在鹰巢族和龙城族的合作下，他们成功地赶跑了朱厌。神奇的是，朱厌一走，双方士兵便觉得对方顺眼了许多，根本不想再打仗了。

后来，两位族长又商议了小次山的协作开采。就这样，鹰巢族和龙城族的百姓都过上了富裕的生活。

成长小站

你争我夺的结果往往是谁都得不到，面对美好的东西，大家不妨想想，是否可以合作分享，共得共赢呢？

经典重现 《山海经·西山经》

“有兽焉，其状如猿，而白首赤足，名曰朱厌，现则大兵。”

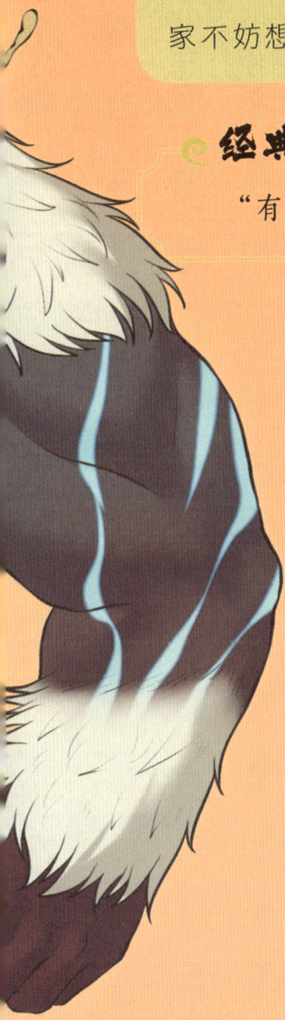

24

jiǎo
狡

神异档案

异能：预示丰收

形态：犬形牛角，长豹纹

地域：玉山

玉山中生活着一种灵兽，它们的模样像普通的狗，发出的声音也像狗吠，但它们的身上长满豹纹，头上还长有类似牛角的尖角，名字叫狡。

狡是一种吉兽，它们出现在哪里，哪里就会五谷丰登，所以大家都非常喜欢它们。

相传曾有一个首领就是因为知道狡能给部族带来丰收之喜，使部族繁荣昌盛，于是便打起了狡的主意。

那日，他找来了几个长老商议，说：“狡能给部族带来丰收之喜，我们只要把它捉回来，关进笼子里，好吃好喝地供着它，不久后我们的部族就会变得无比强大了！”

长老们听了纷纷跪在地上，大喊道：“请首领收回成命啊！”

“怎么？你们不赞同？”

“首领饶命啊，我们不是不赞同，而是……狡乃天地灵兽，遨游于四海八荒，实在不可圈养啊！”

闻言，首领陷入了沉思。

接着，又有长老说：“吉兽受上天的庇佑，它可以自由判断哪个部族的首领治理有方，然后为那个部族带去吉祥。如果我们捉了吉兽，惹怒了天帝，降下灾祸来，我们得不偿失啊！”

首领的脸色一下就变得十分难看，他心想：

这不是打我的脸吗？

接着，另一个长老委婉地说："首领，我觉得只要您是一位贤明的首领，狡就一定会被您的气质吸引，它自然而然地就会来我们的部族了！说不定还能吸引到神兽白泽降临呢。"

待他说完，首领的脸色才略微好看了一点儿。

这时，一个溜须拍马的手下却说："首领，我非常赞成您刚刚的提议。我觉得，与其守株待兔，不如主动出击。谁知道狡什么时候来我们的部族呢？还不如我们趁早把它捉过来！"

首领听完后大笑了起来，说："你深得我心！那就派你去寻狡，回来后重重有赏，重重有赏！"

长老们脸色一沉，大喊道："请首领三思！"

"思什么思！你们都给我回家好好反思！竟然不赞成我的决定！"接着，首领就将那些长老赶了出去。那个巧言令色的手下，很快就带着一队兵马浩浩荡荡地出发了！

他们来到了一片森林寻找狡，可由于那些人都没有见过狡，所以只能四处乱找。时间一天又一天地过去了，他们连狡的影子都没看见。

直到有一天，他们来到了一条小河边，发现这里有很多正在饮水休息的动物。那个拍马上位的人叫了身边的一个小兵，说："你去看看，这里面有没有我们要找的狡。"

小兵领了命，猫着身子就来到了河边。他一一打量着这些动物，可是看来看去，也没有发现什么奇异的狡。结果这个小兵归队后，被他骂了个狗血淋头。

"你这个废物！还不如我自己来！"

于是，他自己出马了。只见他削了一根竹管，将它捅空，然后通过竹管朝那些动物望去。他一开始看到了一个狗头，接着又看到了牛的角，最后看到了豹子一般的斑纹。

他惊喜地大喊：“找到了，狡终于被我找到了！”

其他人听到他的呐喊声后纷纷冲出草丛，定睛一看才发现，这不就是一条狗、一头水牛和一头豹子吗，哪来的狡？他本人也傻眼了，可是又无从狡辩。

接着，人群里有一个青年站了出来，大声说：“您看到的并不是一只动物，而是三只动物。”

他被说得尴尬极了，只能连连跺脚出气。可声音很快惊扰了狗、水牛和凶猛的豹子，于是它们向这些人发动了攻击，把搜寻小队的人都

弄得遍体鳞伤。

这件事很快就传到了部族其他人的耳中，成了一个大笑话，而一直躲在暗处的狡把这一切都看在了眼里，从此它再也没有去过那个部族！毕竟一个愚臣当道的部族怎么可能会是吉祥之地呢？

成长小站

每个人都希望他人能够赞同自己、顺从自己，但是如果自己的决定本就不够合理，这样的支持只会让我们陷入绝境。所以，偶尔听一些反对的声音，思考其中的道理，更有利于我们成长哟。

经典重现《山海经·西山经》

“有兽焉，其状如犬而豹文，其角如牛，其名曰狡，其音如吠犬，现则其国大穰。”

25

孰湖
shú hú

崦嵫山上长着茂密的丹树，丹树结出的果子和西瓜一样大，可以治疗黄疸病，所以附近的村民都会上山采丹树果。

不少人靠卖丹树果养家糊口，可是有些生活富裕的人也喜欢往崦嵫山上跑，因为崦嵫山上有孰湖，他们都想亲眼看看灵兽孰湖。

相传孰湖有着人的面孔，形态像马，还长了一对鸟的翅膀和一条蛇尾。它性情温顺，非常喜欢小孩儿。不过，孰湖行踪不定，它不会长久地待在一个地方，所以就算是它的好朋友想找它，有时候也找不着。但如果是它自己想出现，那它出现的场景便会美丽无比。

它常带着一个“大惊喜”飞向附近的村庄，和小孩子们一起玩耍。

那时，孩子们就会从村子里跑出来，对着天空呼唤孰湖的名字，而孰湖为了让孩子们高兴，它会挥动着巨大的翅膀在空中盘旋，为孩子们表演节目。当孩子们哈哈大笑时，孰湖就会打开那个“大惊喜”。

只听“砰”的一声，数不清的花球在村子上方炸开，五颜六色的花瓣就像一场轻柔的雨，随着微风，带着花香缓缓飘向人们。花瓣落在孩子们的头顶上，孩子们大声欢呼道：“哇，下花瓣雨啦！”

神异档案

异能：飞

形态：马身鸟翼，人面蛇尾

地域：崦嵫山

这时，䑏湖便会静静地降落下来，在孩子们“选我吧！选我吧！”的欢快叫声中带着他们飞过村子，飞过河流……

第一次接触䑏湖的孩子在“乘坐”䑏湖时还有些东倒西歪，但是过一段时间，他们就会知道要紧紧地拽住䑏湖的鬃毛。

䑏湖会带孩子们去看美丽的云朵，给他们讲关于山川的知识、花草树木的生长规律。它还会嘱咐孩子们，长大后一定要做一个正直良善之人……

由于与䑏湖相处过于快乐，而䑏湖又只亲近小孩子，还有人乔装打扮冒充过小孩子呢。

那是一个青年，他从小的愿望就是飞。可他只是一个普通人，没有翅膀也没有仙术。那天，他给自己换上了一件宽大的花袍子，然后屈着膝，用一条头巾包住了脸，扎了两个羊角辫。由于这个青年本身就有些瘦弱，不细看还真的有些像个较高的小女孩儿。

他跟着孰湖翱翔天际时，孰湖正给孩子们讲诚实的可贵。青年的脸羞得发烫，但是他实在舍不得眼前的美景，所以直到返程时他才支支吾吾地向孰湖表明身份。

他本以为孰湖会大怒，谁知道孰湖却笑着说："我早就知道了，哪个小孩儿会有这么大的脚呢？"

青年不好意思地看了看自己的大脚丫，孰湖又说："不过你的装扮挺有童心的，所以也算个大孩子。"

青年感动得热泪盈眶，说："那……我以后还可以跟你一起玩吗？"

孰湖扇了扇翅膀："当然，不过下一次，你可以不用乔装打扮，善意的谎言也是谎言。"

看吧，孰湖可是很聪明的。

成长小站

童心可不仅仅指儿童的心，它更是对趣味生活的向往、探索世界的勇气、追逐快乐的美好愿望……让我们始终积极向上地过好每一天吧，说不定孰湖也会带我们翱翔天际哟。

经典重现《山海经·西山经》

"有兽焉，其状马身而鸟翼，人面蛇尾，是好举人，名曰孰湖。"

26 鸟（niǎo）鼠（shǔ）同（tóng）穴（xué）

神异档案

异能：无

形态：鸟形与鼠形

地域：鸟鼠同穴山

传说有一座山叫鸟鼠同穴山，山上生活着一只小鸟和一只小鼠。这两种动物在别处是没什么瓜葛的：它们一个在天上飞，一个在地上跑；一个在树上筑巢，一个在地里打洞。但是在鸟鼠同穴山，它们竟相亲相爱地生活在一起。

因为鸟鼠同穴山上的鸟和鼠并不是普通的动物，它们曾经是人，是一对夫妻。

女人十分勤劳，家里的苦活儿都是她干。她不仅要下地种田，还要织布刺绣，很是辛苦。但她从来没有埋怨过什么，反而觉得这种生活很踏实。

她的丈夫却恰恰相反，他不仅好吃懒做，还整天游手好闲。好在他为人善良，对妻子也是十分的敬爱。

邻居们都说，他真是走了“狗屎运”，娶了这么贤惠的妻子。

这日清晨，女人出门洗衣服，她刚在河边蹲下，就看到两条蛇在打架。一条小白蛇正被一条麻灰色的大蛇死死地缠住，看起来好像马上就要断气了。女人于心不忍，就拿起一根小木棍把麻灰色的蛇给挑开了。白蛇得救后立即钻进了河里，很快就不见了，而那条麻灰色的蛇则是死死地盯着她，朝她吐着芯子。

女人的胆子也大，她扬了扬手里的棍子说：

“我见不得你欺负弱小，你要是再不走，我就拿棍子敲死你！”

闻言，那条麻灰色的蛇溜走了。

回家后，女人将这件事告诉了丈夫，可是她的丈夫压根儿就不在意，只说了一句：“以后你还是少管闲事，免得被蛇咬了！”

“知道了。”女人应了一句。

当天晚上，女人就做了一个奇怪的梦，梦里有一个自称龙王臣子的人对她说：“非常感谢你今天救了我家小主人，龙王大人要报答你，请你在天亮之前务必赶到救下我家小主人的那条河边，我有重要的事要跟你说！”

听完这话，女人从梦中惊醒。她拍了拍睡在一旁的丈夫，想让他陪自己一起去。可是她的丈夫怎么叫都叫不醒，她只好一个人去了。

她来到河边，那位臣子已经等候多时了。

臣子开门见山道：“我家主人想邀请你到龙宫做客，这次去你一定要记住，龙王给你金子，你不能拿；给你银子，你同样不能拿。”

女人很老实地点了点头。

接着，臣子又说：“你只拿桌子上放的两把花扇子和两颗玉石就行了，这些东西足够你享用了。”

“好，我都记住了！”她点点头。

只见那个臣子手一划，河面上就出现了一只很大的乌龟，乌龟背着女人径直来到了龙王的水晶宫。

这时，她看到了一个白发苍苍且十分慈祥的老人。女人猜想他一定就是龙王，

便向他行了一个礼。

龙王非常热情地招待了女人，并吩咐下人给她端来一盘亮闪闪的金子。

女人想起了那个臣子交代的话，赶忙摇了摇手。

于是又有人端了一盘银子过来，女人同样摇了摇手，没有要。

龙王有些为难了，她既不要金子，也不要银子，那应该送什么给她呢？女人也看出了龙王的为难，于是指了指桌子上那两把花扇子和两颗玉石道："我就要这些吧！"

“好，你要是喜欢，就都拿去吧！”

拿了这些东西后，女人又骑着大乌龟回到了人间。回家后，女人把自己的经历告诉了丈夫。

“快把宝贝拿出来给我看看！”丈夫说。

女人将所有礼物都拿了出来，丈夫看得目瞪口呆，他说：“这下我们可要发大财了。”

说着，他便动手去摸那两把扇子。谁知扇面才露出一半，一道光闪过，女人的身体就飘了起来，眼看着就要飞到天上去了。

丈夫一把拉住了妻子，可是他的力量实在不够，情急之下，他把玉石放进了嘴里。结果两颗玉石在他的嘴里变成了一对长牙，而扇子也变成了一对翅膀，长在了女人的身上。就这样，这对夫妻一个变成了老鼠，而另一个变成了鸟。

虽然他们不再是人了，但是他们拥有了永恒的生命。

据说，他们生下的孩子，男孩儿世世代代都是老鼠，而女孩儿世世代代都是鸟。他们永永远远地生活在山上，而那座山也因此得名鸟鼠同穴山。

成长小站

虽然故事中的妻子干活儿毫无怨言，但我们也要明白，无论是家务还是其他事情，都应该由所有家庭成员分工完成，不能只是一人辛苦付出哟。

经典重现《山海经·西山经》

“又西二百二十里，曰鸟鼠同穴之山，其上多白虎、白玉。”

27

huān shū
臛疏

神异档案

异能：防御火灾

形态：马形一角

地域：带山

很久以前，有一个小部落，他们生活的区域内有一座火山，常有火星子冒出来，住在这个部落的百姓们整日忧心忡忡。他们害怕冒出的火星会引起火灾烧毁他们的庄稼，更怕火山喷射的岩浆危及他们的生命，就连他们的首领也为此食不下咽，日日寻求解决之道。

某日，部落里一个忠诚的年轻人向首领进献了一只异兽。

那个年轻人说："这只臛疏可以帮助我们部落防御火灾。"

首领看了看这只异兽，只见它长得像马，头顶有一只角，而且那只角相当粗糙，就像是磨刀石一般。首领不以为意，摇头道："这种丑东西，怎么配得上我高贵的身份？就算给它配上贝壳马鞍，都不配入我的眼。"

"首领，这可是千年难遇的臛疏啊！它生长在带山，有御火挡灾的神奇能力，是真正的吉兽啊！"

"我怎么看它都只是一匹长相奇怪的马，没有什么神奇的！"首领不屑地说。

年轻人见首领根本没有把臛疏放在心上，就跪下来继续恳求道："请您一定要养它！"

首领被说烦了，竟然直接下令把这个年轻人关了起来，甚至给他安了一个"不敬首领"的罪

名。年轻人在狱中连连叹气，心想：有这样的首领，我看这个部落迟早会亡！

好巧不巧，那晚火山喷发，大火在部落中肆虐，民众被吓得四处逃亡，而主帐内的首领与他的谋士们更是不知所措。

大火将百姓们的帐篷、牲畜吞没了，就连主帐也未能幸免。谋士们为了躲避火灾，纷纷劝道："首领，快点儿离开这儿吧，再不走就晚了。"

首领抚摸着他的虎皮宝座，想着自己可是尊贵无比的首领啊！如今这一场大火，竟使他像老鼠般四处乱窜。

“首领，快……快走！”这时，一位谋士拉了首领一把，首领这才意识到，要是再不走，就真的要葬身火海了。

很快，首领被拉离了主帐，而另一边，不知道什么时候矔疏已经来到了充当牢房的木棚。它将木棚的火焰吞进了肚子里，成功把那个被囚禁的年轻人解救了出来。

“矔疏，快……我们出去救火！”年轻人摸了摸矔疏的头，骑着它英勇地冲出了木棚。矔疏朝着火势凶猛的地方奔去，凡它走过的地方，大火立即熄灭。民众纷纷跪在地上，大声喊道：“天降灵兽，天降灵兽啊！”

首领听到了民众的喊声，又看到了矔疏和那个年轻人英勇地穿梭于火海中，他不仅不感到羞愧，反而有些生气。首领心想：我不信你就应该反复求我相信啊！现在你骑着矔疏出来灭火，不是打我的脸吗？正想着，一团大火朝首领袭来，谋士们还没有反应过来，首领就被烧死了。

后来，人们一谈起这件事便说：“这场大火或许就是老天想要惩罚这个昏庸的首领吧！”

成长小站

人们总是容易对美丽、华贵的事物产生好感，但是无论是人还是物品，外形都不等同于其内在的价值哟。

经典重现 《山海经 · 北山经》

“有兽焉，其状如马，一角有错，其名曰矔疏，可以辟火。”

28

zhū 诸 jiān 犍

神异档案

异能：无

形态：豹形长尾，人首牛耳，一目

地域：单张山

很久以前有个叫阿阮的猎户，他非常想和住在单张山的异兽诸犍成为好朋友。于是，他想了一个亲近诸犍的办法，那就是把自己伪装成诸犍的同类。

据说，诸犍十分高傲，它们走路时总是抬头挺胸，一副高高在上的模样。它们还喜欢把尾巴翘得高高的，仿佛是一位高贵的神明。诸犍长得有点儿像豹子，看起来非常威武，头部还有些像人，但长着一对牛耳朵，只有一只眼睛，另有一条长尾巴。

诸犍喜欢吼叫，声音高亢。

这天，阿阮一大早就来到了单张山。

他先是学着诸犍的步态在山里走来走去，又将自己做的假尾巴翘得老高。可是他折腾了一两个时辰，始终没有一只诸犍出来和他玩。

阿阮叹了一口气道：“唉，这些诸犍都跑哪里去了？”

他越装越觉得没有意思，干脆找了一块石头躺下打起了盹儿。睡到半夜，阿阮突然惊醒。

只见许多忽闪忽闪的东西正围着自己，他壮着胆一瞧，原来是一群诸犍。

阿阮想，他的机会总算是来了。可还没等他有所行动，一只壮实的诸犍就将他顶翻在地。

回来之后，阿阮在床上躺了好几天才好起来。

可他还是不死心，于是又乔装成诸犍的样子来到了单张山。

这次，他竟然看到了他的好朋友阿良正和一群诸犍打得火热。阿阮疑惑地跑到阿良身边，将他拉到一边问道：“你是怎么和诸犍成为朋友的呢？”

阿良笑了笑，说：“诸犍其实对人很友善，你只要愿意跟它们玩，它们就会和你玩！”

“怎么可能，前几天它们还攻击我，现在我的胸口还疼呢。”

阿良笑道：“那一定是你没有诚意，让诸犍误认为你是坏人了。只要你友善地对待它们，它们一定会主动亲近你的！”

“可是，我也很有诚意啊！你看看，我都打扮成它们同类的模样了，这还不能体现我的诚意吗？”

阿良看了看他的打扮，的确也算是有心，于是问：“你是不是做了什么奇怪的事？你把经过说给我听听。”

于是，阿阮一五一十地把那天的事告诉了阿良。

阿良听了后笑了起来，说：“原来是这样啊！你可能不知道，诸犍睡觉的时候，会把尾巴盘成一圈一圈的。你一定是忘了盘尾巴，被它们当成异类了。”

一听这话，阿阮不好意思地抓了抓脑袋。

阿良继续说道：“估计它们早就看出来你是假扮的了，异

兽的思想和我们人的思想是不一样的。它们不知道你是想和它们亲近才扮成它们的同类，反而会以为你装神弄鬼的是想伤害它们，所以它们才会生气攻击你呀。你去跟它们好好道个歉，我敢保证，它们一定会原谅你的！”

被阿良这么一说，阿阮也明白过来，自己既没有以人的形态与它们坦诚相见，又装得不像它们的同类，怪不得它们会有敌意。

阿阮听了阿良的话，赶紧向诸犍道了歉，而诸犍也是十分大方的异兽，它们原谅了阿阮。

就这样，他们一起愉快地玩耍了起来。

成长小站

无论是甜言蜜语还是其他的什么，只要不是发自真心，立于真实，迟早都会露出破绽。与人交往从来都只有一个方法，那就是坦诚相待。

经典重现《山海经·北山经》

“有兽焉，其状如豹而长尾，人首而牛耳，一目，名曰诸犍，善咤，行则衔其尾，居则蟠（pán）其尾。”

29 山狌

shān huī

在一个风雨交加的夜晚，有一对年轻的夫妇驾着马车赶路。突然，驾车的丈夫看到一个黑色的影子从他身边一晃而过。

丈夫吓坏了，赶紧把马车停了下来。他仔细地看了看四周，黑压压的一片，什么也没有，心想，难道刚刚是自己眼花了？

这时，马车里的妻子探头询问：“相公，你怎么把马车停下来了？”

“没……没事，你快坐好，我们继续赶路。”

妻子点了点头，她虽然嘴上没说什么，但是心里还是觉得有些不安。

马车再次动起来时，妻子悄悄地掀开了一点儿车帘。突然，她惊恐地捂住了眼睛，说：“这是狗？”

丈夫听到妻子的声音后，连忙回过头来，问道：“发生什么事了？”

“相公，我刚刚好像……好像看到一条大狗在追着我们。”

“看来不是我眼花！”丈夫思忖了一下，接着说道，“不对啊！马车的速度这么快，应该没有哪条狗能赶上我们才对。”

妻子低声说道：“难道……它不是狗？”

“管它是什么！来者不善，我们还是赶紧赶路吧。”说着，她的丈夫挥动鞭子将马车驾得更

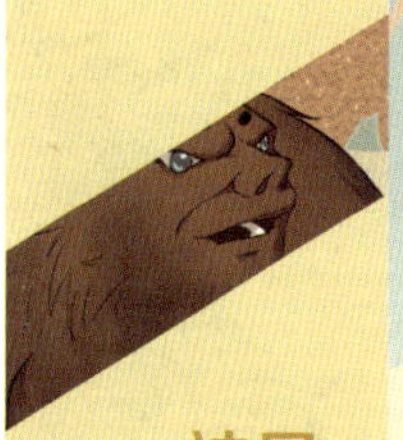

神异档案

异能：投掷极准，引起大风

形态：犬形人面

地域：狱法山

快了，甚至连四周呼啸的风仿佛都要比他们慢上一节。可奇怪的是，没过一会儿，那个狗形黑影就追了上来。

当马车驶过一个拐弯处时，那个狗形黑影甚至超过了马车，拦在了他们前面。丈夫受惊不小，立即拉住了缰绳。

马儿训练有素，及时停住了蹄子。

这个时候，丈夫才清楚地看到了那个狗形黑影的真面目。只见它既像狗又像狼，还有着人一样的面目。

“你到底是人还是狗？”丈夫吓得哆哆嗦嗦的。

那只野兽咧开嘴，朝着他笑，笑得丈夫心里发毛。

这时，他的妻子从马车上下来了。她慢慢端详了一下那只野兽的模样，似乎在确认什么事情。而后，她又走到那只野兽的身旁，蹲下身来笑道：“相公，别害怕，它既不是人，也不是狗！它是生活在狱法山上的野兽，名字叫山猝。据说山猝十分擅长投掷东西，奔跑起来更是像风一样快，见到人还会不自觉地微笑呢。而且，只要它们一出现，就会刮起大风。”

丈夫害怕地问道：“夫人呀，山猝会不会害人呢？”

妻子笑了笑，说：“山猙不会害人，它大概以为马车是在跟它赛跑，所以才追着我们跑的吧！相公若是害怕，我将它引开便是，你看好了。”

说完，妻子就从包裹里拿出一个新鲜的果子，然后朝远处一抛。山猙见了果子，立马翻着跟头去接，甚至还按照同样的轨迹给夫妇俩投掷回了几块漂亮的小矿石。

丈夫想：它果然很擅长投掷啊！

妻子拍了拍丈夫的肩膀笑道：“现在没事了，我们赶路吧！”妻子说完后就回到了马车里。丈夫摸了摸胸口，心还在剧烈地跳动呢。

很快，那辆马车又重新动了起来。

据说山猙在有些地方也叫人面犬，它们并非害人性命的恶兽，而更像贪玩的孩子。倘若遇上了山猙，就请送它们一些新鲜的果子吧！

成长小站

无论是走路还是开车，途经野外时我们总会碰到一些小动物。但无论是我们熟知的小蛇、小猫，还是罕见的山猙，我们都要记得既不伤害它们，也不盲目接近它们哟。

经典重现《山海经·北山经》

“有兽焉，其状如犬而人面，善投，见人则笑，其名曰山猙，其行如风，现则天下大风。”

30

诸（zhū）怀（huái）

北岳山上有一种野兽，名叫诸怀。它们外形像牛，头上却长着四只锋利的角，还有一双人的眼睛、一对猪耳朵。但最让人印象深刻的，还是它们那大雁啼鸣般悦耳的叫声。

有人说，野兽诸怀是山林中最凶猛的动物，是人类的敌人，因为它们不仅喜欢吃动物，还喜欢吃人。然而，偏偏就有些人胆大包天，将诸怀当成一种宠物饲养，李二就是其中一个。

他家住在北岳山脚下，那儿有一块宽阔的草地，平时野兽诸怀也会到这里来觅食。

慢慢地，李二熟悉了诸怀的脾性，发现它们也不是见人就吃，便开始养起了诸怀，还和它们相处得很和谐。经过多年努力，他的围场里已经有了二十多只诸怀。

这天，一个陌生人来到了李二的住所，他表示自己想跟李二学习养诸怀。李二很开心，因为又多了一个真心喜欢诸怀的人。于是，李二毫无保留地告诉了他诸怀的喜好和习性。

那个陌生人学得很认真，不过他一直有一个疑惑，于是问李二：“李二哥，为什么你围场的门一直都是敞开的呢？难道你不担心这些诸怀跑掉吗？”

李二笑道：“在我这儿，诸怀是自由的，我养它们只是想跟它们建立一种朋友关系。”

神异档案

异能：无

形态：牛形四角，人目猪耳

地域：北岳山

“哦，我懂了。”

后来的几天，陌生人都在努力和诸怀成为朋友。可是，诸怀一点儿也不领他的情，看到他过来，就用角去拱他，为此陌生人感到很苦恼。

李二看到了，便安慰他道：“别急，诸怀是灵兽，只要你真心对它们好，它们迟早会接纳你的！”

陌生人点点头道：“李二哥，难道诸怀也有人的情感吗？”

“我不知道，但是它们肯定能够分辨善与恶，毕竟我从未听说哪个善人被诸怀吃了。”李二如实回答。

又过了几天，这个陌生人逐渐摸索到了跟诸怀相处的秘诀，成功“拿下”了诸怀。现在诸怀见到他，一点儿也不抗拒了。

陌生人十分满意这样的结果，他认为，时机已经成熟了。于是，在一个深夜，他趁李二睡着，偷偷地赶着几只诸怀走了。等到第二天，李二才知道自己是引狼入室了。

原来，陌生人的虚心请教都是有目的的，为的就是顺利带走诸怀，拿去换牛羊。因为诸怀神秘且难以驯服，许多部落的首领都对这种异兽充满了好奇，所以这人就打起了诸怀的主意。

李二日夜为那几只诸怀担忧，人也瘦了不少。可就在一个阳光明媚的清晨，那几只诸怀竟然奇迹般地出现在了他的门口。他向过往的行人一打听才知道，那个不怀好意的陌生人在驱赶诸怀时，自己不小心踩到滑石摔下了山崖。真是多行不义必自毙。

经过这件事后，李二就把诸怀全部放回了北岳山，从此再也不养诸怀了！或许只有诸怀回到它们自己的地盘，才能真正保障它们的安全吧！

成长小站

大自然才是野生动物的乐土，私人驯养或许能够给它们提供更充足的食物，却也剥夺了它们自由生活的权利，还有可能带来危险。所以，爱动物便要尊重动物的生活方式，除了短期救助饲养外，不要把它们当宠物哟。

经典重现《山海经·北山经》

“有兽焉，其状如牛，而四角、人目、彘耳，其名曰诸怀，其音如鸣雁，是食人。”

31

páo xiāo
狍鸮

远古时期，蚩尤带领着部落打天下，一次在与黄帝交战时，他被黄帝手里的轩辕剑斩掉了头颅。他的头颅滚呀滚，滚呀滚，最后滚落到了一个很深的山谷里，化成了传说中最凶恶的怪兽——饕（tāo）餮（tiè）。

饕餮有一张巨大的嘴巴，能吞噬一切。不管是动物还是人，树木还是房屋，它都能一口吞下。但随着它吃的东西越来越多，饕餮的胃口和野心也变得越来越大，最后，就连时间和光线都被它吞噬得一干二净。

这可把天帝吓坏了，可还没等天帝找到合适的人去将它降伏，饕餮竟然馋得将自己的身体吃掉了，而它那些没有被吞掉的残肢，便化作了怪兽狍鸮。

狍鸮同样拥有着巨大的胃口，但幸好它们没有吞天毁地的神力。不过，它们对人类仍然存在威胁。

有人就曾在钩吾山里见到过狍鸮。据他说，它们有着人的脸却长着羊的身子，眼睛长在腋下，还有人手般的爪子，若是张嘴，便会露出虎齿。它们的动作十分敏捷，天上飞的、地上爬的……没有什么动物能躲过它们的攻击。

听众疑惑地问：“照你这么说，狍鸮这么厉害，你当时是怎么躲过的呢？”

神异档案

异能：无

形态：羊身人面，目在腋下，虎齿人爪

地域：钩吾山

那人解释道："当时也是侥幸，我正好躲在树丛里，它们没发现我！"见人们不信，那人便将自己偶遇狍鸮的事一五一十地说了出来。

那天晚上，他酒醉后和同部落的朋友打赌，说自己一个人进入钩吾山也一定能活着回来。朋友不信，他便真的迷迷糊糊地上了钩吾山。等酒醒得差不多时，他见四周密林环绕，连条路都没有，这才意识到自己有多愚蠢，可现在后悔也来不及了。于是，他只好摸索着往山下走，可四周的景物几乎没有区别，他走了许久都没看到路。这时，他突然听到了一阵婴儿的啼哭声。

"这下有救了，终于碰上人了，还带着孩子，对方一定是个身强力壮的人。"于是，他就循着那哭声一直往前走。

可就在他靠近声源时，他看到了传说中的狍鸮，吓得赶紧躲了起来。

幸好，那只狍鸮的目标不是他，而是一头大熊。

那头熊十分健硕，足有两个成年男人那么大，可是狍鸮竟直接扑了过去，咬断了熊的脖子。

他看到这里时，已经吓得出了一身冷汗。他大气都不敢喘，就怕被狍鸮发现了。

然后，他透过叶子的缝隙，亲眼看着狍鸮一点一点地将大熊吃掉。羊一样大小的狍鸮竟然吃掉了一头大熊，他直接吓晕在了树林里。好在狍鸮吃完之后并没有停留，而是跑去其他地方寻找新的猎物了。

直到第二天太阳升起来的时候，他才醒过来，然后便匆忙逃下了山。

“差一点儿，就差一点儿，我就被狍鸮吃了。”他向人们说。

“老兄，你命可真大啊！”

“可不是嘛。以后我再也不敢去钩吾山，再也不敢和朋友打赌了。哦，还有，我再也不饮酒了……”

于是，关于狍鸮的故事就在这一带传开了。人们虽然没有亲眼见到狍鸮，可是再也没有人敢醉酒或是深夜上山了，毕竟没有什么比性命更重要！

成长小站

现实生活中并没有狍鸮这种动物，但是过度饮酒的问题仍然值得我们重视。小朋友既不能出于好奇尝试饮酒，也要时常规劝爸爸妈妈适量饮酒哟。

经典重现 《山海经 · 北山经》

“有兽焉，其状羊身人面，其目在腋下，虎齿人爪，其音如婴儿，名曰狍鸮，是食人。”

32

tiān mǎ
天马

神异档案

异能：飞

形态：状如白犬，黑头

地域：马成山

传说在远古时期有个宛氏族，宛氏族首领之子名叫阿迪，他是一位心怀天下的勇士。阿迪不甘心整日待在族内享受生活，他想像战士一样冲在最前线，报效全族。

可惜这个想法遭到了宛氏族首领的反对，因为他就这么一个儿子，自然舍不得让他上战场。况且，战场上刀剑无眼，要是阿迪遇害，宛氏族就后继无人了。为此，父子二人时常吵架。

首领知道，就算是把阿迪关起来，他也有一千个法子逃出去，这让首领很是为难。

这天，一个足智多谋的长老向首领进言，宣称他能帮助首领排忧解难。

他说："首领，我听闻马成山上有一种野兽，叫天马，它长得像一条黑头白狗，却是名副其实的神兽。天马的背上还长有一对翅膀，有腾云驾雾的能力。不仅如此，它还是一种能够辟邪的瑞兽，只要得到它，您就不必担心阿迪的安危了。"

首领想了想，说："天马居于马成山何处？"

"我倒是听说过，很久很久以前，见过天马的人将它的行踪记刻在了石壁上，而那块带有刻字的石壁离我们这儿并不远。"

"嗯，这么说来，天马是真实存在的。"许久后，首领又说，"你可否帮我一个忙？"

"首领请讲。"

“你既然知道天马，又知道那片石壁的位置，我可否请你替我走一趟？”

长老听后抱拳说道：“我定不辱使命！”

于是，首领就派这位长老带着自己的战马和几名忠实的随从去寻天马了。他们一路向东而行，途中经过了许多山川，遇到了许多困难，但是他们从未放弃，一直坚定地走了下去。

最终，长老依靠石壁记载的信息锁定了一个神秘的山洞，那里极有可能是天马居住的地方。于是，他们在山洞旁扎营，日复一日地等待着天马的出现。

或许是他们的真诚感动了天帝，终于，在一个无风无雨的清晨，天空传来了“隆隆”巨响。长老见天象有异，缓缓说道：“天马应该就要来了！我们做好准备吧！”

他的话刚说完，平静的山谷开始狂风大作、电闪雷鸣，一只长得像白狗但有着黑色脑袋，背上还有一对翅膀的灵兽出现了。

“天马……这是天马！”随从们一个个都兴奋了起来 。

长老朝着天马喊道：“请问您是来帮助我们宛氏族的吗？”

长老见天马没有任何反应便赶紧跪了下来，

他苦苦哀求天马道：“我知道您不愿意来到人间，但请您一定要帮助我们首领的儿子保护人民，我们全族都将永远铭记您的大恩大德。”

天马被他们的真诚感动，顿时，一抹吉祥的紫色光芒照射在了天马的身上。只见它身上不断渗出赤红色的汗水，很快它的翅膀便消失了，最后，它化成了一匹威武的战马。

后来，阿迪骑着这匹战马四处征战，保护了宛氏族千千万万的子民，而宛氏族族民也诚如长老所言，世代铭记天马的恩德。

成长小站

天马是否真的是阿迪作战胜利的秘诀，我们不得而知。但他心系部族、敢想敢做的精神很值得我们学习。

经典重现《山海经·北山经》

“有兽焉，其状如白犬而黑头，见人则飞，其名曰天马，其，鸣自叫。”

33

fēi shǔ
飞鼠

传闻在天池山的深处，有一个神秘的地方。那里寸草不生，却有许多造型奇特、花纹多样的石头，当地的人们称这个地方为奇石谷。

奇石谷中有一种野兽叫飞鼠，它的身体像兔子，但长着老鼠的脑袋，更为神奇的是，它不是用翅膀飞，而是靠背上的毛飞翔的。因此，很多人都为了见神奇的飞鼠跑到奇石谷去探险。可惜，谁都没有见到过。

正因如此，关于飞鼠的传说越来越离谱，甚至有人说：只要获得飞鼠的皮毛并披上它，人就能飞翔。

这话一出，上山寻找飞鼠的人就更多了，阿山就是其中一个。

那天，他在山谷中搜寻了很久，却没有看到任何野兽，除了那些奇怪的石头，就只有满山谷的沙土。然而，正当他准备放弃时，他发现了一个洞穴。从洞穴周边散落的兽毛判断，这极有可能就是飞鼠的家。

于是，阿山蹑手蹑脚地走进洞穴，准备探索一下。

他发现这个洞穴非常干燥，而且有很多凸起的岩石。他蹲下身子正准备仔细察看，突然，他听到了一阵嗡嗡声，接着，一只小飞鼠从他的头顶飞过。阿山吓了一跳，但是他很快就反应过来，

神异档案

异能：飞

形态：兔形鼠首

地域：天池山

一把捉住了这只小飞鼠。

小飞鼠挥舞着爪子，向阿山表达它的恐惧与愤怒。

“别害怕，我只是对你感到好奇，我不会伤害你的！”

小飞鼠拼命挣扎着，最后，阿山只好把小飞鼠放进了提前准备好的麻布袋里。

回家后，阿山把小飞鼠关在了一个笼子里。他给它喂食，跟它聊天，虽然不知道小飞鼠能不能听懂，但是阿山还是很努力地跟小飞鼠沟通。

可是小飞鼠并不适应人类世界的生活，毕竟它早就习惯了翱翔于广阔的天空和一望无际的山野。

时间就这么一点一点地过去了，阿山发现他的小飞鼠变得越来越沉闷。好几次，阿山逗它玩，它都无力地垂着脑袋。

以前小飞鼠还会龇牙咧嘴地挣扎两下，可是现在，它一点儿挣扎的意思也没有，整只鼠就像一只泄了气的皮球。

阿山正为此苦恼，突然，他看到院子里来了无数只飞鼠。

那些飞鼠好像要把阿山吃掉一般，来势汹汹，阿山吓得出了一身冷汗。

“它们是来找你的吗？”阿山问那只小飞鼠，而小飞鼠也像感应到了什么，拼命挣扎了起来。它挥舞着爪子，仿佛下一秒就要冲出笼子。

“我舍不得放你走啊。”

是啊，阿山本来想取得小飞鼠的皮毛，看看披在身上是不是真的可以让自己飞起来，可是后来，他改变主意了——他觉得伤害动物实在是太残忍了，不如养一只小飞鼠跟自己做伴。

他是个孤儿，总是一个人生活，自从小飞鼠来了之后，他觉得自己没有那么孤独了。可是，小飞鼠的朋友们都来找它了，他不能自私地把小飞鼠继续留在身边。

阿山咬了咬牙，把笼子打开了。小飞鼠重获自由，抖抖背上的毛，和它的好朋友们一起飞走了。看着小飞鼠恢复了往日的神采，不知道为什么，他心里也快乐了起来。

阿山满眼不舍地看着小飞鼠，突然，小飞鼠飞出一段距离后又飞了回来。只见它绕着阿山飞了一圈，仿佛在跟他告别，然后，就和它的好朋友们一起飞回了天池山。

成长小站

无论是爱慕的人还是喜欢的动物，我们都要给予其充分的尊重，如果只是通过蛮力将其留在我们身边，这种爱慕或喜欢就是野蛮的而不是平等的。

经典重现《山海经·北山经》

“有兽焉，其状如兔而鼠首，以其背飞，其名曰飞鼠。”

34

dōng dōng

䍶䍶

神异档案

异能：带来丰收

形态：羊形，一角一目，目在耳后

地域：泰戏山

在泰戏山下一个幽静的小村庄里，住着一群勤劳的人。他们每天都在辛勤劳作，只希望能有一个很好的收成。

可惜今年，他们的庄稼却迟迟不长，农民们对此感到十分困惑和难过。

是什么原因导致的呢？大家议论纷纷。有些人说是天气原因，而有些人则认为是怪兽所为。毕竟，他们在劳作的时候，经常听见一种“咚咚”声。那种声音不是普通的家禽所能发出的，是一种很奇怪的声音。

一个村民说：“我之前好像在田边看到过一个奇怪的生物，没准儿那声音就是它发出来的。”

“难道是那只怪兽影响了庄稼的生长？”

“对，一定是它！”

大家你看看我，我看看你，达成了共识——他们要把这只怪兽揪出来。

于是当天晚上，村民们就躲在了谷仓旁边，等着那只神秘的怪兽出现。

没过多久，他们果然看到了一团黑影。当那团黑影快要接触到庄稼时，村民们挥舞着手里的锄头跑了出来。

一个力气比较大的村民一把就将这只怪兽按住了。众人定睛一看，发现这家伙长得像羊，头顶长了一只角，而眼睛长在了耳朵后面。

“果然奇奇怪怪的！我们现在把它捉住了，应该怎么处置呢？”一位村民问。

“为了不让它继续祸害我们的庄稼，我们还是把它杀了吧！”另一位村民提议。

最后，经过大家商量，决定宰了它吃肉。那只怪兽像是听懂了他们的话，害怕得一个劲儿朝着天边发出“咚咚”的叫声，仿佛是在求救。

很快，它的声音吸引了村里的一位老人，他面带微笑，缓缓朝众人走来。

“老先生，您怎么来了？”

这位老人是他们村里最有智慧的人，所以在村民中很有威望。

老人抚摸着自己的长须说道：“你们可否把它交给我？”

“老先生啊，它可是祸害我们庄稼的怪物。您一把年纪，怎么能处理它呢？”

“怪物？辣辣乃吉祥灵兽，它不但不会祸害庄稼，反而会给我们带来大丰收。庄稼长得慢，不过是因为今年比往年冷罢了！”

一位村民挠了挠后脑勺说道：“不对呀！我们亲眼看到这只怪兽在夜里接近我们的庄稼！”

“对呀，对呀！肯定是它在搞破坏！”又有村民搭话了。

老人知道，现在不管他说什么，大家都不会相信他。只有让他们亲眼看见辣辣的神奇能力，他们才会相信辣辣是吉兽，于是他说：“我把它养在家里，保证不让它破坏你们的庄稼，如何？”

“可是……”

“如果今年庄稼没有大丰收，我一定亲手解决它。”

见老人都这么说了，村民们也不好再驳老人的面子，只是叮嘱道：“您一定要看好它，别再让它出来搞破坏了！”

之后，竟真如老人所言，村民们的庄稼越长越壮。到了秋天，他们的收成竟比往年都好。

这时，大家才相信老人当初所说的话。看来，这只辣辣的确是能够带来大丰收的吉兽。人们纷纷带上新鲜的水果去老人家看望辣辣，辣辣却背对着他们，像个闹别扭的小孩子一般，只发出“咚咚”的鸣叫声。

成长小站

万事万物之间都存在着联系，但联系可不是我们妄想出来的。将怪声与“庄稼长得慢”联系在一起便是一种妄想，差点儿冤枉了可爱的辣辣。所以，我们要做实事求是的孩子哟。

经典重现《山海经·北山经》

“有兽焉，其状如羊，一角一目，目在耳后，其名曰辣辣，其鸣自叫。”

35

huán

豲

神异档案

异能：无

形态：牛形三足

地域：乾山

很久很久以前，有一个首领专爱听好话。两个奸臣摸清了他的脾气，便成天拍马屁，很快就赢得了首领的信赖和重视。

有了高官厚禄，他们便开始放肆了。他们不仅经常在外面搜刮民众的财产，还在部落中拉帮结派。这引起了部落中一位正直长老李氏的不满，他品德高尚，自然不能让这对奸臣在部落中作乱。于是，他事事都与他们作对。

这天，他们坐在河边吃果子，聊到了这件事，奸臣甲说：“李氏常常坏我们的好事，你说该怎么办？”

奸臣乙想了想，笑道：“不过是个废物，怕他做什么！”

“他好像开始搜集我们的罪证了。”

奸臣乙不慌不忙地抿了一口茶道：“那我们就先发制人吧！”

他们说完，隔天就去找了首领，向他状告李氏非议首领，构陷忠良！首领听后大发雷霆。

这对奸臣相视一笑，他们心里知道，李氏这下子要倒大霉了！用不了多久，首领就会帮他们铲除这个碍眼的家伙。

果然，次日首领就下令：七日后斩杀李氏。

有了这个例子，整个部落再也没有人敢对这两个奸臣有任何异议了，甚至在路上碰见他们，大家都纷纷绕着走。于是，他们更加无法无天了。

很快就到了李氏问斩的日子。李氏刚死，三月的天空竟然飘起了鹅毛大雪，人们都从家里跑了出来，观看这奇异的景象。

这时，人们发现问斩处的空地上平白多了一头牛。它只有三条腿，站在那里摇摇晃晃的，仿佛下一秒就会倒下。

首领对这头怪牛感到很好奇，便请来了自己的谋士探讨。

有的谋士说：“瑞雪兆丰年，这是一头吉祥的神兽，我们理应庆贺才是！”

还有的谋士说：“这怪兽名叫獂，生活在乾山上，至于是不是吉祥之兽，这个无从考证！”

只有忠实的王氏壮着胆子直言：“暮春降雪，一定是人间有冤屈，这是灾祸，怎么可能是吉祥之兆呢？那对只会溜须拍马的奸臣诬告李长老，大家心里都清楚！你们颠倒是非黑白，莫非以后连族人流离失所也要说成是部落强盛的景象吗？”

王氏的这番话一出，谋士们连连摇头，心想：王氏恐怕要大祸临头了，他竟敢在首领面前说那对奸臣的坏话，难道就不怕首领降罪吗？

看来王氏是凶多吉少了，唉，忠臣难当呀！

说来也奇怪，王氏的那番话刚说完，那头三腿牛竟晃晃悠悠地走到了首领面前，还频频点头。

于是，部落的民众议论纷纷。大家都说这只叫䝟的怪兽是李氏的冤魂所化。牛生三腿立不稳，这不正说明首领是非不分，偏听偏信，致使部族发展不稳定吗？

经过这件事，民众的愤怒达到了顶峰。首领迫于压力，着手调查这对奸臣的所作所为。首领这才发现，他们除了对自己恭敬，其余一无是处。就这样，这两个奸臣被处决了，首领也开始反思自己，励精图治。

成长小站

古时人们通过幻想天降异象、异兽来表达自己对奸恶之人的不满，对忠义之士的敬佩。这些奇幻的故事或许并未发生过，但那些正直、无私、忠勇的美好品质，却是实实在在值得我们培养的。

经典重现 《山海经·北山经》

“有兽焉，其状如牛而三足，其名曰䝟，其鸣自叫。”

36 罴（pí）九（jiǔ）

神异档案

异能：叫声能震裂冰层

形态：鹿形，肛在尾上

地域：伦山

很久以前有一位义士，他因追随明主，反抗部落中昏庸的首领失败而隐居在了深山之中，跟家里断绝了一切联系，生怕连累家人。

可他的家人一直很担心他的安危，日夜盼着他能够回来。他的儿子忠孝仁厚，不忍心看到家中长辈伤心，更担心父亲独自在外。于是，这个孝子就踏上了寻亲的道路。

他苦苦寻找了十几年，方才得到一条线索——他父亲曾在伦山附近的某个小村子里出现过。于是，他心急火燎地赶了过去。

伦山山高林密，孝子一路走来经历了千难万险。这天，他刚费劲爬过了一个碎石坡，就听到身后传来了老虎的啸声，当即吓得浑身发颤。他拼命往前跑，躲进了山沟里的一处小草棚。

草棚中的猎户见到孝子后问他："你来这儿干什么？"

"我是来寻我父亲的……"孝子一五一十地把自己的经历告诉了猎户。猎户听了后非常同情他，就给他准备了烤肉。

他们俩一起坐在窗前，一边吃饭一边看着外面的美景。

就在他们吃得正欢时，孝子注意到窗外有一道红色的光射了过来。

孝子慌忙把碗放下，对猎户说："起火了！

起火了！我们快逃命吧！”

猎户笑着安抚他说：“不，这不是起火了，这是我的雪道兄。”

“雪道兄？是您的兄长？”

猎户笑着摇了摇头，拉着孝子往外面走去。

出门后，猎户指了指站在山上的奇异动物，说道：“你好好看看，这就是我的雪道兄。”

孝子顺着他手指的方向望去，的确，有一只长得像麋鹿的异兽正看着他们。说来也奇怪，这只异兽的肛门竟然长在了尾巴上面，而刚刚的那道红光，就是从它的身体里散出来的。

孝子想了想，问：“这是什么神兽？我从未见过。”

猎户笑道：“它的名字叫罴九，即使是很厚的冰雪，只要它一叫，也会瞬间崩裂。”

“这样啊。”孝子点了点头。

当天夜里，伦山飘起了大雪，而且这大雪一直下，丝毫没有停下来的样子。次日清晨，雪竟积了三尺多厚。

眼看着下山的路被雪封住了，孝子心急如焚。

“这可如何是好，我还要找我的父亲呢！”

“别急，雪太大，你就在这里多住一晚吧！”猎户安慰道。

孝子摇摇头说：“不行啊，路上已经耽搁了许久，如果再多住一晚，万一我父亲又从那个村子离开了可怎么办？”

猎户叹了一口气，朝着山林呼唤罴九，又扭头跟孝子说：“只好让我的雪道兄帮你了！”

“那就麻烦了。”孝子拱了拱手。

只听罴九一声怒吼，路上的冰层与积雪瞬间炸裂消失。孝子看到了下山的路，再次道谢后匆匆寻他父亲去了。

后来，听说孝子在那个小村子里真的找到了他的父亲，也算是皇天不负有心人吧！

成长小站

儿行千里母担忧，父母远走孩子也一样会牵挂。可见，家人之间原本就该是互敬互爱、彼此关心的。让我们也来轻轻跟爸爸妈妈说一句“我爱你”吧。

经典重现《山海经 · 北山经》

“有兽焉，其状如麋，其州在尾上，其名曰罴九。”

37

mèng huái
孟槐

神异档案

异能：抵御凶邪

形态：似豪猪，红毛

地域：谯明山

从前，有一个叫明源的小村庄，它地理位置特殊，水源短缺，所以村民们经常要到附近的溪流去取水。

不幸的是，今年大旱，连附近的溪流都快干涸了，他们不得不想办法向外寻找新的水源。

这天早上，几个身强体健的村民爬上了附近的谯明山寻找水源。突然，他们听到山脚位置传来了一阵抽水声。他们开心极了，以为那里有泉眼，便纷纷快步循着声音走去。

可当他们跑到山脚下时，半滴水的影子都没有见着，反而遇到了一只奇异的生物。它的样子很像豪猪，但是毛发是红色的。

这家伙一看到村民们就发出了水井辘轳转动一般的抽水声，把他们吓得连连后退。

“原来抽水声是它发出来的，这是什么怪兽啊？”一个村民问道。

“难道是孟槐？我听我爷爷提起过，谯明山中生活着一种名叫孟槐的野兽。”这个村民也不是很确定。

“它不会伤害我们吧？”另一个村民战战兢兢地问。

这下大家都不敢吭声了，毕竟要是惊动了这只大家伙，后果不堪设想。

好几分钟过去了，见那只大家伙似乎没有什

么动静，一个村民才小声提议道：“要不，我们还是快点儿离开这里吧！”

其他的村民互相看了看对方，都点了点头。他们回村后，大家都拥上来问：“怎么样，找到水源了吗？”

他们低着头，一副很不开心的样子。

“没关系，总会找到的！”人群里的一位老者说道。

“其实我们今天听到抽水声了，只可惜，我们过去的时候发现，那声音是由一头大野兽发出来的，好像是孟槐。唉，白欢喜一场。”

老者有点儿吃惊，说：“你们今天见到孟槐了？”

“对啊。我们害怕它会攻击我们，所以就赶紧跑回来了。”村民如实说道。

老者点点头，说：“孟槐对人是没有任何威胁的，相反，它还是一种能避除凶邪之气，给人们带来吉祥的灵兽。这样的灵兽栖息的地方，必然生机勃勃。”

“所以，老先生的意思是，孟槐所在之处很可能有水源？”这个村民终于开窍了。

老者笑了笑，没有回答。

隔天，村民们又成群结队地来到了谯明山，果然，他们在昨天遇见孟槐的那个地方找到了一处泉眼。而且，泉眼的水质比他们以往喝过的任何水都要好，不仅清澈见底，还味道甘甜。村民们为自己能找到这么好的水源兴奋不已，于是，他们立即把这个好消息告诉了大家。从此，明源村的村民再也不用担心水源的问题了。

在接下来的日子里，村民们也更加珍惜新水源，把它当作上天馈赠给他们的礼物。而且，他们每次打水都会在泉眼边留下一些鲜果，这是给孟槐的礼物。

成长小站

我们用水很方便，但在一些缺水的地区，人们饮水都很困难。所以，我们要记得随手关闭水龙头，珍惜水资源哟。

经典重现《山海经·北山经》

“有兽焉，其状如貆（huán）而赤毫，其音如榴榴，名曰孟槐，可以御凶。”

38

yōu è
幽鴳

神异档案

异能：无

形态：猿猴形，身有花纹

地域：边春山

很久以前，边春山上居住着一群充满智慧且可爱的神秘动物，它们的名字叫幽鴳。

它们长得像猿猴，但身上布满了非常好看的花纹。

幽鴳们非常喜欢笑。它们经常在山间游戏取乐，每当有人路过边春山时，它们就会和人捉迷藏。但更多的时候，它们会选择装晕倒或是假装睡着，等路人疑心它们是不是死了而靠近时，它们就会突然跳起来，龇牙咧嘴地吓唬路人。可以说，它们是一种十分调皮的动物。

不过也正因为它们调皮，大家都躲着幽鴳走。虽说它不吃人也不会攻击人，可大家还是不想被吓唬，因此人们都不怎么去边春山。

没有人类陪自己戏耍，幽鴳们的日子也变得越来越无聊了。

直到有一天，一位来自远方的青年路过边春山。他本想在树底下休息一下，可他总是被打扰：不是听到奇怪的叫声，就是脑袋被山桃砸中。

这时，他忽然想到，之前问路时一位当地的婆婆告诉过他，边春山上有一种叫幽鴳的动物，十分淘气。

于是，他故意装睡觉，对幽鴳们不理不睬。

幽鴳们心生好奇，便纷纷蹑手蹑脚地朝他走了过去。

幽鸦们的嬉笑声离他越来越近，此时他只要一伸手，就有可能把它们擒住。可是，青年觉得还不够保险，因为幽鸦是一种很灵活的动物，反应极灵敏。

正在青年思考该怎么智取时，山上刮起了一阵强风，接着，又有细细绵绵的雨落了下来。

青年想：再装睡恐怕不行了，还是赶紧找个地方躲一躲吧。

可还没等他行动，那群可爱的幽鸦就找来了芭蕉叶替青年遮风挡雨。

青年感受到了它们的善意，缓缓地睁开了眼睛。

谁料，幽鸦们一见青年醒来，立马朝他龇牙咧嘴。青年也不怕，对着它们扮起了鬼脸。

幽鸦们愣住了，似乎在说：这家伙竟然没有被吓到，挺有意思的，只能出绝招了。

于是，那群幽鸦竟整齐划一地躺在地上，装起了晕倒。

青年笑着说：“别再用这一招了，已经没用了！快起来吧！”

幽鸦们偏不起来，像是一群撒娇的小孩子。

青年拿它们没办法，只好说：“你们再不起来，我可走了！”

这话一出，幽鸦们全都从地上爬了起来，咧着嘴朝青年笑。青年摸了摸它们的小脑袋，说：“你们听得懂我说话？”

幽鸦们点点头。

“那我告诉你们，你们如果真的想跟大家玩，就别再吓唬大家了。”

幽鸦们摇了摇头，它们才没有吓人呢，它们不过是想跟人开玩笑罢了。

“我只是路过这里，等雨停了我就得回去了！不过你们也别伤心，过几天，我会带朋友来找你们玩的。”

幽鸦们你看看我，我看看你，纷纷扬了扬它们的小爪子。

果然，几天后，青年就带着他的朋友们来到了边春山。他们还组织了游山会，幽鸦们高兴极了，主动给他们带路游山，展示它们的舞蹈，再也不吓唬人了。青年也唱起了一曲美妙的歌谣，整个边春山都沉浸在了欢乐中。

成长小站

所谓开玩笑，只有承受者觉得有趣好笑才算是开玩笑，否则，这就是一种不礼貌的行为。即便是我们没有恶意，在跟人交往时也要注意方式方法哟。

经典重现《山海经·北山经》

“有兽焉，其状如禺而文身，善笑，见人则卧，名曰幽鸦，其鸣自呼。”

39

zú zī
足訾

从前有一个偏远的部落，那里的人们非常勤劳，他们负责守护果园，每天轮流巡逻。因为果园里的果子是要上供给天庭的神仙们吃的，所以他们一刻也不敢懈怠。

这日，部落里的长老安排了一个年轻人去果园值班。

晚上，年轻人突然闻到了久违的美酒清香，不由得流起了口水。自从来到这个部落后，他一直兢兢业业地工作，滴酒未沾，现在闻到这样醇香的酒味，立马就犯起了酒瘾。于是，他循着美酒的香味，一步一步离开了果园。

那个故意用美酒引开年轻人的贼人，就趁这个时间潜入果园，摘走了不少仙果。

第二天，部落里的人赶来换班，发现园子里的果子少了很多，而那个醉醺醺的年轻人正在一棵树下昏睡。于是，他们立即叫来了长老。

长老把他摇醒后问：“昨晚发生了什么事？”

年轻人迷迷糊糊地抓了抓脑袋说：“昨晚我闻到了酒味，一不小心就喝多了。然后……对不起，请您责罚我吧！”

长老听后叹了一口气，大家纷纷提议把年轻人赶出部落。

长老想了想说：“我们再给他一个将功补过的机会吧！”

神异档案

异能：无

形态：猿猴形，长鬣毛，牛尾、文臂、马蹄

地域：蔓联山

“他还能怎么补过呢？”大家问。

长老笑道：“那个偷果子的贼人昨晚得手了，说不定会以为这里把守原本就不严，今晚还会来。我们先不要弄出大的动静来，免得打草惊蛇！”

大家听了长老的话，觉得很有道理，于是便没再说什么。

到了晚上，那个贼人果然又来了。这次，他换了一壶更香甜的美酒来诱惑年轻人。那个年轻人假装被诱惑，循着酒香再次离开了果园。

贼人得意地潜入了果园，正要摘果子，一张大网从天而降。

这时，潜藏在暗处的人们纷纷跑了出来。

“看你往哪里跑！”

贼人知道自己中计了，说道：“原来你们是故意设计捉我的。现在我栽在你们手里了，你们看看怎么处置吧！”

一个人说道：“把果子还给我们之后，我们还要打断你一条狗腿，省得你日后又来偷果子！”

贼人一听，害怕地跪地求饶：“我也是迫于生计，不得已才来偷果子的，求求你们饶过我吧！”

长老说道：“我看你还挺聪明的，这样吧！我罚你跟那个守果园的年轻人一起去蔓联山，请灵兽足訾下山。”

“足訾长什么样呢？”贼人问道。

“它长得像猿猴却有鬣毛，还有一条牛尾巴、四只马蹄子，双臂长满了花纹。”长老说道。

年轻人不解，问：“长老，我们请足訾来有何用？”

长老笑了笑，并没有回答他。

第二天，年轻人和贼人一同去了蔓联山，费尽千辛万苦，终于找到了足訾。足訾一开始怎么也不愿意下山，他们俩便天天守在它的洞穴口求它，最后，足訾被他们的真诚打动，就随他们来到了果园。

后来，他们被长老安排与足訾齐心看守果园。有一次，他们犯困睡着了，突然有盗贼靠近果园，足訾发现后立即发出了高昂而尖锐的鸣叫。那声音就像报警器一样，把部落里所有的人都吵醒了，而那个盗贼手都没碰到果子，就被吓得双腿发软，匆匆逃跑了。

“原来，足訾还有这样的本领呀！”年轻人这才明白长老请足訾下山的用意。

从那以后，部落里的果子就再也没有丢过了！

成长小站

每个人都会有不得已的时候，但偷窃无论何时都是一种错误的行为。想要的东西，我们要记得问过主人，获得同意后再拿哟。

经典重现《山海经·北山经》

“有兽焉，其状如禺而有鬣，牛尾、文臂、马蹄，见人则呼，名曰足訾，其鸣自呼。”

40

nà fù
那父

神异档案

异能：无

形态：牛形白尾

地域：灌题山

阿明是一个靠采石为生的青年，他居住的村庄坐落于灌题山脚下，被苍翠的树木和清澈的溪流环绕。

由于阿明勤劳肯干，他的日子越过越好，村民们也开始羡慕起他来。大家都想跟着阿明一块采石，改善一下生活，阿明也很乐意帮助大家。于是，他带领大家来到了灌题山山腰位置采石。

由于这边还没有被人挖掘过，所以这里的岩石比其他地方的更坚硬，采石工作也更艰巨。

不过，这一点儿也不影响村民们的热情。大家都在阿明的安排下勤勤恳恳地干活儿。突然，大家听到山顶处传来了呼喊声。

阿明的心一下子变得紧张起来，他想：莫不是有人遇到了什么危险？于是，他毫不犹豫地放下了手里的工具，急忙朝着山顶跑去。

当阿明气喘吁吁地跑到山顶时，却发现这里连个人影都没有。

他四处张望，可还是什么也没有发现。于是，阿明只好返回了工作地，并把刚才遇到的事告诉了他的同伴。

“很奇怪，我明明听到了呼喊声，可是跑过去什么也没有发现！”

“你不会是碰到什么妖魔鬼怪了吧？”同伴小声说道。

阿明惊慌地看着大家，说：“不会，妖魔鬼怪的故事都是骗人的！”

又过了几天，阿明又带着大家去那一片采石，又听到了那个呼喊声。

有了上次的经验，他不再怀疑是有人遇难。但为了弄清楚声音的来源，他还是决定去一探究竟。

他穿过茂密的树林，跨过打滑的岩石……终于，阿明来到了山顶处一个隐蔽的岩洞旁。他静心倾听，果然，呼喊声就是从这个洞里传出来的！

阿明激动地走进洞穴，在洞穴的深处，他看到了一头长着白色尾巴的牛形灵兽。它周遭还布满了稀有的宝石和金矿石，那些宝物正闪烁着夺目的光芒。

阿明惊呆了，这下，大家都能过上好日子了。

阿明回去之后把这件事告诉了他们村里博学的长老，长老说：“这头神兽名叫那父，它之所以发出高呼，可能是想跟人们交流。毕竟它孤零零地待在山洞里，实在是太寂寞了！”

阿明点点头。之后，善良的阿明

经常带着食物和水去岩洞里陪那父聊天解闷。一来二去，阿明与那父便成了很好的朋友。

在征得那父的同意后，阿明在洞中取了一些宝石分给了村民们，那父还指引他找到了几个采石地。大家也不好吃懒做，生活得到了改善后，他们便更加勤奋地工作，还时常去岩洞投喂那父，以此表示感激。

成长小站

阿明热心且善良，听到有人呼救便想着伸出援手，这才有了后面的奇遇。日常生活中，我们也要做一个热心肠的人，在力所能及的范围内给予人们帮助。

经典重现《山海经·北山经》

“有兽焉，其状如牛而白尾，其音如叫，名曰那父。”

41

窫（yà）窳（yǔ）

少咸山上曾住着一种野兽，它的名字叫窫窳。它有着人的面孔和马的蹄子，皮肤赤红，身形如牛，叫声就像婴儿的啼哭声。人们非常怕它，因为它会吃人。

不过有人说，窫窳原本是天上的天神，他人脸蛇身，为人单纯质朴、乐善好施，是个实实在在的好神仙。但或许正是由于他过于善良，不懂得人心险恶，所以轻信他人。

当时天上还有一位叫贰负的天神，他和窫窳长得很像。但是贰负阴险狡诈，所以没有老实善良的窫窳得人心。贰负因此对窫窳怀恨在心，于是联合了自己的臣子危一起谋杀了窫窳。

窫窳屈死，灵魂一直得不到安息，黄帝感念他劳苦功高，于是就派人把窫窳的尸体抬到了昆仑山。

昆仑山上住着好几位法术高强的巫师，黄帝请求他们一定要救活窫窳。

巫师们互相看了看，说道："窫窳已经死了，硬要救的话，恐怕……"

"恐怕什么？"

一位巫师深吸了一口气说："恐怕需要用到我的不死药，但是，这药的副作用非常大！"其言下之意就是：人可以救，但是有风险，谁也说不准，窫窳复活后会变成什么。

神异档案

异能：无

形态：牛形，赤身、人面、马足

地域：少咸山

黄帝想了想，反正人都死了，死马当成活马医吧，于是他对巫师说：“你们只管救人，后果我来承担好了！”

有了黄帝的担保，巫师们这才取来不死灵药给窫窳服下。

没过多久，窫窳就在众人的期待中苏醒了。但令人万万没想到的是，重生后的窫窳性情大变，见到人就打。由于窫窳天生神力，根本没有人能制服他。于是他一路骂骂咧咧地，竟然掉进了昆仑山下的弱水里，在水中开始了变异。

巫师们见状立即朝黄帝跪了下来，说：“我……我们也没想到会这样啊！”

黄帝叹了一口气，将巫师们扶了起来，说：“这不怪你们，是我执意要救他的。”

后来，十个太阳同时出现在天空，把昆仑山下的弱水烤干了。变异后的窫窳从弱水里跳了出来，竟开始吞噬生灵。

凡它经过的地方，任何生灵都会被它吃得一干二净，百姓们痛苦不堪，对天叫道：“难道就没有人能制服窫窳了吗？”

黄帝对此也感到十分头痛，当初若不是他一意孤行，也不会有如今的局面。

就在大家都感到为难之际，英勇神武的后羿来了！他射下九个太阳后，见窫窳为祸人间，便顺便把窫窳射死了。

不过，据说窫窳早已在弱水中留下子孙，那些小窫窳在窫窳死后便逃到了少咸山。由于它们长得跟窫窳一模一样，所以也被大家称为窫窳。但是它们不像窫窳那么凶猛，只要人类不靠近它们，它们是不会下山猎杀人类的。

成长小站

打破自然规律的死而复生只是一种幻想，因此，我们一定要好好爱惜自己的生命，尊重他人的生命哟。毕竟，谁的生命都只有一次，非常宝贵。

经典重现《山海经·北山经》

“有兽焉，其状如牛，而赤身、人面、马足，名曰窫窳，其音如婴儿，是食人。”

42

lǐng hú
领胡

神异档案

异能：其肉可治癫狂病

形态：牛形赤尾，脖有肉瘤

地域：阳山

阳山上住着一种长得像牛的野兽，它的脖子上挂着肉瘤，身后还长着一条长长的红色尾巴，名字叫领胡。传说只要吃了领胡的肉，得了癫狂病的人就会痊愈。

从前有一位母亲，她的儿子就患有癫狂病，这让她痛心不已。一个偶然的机会，她得知了领胡肉具有神效，于是她穿过山林，越过溪流来到了阳山，寻找传说中的领胡。

很幸运，她一来就遇到了一只小领胡。这只小领胡毛发细腻，还长着一双无辜的大眼睛。见妇人拔刀抵向它的脖子，它还以为妇人是在跟它玩，竟“领胡领胡”地叫着往她怀里钻。

那一刻，她的心软了下来。身为母亲的她，实在不忍心伤害这只小领胡，它不正像自己的儿子一样吗？这么小，这么单纯，哪位母亲能接受自己的孩子受到伤害呢？

正在这时，调皮的小领胡又被一只花蝴蝶吸引，朝另一边跑了过去。这位母亲很快又想到了她的孩子还躺在床上等着她救治，于是咬咬牙，又去捉小领胡了。

“对不起了，小领胡，只有你才能救我的儿子！”

她一把拉住它的后腿，小领胡害怕极了，大声地喊着：“领胡领胡……”

它的声音是那么凄惨，跟她儿子生病不适的呻吟声很像。母亲流下了眼泪，最终她还是把小领胡放了。

“我还是下不了手！”

小领胡挣开束缚后立即消失在了树丛里，母亲望着小领胡离去的方向，一边痛恨自己过于残忍，连小领胡都想伤害，一边又指责自己过于心软，竟放走了小领胡。

“儿子还在家里等着治病呢！”

正当她为难痛哭时，那只小领胡居然又出现在了她的面前。而它的身后，还跟了一只大领胡，看起来像是小领胡的妈妈。

“刚刚你明明可以抓走我的孩子，为什么停手了呢？”大领胡问道。

母亲没有在意它会说话，而是叹了一口气，把所有的辛酸和苦闷都吐露了出来：“我也有儿子，我能够理解失去儿子的痛苦。我实在不忍心伤害它，让你承受这种痛苦。”

“那你不治你儿子的病了吗？”大领胡说道。

这位母亲先是一愣，随即难过地说：“我……我再想想别的法子吧！好在那病并不致命……”

大领胡似乎明白了什么，毅然决然地叫小领胡咬了一点儿自己的耳朵尖，亲自叼给了这位母亲。

“你会因为自己的慈悲得到好报的！我的这片肉，你拿去救你的孩子吧。”

母亲感动得热泪盈眶，她小心翼翼地将这份珍贵的礼物收起来，紧紧握在手中。

“谢谢，谢谢你！”

大领胡说：“你现在就爬上我的背吧！我送你回去！”

“你受伤了，我不能再让你……”

“没事，我有日行三百里的能力！只要一盏茶的工夫，你就能到家了！”

怀着感激和愧疚的心情，母亲骑上了这只大领胡。在回去的路上，她温柔地抚摸着领胡的毛发，她知道，领胡对她的这份恩情，是她一辈子都偿还不了的。

到了家后，母亲立即用领胡的肉治好了自己的儿子。她告诉儿子，领胡是他们的大恩人，他们家世世代代都要保护好领胡。毕竟，没有领胡就没有今天的快乐啊！

成长小站

母爱是世界上极为伟大的情感，它无私、无畏、无欲、无求。妈妈这么爱我们，我们也要让妈妈知道，我们也很爱她哟。

经典重现《山海经·北山经》

“有兽焉，其状如牛而赤尾，其颈腎（shèn），其状如句（gōu）瞿（qú），其名曰领胡，其鸣自叫，食之已狂。”

43 朱獳

zhū rú

神异档案

异能：出现则生恐慌

形态：狐形鱼翼

地域：耿山

耿山的山脚下有一个小村庄，小村庄的旁边有一座古老的神庙，庙里供奉着一种神秘的灵兽，它居于耿山，名字叫朱獳。

有关“朱獳出现，必将有不幸降临”的传说，一直都在这个村庄里流传。年轻人往往将这个传说当作饭后谈资，只有老人仍对朱獳充满敬畏。

一天，一个叫阿雄的年轻猎人怀着对朱獳传说的好奇朝耿山去了。他心想：要是我能找到朱獳，那自然是件高兴的事；要是找不到，就当探险好了。

于是，他带着弓箭和一些食物上山了。

不久，他就听到了一个奇怪的声音，仿佛是鱼在水中跃动。他心想：我正好口渴了，不妨去找点儿水喝，解解渴。等他靠近他以为的水源时，却看到了令人震惊的景象。

一只瘦小的狐狸正站在岩石上，它背后还长着鱼鳍一样的翅膀。自己听到的“鱼在水中跃动”的声音正是它的叫声。

阿雄全然没有了口渴的感觉，只剩下兴奋。他大叫：“这不就是传说中的朱獳吗？我终于看到活的朱獳了，太棒了！我真是太幸运了！”他一边高呼，一边挥舞着自己的双手。

就在这时，他突然想起了那个关于朱獳的传说——朱獳出现，必将有不幸降临！

难道，他们村会出现灾难吗？

阿雄越想心里越慌，只一眨眼的工夫，那只朱獳就消失不见了，就像从来没有出现过一般。

阿雄也顾不上找它，他带着担忧匆忙返回了村庄。

阿雄把自己遇到朱獳的事告诉了村中的长辈，长辈们一个个吓得脸色苍白。当晚他们便商讨对策，希望能躲过这次灾难。

村里的年轻人完全不相信会有灾难降临，纷纷笑道："你们也太大惊小怪了吧！我们村一向都很太平，难不成因为阿雄看到了一只野兽，就能让我们整个村子遭灾吗？"

"是啊是啊，信则有，不信则无！你们这群老人家，搞得人心惶惶的！"

阿雄一直保持着沉默，他的内心充满了愧疚。虽然他与朱獳是偶遇，但他总觉得自己必须做些什么来消除这场即将到来的灾难。于是，他决定去神庙祈祷。

在神庙里，阿雄向朱獳诉说了自己的担忧。说来也神奇，那只泥塑的朱獳竟然开口说话了。

"我今日现身，并非要给你们村子带来灾难，而是为了提醒你们！”

“请神兽指点迷津！”

“这几年，你们是不是频繁宰杀野生动物？”

“是。”阿雄低下了头，他们这个村子环山而建，很适合狩猎。刚开始，大家捕猎只是为了三餐温饱，很有节制。近几年，他们发现兽皮服饰在外地很受追捧，便开始大规模猎杀拥有美丽皮毛的野生动物。

原来，是他们破坏了生态啊！

阿雄恍然大悟，他急忙回到村里，向村民们转述了朱獳的话。

老人们直呼：“神兽显灵啊！”接着便纷纷跑到神庙去参拜。可是村子里的年轻人不信邪，依然大肆捕杀野生动物，结果没几日，那群年轻人便忽然重病不起了！

老人们说，这就是朱獳降下的灾难。经此一事，大家再也不敢滥杀滥捕了。

成长小站

吃饱穿暖是人的生活所需，这是没有错的，但用野生动物的皮毛制作华丽的服饰则完全没有必要。很多时候，俭朴不仅是一种生活理念，更是一种慈悲哟。

经典重现《山海经·东山经》

“有兽焉，其状如狐而鱼翼，其名曰朱獳，其鸣自叫，现则其国有恐。”

44

bì bì
獙獙

神异档案

异能：带来旱灾
形态：狐形有翼
地域：姑逢山

很久以前，不长草木的姑逢山里生活着一种名叫獙獙的异兽。它们长得像狐狸，背上却长着蝙蝠翅膀。由于翅膀上没有羽毛，所以它们飞不高也飞不远。

獙獙是一种灾兽，只要它们一出现，人间就会发生大旱灾。不过獙獙大部分时间都待在姑逢山，很少下山。它们的叫声犹如鸿雁啼鸣一般好听，但据说，它们原本的叫声并不是这样的。

某日，一只獙獙来到悬崖边。它望着一排排姿态优雅的大雁飞过，心里羡慕极了。于是，它开始学着鸿雁扑打双翅，还模仿它们的叫声，渐渐地，獙獙就把自己原本独特的叫声遗忘了！

由于它总是模仿鸿雁，鸿雁们心生反感，总是嘲笑它。

“快看，那家伙又在自欺欺人了！”

面对鸿雁们的嘲笑，獙獙默默地低下了头。可獙獙不知道的是，在它看不见的地方，有一只狐狸正羡慕着它。

獙獙被鸿雁们羞辱后变得有些精神萎靡，它整日把自己关在洞穴里，就连它最好的朋友叫它出去玩都被它婉拒了。

有时候实在觉得闷了，獙獙就会在月黑风高的晚上外出透透气。那日，它正在山谷里低飞，突然听到不远处传来了一阵阵笑声。獙獙以为又是谁在耻笑它，气得想离开，突然，一只小狐狸跑了出来。

小狐狸一脸仰慕地看着獙獙。

“你好，獙獙，我能和你做好朋友吗？”

獙獙没有搭理它，正要走，小狐狸又说：“你知道吗？我好羡慕你能飞呀！”

“可是我飞得并不高啊！”

“那又怎么样呢？我连飞都飞不起来。”

獙獙看着失落的狐狸，就像是看到了曾经的自己。

瞬间，獙獙意识到：每个生命都有自己的特征，自己以为的短处，何尝不是他人求之不得的长处呢？或许只有正视自我，才

能快乐生活。

于是，獙獙安慰小狐狸说：“小狐狸，你也有让人羡慕的地方呀。”

小狐狸歪着脑袋，想了想说：“我有什么好让人羡慕的？”

“你看，你有一身光滑美丽的皮毛，冬天也能暖暖和和的！说不定有很多小动物都在羡慕你呢。”

“对呀！我冬天比别的动物都暖和，还可以去积雪下面找东西吃呢！”小狐狸也笑了。

“嗯，或许我们都应该爱自己才对！”

隔天，獙獙又来到了山崖边。这次，它没有模仿鸿雁的叫声，也没有模仿鸿雁飞行，而是朝着远方，想展现自己原本的叫声。

可惜，一切都已经回不去了。它这才发现，自己早就忘记了原本的发音方式。

不过这一次，它并没有抱怨，反而平静地接受了这个结果。

因为从今天起，“声如鸿雁”就是它的特征。

成长小站

尺有所短，寸有所长。我们自以为的短处，何尝不是他人求之不得的长处呢？不妨放下那些执念，接纳自己、爱自己，自信地生活吧！

经典重现《山海经·东山经》

“有兽焉，其状如狐而有翼，其音如鸿雁，其名曰獙獙，现则天下大旱。”

45

獬豸

xiè zhì

据说在上古时期，有一位公正廉明的官员名叫皋（gāo）陶（yáo）。他正直忠义、断案如神，因此，他深受百姓们的信任和爱戴。

可即便他经验丰富，在处理一些复杂的案件时，也会害怕自己断错是非，为此，他感到十分苦恼。

这天，他的下属给他想了一个法子，说：“大人，我听说东望山有一种独角灵兽，名字叫獬豸。它不仅能听懂人类的语言，还非常了解人性。”

“哦？”皋陶对獬豸来了兴趣，“我也听说过獬豸，此神兽体型小者如羊，大者如牛，长得像麒麟，头上有角，四条腿，可对？”

“对，就是它。我听说獬豸是司法神兽，它能辨别所触之人的善恶忠奸，从未出过错。”

“嗯，如果有了獬豸，于我的确很有好处。只可惜，这种神兽难以寻找啊！”

“大人别担心，小人自有妙计！”下属卖了个关子，露出灿烂的笑容。

不久之后，那个下属还真把神兽獬豸给请了过来。看着獬豸威风凛凛地站在庭院里，皋陶满意地点了点头。

“这次正好有一个比较难判的案件，就让獬豸试试吧！”

其实，这个案件皋陶心中早有决断，只是苦

神异档案

异能：接触可辨忠奸

形态：麒麟形有独角

地域：东望山

于还没有找到证据，不能将疑犯定罪。眼下，不妨先看看自己的判断与獬豸的判断是否一致。于是，皋陶将疑犯带到了獬豸面前。

獬豸先是用它那双深邃的眼睛静静地注视着疑犯，而后又蹭了蹭疑犯，张开鼻翼在疑犯身上嗅了嗅。疑犯有些惊慌，正想要躲开，獬豸突然快速地冲了过去，用它的独角狠狠地顶了这个疑犯一下。

下属一看，立即回禀道：“大人，他就是凶手！”

“大人冤枉啊，无凭无据的，你可不能冤枉小人啊！”那个疑犯跪在地上大声喊叫。

“你怎么看？”

皋陶问下属。

下属如实回答："如果他有罪，獬豸就会用独角顶他；如果他没有罪，獬豸是不可能伤害他的。若是有罪却不肯认罪……嘿嘿，小人听说獬豸会追着那人顶，顶死为止。"

那个疑犯听完后，吓得一动也不敢动了。他害怕地看着獬豸，生怕它又跑来顶自己，毕竟刚才的那一下，已经要了他半条小命。于是，疑犯只好招认了自己的罪行。

自此之后，皋陶便将獬豸养在了身边，与它一同断案。他们一人一兽合作，从未判出过冤假错案，皋陶也因此被后人尊为"中国的司法鼻祖"。

成长小站

若要人不知，除非己莫为。无论世上是否真的存在獬豸这种神兽，人所犯下的罪行都不可能永远掩盖。所以说，不作恶、不犯事才是真正的平安之道呀！

经典重现《山海经·东山经》

"东望山有獬豸者，神兽也。尧前有之，能触邪。状如羊，一角四足。王者狱讼平则至。"

46

yóu yóu

峳峳

神异档案

异能：出现处多狡诈者

形态：马形，羊目、四角、牛尾

地域：硜山

商朝晚期，商纣王昏庸无道，整日沉浸在享乐之中。他不仅宠幸妖妃妲己，还听信奸臣的馋言，残杀忠良，致使国家动荡，百姓流离失所。

好在乱世出英雄，姬昌因看不惯纣王作恶，便联合了多方势力一起讨伐他。

一次，姬昌的军队与纣王的军队展开血战，眼看就要败下阵来，这时，姬昌的手下向他进言："主上，您若想赢得此次对战，必须得请一个人来帮忙！"

姬昌问道："何人？"

手下答："神人姜子牙也！我听闻姜子牙智慧超群，他手持神鞭，脚踏七彩祥云，所骑的神兽还能日行千里！"

姬昌眉头一皱，眼下双方交战，正需要一个神通广大的军师。于是，他当即下令，让手下将姜子牙请来助战。

手下面露难色，双手抱拳，回道："恐怕您得亲自前去！"

姬昌有些迟疑，毕竟现在局势紧张，这边时刻需要他来指挥，若是他走了，时间一长，只怕会出乱子。

手下也看出了姬昌的担忧，便说："我听闻姜子牙的坐骑'四不像'乃是上古神兽峳峳，它长得既像马，又像牛，还像羊。峳峳跑得快，您若是寻到了姜子牙，便可以骑此神兽回来，也不耽误时间。”

“可我听说裓裓乃是会带来不幸的灾兽啊！”姬昌有些不安。

手下笑道：“您有所不知，裓裓并不会给国家带来不幸，而是哪里狡诈之人多，它就会去哪里，以此警醒人们。何况，姜子牙所骑的那头已经被驯化，能力非凡。”

姬昌想了想，觉得有道理，于是安排了值得信赖的手下代行军事，自己则亲自去请姜子牙。

经过姬昌的一番努力，姜子牙被打动了。他顺应天命，毅然决然地加入了伐纣的阵营。他们同乘裓裓，一眨眼的工夫就回到了军营。

“这上古神兽，果然名不虚传啊！”姬昌感慨道。

姜子牙笑而不语。

姬昌又道：“若是有这神兽相助，想必……”

姜子牙听出了姬昌的意思，他点点头说：“我自有打算。”

姜子牙有勇有谋、知人善用，由他所指挥的军队简直所向披靡，将纣王的军队打得节节败退。

后来，姬昌因病逝世，他的儿子姬发继位，继续伐纣。姬发也得到了姜子牙的指点，他身骑祓祓，率军出征如有神助，把对方打得落花流水，全无斗志，纷纷倒戈。不久，商朝灭亡了。

姜子牙的坐骑祓祓不辱使命，成了伐纣大业中不可忽略的大功臣。

成长小站

虽然我们不是一国领袖，但“立身修德得人心，胡作非为失人心”的道理同样适用。纣王如果能够勤勉修身，或许就不会葬送殷商的基业与自己的性命了吧。

经典重现《山海经·东山经》

“有兽焉，其状如马而羊目、四角、牛尾，其音如嗥狗，其名曰祓祓，现则其国多狡客。”

47

fěi
蜚

某部落有一座神庙，神庙里有位自称风仙人的修士，他不仅有着高深莫测的法术，还能预知祸福。

有一天，他来到部落首领面前说：“昨夜上神给我托梦，他说你们部落大祸临头了。”

首领一听，笑道：“你这简直是无稽之谈，我们部落草绿马肥，能有什么祸？”说完，首领直接就把风仙人赶出去了。

风仙人也不慌，而是笑眯眯地离开了。

没想到不久之后，这个部落竟真的发生了大旱灾。不仅河流干涸，连草都枯萎了，而且部落里瘟疫肆虐，百姓病的病，死的死，这一切看起来就像是来自神明的惩罚。

于是，人们开始相信风仙人的话，对他顶礼膜拜。

就连不信这些的首领都亲自跑到了神庙里，请求风仙人出马拯救苍生。

首领苦苦哀求道：“仙人啊，您得救救我们呀！我们部落不能出事啊，好几百口人呢！”

风仙人叹了一口气，一脸为难地说：“我之前就跟你说过，这是上神的旨意，你当时不信，现在让我怎么救呢？”

“仙人啊，您需要哪些供品尽管跟我说呀！就算是金山银山，我都会给您凑齐的。”

神异档案

异能：所经之处水竭草死，发生瘟疫

形态：牛形白首，一目蛇尾

地域：太山

闻言，风仙人双眼一眯，想到了一个计策。

“这样吧，你去凑一些上等供品，越多越好。凑齐之后把它们放到一个隐蔽的山洞里，我再施法，求上神宽恕你们！”

“好好好。”首领连忙点头，马不停蹄地回部落召集族人筹备贡品去了。

这一切都被陪在首领身边的一个长老看在了眼里。他是个敬天地但不迷信的人，他觉得这个风仙人很不对劲，思忖着筹备供品恐怕也有诈。于是，他悄悄地躲了起来，准备跟踪风仙人。

夜幕降临，长老发现风仙人并没有好好待在简朴的神庙里，而是转头去了一座石屋。那石屋气派非凡，比首领的住宅还要好。他年纪虽大，身手却敏捷，一下就溜了进去。只见风仙人打开了石屋的大门，进入了一个地下室。

地下室的角落里有一头健壮的牛，它有着发白的脑袋和蛇的尾巴，只有一只眼。长老总觉得这只动物很眼熟，细细想来才知，这分明就是传说中生活于太山的蜚。

传说，蜚所经之地必定天降大旱、瘟疫蔓延。

难道风仙人就是利用蜚的力量在装神弄鬼？这可不行，得让首领知道才好。于是，长老心急火燎地跑回了部落，连夜把这件事告诉了首领。

首领听完后勃然大怒，心想这妖道竟然敢骗他，还让他的族人吃了这么多苦！当晚，首领就叫手下围了风仙人的宅院，抓了这个妖道。

果然，众人从风仙人的院子里搜出了许多财物，还找到了那头神兽。这下大家都知道了，他们信奉的仙人，就是个彻头彻尾的大骗子。

后来，风仙人被首领赶去了蛮荒之地。无处容身的他，只能靠吃草根过日子，而蜚也回到了太山。除去了这头灾兽，部落一夜之间就恢复了往日的繁荣和安定。

成长小站

无论看起来多么神乎其神的神谕，本质上都是封建迷信。大家一定要坚定地相信科学，这样骗子才没有下手之机哟。

经典重现《山海经·东山经》

“有兽焉，其状如牛而白首，一目而蛇尾，其名曰蜚，行水则竭，行草则死，现则天下大疫。”

48

tóng tóng
狪狪

神异档案

异能：无
形态：猪形
地域：泰山

在一个偏僻的部落里，有个叫阿杨的青年。尽管他家境贫寒，但为人勤快，富有爱心。他每天起早贪黑地干活儿，从未有过任何怨言。

这天，阿杨听说泰山有一种矿石，开采出来后拿到交易场，可以换很多牛羊，于是他一大早就往泰山去了。

可还没等他找到那种矿石，一头受伤的野兽就出现在了他面前。这头野兽长得有些像猪，但是跟家养的猪又不完全一样。见它并不凶猛，阿杨便走了过去。他仔细地看了看这头“猪”，只见它躺在地上痛苦地哀号着，十分可怜。

于是，阿杨关切地问：“你没事吧？”

阿杨并不知道，这头猪形野兽正是泰山上的狪狪。

“生命都是宝贵的，既然你今天遇到了我，那我就帮帮你吧。这样，我今天也不去找什么矿石了，我带你下山吧！”

说着，阿杨就解开衣服将狪狪包了起来，准备将它抱下山去看病。

狪狪痛得直打滚儿，只要有人能帮它，它才不管阿杨说什么呢。于是，阿杨就抱起狪狪，一人一兽下山了。

回到家后，阿杨将辛辛苦苦赚来的工钱都拿了出来，跑到医馆问诊，给狪狪买了许多药。

接下来的几天里，阿杨全心全意地照顾着狪狪。他为它熬药，为它包扎伤口，经过阿杨的精心照料，狪狪也慢慢好了起来。不过很奇怪，狪狪并不吃猪食，而是时不时地望着阿杨门口那棵树的嫩芽发呆。

“原来你想吃这个呀。”

从那以后，阿杨便开始每日上山采新鲜的嫩芽给狪狪吃。

看着狪狪一天天恢复，阿杨心里也很快乐。钱花完了可以再挣，但这条小生命要是不救，恐怕……这么想着，阿杨很快就进入了梦乡。

梦里狪狪跳到阿杨的床前，身上发着金光。阿杨被那耀眼的光芒闪醒，感觉到有一股力量笼罩着自己。

半梦半醒间，狪狪开口说话了：“年轻人，谢谢你救了我！”

“你居然会说话？”阿杨眉头一皱，这么多天以来，他一直以为这只是一头长得像猪的寻常小野兽呢。

狪狪点点头，继续说道：“我叫狪狪，现在我的身体已经恢复了，我要离开这里了！”

“小猪……不，狪狪，你要去哪里呀？”阿杨非常舍不得狪狪，和它朝夕相处的这些日子里，他早就把狪狪当成好朋友了。

“我要回泰山了。为了报答你，临走前，我将送你一颗珍贵的珠子。”

说着，狪狪伸

出爪子，在阿杨的手掌中留下了一颗散发着五彩光芒的珠子。阿杨惊叹不已，他从未见过如此美丽而神奇的珍宝。

但惊叹归惊叹，阿杨还是立即把珠子还给了狪狪，他笑道：“狪狪，谢谢你的珠子，我救你不是想得到什么。”

“听我的，等我走后，你就拿着珠子换一些牲畜和粮食。我希望你能摆脱贫穷，过上富足的生活。”

“狪狪……”

“你是个好人，我不会忘记你的，我们有缘再见！”

狪狪说完就像烟一样消失不见了！

阿杨从梦里醒来，发现狪狪早就不知所踪了，而自己的床前，正放着一颗闪闪发亮的珠子。

之后，阿杨听了狪狪的话，用珠子换了牲畜和粮食。几年后，他又娶了一个同样勤劳善良的妻子，而他的生活果然也如狪狪所说，越来越富足幸福。

成长小站

狪狪遇到了善良的阿杨才捡回了一条命，我们也会偶尔遇到需要帮助的小动物，不过小朋友的力量并不大，我们不妨告诉爸爸妈妈或者联系小动物保护协会的叔叔阿姨来处理。

经典重现《山海经·东山经》

“有兽焉，其状如豚而有珠，名曰狪狪，其鸣自叫。”

曾经有一位好奇心十分重的首领，他听闻异兽妴胡拥有神秘的力量，于是，他重金悬赏，想捉一只来研究研究。

消息一出，轰动了整个部落。

为了得到赏金，民众四处奔波，都希望能找到一只妴胡。只可惜妴胡乃天地灵兽，哪能那么容易让他们找到呢？于是有些心术不正的人就开始弄虚作假。

他们想：反正首领也没有见过妴胡，何不找来与妴胡长得相似的麋鹿蒙混过关。

于是，他们开始捕捉麋鹿。为了不穿帮，他们还故意毒哑了麋鹿。因为麋鹿的叫声和妴胡是不同的，妴胡鸣叫的声音就像呼唤它自己的名字。

可是这件事还是被首领发现了，他大发雷霆，说：“这些人为了得到赏金，真是什么事都做得出来！”

“这不能全怪大家啊！”一位长老说道。

“不怪他们，难道怪我？”

长老闻言不敢说话了。

“你就直言吧，我不喜欢猜哑谜。”

“首领，如果您不下令让大家捉妴胡，那么大家怎么会用麋鹿来代替妴胡，又怎么会因担心被您发现弄虚作假而毒哑麋鹿呢？”

49

wǎn hú 妴胡

神异档案

异能：无

形态：鹿形鱼目

地域：尸胡山

首领被说得一愣一愣的，许久之后他才反应过来，说：“是啊，我身居高位，一言一行都会对大家起到引导作用。”

首领为此感到十分愧疚，他意识到正是因为自己，麋鹿承受了巨大的伤害。

于是，首领当天便取消了悬赏。不仅如此，他还下令，将滥杀滥捕列入部落重罪名录。

从那以后，除了正常的打猎活动，再也没有人对麋鹿肆意捕杀了。

说来也奇怪，就在这条法令施行后的第七天，首领做了一个梦，梦到了夑胡。

夑胡长得跟麋鹿没有什么区别，只不过，它有着鱼的眼睛，会“夑胡夑胡”地叫个不停，声音特别嘹亮。

娈胡说：“听说你一直想见我？”

首领笑道：“对，今日一见，果然不同凡响。请问神兽居住于何处？”

“我居住在尸胡山。”

“尸胡山？这我倒是没有听过，此山有什么特点？”

“尸胡山蕴藏着丰富的金属和玉石，山下还长满了酸枣树！不过……”娈胡没有说完，长鸣一声后便消失了。

一听到酸枣树，首领就仿佛闻到了酸枣的清香。

醒来之后，首领就开始查找尸胡山的位置。为了不让民众再折腾，他都是独自翻阅资料。可忙活了好几个月，首领也没见哪册资料上标注尸胡山的位置。倒是因为他颁布了禁止滥杀野生动物的法令，他部落周边的生态越来越好了。

再后来，首领放弃了寻找娈胡。或许，娈胡根本就不存在吧！又或许，它只是不想被人找到。何苦寻找娈胡呢？身为统治者，治理好部落，让人民和辖区内的动物和谐相处，不也是一桩美事吗？

成长小站

我们将想要某物的感觉称为“欲”，私欲过甚则难免会让我们做出错误的决定。若是身居高位，个人不合理的物欲还有可能影响到许多人哟。

经典重现 《山海经·东山经》

“有兽焉，其状如麋而鱼目，名曰娈胡，其鸣自叫。”

50

jīng jīng
精精

神异档案

异能：无

形态：牛形马尾

地域：踇隅山

很久以前，在踇（mǔ）隅山下一个贫困的部落里，有一个叫老李的人。虽然他付出了艰辛的劳动，但他的日子过得十分苦。春天的暴雨冲毁了他的田地，夏天的烈日使他汗流浃背，秋天微薄的收成使他挨饿，而冬天的风肆意地吹打着他疲惫的脸颊。

他觉得，这样的生活实在是太苦了！但是他仍然坚持耕种。

一天，老李出门给庄稼除草，突然看到一头小牛卡在了石缝里，还发出了“精精”的叫声。

老李朝它走过去，定睛一看，才发现这并不是普通的小牛，而是一头长相奇特的小兽。它长得像牛却有一条马尾巴，它身上还披着光滑的皮毛，长着一双明亮的眼睛。

老李将小兽从石缝中救出来后，他想，自己的身体每况愈下，要是能吃上一顿肉，或许就能强健一些，也就有力气干活儿了。于是，他把小兽抱回了家，可当他握着刀子准备杀掉这头小兽时，他的手突然停了下来。

老李看着小兽那双无辜的眼睛，突然感觉很悲伤。尽管他渴望改善自己的生活，但善良的他还是不忍心伤害这么可爱的小兽。如果是自己饲养的鸡鸭，那自己是付出过劳动的，但这是一头小野兽，自己没有喂养过它，它也不曾伤害自己，自己凭什么取食它的肉呢？

于是，他把刀子放了下来，说：“你走吧！趁我没有改变主意之前，赶紧走吧！”

小兽似乎明白了老李的话，撒腿就跑了。

老李叹了一口气，笑道：“跑了好，省得我良心不安啊！”

之后，老李还填平了那条路上的石缝，免得伤人伤兽。几天后，老李正在田地里辛勤劳作，突然，有头巨大的野兽叫着跑了出来。它不由分说，追着他就咬。

老李想起了小兽“精精”的叫声，便管它叫大精精。他估计，这头大精精应该是那头小精精的母亲，于是他大声地说：“大精精呀，我没有杀你的小孩儿，你咬错人了！”

可是那头大精精还是不肯放过老李，它连追带扑，终于咬到了老李的衣服。奇怪的是，它并没有真的伤害他，而是叼着老李的衣服一路将他拉到了踌隅山。他们穿过茂密的树林，绕过高耸的山峰，最终，大精精停在了一个堆满玉石的洞穴旁。在日光的照耀下，那些玉石闪烁着五彩斑斓的光芒，老李惊呆了。

他想：只要获得这些宝贵的玉石，我就再也不用干那些辛苦的活儿了。

就在这时，大精精用它的尾巴卷了一块大而

闪亮的玉石给老李。

“这是……给我的？”

大精精松开了老李的衣服，温柔地鸣叫了一声，似乎在回应老李的话。

老李这才明白，这头大精精是来报答他的，玉石就是大精精送给他的礼物。于是，他小心翼翼地将玉石放进了自己的口袋里。

当晚，老李就带着这块玉石下了山，将它进献给了部落的首领。首领很高兴，给了老李许多赏赐。拿着这些赏赐，老李修复了自己漏雨的房屋，还购买了新的农具，甚至雇了一些帮手。

几年后，老李成了部落中首屈一指的富人，但他一直没有迷失本性。他不仅时常帮助落难的族人，还出资修缮了部落中的石路，人人都称他为大善人。

也有人问：“你的财富是怎么得来的？”只见他望向远方，仿佛看到了那头可爱的小精精正朝他跑来。

“心存善念，财富自然就来了！”这是他常说的一句话。

成长小站

勤劳不一定能让我们过上想要的生活，但勤劳一定能够给予我们无限的机会与希望，让我们离自己想要的生活进一步，再进一步……贫困的老李不也从未放弃过辛勤的耕种吗？

经典重现《山海经·东山经》

“有兽焉，其状如牛而马尾，名曰精精，其鸣自叫。”

51 猲狚

gé dàn

北号山的山脚下有一个小部落，那里的人们生活得很幸福，可不知怎么回事，从某一天起，部落里的人突然相继得了疟疾。

有一位青年为此特意去找了博学的长老，问道：“长老，有什么药能治疗这种疟疾吗？”

长老不慌不忙地拿了一块刻着文字的石头出来，说道：“据神石记载，北号山中有一种树，它长得像普通的杨树，一到春天就会开满红色的花朵，秋天便会结出枣子一样的果实，但那种果实没有核，味道酸中带甜。人只要吃了这种果子，疟疾就会好了。”

“北号山就在我们这儿啊！现在也正好是秋天，树上应该结了果子。”青年兴奋不已。

长老笑了笑，随即又皱起了眉头，说：“对，就是我们这儿的北号山，不过这种果子可不是那么容易得到的。这山里呀，有一种野兽，它外形像狼，脑袋是红色的，眼睛跟鼠眼相似，叫起来却像小猪。这种野兽叫猲狚，是专吃人的怪兽，很不好对付啊！我年轻的时候碰上过猲狚，被咬断了一条腿。”

“谢谢长老！”

勇敢的青年一点儿也不害怕，他在部落中召集了一大群年轻人，浩浩荡荡地上山摘果子去了。

神异档案

异能：无

形态：狼形，赤首鼠目

地域：北号山

令他们没想到的是，猲狚的战斗力十分惊人。只见它们围成一圈，齐心协力朝青年一行扑去。青年一行赤手空拳，压根儿就不是它们的对手，最终都负伤了。

回来后青年既着急又愤怒，难道就没有人能治得了这群野兽吗？

这时，一个带着伤的少年对青年说道："大哥，您有没有发现，这群野兽是靠团队作战取胜的？"

青年仔细回忆了一下，确实如此！当时他们就是被猲狚围攻才无处可逃的。

"我懂了！"

几天后，青年又带了一队人马上了北号山，由于上次吃了败仗，他们便不像之前那么莽撞了。

他们提前商讨好对策，又时刻留意着周边的情况。一听到小猪的叫声，他们就知道猲狚到了附近，随即展开了行动。

“准备好了吗？”青年喊道。

“准备好了！”

只见他们往不同的方向扔出肉片，顷刻间便将那群猲狚的阵形打散了。

分散了猲狚，他们就有机会摘果子了！即便有一两只吃完了肉，返回来攻击他们，他们人多势众，猲狚势单力孤，也很容易取胜！

引开猲狚后，一会儿工夫，他们就摘了一大筐。趁着分散各地的猲狚还没聚集成群，他们赶紧抬着果子从另一条山路跑下了山。回到部落后，青年挨家挨户地送果子。大家吃了果子后，疟疾果然都好了起来，摘果的青年们也因此成了部落里的大英雄。

成长小站

很多事情光有勇气和力量是不够的，还要有智慧。我们要学会用最巧妙的方法解决最复杂的问题。

经典重现《山海经·东山经》

“有兽焉，其状如狼，赤首鼠目，其音如豚，名曰猲狚，是食人。”

52

dāng 当 kāng 康

神异档案

异能：带来丰收

形态：猪形，长獠牙

地域：钦山

钦山上住着一只野兽，它的外形像猪，长有尖利的獠牙，人们根据它“当康当康”的叫声称它为当康。据说，只要当康一出现，天下就会迎来大丰收。或许正是因为当康的这种神奇力量，钦山山脚下的一个小部落每年都会迎来大丰收。

人们将当康视为幸运使者、保护神，非常尊敬且爱戴它。所以，每年的秋收日，他们都会主动供奉五谷给当康。当康也并不是什么贪婪的野兽，它每次收到五谷，都会主动咬下自己身上的一块肉作为回礼。因为当康的肉蕴藏着“灵气”，可以帮助人们实现愿望。

这次得到当康肉的人，他希望自己的土地可以更肥沃，让他的庄稼生长得更加茂盛。几天后，他惊喜地发现他的庄稼真的粗壮了一圈。

他一高兴便跑去野地里喝酒，醉酒后还大肆宣扬起了自己愿望成真的事。

于是，这个消息很快就传到了三个过路人的耳朵里，他们准备组团上山求当康，希望借助它的能力改变自己的命运。

可是，当康一年只会在秋收日现身一次，他们根本就没有办法求得当康肉，于是他们准备直接捕捉当康。

那夜正好是满月，月光照在三人身上，仿佛给他们刷了一层银白色的漆。

他们吵嚷的声音惊扰了山中的动物，连小鸟都被吓飞了。

突然，当康出现了，它以人声问他们："你们这么想见我，是希望我帮你们实现什么愿望呢？"

一个渴望地位的中年人说："我希望能成为首领。"

一个长相丑陋的妇人说："我希望成为部落第一美人！"

一个贫穷的青年说："我希望成为整个部落最富有的人。"

当康听了他们的愿望后，摇了摇头，笑道："不好意思，这些愿望我都不能帮你们实现！"

"那你为什么能实现农夫的愿望呢？"青年问道。

"那是因为他的愿望是建立在他辛勤的付出之上的，并不是凭空妄求得到什么。"

他们觉得当康是一个骗子，就是因为他们没有带来五谷作礼物，所以欺骗他们。于是他们吵闹不休，连在洞穴里睡觉的山鼠都被吵得无法安睡。

当康叹了一口气，它真不想看到这些人因为贪欲而迷失了自己啊！

于是它说："好吧，那我就先让你们在梦中看看，自己不付出任何努力就实现了这些愿望之后的结果吧。"

随着三人呼呼的瞌睡声响起，他们的愿望果然都在梦中实现了。

中年人当上了首

领，可是由于他才能不够，很快就给部落惹了大麻烦，最终被人们驱逐，死在了荒原上。

长相丑陋的妇人成了部落第一美人，却被敌对部落的恶霸盯上，被抢去囚禁了起来。

至于那个贫穷的青年，他得到了无尽的财富，却引来了贼人，他们绑架并谋杀了他。

这三人从梦里醒来后，都愣了很久。

当康说："如果你们想的话，我现在就可以给你们我的肉，帮你们实现愿望。不过有所得必有所失，你们自己决定吧。"

三人想了想，一致认为现在这样挺好，便对当康说："我们还是自己奋斗吧。"

当康仰天长鸣，看来他们都懂了！

成长小站

美好的生活需要我们用双手去创造，财富也需要我们用智慧与劳动去换取。妄想天上掉馅饼的人，往往都只会被那个馅饼砸得满地找牙。

经典重现《山海经·东山经》

"有兽焉，其状如豚而有牙，其名曰当康，其鸣自叫，现则天下大穰。"

53

合（hé）窳（yǔ）

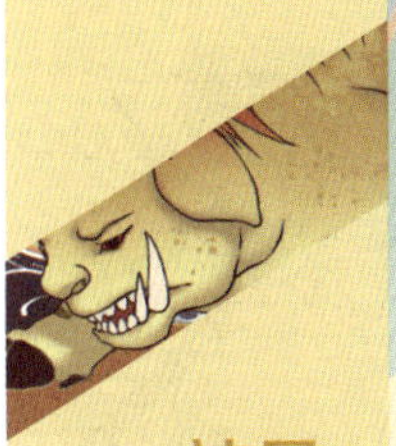

神异档案

异能：引发洪水

形态：猪形人面，黄身赤尾

地域：剡山

阿高和阿远是一对兄弟，他们生活贫困，一起住在部落最边缘的一个山坡上。阿远每天都幻想着能一夜暴富，而阿高则踏实许多。

一天，阿远听说附近的剡山盛产金玉，便兴致勃勃地邀请哥哥阿高跟他一起去挖宝，一起变成大富翁。

当晚，他们就准备好了工具，临走前，部落里的长老找到了他们，对他们说：“孩子们，剡山可是很危险的！”

阿高点点头，笑道：“长老，您别担心，我们不怕。”

“只要能发财，就算是上刀山，下火海，我们也愿意。”阿远补充说。

“我告诉你们，剡山上生活着一头吃人的野兽，名字叫合窳。它的外形像猪，却长着一张人的面孔。它的身子是黄色的，尾巴带红色，还有……你们可千万要记住，要是听到婴儿的哭声就赶紧跑。”

“为什么呀？”阿远问道。

长老说：“因为剡山荒无人烟，根本不会有婴儿。如果你们听到婴儿哭，那就是合窳在叫。被它发现了，你们就死定了！”

“我们才不怕！”阿远心高气傲地说。

阿高倒是将长老的话记在了心里，他还对弟

弟阿远说：“等会儿上山了，你就跟在我后面，别到处乱跑！”

“哥，你也太大惊小怪了吧！我才不怕呢。”

阿远说完，就拜别了长老，与哥哥一起上山了。

剡山山高林密，他们费了很大力气才爬上去，可还没等他们发现宝贝，一阵微弱的婴儿啼哭声就传进了他们耳朵里。阿高和阿远互相看了一眼后，阿高抓住阿远的手说：“我们快走！”

阿远不愿意走，他愤怒地说：“我们来都来了，如果不挖些宝藏回去，岂不是很亏？”

“阿远，你忘了长老说的话了吗？”

“我看长老是故意骗我们的，他就是怕我们把这儿的宝藏都挖完了，没准儿，他现在正在家里鼓动他的儿子和孙子来挖宝呢！”阿远不但不听阿高的劝告，还越说越离谱了。

“阿远，你就听哥一句劝，别往前面走了！”

“我感觉宝藏就在前面了，你要是怕了，你就走吧，没人拦着你！”就这样，阿远抛下了阿高越走越远，直到消失在路的尽头。

阿高因为害怕，没敢再向前一步。他只好先跑下了山，看看能不能叫上几个人帮自己寻找阿远，而不知死活的阿远，此刻已经来到了一个洞穴旁。洞穴中宝藏铺了一地，金光闪闪，他兴奋不已。

这时，巨大的雷鸣声在天空响起，而阿远已经完全陷入了获得财富的狂喜之中，压根儿没有注意到天气的变化。

很快，山洪席卷而来，而贪婪的阿远非但没有逃命，反而不断地往袋子里装宝贝。

仅一会儿的工夫，大水席卷了整个洞穴，把阿远也卷进了洪流之中。

最终，带人来寻找弟弟的阿高在剡山下找到了阿远的尸体。阿远去世的消息很快传遍了整个部落，这下子，大家都知道了剡山上有合窳，它不仅吃人，还会引来大水，十分危险。

从此以后，再也没有人敢盲目去剡山挖宝藏了，就连那些猎户也不敢往深山里走。他们一旦听到婴儿的哭声，就会赶紧下山。

成长小站

寻宝致富本是正当的，但阿远被贪欲迷住了双眼，丝毫不顾及周边的危险。虽然我们的世界没有恐怖的合窳，但是我们也要记住，不要往密林和茂盛的草丛里钻哟。

经典重现《山海经·东山经》

“有兽焉，其状如彘而人面，黄身而赤尾，其名曰合窳，其音如婴儿。是兽也，食人，亦食虫蛇，现则天下大水。”

54

蠪（lóng）蛭（zhì）

神异档案

异能：无

形态：狐形，九尾、九首、虎爪

地域：凫丽山

很久以前，神秘的凫丽山中居住着一只恐怖的异兽——蠪蛭。蠪蛭身形像狐狸，却拥有九条尾巴和九个脑袋，还有着像老虎一样的爪子和锋利的牙齿。它经常在夜晚发出婴儿的啼哭声引诱路人，然后将他们一口吞掉。因此，住在凫丽山附近的人们，总是生活在恐惧之中。

这天，一个聪明勇敢的猎人路经此地，在得知了蠪蛭的残暴行为后，他决定要为民除害。

村民们告诉猎人，蠪蛭十分贪吃。于是，猎人准备了一种特制的美食——鹿肉馅饼，以此诱捕蠪蛭。

在一个宁静的夜晚，猎人将馅饼放在了蠪蛭经常出没的地方。很快，这个馅饼散发出的香气就引起了蠪蛭的注意。只见蠪蛭蹑手蹑脚地走了过来，它先是四处看了看，发现没有人，然后才一口吞下馅饼。

然而，这并不是普通的鹿肉馅饼，猎人在馅饼内放了特殊的草药，这些草药足够让一头大象陷入昏迷。

很快，吃完馅饼的蠪蛭就开始感到头晕目眩，不一会儿，它就倒在地上昏死了过去。

猎人趁蠪蛭昏迷的时候绑住了它的九条尾巴和九颗脑袋，接着，他又用布条紧紧堵住了蠪蛭的嘴巴，防止它醒来后发出恐怖的叫声。

许久之后，蛩蛭慢慢地苏醒过来。当它发现自己被困在了一个小山洞里时，立马开始拼了命地挣扎叫嚷。可由于嘴巴已经被堵住了，它只能发出“呜呜呜”的声音。

此时站在洞外的猎人走了进来，他看了一眼蛩蛭，向它解释起自己的用意来：“你别害怕，其实我也不想伤害你，我是想跟你谈判。”

蛩蛭听了猎人的话后，好像明白了什么，点了点头。

猎人接着说道：“只要你不吃人，我就把你放了，不仅如此，我以后还会经常给你带美味的馅饼吃，你看好不好？”

猎人其实没有把握能够说服蛩蛭，毕竟它是异兽，如果它本性就是恶的，那么他可能说破了喉咙也没有用。

猎人就赌它还有点儿善心，还能与人类和谐相处。如果到了最后，蛩蛭还是不愿意放过那些村民，那他只能狠下心，把这个洞口封住了。

蛩蛭陷入了沉思，它逐渐明白了猎人话里的意思。

猎人又说：“如果你同意就点点头，如果你不同意，那就摇摇头！”

蛩蛭点了点头，表示愿意改变自己。

猎人感到非常开心，立马松开了捆绑蛩蛭的绳子。可是蛩蛭并不守信用，它一得到自由，扭头就朝猎人扑去，似乎准备将猎人一口吞下。

猎人敏捷地往旁边一躲，叹了一口气，摇了摇头道：“你真是无可救药了。”

幸好猎人早有防范，只见他双手一拍，一道铁网从天而降，正好把蛩蛭罩住了。

见蛩蛭本性难改，猎人失望地摇了摇头，然后将那个山洞封了起来。

从那以后，凫丽山附近的人们便再也不用担惊受怕了！

成长小站

猎人本想与蛩蛭和谐相处，却不想蛩蛭不守信用。可见在面对坏人时，我们要多做几手准备，始终对坏人心存警惕，不盲目相信他们的话。

经典重现《山海经·东山经》

“有兽焉，其状如狐，而九尾、九首、虎爪，名曰蛩蛭，其音如婴儿，是食人。”

55

夫诸

fū zhū

神异档案

异能：引来大水

形态：白鹿形，长四角

地域：敖岸山

很久以前，有一个青年叫阿宽。由于家里实在穷得揭不开锅了，他只好每天上山砍柴，用柴火换取一天的粮食。

有一天，他在敖岸山的山脚下偶然救了一只受伤的小动物。它长得像一头白色的鹿，但头上有四只角，看起来非常美丽。

它非常感激阿宽，就对他说：“恩公，谢谢你救了我，我现在把这块美玉送给你，报答你的救命之恩！”

说完，它就叼了一块玉石放在阿宽手上。

阿宽欣喜若狂，他从来没有见过如此通透的美玉，一看就知道价值连城！

他连忙接过美玉笑道：“好的，那……我就收下了。”

它点点头，消失在了树丛里。

由于得了这块美玉，阿宽连今天的柴都不砍了。他心想：要是我每天都能碰到一头受伤的“白鹿”该多好，那样我每天都能得到一块美玉，日子肯定过得比神仙还要逍遥快活。

而后，阿宽就来到了附近最大的村子里，将美玉给了一个做买卖的人。

那人拿起美玉，对着光看了看又敲了敲，之后才高兴地点了点头说：“这确实是一块难得的美玉。”

“那这美玉能换多少粮食？”

那人说了一个数字，阿宽惊得两眼发直。他这一生，可从来没有见过那么多的粮食啊！于是，他立马就用这块美玉换了许多东西：一身华服、一块肥沃的良田、一仓库谷子、一座漂亮的木房子……自此过上了富裕的生活。

穷人阿宽一夜之间变成了富翁，这个消息很快就传到了当地一个恶霸的耳中。他派人去调查阿宽，这才得知，阿宽是用白色神鹿送的美玉发家致富的。他还查出，那种白色神鹿名叫夫诸，是稀有的灵兽。

“看来只要捉到那头夫诸，我就能拥有无数块美玉了。”

很快，贪婪而残忍的恶霸便想出了一个捕捉夫诸的办法。

恶霸找到了阿宽，对他说：“只要你告诉我夫诸的踪迹，我就和你共享财富。”

阿宽想了想，这些日子，他过惯了富有的生活，还变得好吃懒做，家里的钱财确实撑不了多久了。要是不跟恶霸合作，恐怕再过两年他就又得以砍柴为生了。

于是，他决定背叛夫诸，甚至表示自己愿意配合恶霸，引诱夫诸现身。

然而，夫诸也不是什么傻狍子，它聪明机智，一下就识破了他们的陷阱。

恶霸的计谋彻底失败了，他把对夫诸的愤怒转嫁到了阿宽的身上。于是，恶霸处处跟阿宽作对，阿宽苦不堪言。而且，由于他背叛了夫诸，夫诸引来了一场大水，直接无情地冲毁了阿宽的房子和肥沃良田。

阿宽从一无所有到家财万贯，如今又回到了一无所有。后来，他意识到自己的贪婪实在无耻，就上山请求夫诸原谅，可是夫诸再也没有现身过。

成长小站

有人知恩图报，也有人以怨报德。阿宽因善举致富，却贪心不足，设计谋害赠予自己美玉的夫诸，最终返贫。可见人不仅要有一时之善，还要有一生之德哟。

经典重现 《山海经·中山经》

“有兽焉，其状如白鹿而四角，名曰夫诸，现则其邑大水。”

56

mǎ fù
马腹

神异档案

异能：无

形态：人面虎身

地域：蔓渠山

蔓渠山中有一个风景如画的山谷，那里生活着一种神秘的猛兽——马腹。虽然它的名字叫马腹，但是它跟马没有半点儿关系。它的外形更像一头凶猛的老虎，还长着一张人脸。据说，它还会像九尾狐一样发出婴儿的啼哭声来引诱路人。

曾经，一位慈悲的商人就碰到过它。

他傍晚赶路，正好驾车经过蔓渠山山脚。听到有婴儿的啼哭声，商人心想：是不是哪个婴儿被遗弃了呢？我得去看看。

于是，他下马寻找婴儿，循着哭声来到了一个草丛边。

哭声戛然而止，他看到了一张成年人的脸，以为是谁在草丛中休息。

“你好，请问你有看到被遗弃的婴儿吗？”商人询问道。

那人奇怪得很，他不仅不回答问题，还露出了一抹令人毛骨悚然的微笑。商人心想：这下完了，我好像中计了。

幸亏商人逃得快，这才没有成为怪脸的爪下亡魂。商人回来后一打听才知道，那便是马腹。

可是蔓渠山是他做生意的必经之地，他躲得过初一，躲不过十五啊！这可怎么办呢？

他是个商人，不可能有生意不做吧！于是，他只能重金求聘护卫与自己同行。

由于大家都害怕马腹，所以没有一个人前来应聘。就在他快要放弃的时候，一个瘦瘦小小的老头跑了过来。

他自信非凡地说："你聘请我当你的护卫吧！我绝对能护你周全。"

"就你？我怎么看都觉得你不靠谱啊！"

"你就放一百个心吧，我这人没啥大本事，但好歹脑子还是机灵的！"小老头笑了笑，继续说，"眼下除了我，也没有别人敢来当你的护卫了吧？"

商人思考了片刻，的确如此。虽然眼前这个人瘦瘦小小的，可好歹也是个人啊！至少也能给他壮壮胆。于是，他聘请了这个老头，隔天就无奈地带着这个小老头上路了。

在经过上次偶遇马腹的地方时，商人又听见了哭声。一张人脸从草丛中露出，表情痛苦。

"我们快救人啊！"商人着急地喊道。

小老头却镇定自若地说："别急，我们先看看情况再说！"

"虽然可能是马腹，但是也可能真的是有人带着婴儿遇到困难呀！我们可不能不帮啊！我没那么冷血！"商人说着就要跳下

马车，但还是被小老头拦住了。

“别着急，让我问问此人，再做决定！”小老头机灵地说。

于是，他们就坐在车驾上向那张人脸发问。

“你家里有几口人？有几头牛？”小老头问道。

等了差不多一分钟，小老头见那人答不上来，就悄声对商人说：“我们应该是碰到马腹了！它根本不会说话，所以不敢出声回答。”

商人闻言，被吓得双腿打战。

小老头又朝那人说：“你要是答不上来，我们可就走了啊！”

结果，不能说话的马腹恼羞成怒，一下就从草丛中跳了出来，准备扑杀他们。好在他们精明，没有下车，驾着马车跑远了。

从那以后，大家也都知道辨别马腹与受难者的方法了。

因为马腹虽然擅长伪装成人，但不会说人话。问它两句，要是它答不上来，那就是马腹无疑了。

看来对付恶兽，也得找准方法才行！

成长小站

善良是人类最美好的品质，但我们行善助人时也要注意分辨对方是否真是需要帮助的人，还要注意自身安全，不去做无谓的牺牲哟。

经典重现《山海经·中山经》

“有兽焉，其名曰马腹，其状如人而虎身，其音如婴儿，是食人。”

57

jié

犭颉

神异档案

异能：无

形态：犬形有鳞，毛如猪鬣

地域：厘山

从前有一个名叫阿伦的猎人生活在厘山山脚下，他每天都会上厘山打猎。这天，他遇到了一条奇怪的“狗”，它的速度和灵活性十分惊人。

“这绝对不是一条普通的狗！这是什么东西？”阿伦一边说一边追击这只野兽。

厘山地势险峻，追了一会儿，阿伦便来到了一片树林。茂密的树叶阻挡了阳光，树下很昏暗。但即便是这样，他也能清楚地看到那只野兽。

此时，它正躲在一棵树下呢。

见它没有逃跑，阿伦赶紧拿起手里的箭射了过去。

说来也奇怪，这支箭射到野兽的身上竟又弹了回来。

“难不成它身上还穿着一副铠甲？”阿伦正这样嘀咕，那只野兽飞快地逃跑了。

他追着它来到了河边，那只野兽竟毫不犹豫地跳进了水里。只见它在水下自如地游动，那灵活的身姿和游动的速度甚至超过了普通的鱼类。

阿伦目瞪口呆地看着这一幕，完全被眼前的奇景吸引了。

“为什么这只像狗一样的野兽能在水里畅游，难道它不是兽而是一条鱼？”

带着这个疑惑，阿伦决定在岸边等这只野兽上岸。不久后，野兽游到了河对面，并且迅速地跳出了水面。

这时，另一件令阿伦惊奇的事发生了——那只野兽的皮毛居然没有沾湿。

“要是把它的皮毛做成雨衣，那岂不是能卖一个很好的价钱？”阿伦这么想着，又开始追逐那只野兽了。

可是，这家伙早就有了防范，很快就与阿伦拉开了距离。

夜幕降临时，阿伦已经气喘吁吁了。

这时，一个樵夫看到了阿伦，他笑着说道：“兄弟，你还没下山呢？”

“是啊，我这不是在追一只狗形野兽嘛，这只野兽可真是厉害啊！刀枪不入不说，还能在水里游！”

“哦，你说的是獭啊！那家伙可不是那么容易逮着的！”

据那个樵夫介绍，獙是厘山的一种灵兽，它外表长得像狗，身上却布满了像鱼鳞一样的鳞片，而鳞片之间所露出来的毛，坚硬得像猪鬃一般，碰一下还会扎手。而且，獙是一种两栖动物，它们既可以在陆地上生活，也能在水里畅游。

“原来那只野兽叫獙啊。”阿伦笑了笑，收起了自己的弓箭。

“你这是？”

“既然是灵兽，那我也没必要追了，算了，我还是去猎只野兔填填肚子吧。”阿伦笑了笑，自打他做猎人以来，还是头一回空着手回家呢。

樵夫也跟着笑了笑，说：“你倒是挺乐观的，要是不嫌弃，去我家里喝碗粥呗！”

“那好啊，你再多讲一些獙的故事给我听吧！”

于是，樵夫和猎人有说有笑地下山了，而躲在深山里的獙正呆呆地望着他们。没有猎人来追它，它还觉得有些无聊呢。

成长小站

猎人虽没有追上獙，但其豁达的人生态度给他带来了莫大的快乐。生活不就应该这样吗？随遇而安，乐观随性。

经典重现《山海经·中山经》

“有兽焉，名曰獙，其状如獳犬而有鳞，其毛如彘鬣。”

58

shān gāo

山膏

神异档案

异能：很会骂人

形态：猪形，浑身赤红

地域：苦山

苦山上住着一只很会骂人的野兽，它外形像普通的小猪，浑身赤红，名字叫山膏。

无论人们何时路过苦山，都能听到它的谩骂声。那声音震得人脑袋发晕，严重时甚至能使人暂时失聪。

首领帝喾（kù）就曾在路过苦山时，遇见过山膏。

那日，帝喾带着他忠诚的狗盘瓠走在路上，他正欣赏着苦山的美景，突然，一只山膏怒气冲冲地朝他冲了过来。还没等帝喾反应过来，那只山膏张口就骂，把帝喾吓了一大跳。

“哪儿来的粗鲁小猪！”帝喾气得脸都绿了。在部落里，他可是人人爱戴的首领，从来没有人敢对他不敬，更别提开口骂他了！

可是这只不知死活的山膏，哪管他是首领还是天神，逮着任何能动的物体，它就开骂。从外貌攻击到人格侮辱，它越骂越起劲，还自创了好多新词来骂帝喾。那模样，那架势，完全就是准备把帝喾活活骂死。

帝喾怎么说也是一族首领，说话做事都十分得体，可是一遇到这只不讲道理的山膏，他也没办法维护自己的形象了！

于是，他大声吼道：“我哪里得罪你了，你要这样骂我？”

山膏才不听帝喾的话呢！它甚至不给他第二次说话的机会——只要帝喾一开口，它就用更大的骂声把他的声音盖住。帝喾气得捶胸顿足，他可从来没有遇到过这样固执又难以交流的野兽！

帝喾一气之下便喊道："盘瓠，把它咬死！"

作为帝喾最忠诚的伙伴，盘瓠听到主人的命令便立刻扑向了山膏。

山膏空有一张骂人的嘴，战斗力却几乎为零。就这样，山膏被盘瓠咬死了，丢了一条"猪命"。

没了山膏，帝喾的耳根终于清净了。

他叹了一口气，看着死去的山膏摇了摇头，接着便把它埋了，也算是给山膏一点儿死后的尊严。

当帝喾做完这一切下山时，一群人突然围着他跪拜了起来。

帝喾对此很是不解。

人们说："大人啊！这只名叫山膏的怪兽见人就骂，我们都拿它没办法，可以说是生不如死啊！幸好大人您把这只山膏制服了，也算是救了我们的性命啊！"

帝喾又叹了一口气，其实他也不想杀死山膏，毕竟那也是一条活生生的性命啊。但是听了人们对山膏的控诉后，他也觉得这只山膏死不足惜，心里也就没有那么愧疚了。

他把那些人扶起来，笑道："举手之劳而已！"

"大人您真是谦虚了！为了表示对您的感谢，我们想邀请您到我们家里做客。"

帝喾听完后笑着招了招手，说："谢谢你们的邀请，我们有缘再见吧！"说着，他就带着盘瓠一起离开了。

后来，大家才知道他就是首领帝喾，也称高辛氏。自从帝喾把山膏杀掉后，人们便再也不用听那些无端的谩骂了，生活又恢复了平静。

成长小站

骂人虽然没有对他人造成实际的肉体伤害，但也是一种极其不礼貌的行为，小朋友们可千万不能像山膏一样哟！

经典重现《山海经·中山经》

"有兽焉，名曰山膏，其状如豚，赤若丹火，善詈（lì）。"

59

wén wén
文文

从前有一个偏远部落，部落里有两个贫困的青年——阿凡和阿明，他们俩脑子不清醒，因此眼睛也总眯着，很是可怜。为了改善生活，他们不得不每日去放皋山上采摘草药和山果换粮食。

一天清晨，阿凡和阿明背着简单的工具，信心满满地踏上了上山的道路。

不一会儿，他们就听到了一阵奇特的鸣叫声，还隐隐约约地看到了一种黄色的东西。

阿凡兴奋极了，他以为那是一种很珍贵的草药，便迫不及待地伸手采摘。但就在他触碰到那种“草药”的瞬间，他的手指被“草药”上的尖刺扎破了，疼得他哇哇大叫。

另一边，阿明揉了揉眼睛，他觉得那个黄色的东西更像是金块，于是他拉开口袋，赶紧伸手去捡。然而，这“金块”不仅会咬人还会飞，阿明被“金块”咬得“呀呀呀”叫个不停，难以忍受。

“怎么了阿明，你也受伤了？”

“是啊，这是什么虫子啊？”阿明大叫道。

“我……我看不清楚啊！是带刺的草药吧？”阿凡又着急又难过。

“算了，我们赶紧回家吧！”阿明提议道。

阿凡赞同地点点头，俩人就一起回了部落。

说来也奇怪，一下山，他们手上的伤口竟突然肿胀了起来，外表看起来很可怕，但是不疼也

神异档案

异能：无

形态：蜂形，枝尾反舌

地域：放皋山

不痒。于是，阿凡和阿明一起找到了部落里最有智慧的老巫医，问他这是为什么。

老巫医看了一眼他们手上的伤口，笑道：“这伤没毒，过两天就会自动消肿了。不过我想问，你们是不是在采药时招惹了山中的野兽？”

“野兽？”阿凡想了想说，“没有啊！我们没有遇到过野兽。”

阿明也摇摇头，说：“对呀，我们什么野兽也没有碰到。”

“那就奇怪了，按照这个伤口来看，你们一定是被文文咬了。”

“文文是什么？”

“文文是放皋山上的一种灵兽，它的形状像蜜蜂，长着分叉的尾巴和倒转的舌头，还特别喜欢鸣叫。”

“鸣叫？我们采草药的时候，好像……好像是听到过鸣叫声。”阿凡回忆当时的情景，有些迷糊。

阿明也说：“好像是听到过，我也不确定。不过，这种叫文文的灵兽，名字这么斯文，咬起人来怎么这么狠啊？”

老巫医笑了笑，说：“估计是你们招惹了它，否则它是不会轻易伤害人类的！”

“唉，我脑子迷糊，眼神也就不好，没看清楚！”

“唉，我也是。”

阿凡和阿明各自叹了一口气。

老巫医笑道：“我倒是知道一个秘方。传说有一种神奇的树木叫蒙木，叶子与槐树叶相似，开黄色的花，但是不会结果实，人吃了它便能头脑清醒，而且这种蒙木就长在放皋山上。”

“蒙木？”阿明想了想，突然记起了什么，“我们前两天刚好采了这种药，本来还不知道是什么，想找人帮我们看看值不值钱的，现在好了，不用卖了！”

“嗯！我看可以！”阿凡也很赞成阿明的想法。

于是，他们回家将那些蒙木树叶煮成了两碗汤，一人喝了一碗。令人惊讶的是，第二天他们的头脑就清醒了，眼神也跟着好了起来。

等他们再一次上山时，终于看清楚了文文的样子。它果然既不是“草药”也不是“金块”，而是一种长相奇特的蜂形小兽。

由于前些天他们招惹了文文，阿明和阿凡都感到很愧疚，便专程向它道了歉。文文也很大度，这一次没有蜇他们。

后来，阿凡和阿明索性跟着老巫医学起了医术，生活得到了改善。

成长小站

两位青年机缘巧合凭借蒙木恢复了健康，我们没有神奇的蒙木叶，所以一定要注意好好休息，保持头脑清醒哟。

经典重现《山海经·中山经》

“有兽焉，其状如蜂，枝尾而反舌，善呼，其名曰文文。”

60

yǐ 狏 láng 狼

神异档案

异能：带来战争

形态：狐形，白尾长耳

地域：蛇山

从前有座山叫蛇山，山中有一种凶猛的野兽，它长得像狐狸，还有着白色的尾巴和长长的耳朵，名字叫狏狼。

狏狼是一种灾兽，它出现在哪个地方，哪个地方就会发生战争。

相传在很久以前，有一个名叫朝阳的部落，那个部落的首领非常喜欢收集天下的奇珍异宝以及灵兽。一次偶然的机会，他得到了一只“美狐”，从此便将它养在了身边。首领为人十分高调，到处显摆自己的“美狐”，生怕别人不知道似的。可这一招摇，就把旁边夕照部落的首领招了过来。

夕照部落的首领早就听闻朝阳部落的首领有一只“美狐”，一直想抢过来杀杀对方的士气。毕竟他的部落实力雄厚，想要拿下一个小小的朝阳部落，那还不简单吗？

于是，两个部落因为这只“美狐”发生了战争，一时间民不聊生。

最后，夕照部落胜利了。他们的首领得到“美狐”后也把它养在了身边，日日同它玩耍。

说来也奇怪，自从这只“美狐”来了后，夕照部落就一直处在不安宁的状态中——总是莫名奇妙被别的部落攻击。

夕照部落的首领觉得这件事情不简单，便请来了一位占卜高人，问他到底是哪里出了问题。

高人捋了捋长须说道："此事并不需要卜卦问天，您最近是不是得到了一只'美狐'？"

"确有此事，那是我的战利品。"

"可否让在下看看这只'美狐'？"

首领点点头，带着高人来到了自己的住所，而那只"美狐"此时正躺在一张羊皮上睡大觉呢。

高人一看"美狐"便连连摆手道："首领，这只'美狐'留不得啊！"

首领问道："此话怎讲？"

毕竟这只"美狐"可是他好不容易从朝阳部落抢来的，而且它形态美丽，世所罕见啊！

高人坦言："因为这只'美狐'并非真狐狸，而是异兽弛狼。"

“狍狼？”

“对，狍狼是出了名的灾兽，它有一个奇特的能力，那就是引来战争！”

首领一拍大腿，大叫道：“我就说最近怎么老是有人来骚扰我们部落，原来全是因为这只狍狼啊！”

高人点点头。

首领道：“多谢了！那现在我该将这只狍狼送往何处呢？”

高人笑了笑，说：“就把它送回蛇山吧！”

首领听了高人的话后，连夜派人把狍狼给送去了蛇山。

说来也奇怪，送走狍狼的第二日，那些无故攻击夕照部落的队伍便纷纷撤走了。

成长小站

狍狼是否真的能左右部落与部落之间的战争还有待考证，但从朝阳部落首领的遭遇我们可以发现，爱显摆是很容易引来祸端的。毕竟，不怕贼偷也怕贼惦记呀！

经典重现《山海经·中山经》

“有兽焉，其状如狐，而白尾长耳，名狍狼，现则国内有兵。”

61

yōng 雍 hé 和

从前有一座美丽的山，名叫丰山。丰山景色优美，山上绿树成荫。这样的人间仙境却生活着一种恐怖的野兽，名为雍和。

它们形似猿猴，长着黄色的身子、血红色的眼睛和一张血盆大口。最令人害怕的是，雍和出现在哪个国家，哪个国家就会陷入巨大的恐慌之中。

在那个充满战争的时代，可怕的雍和也成了被利用的棋子。

当时丰山附近有两个小部落，一个叫作泽阳部落，另一个叫作东阳部落。它们积怨甚深，时常对战，可因为实力相当，始终不分上下。一个偶然的机会，泽阳部落的首领得知了雍和能带来恐慌和混乱，他便想利用雍和压制东阳部落。

于是，他连夜找来了一位有勇有谋的战将，让他带领一支精干的队伍去寻找雍和。

“爱将可是我泽阳部落的子民啊！这次和东阳部落交战，我们没什么胜算，但是，若能找到雍和，使他们陷入混乱之中，我们倒是有赢的可能。不知，爱将可否完成这项任务啊？”

战将迟疑了一会儿。毕竟，好男儿是要在战场上分高低的，靠一只野兽……有些胜之不武啊！

“爱将是有什么顾虑吗？”首领看出了他的

神异档案

异能：带来恐慌

形态：猿猴形，赤目、赤喙、黄身

地域：丰山

心思，便说，“爱将，你只管放心去帮我找雍和，你的家人，我是一定会安排人好好照顾的。”

这话里的意思就是：你若不替我做事，你的家人就会有危险。

于是，战将只好抱拳说道：“我定当不负使命！”

“很好。”首领终于笑了。

之后，战将就带着部落里的勇士们去了丰山。

他们穿过茂密的树林，来到了一条幽静的小溪旁边。正当他们准备休息片刻时，一只长相凶悍的野兽出现在了他们眼前。

那是一只巨大的雍和！它红色的眼睛闪烁着狡黠的光芒，可怕的嘴巴一张一合，发出“嗡嗡”的声音。

勇士们心头一紧，但他们没有退缩。就在雍和朝他们扑来的时候，战将大叫：“放箭！”

顷刻间，箭从四面八方向雍和射去，任由它多神通广大，也没办法敌过这么多的箭。最后，雍和的尾部中箭，发出了一声哀号。

“停！首领有令，我们要捉活的！”战将下了命令，所有的勇士都停止了射箭。

他们将受伤的雍和关进了笼子里，连夜放到了东阳部落境内。

雍和一到东阳部落就引起了恐慌。为了稳定军心，东阳部落的首领竟亲自出征。他号召大家不要想着是为他而战，而要想着是为保卫家人、保卫自己生长的土地而战。于是，战士们鼓起勇气，纷纷列阵向前。

雍和见众战士视死如归，反倒有些害怕，扭身便往泽阳部落边境逃去。在泽阳部落边境，它认出了那些射伤自己的人，勃然大怒。只见它一个虎扑就扑倒了好几个人，接着，它用锐利的獠牙咬断了他们的脖子。泽阳部落其他的人见状吓得纷纷后退，很快就没了士气。

此时，毫不知情的泽阳部落首领以为自己的计划定然奏效，正在温暖的篝火边饮酒作乐。直到东阳部落的战士冲进他的屋子里，他才知道自己的部落完了。可如今，后悔也已经来不及了。

就这样，东阳部落打败了泽阳部落，成了一方霸主，而东阳部落首领的贤明与英勇不仅受到了族人的称赞，就连灵兽雍和都对他恭恭敬敬，再不敢踏足他的部落。

成长小站

人的勇气中隐藏着巨大的能量，即便是身负神力的雍和也无法战胜一群真正勇敢的人。所以，无论我们面对何种困境，都不能退缩逃避哟。

经典重现《山海经·中山经》

“有兽焉，其状如猿，赤目、赤喙、黄身，名曰雍和，现则其国有大恐。”

62 并封（bìng fēng）

神异档案

异能：无

形态：猪形两头，身黑

地域：巫咸国以东

巫咸国东边有一种叫并封的野兽，它长得像猪却有两个脑袋，而且这两个脑袋还分别长在身体的两端。它没有尾巴，通体漆黑。

由于它长了两个脑袋，所以便有两种想法。有时候一个脑袋想朝东，另一个脑袋却想朝西，最后就只能站在原地。

听上去并封或许有些呆傻，但它绝不是什么萌兽。它长相恐怖，能够让周围胆小的人受惊昏倒，一位樵夫就吃过它的亏。

那天，他照常上山砍柴，忙活了一天后，见天色有些晚了，便准备下山。突然，他看到了一头奇怪的猪。由于距离较远，他并没有看清楚并封的全貌。他心想：不会是谁家的猪丢了吧？我去看看。于是，他壮着胆子靠近并封，这一靠近可把他吓坏了！直接一头栽在了地上。

隔天，别的人上山砍柴发现了他，这才将他救了。

樵夫足足病了三天才醒，睁眼后他见到人就说：“山上有头两个脑袋的猪……”

人们笑了，说：“两个脑袋的猪？你确定？”

“我确定！你们可千万别去招惹它，实在是太恐怖了！”

大家都认为樵夫在说笑，毕竟谁都没有见过两个脑袋的猪。可樵夫还是不断警告大家，描述

两个脑袋的猪有多么恐怖。一来二去，便引起了一个外地人的好奇心。他天生就喜欢新奇的玩意儿，一听说这儿有两个脑袋的猪，说什么也要去山上捉一只来玩。

于是，这个外地人便召集了一帮胆大的年轻人上山。那些跟去的年轻人也想看看，到底有没有两个脑袋的猪。

他们很幸运，一上山就碰上了并封。带头的外地人吓坏了，说："世界上竟然有这么……"

话还没说完，他就倒在了地上。

大家吓得目瞪口呆，心想：这个外地人一定是凶多吉少了！可是，大家并没有放弃救他。

只是众人一靠近并封，它的两个头就露出锋利的獠牙，吓得大家都不敢向前。

众人试了几回都是如此，最后还是一个小伙子想出了一条妙计，说："这头怪兽不是有两个脑袋吗？我们何不兵分两路，在不同的方向，分别吸引它两个头的注意。"

"这个办法不错！"

众人纷纷点头，随即着手实施。只见他们兵分两路，一队人在南边吸引并封一个头的注意，而另一队人则在北边吸引并封另一个头的注意。

由于两个头想法相左，并封反倒不动了。于是，大家趁机救出了那个外地人。

据说，那个外地人休养了足足一个月才彻底好起来，而且从此之后，再也不盲目探险了。

成长小站

并封因为有两个头而意见相左，我们只有一个头，可在面对问题时也时常会有许多不同的想法。我们要细致分析，权衡各个想法的利弊，达成统一意见，而后再付诸行动。

经典重现《山海经·海外西经》

“并封在巫咸东，其状如彘，前后皆有首，黑。”

63

chéng huáng
乘黄

白民国里有一种野兽，名叫乘黄。它长得很像狐狸，背上还长了角。

有人说，骑上乘黄人就可以活到两千岁。因此，白民国的人个个长寿，如同神仙一般。

还有人说，乘黄能自如地在天庭穿梭，它就像前往天宫的专车，负责载送修行成功的人登仙。

传说黄帝成就大业以后，有一天，突然发现自己的头发开始变白。他认为自己活不久了，便整日忧心忡忡。他的手下见了，便告诉黄帝："我听闻有一个修道之人，他的名字叫广成子，隐居在深山里，如今已经一千多岁了。或许，这个广成子便掌握着长寿的秘诀。"

黄帝听了这话，立即赶往深山寻找广成子。皇天不负有心人，还真被他找到了。广成子仿佛早就知道了黄帝会来找他，一早就在门口等候。

黄帝朝他鞠了一躬，客客气气地说："晚生冒昧请教，我要怎么样才能像您一样长寿呢？"

广成子叹了一口气，连连摇头道："自从你治理天下以来，云朵还未聚集天就下起了雨，而地上的草木未到深秋就枯黄了，太阳和月亮的光也逐渐暗淡。如此，你还妄想长生吗？"

黄帝想了想，说道："一语惊醒梦中人啊！"

他好不容易打下来的天下都还没治理好，怎

神异档案

异能：使骑者长寿

形态：狐形，背上有角

地域：白民国

么能费尽心思追求长生呢，这岂不是过于自私了吗？他不仅愧对自己，更愧对天下之人呀！

回去后，黄帝便不再研究长生之道，而是一门心思治理国家。几年后，天下太平，人人安乐。

一天夜里，黄帝做了一个梦，梦见了广成子。

广成子笑着给了黄帝一卷《自然经》，跟他说："如今时机已经成熟，你可以好好钻研此书，相信它会对你有帮助。"

黄帝谢过广成子后，醒来发现自己的枕边真的多了一卷《自然经》。

后来，黄帝学习完了《自然经》，又在高人指点下登上了王屋山，取得了《丹经》，并且向天上的神仙问得了修道养生之法。

再后来，黄帝又在神仙的指点下派人去首山，用带有神奇力量的铜铸了一个大鼎。

这个鼎刚铸造好，一只神采奕奕的乘黄从天而降。它停至黄帝跟前，四腿微曲，像是在迎接黄帝登仙。

黄帝笑道："多谢乘黄兄前来接我！"于是，他便坐在了乘黄的背上，准备飞升。那些和黄帝一起修行的人也想跟着黄帝一起飞升成仙，于是苦苦哀求道："您带上我们吧！我们愿意永远效忠于您。"

黄帝念及他们这些年的辛苦辅佐，点头同意了，说："你们都上来吧！"

众人闻言纷纷往上爬，可乘黄虽大也容纳不下这么多人啊！

为了不错失这个成仙的机会，那些挤不上乘黄的人便抓住了乘黄的尾巴。

不料，乘黄飞到一半，尾巴毛被他们拽断了，这些人便掉了下去。挣扎中，他们还拽落了黄帝随身携带的弓。

神弓掉落到了前来相送的百姓中，人们抱着黄帝的弓号啕大哭，眼泪之多，甚至形成了一个湖泊。

成长小站

做任何事情都有先后顺序，即便尊贵如黄帝，也需要先完成自己的使命——治理好天下，而后再满足个人私欲哟。

经典重现 《山海经·海外西经》

“有乘黄，其状如狐，其背上有角，乘之寿二千岁。”

64

穷奇

qióng qí

传说白帝少昊有一个不学无术且喜欢作恶的儿子，他的名字叫穷奇。穷奇对恶人总是百般纵容，对良善之人却时常欺侮伤害。

他的父亲少昊几次三番劝诫他，穷奇非但不听，还变本加厉。于是舜帝做主，将穷奇流放了，希望他能够痛改前非。

可惜，穷奇没有体会到舜帝的良苦用心。他整日沉浸在怨恨之中，很快便化为了一头野兽四处作恶，发泄自己的愤怒。

周边的百姓深受其害，便费尽心思从某座仙山上请来了一位得道的老者，希望老者能帮助他们铲除这个祸害。

老者问：“你们说的那头猛兽，是不是长得像老虎，背上还有一对翅膀？”

百姓们点点头，说：“是的，那头猛兽很威严，看着很有气势。”

老者一下就明白了，说：“果然是穷奇！”

于是，在一个风雨交加的夜晚，这位得道的老者出现在了穷奇的面前。老者的眼神中透着一丝慈悲，他对穷奇说：“你的怨恨并不能解决任何问题，只会让你深陷痛苦之中。如果你能放下怨恨，说不定就能得到解脱。”

多年以来，穷奇一直心怀怨恨，如今要他放下，真的有那么容易吗？

神异档案

异能：无

形态：虎形有翼

地域：蜪犬北面

穷奇不屑地哼了一声，然后说：“放下怨恨？凭什么？我错在哪里？”

“你错在是非不明，善恶不分！”

听老者这么说，穷奇气得龇牙咧嘴道：“行啊，随你怎么说！我现在就把你吃掉！”

“吃掉我你就能得到解脱，就能真正感觉到快乐了吗？”老者摇了摇头，一动也不动，好像在等着穷奇把他吃掉一般。

穷奇张开血盆大口，却没有真的把老者吞掉。他突然觉得，这个小老头挺奇怪的，他不怕自己，而且好像就连死都不怕，跟那些动不动就哇哇叫的人很不一样。

“你为何不吃掉我？”

“不为什么，我懒得吃你行了吧！”

“这说明你内心还存有一丝善念，既然如此，我送你一件礼物吧。”说着，老者就从衣服口袋里取出了一块亮闪闪的石头递给穷奇。

穷奇紧握着那块石头，感受到一股神奇的力量涌入了自己的身体。他的外貌渐渐恢复成了人的模样，连凶狠的眼神都变得柔和起来。

“你敢不敢下山去走一走？”老者淡淡地问。

穷奇嘴硬道：“走就走！臭老头，你以为我怕你啊！”

很快，穷奇告别了老者，来到了一个小村庄。

他发现村里的人都在商量着怎么取穷奇的性命，其中一位村民还把他拉到了他们的队伍里，跟他说：“小兄弟，以前怎么没有见过你呀？你是不是也很恨穷奇？没关系，我们一起想办法把他杀掉！”

穷奇皱起眉头道：“你们为什么恨穷奇？”

“那个畜生吃掉了我的孩子！”一位妇女哭道。

“他把我七十岁的老母亲吃掉了！”一位青年说道。

“他弄得我们家破人亡啊！”另一位青年一脸悲痛地说。

穷奇支支吾吾地说：“如果他不吃人，他……他就会饿死！”

“那也不能成为他吃人的借口啊！他没有家人吗？是孤儿吗？这样凶残！肚子饿可以吃野兔，可以吃野果；生气可以大叫，可以打树，为什么要吃人呢？”

穷奇好像明白了什么。

这时，一群野兽入侵村庄，穷奇想着自己愧对这群村民，便挺身而出化为猛兽与那群野兽搏斗。虽然他因此受了很重的伤，但还是成功击退了那群野兽。

村民们看到穷奇的猛兽相后，吓得不敢靠近他。

“原来你就是那只穷奇变的！”村民们生气地说。

“可是，如果不是他，说不定我们就被那群野兽给吃掉了！”一个小孩子轻声说。

这下，大家都不说话了。

很久之后，孩子的母亲站出来说：“你吃掉了我的丈夫，我恨不得杀死你，但是刚才你保护了我的孩子，使他没有被野兽吃掉，我感激你。今天我不杀你，但也永远不会原谅你，你走吧。”

这一刻，穷奇才发觉自己罪大恶极。于是，他展开双翅飞离了村庄，从此再也没有在人类世界出现过。

有人猜测，老者给穷奇的石头是“良心”，不过真相如何，无人可知。

成长小站

很多时候，放下怨恨不是放过他人，而是解救自己。一直生活在怨恨之中，人又怎么会开心呢？

经典重现《山海经·海内北经》

“穷奇状如虎，有翼，食人从首始，所食披发。”

65

驺吾

zōu wú

曾经有个叫林氏国的国家，那里生活着一种十分珍贵的猛兽，它的名字叫驺吾。

驺吾体型庞大，长得像老虎，身上有彩色的花纹，还有一条很长很长的尾巴。传说，人只要骑着它，就能够日行千里。

驺吾长相虽威严，甚至可以说有些凶恶，但它十分善良。它甚至不忍心踩踏草地，也从来不吃活的动物，所以一直被人们视为仁义的化身，视为吉兽。驺吾极少现身，所以每次出现都会引起轰动。

一次，驺吾降临在某个部落的聚居地，这件事很快就被首领的弟弟知道了。于是，他找人择了一个黄道吉日，准备去会一会驺吾。他想，要是能把它请到家里，自己一定能得到哥哥的赞扬！

说干就干！那天，他故意在驺吾出现的地方放了一个很大的笼子，试图捉住驺吾。但是人算不如天算，天空居然下起了大雨，而且这场大雨一下就是三天三夜。

首领的弟弟都快急哭了，或许，这就是天意吧！可正在他打算收拾东西回家时，天空突然放晴了。迎着日光，驺吾从山林中缓缓走出，最后竟然自己走进了笼子里。

首领的弟弟大喜，于是，他便带着这只驺吾

神异档案

异能：带人日行千里

形态：虎形，带五彩斑纹

地域：林氏国

兴高采烈地回了家。

一路上，首领的弟弟十分招摇，引来了许多人围观。

大家纷纷赞叹道：“您真是太棒了，竟然能够将驺吾捉回来！”

“是啊，驺吾可是吉兽呢！”

“我还听说，驺吾是自动走进首领弟弟的笼子里的，这肯定表示我们的部落会更加繁荣昌盛呀！”

“是啊是啊！跟着这样的首领，是咱们的福气啊！”

首领的弟弟听到了民众的夸奖，不由得大笑了起来。

回家后，首领的弟弟就把这只驺吾献给了首领，首领的手下也纷纷探头去看这只灵兽。

突然，一个手下大喊起来：“这真是天降之福啊！”

首领笑道：“这话怎么说？”

“驺吾降临预示着太平盛世的到来！”

“是啊是啊，有贤明的首领在此，咱们的部落能不太平吗？”

手下的赞扬使得首领哈哈大笑，但他并没有被这些话迷惑，而是更加努力地治理部落。而且，他也没有将驺吾当成宠物圈养，而是很快便将驺吾放养在了部落附近的一座青山中。

说来也奇怪，往后的几十年中，日行千里的驺吾竟一步也未曾离开这个部落。人们都说，它是在守护那位贤明的首领。

成长小站

面对人们的赞扬，我们既不必一味谦虚地拒绝，也不应飘飘然地沉溺其中。正视自己的优点，不骄不躁，不断进取，才能取得更大的成就。

经典重现 《山海经·海内北经》

“林氏国有珍兽，大若虎，五彩毕具，尾长于身，名曰驺吾，乘之日行千里。”

66 大蟹（dà xiè）

神异档案

异能：无

形态：巨蟹形

地域：某海内

很久以前，在一个遥远的岛屿上有一个小渔村。村里的人以打鱼为生，过着平静而简朴的生活。可是有一天，一个消息打破了小渔村的宁静——一个村民宣称，自己在出海时看到了一只巨大的蟹。

这一消息很快就传到了阿迅的耳朵里，他喜欢冒险，喜欢那些神奇的事物，于是他开始整天在家里画大蟹。最后，他甚至有些走火入魔了——只要有人一谈起大蟹，他就能跟人说上三天三夜。

终于有一天，阿迅按捺不住内心的冲动，告别了家人准备去寻找真正的大蟹。

那日，他的母亲哭得很伤心，她说："阿迅，你要是走了，我可怎么办啊？虽说有人见过那只大蟹，但你这次去也不能保证一定能见到呀，出海多危险啊！你就听娘一句劝，别去了好吗？"

阿迅安慰母亲道："娘啊，您就别担心我了，我见着大蟹就回来！"

"唉！你这孩子。"

母亲重重地叹了一口气，她知道，无论怎么劝，阿迅都不会回头了。

很快，阿迅便背起了行囊跟着村里的渔夫出海了！他们驾着一艘小船，摇摇晃晃地漂浮在广阔的海洋中。

没承想，刚出海不久他们就遇上了一场暴风

雨。他们的小船在汹涌的海浪中摇摆不定，阿迅和几个渔夫正打算收帆，一个巨浪便将小船卷进了一个漩涡里。

等他们醒来时，他们已经躺在了一个神秘的小岛上。

阿迅激动地环顾四周，只见这个小岛上植被繁茂，空气中还弥漫着一种奇特的味道。而且，岛上的石头也很奇怪，它们虽然跟一般石头一样坚硬无比，但是颜色都是红的，石山与石山之间还有深深的沟壑，有时还会无缘无故震动。

阿迅觉得很有趣，虽然自己被困在这里，也总算有个安慰。阿迅一行人暂且在这儿住了下来，他们一起伐木造船，摘果充饥，有时还一起坐在海边望着天上的星星发呆。就这样过了好几天，他们终于造好了一艘新船。

“我们今天就能回去了！”一位渔夫一边检查船的牢固

性一边说。

阿迅叹了一口气道：“就是没看到大蟹，有点儿不甘心。”

“没事，以后总有机会的！”

“嗯，不过……能和大家一起在海难中生还，还能看到神奇的红色岛屿，这已经很好了，我很满足！”

“你这样想就对了。”

就在大家都为阿迅的释怀而感到开心时，他们突然发现那个小岛有两处巨石动了一下。又一个海浪过去，整座岛屿居然“游”走了。

大家恍然大悟，原来他们登过的那座岛屿，就是他们辛苦寻找的大蟹！

成长小站

有些事物是可遇而不可求的，阿迅偶遇大蟹便是这样。所以，我们要将生活中的“得到”与“失去”看得淡一些，积极地相信，一切发生皆有利于我。

经典重现《山海经·大荒东经》

“海内有两人，名曰女丑。女丑有大蟹。”

67

kuí 夔

很久很久以前，黄帝和蚩尤对战，蚩尤不知用了什么旁门左道的法术，使得黄帝的士兵们一个个困倦异常，失去了作战的能力。有的士兵在战场上打瞌睡；有的士兵像是喝了什么迷魂汤，整天说胡话；还有的士兵直接拿着武器追着自己人打！

见此情形，黄帝只得寻找仙友来帮忙了！于是，他找到了九天玄女。

九天玄女似乎早就算准了黄帝会来找她，她笑眯眯地说道：“东海里有一座流波山，山上有一种野兽，名叫夔。它长得像牛，但头上没有角，浑身呈青色，只有一条腿，走路时一蹦一跳的。此兽叫声如雷，你用它的皮做鼓，敲打后能发出四海八荒最响亮的声音，那声音可以惊醒众人，鼓舞士气！”

黄帝听完后连连道谢，当天他便领着一队人马去了东海中的流波山。灵兽居住的地方果然不同凡响，他们一到流波山，此处便兴起了大风大雨。

传说夔出岛进岛都需要穿过海洋，每次都会引起暴风骤雨。也就是说，这大风大雨是夔招来的，此刻它就在附近。黄帝立即派人前去捉拿，很快，他们在风雨中看到了一束神光，追着那束光，他们找到了夔。

神异档案

异能：发光，出入海水时生风雨

形态：牛形，苍身无角，一足

地域：流波山

接着，好几个人从四面八方跳了出来。他们甩出绳索，把夔捆了起来。这时，夔发出了像打雷一样的声音。

“对不起，为了打败蚩尤，只好牺牲你了！”黄帝说完，便命人杀了这只夔，接着又投入了下一轮搜寻中。

据说，那次他们杀了许多夔，连流波山附近的海水都被染红了。他们用那些夔皮做了近百面军鼓，可由于这鼓皮具有神力，普通的木鼓槌根本无法敲响，黄帝便去往雷泽，向雷神求来了他的骨头，制成了鼓槌。

当雷神骨鼓槌击响夔鼓时，那声音一下就传到了五百里外。很快，那些被法术所困的将士都被敲醒了。

失去了法术加持，蚩尤只好又找来了许多恶兽助阵。黄帝的人马没有蚩尤多，战争打响后便节节败退。

危急之时，黄帝命令数十个勇士携夔鼓分别藏在战场的各个隐蔽处，待时机成熟，黄帝一声令下，士兵们集体冲锋上阵，而隐藏着的鼓手也开始奋力地击打夔鼓。一时间，整个战场地动山摇，喊杀声此起彼伏，蚩尤请来的恶兽都被吓得双腿发软。

最后，黄帝利用夔鼓成功击退了蚩尤的军队，为成就大业打下了坚实的基础。

成长小站

神话中许多灵兽仙禽的皮毛都具有神奇的能力，因此往往会在一些故事中发挥巨大的用处。但是现实生活中，野生动物的皮毛骨肉与同类家禽的皮毛骨肉差异并不大，大家可千万不要伤害它们哟。

经典重现《山海经·大荒东经》

“东海中有流波山，入海七千里。其上有兽，状如牛，苍身而无角，一足，出入水则必风雨，其光如日月，其声如雷，其名曰夔。”

68

chù tī

跊踢

神异档案

异能：无

形态：兽形两头

地域：南海之外，赤水之西，流沙之东

很久以前有一个小村庄，它被郁郁葱葱的树木环抱，那里的村民过着平静而又幸福的生活。然而，在一个月黑风高的晚上，一声尖叫打破了这种祥和。

一个醉汉在经过村口的树林时，看到了一个无头怪物！

醉汉吓得哇哇大叫，赶紧跑进了村里，并大肆宣扬有怪物。

他说：“那个怪物长有利爪和尖尖的牙齿，它会吞食人，还会隐身潜行，一到夜晚就会现身作恶。”

他还说：“它拥有超凡的力量，能够轻易地破坏庄稼……”

这些话越传越广，就连外地的商人都不敢来村里做买卖了，毕竟谁也不想被怪物吃掉。

这下可坏了，没了那些小商贩，这个村子里的谷子、蔬菜都卖不出去了。为此，大家十分苦恼。

此时，一个胆子大的小伙子站了出来，他决定拉着大家的物品去村子外面交易。

村民们都很感激小伙子，可是也都为他的安全感到担忧。

“唉，出村的那一条路，正好就是怪物出没的地方，你当真要去？”

“放心吧！我一定能平安回来的！”

村民们点点头，都在心里祈祷着小伙子能平安归来。

很快，小伙子就沿着小径来到了村口的那片树林。在树林深处，他竟然真的遇见了那个无头怪物。

只见它的身体像牛一样庞大，膝盖处长着长毛，不过……小伙子细细看了一下，发现它并不是无头，而是有两个头，所以远远看去，就像是无头。

小伙子没有掉以轻心，他偷偷掏出了一根木棍，心想：只要这个怪物冲向我，我就将它敲晕。

很快，这个怪物也注意到了小伙子并直直地朝他走来了。

小伙子慌张地握紧了手里的棍子。

正当他举起棍子准备击打这个怪物时，怪物却突然朝另一边奔去了。

“这个怪物竟然没有伤害我！”

小伙子感到很惊奇，但一想到自己还有很多物品需要拿去隔壁村售卖，也就没有多想。

到了晚上，小伙子卖掉了所有物品后回到了村里。

大家看到他平安回来了都感到诧异，纷纷问：“你没遇到那个怪物吗？”

“遇到了，但是那个怪物并没有伤害我。”

村民疑惑地问：“那个醉汉不是说那个怪物很凶残，会吃人吗？”

小伙子笑了笑，说：“那个醉汉是不是最近没有出现在我们的村子里了？”

“是啊！”被小伙子这么一问，村民们突然就想起来了。那个醉汉在散播完那些流言后，好像就再也没有出现过了。

“我这次去隔壁村卖东西，发现他也在，听说他还是那边最大的买卖户呢！”

“所以……他是故意散播我们村有怪物的谣言，好让那些商贩都去他们村跟他做交易的？”

“没错！”

后来，又有几个村民见到了那个怪物，依然没人受伤。一来二去，大家也就克服了对它的恐惧，又过上了平静且安宁的生活。

这种长相奇特的怪物，就是跊踢。

成长小站

怪物传闻给小村庄带来了不小的麻烦，所以说，在生活中我们可千万不能被玄乎的传言牵着鼻子走哟。我们要慎思明辨，做击破谣言的智者。

经典重现《山海经·大荒南经》

“南海之外，赤水之西，流沙之东，有兽，左右有首，名曰跊踢。”